JN189900

ジルベール・シモンドン

技術的対象の存在様態について

宇佐美達朗・橘真一訳

みすず書房

DU MODE D'EXISTENCE DES OBJETS TECHNIQUES

by

Gilbert Simondon

目次

第二部　人間と技術的対象

凡例

一、本書はGilbert Simondon, *Du mode d'existence des objets techniques* [1958], Paris, Aubier, nouvelle édition revue et corrigée, 2012の全訳である。翻訳にあたっては英語訳（*On the Mode of Existence of Technical Objects*, translated by Cécile Malaspina & John Rogove, Minneapolis, Univocal, 2017）とドイツ語訳（*Die Existenzweise technischer Objekte*, Übersetzt von Michael Cuntz, Zürich-Berlin, Diaphanes, 2012）も適宜参照した。

一、原文のイタリック体は、強調の場合には傍点を付し、書名の場合には『　』とした。また古典語の場合には原語を（　）で適宜併記した。

一、いくつかの単語についてはそのニュアンスや原語どうしのつながりを示すためにルビを用いた。ただし原語がフランス語の場合でも日本語での読みやすさを考慮して精確な音写ではなく英語風のカタカナ表記にしたものもある（たとえば« aspect »は「アスペ」ではなく「アスペクト」とし、« transduction »は「トランスデュクシオン」ではなく「トランスダクション」とした）。原文の« »は「　」とした。

一、［　］は訳者による補い。〔　〕は二〇一二年の改訂新版で編者により補われた箇所を明示するのに用いた。

一、〈　〉は原文で単語が大文字で始まるものを括るのに用いた。

一、原註（1、2、3……）は見開き左端（頁内に収まらない場合はさらにそのつぎの見開き）に示し、訳註（［1］［2］［3］……）は巻末にまとめた。アステリスク（＊）はシモンドン自身が付したものであり、「技術用語集」の参照を指示している。

一、訳註でシモンドンの著作に言及する際はつぎに示す略号を用いた。日本語訳のある『個体化の哲学——形相と情報の概念を手がかりに』（藤井千佳世監訳、近藤和敬、中村大介、ローラン・ステリン、橘真一、米田翼訳、法政大学出版局、二〇一八年、新装版、二〇二三年）については対応する頁を［　］で併記した。

－［ILFI］*L'individuation à la lumière des notions de forme et d'information*, Grenoble, Millon, 2013.

－［Ph］*Sur la philosophie (1950–1980)*, Paris, PUF, 2016.

新版についての覚書

『技術的対象の存在様態』は一九五八年にAubier-Montaigne出版によってマルシャル・ゲルーおよびジュール・ヴュイユマン監修の« Analyse et Raisons »叢書から初版が刊行された。改訂新版である本書ではジルベール・シモンドンによる初版校正刷りへの書き込みをもとに補完がおこなわれている。とくに重要な加筆については脚註で指摘した〔日本語訳では訳註に「編者註」としてまとめた〕。加えて、増補版である本書には著者が初版刊行の際に執筆した未刊の紹介文「趣意書」も収録した。初版の頁付けについては断念せざるをえなかったため、目次に新旧のページ対応を示した〔日本語訳では割愛〕。アステリスクが付された単語については技術用語集を参照されたい。

ナタリー・シモンドン

恩師、アンドレ・ベルナール、ジャン・ラクロワ、ジョルジュ・ギュスドルフ、ジャン・T・ドゥサンティ各氏に謝辞を捧げます。

パリでの口頭審査の際にご援助を賜ったアンドレ・ドアザン、ミケル・デュフレンヌ諸兄に感謝の意を表します。

とりわけデュフレンヌ氏には、氏が惜しみなく与えてくださった再三の鼓舞や、さまざまな助言、本研究の執筆中に氏が示してくださった熱烈な賛意に感謝申し上げます。

カンギレム氏には科学史研究所図書館所蔵の文書の使用を快諾してくださり、個人蔵書であるドイツ語の稀覯書を提供してくださいました。さらにカンギレム氏はさまざまな指摘によって本研究の最終的なかたちを示してくださいました。本書の第三部は氏の助言に多くを負っています。氏の揺るぎのない大いなる高邁さに対して率直な謝意を示します。

序論

本研究は、さまざまな技術的対象[1]の意味について意識化を促そうというねらいによって駆動されている。教養[2]は技術に対する防衛システムとして構築されてきた。ところでこの防衛（デファンス）は人間の擁護（デファンス）として姿をあらわすのであるが、そのとき技術的対象には人間的現実（レアリテ）[3]が含まれていないことになっている。わたしたちが示したいのは、教養は技術的現実のうちにある人間的現実を見逃しているのであって、教養がその役割を全うするには価値についての認識および意味というかたちで技術的存在を取り込まねばならない、ということである。技術的対象の存在様態[4]についての意識化は哲学的思考[5]によって実行されるべきことであって、本書において哲学的思考は、奴隷制度が廃止され人格の価値が肯定されるにあたってこの思考が果たした義務と類比的な義務を果たすことになる。

教養と技術のあいだ、人間と機械のあいだに仕立てられた対立は偽りの対立であり、根拠あるものではない。そこには無知や恨み（ルサンチマン）しか含まれていない。この対立のゆえに、人間の努力と自然の力とに満ちた現実、つまり技術的対象——自然と人間を媒介するもの——の世界を構成するような現実が、安易な人間主義の背後に覆い隠されてしまっている。

教養が技術的対象に対して示す振る舞いは、人間が素朴な異人嫌悪(ゼノフォビア)に流れるときに異人に対して示すそれと同様のものである。その矛先が機械に向けられる革新憎悪は、新奇なものを嫌悪しているというよりも異質な現実を拒絶しているのだ。ところで、この異人はそれでも人間なのであって、完成された教養は異人を人間として発見できるようにするものである。同様に、機械は異質なものである。つまり人間的なものがそのなかに閉じ込められ、誤認され、物質化され、隷属させられているが、それでもなお人間的なものであり続けているような異質なものである。現代世界において疎外をうみだしている最も強力な原因は機械についてのこの誤認にある。つまりそれは機械に起因する疎外なのではなく、機械の本性や本質についての理解が欠けており、そうした理解が意味連関の世界[6]に存在しておらず、教養を構成している価値や概念の一覧表から脱落していることに起因する疎外なのである。

教養は平衡を失っている。というのも、美的対象のような特定の対象を承認し、そうした対象には意味連関の世界での市民権を授ける一方で、それ以外の対象、とりわけ技術的対象については、これを構造のない世界へと、つまり意味連関を有しておらず、用途や有用な機能しかないようなものが属する世界へと押し込んでいるからだ。技術的対象を認識しており、それがもつ意味連関に気づいている人間は、不完全な教養によって発せられるこうした防衛的拒否に直面したとき、技術的対象に美的対象や聖なる対象のそれを除いて目下その価値が引き上げられた唯一の身分を与えることで、みずからの判断を正当化しようとする。そのとき機械の偶像崇拝でしかないような度を越した技術至上主義(テクニシズム)が生まれ、そしてこの偶像崇拝を通じて、「機械という偶像への」同一化が進むことで、無条件的な権力をもとめるテクノクラートの熱望が生まれる。力への欲望によって機械は覇権を得るための手段として神聖化され、現代の秘薬となる。同胞を支配せんとする人間がアンドロイドという機械をうみだすのだ。この人間はそのときアンドロイドをまえにしてその地位を退き、みずからの人間性をこの機械に譲りわたす。つまり思考する機械を構築しようとし、意志する機械、生きている機械が構築可能だと夢想するのだが、それは、そうした機械の背後で、不安を覚えることなく、あらゆる危険から解放され、あらゆる無力感を免れ、みずからが発明したものによって間接的に勝利をおさめ続けるためになのである。ところでこの場合、想像力によってロボットという人間の分身となった内面性を欠いた機械は、きわめて明白かつ不可避に、まったく想像上のものであり神話的でしかない存在を表している。

まさにわたしたちが示したいのは、そうしたロボットは存在しないということ、そして彫像が生物ではないように、そうしたロボットは機械ではなく、空想や虚構から産み出されたもの、つまり錯覚術の産物でしかないということである。しかしながら、いまの教養のうちに存在している機械の概念は、こうした神話的なロボット表象をかなりの程度まで取り込んだものとなっている。教養ある人間は画布に描かれた物や人物について、それが本当に存在しているものであるかのように、つまり内面性や意志を——善い意志であれ悪い意志であれ——もつものであるかのように語ろうとはしないだろう。この同じ人間は、にもかかわらず、人間を脅かす機械について、あたかもこの対象がたましいをもち、人間から離れて自律的に存在しているかのように、つまり機械という対象が人間に対して感情を露わにし、意図を働かせているかのように語る。

このように教養には技術的対象に対する矛盾した二つの態度が含まれている。教養は一方で技術的対象を、真の意味連関をもたず、たんに便利なだけの、たんなる物質の寄せ集めとして扱う。しかし他方で、こうした対象がロボットでもあり、人間への敵意に満ちた意図によって突き動かされているのであって、人間に対して侵略や蜂起という危機となり続けるだろうとも考えている。教養は前者の性格を維持したほうがよいと判断しているがゆえに後者が表面化しないように望み、また、あらゆる叛乱を防ぐ確実な手段が「機械の」奴隷化に見いだされると信じているがゆえに機械を人間に奉仕させねばならないと語るのである。

じっさいには、教養に含まれるこうした矛盾は、機械の自動性に関して考えられてきたことの両義性に由来する。そうした考えには紛れもない論理的過誤が隠れているのだ。概して、機械を偶像として崇拝する者は機械の完全性の度合いが自動性の度合いに比例すると主張するものである。そうした者たちは経験が示すものを跳び越えてこう考えているのだ。自動性の増大と改良とによってすべての機械が相互に結び合わされ連結されることで、すべての機械のための機械が構築されるにいたるだろう、と。

ところがじっさいには、機械の自動性というのは、技術的な完全性としてはかなり低い度合いのものなのである。或る機械を自動化するには「その機械の」作動[7]の可能性の多くを、つまり可能な用途の多くを犠牲にしなければならない。機械の自動性には、そしてこの自動性をオートメーションと呼ばれる産業的な組織化というかたちで利用することには、技術的というよりも経済的ないし社会的な意味連関が備わっている。機械の真の改良、つまり技術性[8]の度合いが高められたと言える改良は、自動性が増大することに対応しているのではなく、その反対に、機械の作動に或る程度の不確定の余地[9]

が残されていることに対応している。この余地によってこそ機械は外部の情報を感知することができるのだ。［さまざまな機械からなる］技術的総体を実現可能にするのは、［それぞれの機械の］自動性の増大というよりもむしろ、機械が情報に対して示すこうした感度なのである。たんに自動的でしかない機械、あらかじめ決められた作動のうちで完全にそれ自身に閉じている機械は、簡単な結果しか出すことができないだろう。高い技術性をそなえた機械は開かれた機械なのであり、そして開かれた機械からなる総体は常駐する組織者（オーガナイザー）としての人間を、つまり機械のあいだで翻訳をおこなう生きた通訳としての人間を必要とする。人間は集められた奴隷の監督者などではなく、技術的対象の組合の常任幹事（オーガナイザー）である。オーケストラの楽団員が指揮者を必要とするのと同様に、技術的対象は人間を必要とするのだ。オーケストラの指揮者が楽団員たちを指揮することができるのは、指揮者が楽団員たちと同様に、つまり楽団員全員と同じくらい集中して楽曲の演奏に向かうからにほかならない。指揮者は楽団員たちを落ち着かせたり急き立てたりするが、しかしまた楽団員たちによって落ち着かせられたり急き立てられたりもする。じっさいには、楽団員グループは指揮者を通じて相互に落ち着かせたり急き立てたりしているのであり、指揮者というのは楽団員の一人一人にとって、存在しつつあるグループの流動的で現実化している形態なのである。指揮者とは、楽団員全員のあいだでそれぞれ相互にやりとりをさせる通訳なのだ。このように人間は、自身を囲む機械たちにとって常駐の連絡調整係にして発明家たることをみずからの役割（フォンクシオン）とする。人間はともに働く機械たちのあいだに［なかまとして］存在するのだ。

人間が機械たちのまえにいるというのは、発明がおこなわれ続けているということである。機械のうちにあるのは人間的な現実、つまり作動するさまざまな構造へと固定され結晶化した人間の身振りである。これら構造は作動しているあいだ支えられ維持される必要があり、そして開放性が最大限である——作動が最大限に自由である——ときに最大限に改良された状態となる。現代の計算機はたんなる自動装置ではない。現代の計算機とは、自動制御によって加算（つまりは基本単位としてのフリップフロップの作動による判定）*をおこなう装置である以上に、回路間の連絡について途方もなく大きな可能性を有している技術的存在である。この可能性ゆえに、この機械がもつ不確定の余地を制限することでその作動をコード化できるようになるのだ。この最初にある不確定の余地のおかげで、同じ機械が立方根を求めたり、少数の語と言い回しからなる簡単な文章を或る言語から別の言語へ翻訳したりすることができるのである。

さらにまた、機械がいくつかのまとまった総体へとグループ化され、人間が務める通訳という連絡調整係を介して相互に情報をやりとりすることができるのも、この不確定の余地を介してなのであって、自動性によってではない。情報のやりとりが二つの機械のあいだで直接に（たとえば主発振器と、パルスによって同期した別の発振器とのあいだで）おこなわれるときでさえ、人間はそのやりとりを最大限に良好なものにするために不確定の余地を調整する存在として介入している。

ところで次のような疑問が出てくるだろう。技術的現実の意識化をみずからのうちで実現し、それを教養のうちに取り入れることのできる人間とは、どのような人間なのか。労働であったり日常的な身振りの固定性であったりによってたった一つの機械に縛られている者が、この意識化を果たすのはまず不可能である。使用にもとづく関係は意識化にとって好ましいものではない。そうした関係が日常的に繰り返されると、それに適合した身振りが常同症的に反復されることで、機能や作動についての意識が薄れてゆくからだ。また、機械を利用するような事業の舵取り、つまり所有関係を管理することも、労働と同様、この意識化にとって有益ではない。そうした操業からは機械についての抽象的な観点が生じてくるが、そのとき機械はそれ自体においてよりも、むしろその価格であったりその作動がもたらす結果であったりによって判断されている。科学的認識も、技術的対象のうちに理論的法則の実践的応用を見るという点で、やはり技術的領域からずれている。ここでいわれる意識化はむしろ、機械の社会学者にして心理学者であるような組織化の技師（エンジニア）にふさわしい事柄であるだろうと思われる。この技師は技術的存在の社会のただなかで生きているのであり、この社会の発明的で思慮ある良心なのだ。

さまざまな技術的現実をそれらのあいだの意味連関において把握する真の意識化は、数限りない技術に対応するものである。そもそも、規模の小さな技術的総体でさえ複数の機械から構成されており、そしてそれら機械の作動原理はまったく異なる科学的領域に属しているのだから、そうならざるをえないのである。また、いわゆる技術的な専門化は大抵の場合、厳密な意味での技術的対象にとっては外的な懸案事項（公衆との関係、特殊な取引形態）に対応しているのであって、技術的対象に含まれる一種の作動図式に対応してはいない。技術者たちの視野狭窄――みずからを技術者から区別しようとする教養人はこれを理由に技術者を非難する――は、技術と無関係な方針に沿っておこなわれる専門化によってこそ生じる。つまりそれは技術に関する情報や直観の狭窄というよりも意図の狭窄、目的の狭窄なのだ。「そもそも」力学と熱学と電気学が少しも関わっていないような機械は今日では滅多に見られない。

真に一般的であるという失われた特徴を教養に取り戻させるには、機械の本性や、機械相互の関係や機械と人間との関係、そしてこれらの関係に当然含まれている価値、こうしたことについての意識がふたたび教養に導入可能でなければならない。この意識化には心理学者や社会学者のほかに、科学技術（テクノロジー）の専門家あるいは機械学者（、、、）[10]の存在が必要となる。さらには、文学的教養の基礎と同様に、科学技術（テクノロジー）の公理系を構成する因果や制御といった根本図式についての教育が広く一般におこなわれねばならない。技術への手ほどきは科学教育と同じ次元に位置づけられねばならない。この手ほどきは芸術の実践と同様に非打算的であり、理論物理学だけでなく実践的応用にも強い影響力をおよぼす。つまり抽象化や象徴化について［科学教育と］同じ段階に到達しうるのだ。子どもは数学の定理を知るように自動制御や正のフィードバックが何であるかを知ることになるだろう。

このように教養の再編成が破壊ではなく拡張によって進められるなら、失われてしまった真の制御的能力[11]を現代の教養に取り戻すことができるだろう。教養はさまざまな意味連関や表現手段、正当化形式といったものの基盤となっており、それを身につけた者たちのあいだに制御的な連絡（コミュニケーション）を成立させる。集団生活から生じてくるような教養は、指揮の職務にあたる者たちに規範や図式を提供することで、ふさわしい振る舞いをとらせる。ところで、技術が大きく発展する以前は、生きた経験をもたらす主要な技術が図式やシンボル、質（クオリティ）[12]、類比として教養のうちに組み込まれていた。ところがいま現在の教養は古い教養であり、過去のさまざまな職人的・農業的な技術の目録が力動的な図式[13]

として組み込まれている。そしてこうした図式こそが集団とその長の仲介役を務めるのであるが、そのような図式は［現在の］技術に適合していないので、根本的なねじれが生じることになる。［集団の長の］権力は、文学、言論術、もっともらしさの弁護、修辞学となる。そうした指導的役割は虚偽のものである。なぜなら統治される現実と統治する存在とのあいだにはもはやその関係についての適切なコードが存在していないからだ。統治される現実には人間と機械が含まれている。だが［集団の長が用いる］コードは道具によって労働する人間の経験にしか、つまりそれ自体は［現在では］弱体化し疎遠なものとなった経験にしか基づいていない。このコードを用いる者たちは［古代ローマで農作業中に独裁官に選出されたというルキウス・クィンクティウス・］キンキナトゥスとは異なり、犂（すき）の柄から手を放さなかったのである。シンボルは弱体化してたんなる言語的な言い回しとなり、現実的（リアル）なものは不在となった。統治される現実の総体と権威の機能とのあいだで循環的因果という制御的関係は成立しえない。伝達すべき情報のタイプにコードが不適合となったのだから、もはや情報が届くことはない。人間と機械が相関しつつ同時に存在していることを表現するような情報は、機械の作動図式とそれに含意される価値とを含んでいなければならないのである。教養は専門分化し、力を失ってしまったが、ふたたび一般的なものとなる必要がある。教養のこうした拡張は疎外の主要な原因の一つを取り除き、制御的な情報伝達を立てなおすのであり、政治的で社会的な価値をもつ。このように教養が拡張されることで、みずからの生き方や境遇について自身を取り巻く現実を考慮しながら考えるための手だてが人間にもたらされうる。教養の拡張と深化というこの仕事はまさしく哲学的と言うべき役割をも果たすのでなければならない。この仕事は、たとえばロボット——怠惰で満ち足りた人類に奉仕する完璧な自動機械――について言われるような、いくつかの神話やステレオタイプの批判にいたるのである。

こうした意識化をおこなうにあたっては、技術的対象をそれ自体において、つまり具体化[14]と機能の多元的決定とからなるプロセスによって定義してみることができる。このプロセスが一つの進化を終えた技術的対象にまとまりを与えているのであって、技術的対象がたんなる物とはみなされえない証左となっている。こうした発生にみられるさまざまな様相から、要素、個体、総体という技術的対象の三つの水準と、それら水準どうしの一時的な、しかし弁証法的ではない連携とが把握される。

技術的対象がその発生によって定義されることで、技術的対象とそれ以外の現実との結びつきを、とりわけ大人の段階の人間や子どもとの結びつきを研究することができる。

要するに、技術的対象は価値判断の対象とみなされるとき、要素、個体、総体のいずれの水準で捉えられるかによってまったく違った態度を「人間のうちに」引き起こしうるのである。要素の水準では、身についた習慣と衝突して不安を生じさせるような変動が「技術的対象の」改良によって持ち込まれることはまったくない。これは一八世紀の楽観主義（オプティミズム）にみられる雰囲気であり、終わりなく続く進歩という考えを持ち込み、人間のおかれた境遇の絶えざる改善をもたらした。「対象の水準では」反対に、技術的対象は一時のあいだ人間の敵対者、競争相手となる。道具しか存在していなかったときには、人間は技術的個体性をみずからのまわりに集めていたからだ。人間が機械に取って代わられるのは、道具の担い手という機械が果たしている役割をかつて人間が果たしていたからだ。この局面に対応するのは人を夢中にさせるドラマチックな進歩観であり、これは自然の冒瀆、世界の征服、エネルギーの窃取となってゆく。こうした力への意志は、熱力学の時代にみられる科学技術至上主義的でテクノクラート的な度を越した言動を通じて表明される。つまりそれは預言者的であると同時に破局を思わせるような言い回しをするのだ。最後に、二〇世紀の技術的総体の水準では、熱力学的なエネルギー論が情報理論に取って代わられる。情報理論に含まれる規範は際立って制御的であり安定性をもたらすものとなっているのである。技術の発展は安定性の保証として現れるのだ。機械は技術的総体の要素として、情報量を増加させるもの、ネゲントロピー[15]を増大させるもの、つまりエネルギーの低級化に逆らうものとなる。機械とは、組織化の活動、情報の活動であり、生命と同様に、そして生命とともに、乱雑さ――宇宙から変化の力を奪ってゆくような、あらゆるものの均等化――に逆らうものである。機械とは、人間がそれによって宇宙の死に逆らうところのものなのだ。機械は生命と同様にエネルギーの低級化を減速させるのであり、それゆえ世界に安定性をもたらすものとなる。

　技術的対象に向けられてきた哲学的な眼差しをこのように修正することで、技術的存在を教養のうちに取り入れる可能性が示される。この統合は要素の水準でも個体の水準でも決定的にはおこなわれえなかったが、総体の水準では安定性についてのより大きな公算とともにおこなわれうるにちがいない。制御的となった技術的現実は教養に統合されうるだろう。教養は本質的に制御的なのだ。この統合は、技術性が要素に存するものであったときには〔要素の〕付加によってしかなされえなかったし、技術性が新たな技術的個体に存するものであったときには〔そうした個体による〕侵入と革命によってしかなされえなかった。今日、技術性は総体に存するものになりつつある。技術性はそのとき教養の基礎となりうる。つまり技術性は、技術性によって表現され制御される現実に教養を適合させることで、教養に統一性と安定性の力をもたらすことになるのである。

第一部　技術的対象の発生と進化

第一章　技術的対象の発生——具体化のプロセス

第一節　抽象的な技術的対象と具体的な技術的対象

技術的対象は発生[1]のもとにあるが、しかしそれぞれの技術的対象についてその発生を定義するのは困難である。というのも技術的対象の個体性は発生のさなかで修正されるからだ。さまざまな技術的対象を一つの技術種（しゅ）に帰属させることで、それらをかろうじて定義するのが精々のところだろう。［たしかに］技術的対象の応えている実際上の目的から技術的対象を把握することを良しとしているうちは、実際上の用途について技術種をおおづかみに区別するのは容易い。だが、一つの固定した構造に一つの限定された用途が対応しているわけではないのだから、そこで取り沙汰されているのは偽りの種別性（スペシフィシテ）なのである。たいへん異なる作動や構造から同じ一つの結果を得ることは可能だ。じっさい、蒸気機関、ガソリンエンジン、タービン、時計のゼンマイばねや錘（おもり）は、すべて等しく動力源［moteur］なのである。[2] もっとも［等しく動力源であるとはいえ］時計のゼンマイばねと弓ないし弩（おおゆみ）とのあいだには、この同じばねと蒸気機関とのあいだ以上に実質的（リアル）な類比があり、また、錘を用いた時計の有する動力源が巻き上げ機（ウィンチ）のそれと類比的である一方で、電気により動作が維持される時計は呼び鈴やブザーと類比的ではある。用途［という観点］は類や種のもとに異質な構造や作動をまとめるが、それら類や種の意味連関は、そうした［技術的対象の］作動と、それとはまた別の作動との、つまり人間存在がその行動においておこなう作動との結びつきにより保たれているのである。それゆえ、たとえば**moteur**[3]のような統一的な名称が与えられているものでも、この瞬間に多様でありうるし、個体性を変えながら時代のなかでさまざまに変わりゆくことができる。

　しかしながら、技術的対象の個体性から、あるいはさらにその種別性（スペシフィシテ）――これはきわめて不安定である――から出発して、技術的対象の発生の法則をこの個体性やこの種別性の枠組みのなかで定義しようとするのではなく、問題を逆転させたほうがよい。発生の判断基準から出発してこそ技術的対象の個体性や種別性は定義可能なのである。個々の技術的対象は今・此処に（hic et nunc）与えられたしかじかの物なのではなく、その発生があるものなのである。[1]技術的対象の統一性、個体性、種別性というのは、その対象の発生にみられるまとまり（コンシスタンス）や収斂といった特徴のことである。技術的対象の発生は、技術的対象の存在（エグジスタンス）の一部をなしている。技術的対象とは、その生成に先立つものなのではなく、この生成の各段階で現れるものなのである。一なる技術的対象は生成の統一性（ユニット）なのだ。［こうした観点からすれば］ガソリンエンジンとは、時間と空間において与えられたしかじかのエンジンなのではなく、初期のエンジンからわたしたちのよく知るエンジンへと、つまり今なお進化しつつあるそれへと向かう一つの道筋が、一つの連続性があるということなのである。それゆえ［技術的対象の］進化における一定の段階のうちには、［生物の］系統発生の一系統においてそうであるように、形態の進化の根源にある力動的(ダイナミック)な構造や図式が含まれている。技術的存在は収斂と自己への適応によって進化する。つまり内的共鳴[4]の原理に従って内的に統一されるのである。今日のエンジンが一九一〇年のエンジンの子孫であるのは、たんに一九一〇年のエンジンがわたしたちの祖先の組み立てたエンジンであったからではない［以下、図版1も参照］。また、今日のエンジンが使用に関してより改良されているからでもない。じっさい、しかじかの使用については一九一〇年のエンジンのほうが一九五六年のエンジンよりも依然として優れている。たとえば、一九一〇年のエンジンは遊び部分がより大きく、かつバビットメタルのような脆い合金を使わずに組み立てられており、かなりの高温であっても焼き

1　［ただしそれは］技術的対象の発生を、美的対象や生物といった、それ以外の種類の対象の発生から区別するいくつかの特定の様相から見てのことである。発生に特有(スペシフィック)のこれら様相は静的な種別性(スペシフィシテ)から、つまり種々様々な対象の特徴を考察することで発生以後に確立できるようなそれから区別されねばならない。発生論的方法を採用する目的はまさに分類学的思考の使用を避けることにある。そうした思考は発生以後に介入することですべての対象を論証に都合のよい類と種へと振り分けてゆく。［だがじっさいには］一つの技術的存在がたどってきた進化のみちのりは、本質的なものとして、技術性というかたちでこの存在のうちに残存している。技術的存在――わたしたちが撰集的(アナレクタ)と名づけることになる[5]歩みに従って技術性を担っているもの――が適切な認識の対象となりうるのは、技術的存在の進化が束の間にしめす方向(サンス)をこの認識がその技術的存在において把握する場合に限られる。この適切な認識とは技術的教養であり、技術知から明確に区別される。技術知は、さまざまな図式を作動とは切り離して今日性において把握するにとどまっている。或る技術的対象と別の技術的対象のあいだに技術性の水準で存在しているさまざまな関係は水平的であるとともに垂直的でもあるのであって、類と種によって事を進めるような認識は［こうした関係を考察するのに］ふさわしくない。わたしたちがこれから示してみたいのは、技術的対象どうしの関係はいかなる意味で変換的(トランスダクション)であるか[6]、ということなのである。

付きが起きたり金属部品が溶けたりせずに耐えることができる。また、［点火にバッテリを必要としない］マグネトー式点火装置を備えており、より自律的である。旧式のエンジンのいくつかは、廃車から取り出されたあとも漁船で故障することなく動いている。現在の自動車エンジンが一九一〇年のエンジン以後のものとして定義されているのは［たんに時系列に沿ってそうなっているのではなく］、因果の状態（レジーム）[7]と、そうした因果の状態が適合しているかぎりでの形状について、［エンジン］内部での検証（テスト）がおこなわれているからである。現在のエンジンにおいては、重要な部品はどれも相互的なエネルギー交換を通じてそれ以外の部品と結びつけられており、或る部品がそれ以外の部品になることができないほどである。［たとえば］燃焼室の形状、バルブの形状や大きさ、ピストンの形状は、相互的因果が数多く存在している同じ一つの系（システム）を構成している［図版3も参照］。［燃焼室やバルブやピストンといったエンジンを構成する］これら要素の形状がそのようになっていることでかなりの圧縮比が得られ、そしてこの圧縮比そのものが、点火時期を一定角度ぶん早めることを要請するのである。また、シリンダヘッドの形状、そしてシリンダヘッドを形作っている金属は、一つのサイクルにおける［点火以外の］他のすべての要素と関係づけられており、点火プラグの電極を一定の温度に高める。すると今度はこの温度が点火装置の、ということはつまりサイクル全体の特性へと影響を及ぼし始めるのである。［こうしたことをふまえるなら］次のように言えるだろう。すなわち、現在のエンジンは具体的なエンジンであり、それに対して旧式のエンジンは抽象的なエンジンである、と。昔ながらのエンジンにおいては、どの要素もサイクルの特定の時期（モーメント）に介入し、それ以後は、もはや他の要素に影響を及ぼさないものと見なされる。つまりこのエンジンを構成している部品は、各々が入れ替わり立ち替わり働いているが、知り合いになることはない人間たちのようなものなのである。

もっとも、まさにそうした次第で、熱機関の作動を教室で説明するときには、各部品をそれ以外の部品から切り離し、そうした部品を幾何学的空間において相互外在的な部分（partes extra partes）として黒板に描画するということがおこなわれている。昔ながらのエンジンは完全な単一の機能によって定義された要素が論理的に組み合わされたもの（アサンブラージュ）である。それぞれの要素は、目的が完全に定められた道具、つまりその機能の実現に向けて全体が方向づけられた道具のようなものであるとき、その機能を最もよく果たすことができる。二つの要素間の恒常的なエネルギー交換は、この交換が理論のうえで作動の一部になっていない場合、不完全さとして現れる。つまりは技術的対象の原始的形態、抽象的形態が存在している。この形態にあって理論上の物質的統一性（ユニット）はそれぞれが一つの絶対的なものとして扱われるのであり、そして内在的な完全さ——作動するには閉じた系として構築される必要がある完全さ——において完成されるのである。［そうした統一性（ユニット）を］総体へと統合することは、この場合、解決すべき一連の問題をもたらすことになる。そうした問題は技術的（テクニカル）な問題と呼ばれているが、じっさいには、すでに与えられている総体どうしが両立可能であるかという問題である。

そうしたすでに与えられている総体は、互いに影響を及ぼしあっているのであるが、とはいえ維持され、保存されねばならない。このとき独特の構造が姿を現す。それは、構成ユニットにとっては、防御構造と名づけることのできるような構造である。［たとえば］内燃機関のシリンダヘッドは冷却用の放熱フィンで覆われ、そうしたフィンは激しい熱交換と高い圧力にさらされるバルブ部分で特に発達する［図版2も参照］。こうした冷却用の放熱フィンは、初期のエンジンにおいては、理論上の、つまり幾何学的に円柱状であるような、シリンダやシリンダヘッドに外から付け加えられたようなものになっている。つまりただ一つの機能、冷却という機能しか果たしていない。最近のエンジンにおいては、そうした放熱フィンはさらに機械力学的な役割も果たしている。リブとして、混合気の圧力下でシリンダヘッドが変形するのを防いでいるのだ。こうした状況では、もはや容量ユニット（シリンダ、シリンダヘッド）と熱放散ユニットは区別されえない。放熱フィンを自然空冷式エンジンのシリンダヘッドから切断や研削によって取り除いたなら、シリンダヘッドだけから構成された容量ユニットは、もはや容量ユニットとしてすら存続する力を失うだろう。混合気の圧力によって変形してしまうのである。機械力学的な容量ユニットは、その拡がりを熱放散ユニットと同じくするものとなったのだ。というのも総体の構造は二つの効果を生み出しているのである。放熱フィンは外気の流れに対して、熱交換による冷却がおこなわれる表面を構成している。この同じフィンは、シリンダヘッドの一部となっているものとして、変形しない輪郭によって燃焼室の境界を定めており、そしてそこで用いられる金属の量は、シェルにリブをつけない場合に必要な量よりも少ないのである。こうした独自の構造が発達したのは「二つの機能の」妥協ではなく、随伴であり、収斂である。リブをつけられたシリンダヘッドは凹凸のない同じ剛性のシリンダヘッドよりも厚みを薄くすることができるのだ。しかもそのうえさらに、分厚いシリンダヘッドを通じて実行される熱交換よりも効果的な熱交換が薄いシリンダヘッドによって可能になる。放熱フィンとリブという二つの機能を果たす構造は、熱交換がおこなわれる表面を拡張すること（放熱フィンとしての放熱フィンの特質）だけでなく、シリンダヘッドの厚みを薄くできるようにすること（リブとしての放熱フィンの特質）によって、冷却作用を改善しているのである。

それゆえ技術的（テクニカル）な問題とは、競合する要請のあいだで妥協点を探すという問題であるよりも、むしろさまざまな機能を一つの構造的な統一性へと収斂させるという問題である。単一の構造にみられる二側面のあいだの競合が消えずに残るとしたら、それはただ、いま検討している事例であれば、最大の剛性が得られるリブの配置が必ずしも冷却に最も適した配置――車両の走行中に空気が放熱フィンのあいだを流れてゆくのを容易にする配置――ではないかぎりでしかない。この場合、製造者は混成的で不完全な特徴を保存しておくことを余儀なくされるかもしれない。つまり、放熱フィン＝リブは、最良の冷却効果を得るために配置されるなら、たんにリブであるときよりも薄く、かつ剛性がより高くなければならないだろう。反対に、剛性を得るという問題を完全に解決するために配置されるなら、空気の流れが抑制されることで生まれた熱交換の損失分を、表面を発達させることで取り戻すために、その表面積がより大きくなる。要するに、放熱フィンはまさにその構造において依然として二つの形態の妥協点でありうるのであって、それゆえに、さまざまな機能のうちの一つだけが構造の目的とされていた場合よりも大きな発達が必要とされるのである。こうした機能に関する方針の相違（ディヴェルジャンス）は抽象化［＝或る構造の機能を一つに絞ること］の残滓として技術的対象のうちに残されているのであり、そして多価的構造の機能どうしのあいだにあるこの余地を徐々に削減することによってこそ一つの技術的対象の進歩は規定されるのである。この収斂（コンヴェルジャンス）によってこそ技術的対象は種別化される。というのも、一つの特定の時代に機能的な系が無限に存在しているというのはありえないからだ。技術種[8]の数は、技術的対象が充てられる用途に比べてはるかにずっと限られている。人間側の需要は無限に多様化してゆくが、技術種が収斂してゆく方向の数は有限なのである。

技術的対象はそれゆえ、収斂してゆく系列の終端で得られる種的類型（タイプ）として存在している。この収斂してゆく系列は抽象的様態から具体的様態へと進む。この系列がめざすのは、技術的存在をしてそれ自体と完全に整合した系に、つまり完全にそれ自体と統合された系にするはずの状態である。

第二節　技術的進化の条件

どのような理由で技術的構造の進化にこうした収斂が現れるのか？——おそらく一定数の外因が存在しており、とりわけ交換用の部品や装置（オルガン）について標準化をうながす外因があるだろう。とはいえ、そうした外因の影響力は、無限に変化してゆく需要にあわせて類型（タイプ）を増やしてゆく外因とさほど変わらない。さまざまな技術的対象が少数の種的類型に向かって進化してゆくのは内的な必然性によるのであって、経済的な影響や実際上の要請といった［外因の］結果なのではない。流れ作業が標準化をもたらしているのではなく、［技術的対象にその原因が］内在する標準化が流れ作業を存在させているのである。技術的対象の種的類型が形成された理由を職人の手による生産から工業生産への移行のうちに発見しようと努力するなら、結果を条件と取り違えることになってしまう。生産の工業化は安定した類型が形成されることで可能となったのだ。職人仕事は技術的対象の進化の原始的段階に、すなわち抽象的段階に対応しており、工業は具体的段階に対応している。オーダーメイドという、職人の仕事から産み出されるものに認められる対象の特徴は、本質的ではない。オーダーメイドという特徴はまた別の特徴から生じてきた［二次的な］ものであって、むしろ本質的であるのは抽象的な技術的対象にみられる特徴、つまり分析的な組織化にもとづいており、つねに新たな可能性への途が開かれている――対象の内にふくまれる偶然性がその外へと表れ出たのがそうした可能性である――という特徴のほうなのである。［職人仕事の水準では、対象の側の］技術的な働きにとっての整合性と、利用する側の需要体系にとっての整合性とが衝突するとき、利用する側の整合性が優位にある。利用する側の尺度に合わせてつくられた（オーダーメイドの）技術的対象は、じつのところ内在的な尺度のない対象だからだ。その規範は外からやってくるのである。オーダーメイドの対象は、その内的な整合性をまだ実現させていない。つまり必要なものの体系ではない。この対象は切りのない要請の体系に対応するものなのだ。

反対に、工業的な水準では、対象はみずからの整合性を獲得したのであって、需要体系は整合性において対象の体系に劣ることになる。工業的な技術的対象が需要の鋳型となり、こうして技術的対象は文明社会を形成する力を獲得する。利用する側が、技術的対象の尺度に合わせてかたちを整えられる体系となるのだ。個人が酔狂でオーダーメイドの自動車を要望するとき、製造者に精々できることは、大量生産されたエンジンや車台（シャシ）をもってきて、本質的な技術的対象としての自動車に外からつなぎ合わせる装飾的ないし付属的な細部を付け足すことで、外から見ていくつかの特徴を修正するくらいである。オーダーメイドでつくることができるのは非本質的な側面なのであって、そしてその理由は、そうした側面が副次的なものであるからなのだ。

こうした非本質的な側面と、技術的類型に特有の本性とのあいだに存在している結びつきは、ネガティヴな種類のものである。つまり、車が利用者の大層な要請に応えねばならなくなればそれだけ車の本質的な特徴は外的な束縛によって制限されてゆく。車体は付属品によって重量を増し、形状はもはや空気の流れを最適化する構造になっていない。オーダーメイドという特徴はたんに非本質的であるばかりか技術的存在の本質に背くのであり、外部から技術的存在に押しつけられる死重のようなものなのだ。車の重心は高くなり、総量は増大する。

しかしながら、技術的対象の進化が分析的オーダーから総合的オーダーへの移行――これが職人の手による生産から工業生産への移行を条件づけている――によってなされるのだと主張するだけでは十分でない。つまりこの進化は必然的なものだとしても自動的（オートマティック）なものではないのであって、それゆえこうした進化の運動をもたらすさまざまな原因が探究されるべきなのである。それら原因は主として抽象的な技術的対象の不完全さにある。その分析的な性格ゆえに、この対象にはより多くの材料が用いられ、組み立てるのにより多くの仕事が必要とされる。この対象は論理的にはより単純だが、技術的にはより複雑である。というのも複数の完全な機構（システム）をとりまとめることでつくられているからだ。この対象は具体的な技術的対象よりも壊れやすい。［抽象的な対象においては］作動の下位総体[9]を構成している機構がそれぞれ比較的たがいに孤立しているため、この機構が作動しない場合には他の機構の保存が脅かされるからだ。たとえば、内燃機関において、まったく自律した一つの下位総体によって冷却が実現されることは可能だろう。この下位総体が機能を停止するなら、機関は損なわれうる。反対に、総体の作動と連動した効果によって冷却が実現される場合、当然ながらその作動には冷却が含まれることになる。この意味で、空冷エンジンは水冷エンジンよりも具体的である。［空冷エンジンが冷却に利用する］赤外線による熱放射や対流は、どうしても生じてしまう効果なのである。つまり作動中は不可避のものなのだ。［それに対して］水冷は半ば具体的である。たしかに水冷も熱サイフォン*によって完全に実現されたなら、直接的な空冷と同じくらい具体的となるかもしれない。ただし、エンジンのエネルギーを伝導ベルト経由で受け取るようなウォーターポンプを採用すると、このタイプの冷却は抽象化［つまり連動が切れて機能が孤立すること］の性格を増大させる。水冷は、それが安全装置（システム）である（エンジンからポンプへの伝達に不調が生じても、水がそこにあることで、気化によって熱エネルギーが奪われ、数分間は最低限の冷却がなされうる）かぎりで具体的と言える。だが、正常に作動しているとき、この装置は抽象的である。そのうえ、冷却回路から水がなくなる可能性というかたちで抽象化の要素がつねに残存している。これと同様に、パルス変圧器とバッテリとを用いた点火装置はマグネトー*式点火装置よりも抽象的であり、そしてこのマグネトー式点火装置そのものは、ディーゼルエンジンに実装されている、圧縮した空気に液体燃料を噴射する点火装置よりも抽象的である。この意味で、フライホイール・マグネトー点火の空冷エンジンは一般的な自動車エンジンよりも具体的であると言える。このエンジンではすべての部品が複数の役割を果たしているのだ。スクーターが航空機を専門とする技師の仕事の産物だとしても驚くべきことではない。自動車が抽象化の残滓（水冷、バッテリとパルス変圧器による点火）をあえて保存することができるのに対して、航空機産業は作動の安全性を増大させ自重を減少させるために、最も具体的な技術的対象を製造することを余儀なくされているのである。

それゆえ、経済的な制約（原料や仕事の量、そして使用時のエネルギー消費量を削減すること）と技術固有の要請——対象は自壊してしまってはならず、可能な限り長期にわたり安定した作動状態で維持されねばならない——はおなじところへ収斂してゆく。これら二つの種類の要因、つまり経済的要因と技術固有の要因のうち、技術的進化において支配的なのは後者であるように見える。たしかに経済的要因はすべての領域に存在している。だが、進歩が最も活発な場というのは、とりわけ技術的条件が経済的条件に勝る領域（航空機産業、軍需品）である。経済的要因は純粋ではないからだ。経済的要因を弱め、あるいは覆しもする購買者の動機や選好（贅沢さに対する好み、上辺のあたらしさに対するユーザーの願望、商業的な宣伝活動）の放漫なネットワークが経済的要因に干渉しており、その結果、技術的対象がそれ自体で評価されずに社会的神話や世論の動向を通じて知られるような領域においては、複雑さへの特定の傾向が生じてくる。たとえば、いくつかの自動車メーカーは、付属品に過剰な自動装置を採用することや、直接的な制御が運転手の体力の限界をまったく越えていないときでさえ頑なにサーボ機構に頼ることを、あたかも改良であるかのように提示している。一部のメーカーはさらに、クランク棒によるエンジンの始動のような直接的手段の廃止に商品の謳い文句や優越性の証を見いだすに至ってさえいるのだが、じっさいのところこれは、バッテリに蓄積された電力の使用に従属させることで、作動をより分析的なものとする点にその本質がある。つまり技術的に言えばそこには複雑化があるのだが、メーカーはこの廃止を、乗用車のモダンな特徴を示し、発車に困難が伴うという——不快感と結びついた——ステレオタイプ化したイメージを過去に葬り去る単純化であるかのように提示するのである。こうして滑稽さのニュアンスがそれ以外の乗用車——クランク棒を残している ような乗用車——に投影される。そうした車は巧妙なプレゼンテーションによって多少なりとも時代遅れなもの、過去に葬り去られたものにされるからだ。自動車は、心理的で社会的な推論を担わされた技術的対象であり、技術的進歩には適していない。自動車の進歩は、航空機や船舶、輸送トラックといった隣接領域に由来するのである。

技術的対象に特有の進化は、まったく連続的におこなわれるのでも、完全に不連続的におこなわれるのでもない。この進化にはいくつかの安定期があり、その安定期は、その期間に相次いで現れた系（システム）が整合したものとして実現されていることによって定義される。構造的な再組織化の指標となる安定期の狭間には、連続的なタイプの進化が存在しうる。この進化は、じっさいに使用するなかで得られた経験によって細部が改良されることや、より適合した原料であったり付属装置であったりが製造されるようになったことに起因する。たとえばこの三〇年で自動車エンジンは、使用条件についてより適合した材料が採用されたり、燃料の研究によって圧縮比が向上したり、シリンダヘッドやピストンヘッドの特殊な形状がデトネーション現象*との関連で研究されたりすることで改良されてきた。デトネーションを避けつつ燃焼を引き起こすという問題は、混合気中の爆発波の伝播について、さまざまな圧力、さまざまな温度、多様な体積で、いくつかの定まった発火点から、科学的なタイプの仕事がなされることでしか解決されえない。だがこの努力はそれだけで直ちに実用化に至るのではない。つまり成し遂げるべきこととして実験の仕事が残っているのであって、それゆえ改良におけるこうした歩みに特有の技術性がある。技術的対象の特殊化を可能にする構造上の再編は、この対象の生成においては本質的なものがあることを表している。たとえ科学が一定期間のうちに進展しなかったとしても、特殊性へと向かう技術的対象の進歩が成し遂げられ続けることは可能だろう。じっさい、この進歩の原理とは、対象がその作動において、そしてその作動から利用する側へのフィードバックにおいて、それ自身の原因となり、それ自身を条件づけているしかたなのである。技術的対象とは、さまざまな下位総体の組織化という抽象的な仕事から生まれるものであり、相互的因果の関係がいくつも登場する舞台なのだ。

　そうした関係がゆえに、対象は利用条件におけるいくつかの制限から出発して、みずからの作動のうちにさまざまな障害を見いだすことになる。下位総体の系が徐々に飽和してゆくことで生まれるさまざまな両立不可能性のうちにこそ、その乗り越えが進歩であるような制限の働きがあるのだ。[2] だがこの乗り越えは、まさにその本性のゆえに飛躍的な発展によってしか、つまり機能の内的な割り振りが修正されること、それら機能がつくる系において再配列がおこなわれることによってしかなされえない。障害だったものが実現のための手段とならねばならないのである。電子管――その最もありふれた類型はラジオの真空管である――の進化のケースがそれだ［以下、図版4から8も参照］。その終端に真空管の現行規格が見いだされる構造上の再編を引き起こしたのは、三極管の正常な作動を妨げる内的な障害である。三極管に生じる最も厄介な現象の一つは制御グリッドと陽極（アノード）からなる系に生じる大きな相互静電容量（キャパシタンス）であった。この静電容量は二つの電極［＝制御グリッドと陽極］のあいだの容量性カップリングを引き起こすのであり、自励発振が始まるのを目の当たりにするリスクなしにはこれら電極のサイズをめざましく大きくすることができなかった。こうした避けがたい内的なカップリングは外的な配線方式によって、とりわけニュートロダイン方式――それは、陽極とグリッドが交差結合され、左右対称に配線された真空管を用いて実施された――によって埋め合わせる必要があった。

困難を［外的な配線方式によって］回避するのではなく解決するために、三極管の内部で制御グリッドと陽極のあいだに静電遮蔽が介入させられた。ところで、こうした［三極管内への静電遮蔽の］付加によってもたらされるのは電気シールドで得られる利点だけではない。シールドはその本来の目的であったデカップリング機能だけを果たしうるのではない。つまり、グリッドと陽極のあいだの空間に配置されることで、シールドはその（グリッドと陽極とに対する）電位差によって、陽極に対してはグリッドとして、グリッドに対しては陽極として介入するのである。シールドの電位はグリッドの電位よりも高く、陽極の電位よりも低くなければならない。この条件を外れると電子はまったく通過しなくなり、あるいはシールドへと運ばれて陽極には運ばれなくなる。シールドはグリッドと陽極のあいだを移動している電子に働きかけるということだ。シールドそれ自体がグリッドであり陽極なのである。一体となったこれら二つの機能は意図して獲得されたわけではない。しかもこれら機能は、技術的対象の示す系の特徴ゆえに、互いが互いにとって不可欠である。シールドが三極管へと、その作動を妨害することなく導入されうるには、シールドが静電気に関する機能を果たすのと同時に、移動している電子に関する機能を果たすのでなければならない。シールドをたんなる静電遮蔽とみなすなら、その電圧を任意に上げることは、この電圧が直流電圧でさえあれば可能だろう。だが、そのときシールドは三極管の力動的な作動を妨害してしまうのである。必然的にシールドは電子流を加速させるグリッドとなり、力動的な作動において積極的な役割を果たすようになる。つまり、シールドが一定の

2　これ［＝乗り越えるべき両立不可能性］が系の個体化の条件である。

電圧――これはグリッドと陽極のあいだの空間においてシールドが占める精確な位置によって決まる――に達するなら、それによって内的な抵抗が、そしてそれゆえに増幅率が著しく増大するのである。したがって四極管はもはやたんに陽極と制御グリッドのあいだで静電気によるカップリングが生じない三極管ではない。四極管とは相互コンダクタンスの大きな電子管なのであり、この電子管を用いることで、三極管のための三〇から五〇のオーダーの電圧ではなく、二〇〇のオーダーの電圧で増幅作用を得ることができる。

この発見にはしかし難点が伴っていた。四極管においては陽極からの二次電子放出現象が厄介な妨げとなっており、陰極（カソード）から生じて制御グリッドを乗り越えてきたすべての電子（一次電子）がこの現象によってシールドのほうへと逆行してしまう傾向にあったのだ。そこで［ベルナルト・D・H・］テレゲンは新たなシールドを元からあるシールドと陽極のあいだに差し込んだ。この［新たなシールドである］グリッドは、網目が大きく、陽極とシールドに対して負の電位（一般的には陰極の電位か、あるいはそれよりもさらに負の電位）となっているため、陰極から生じて加速された電子が陽極へ到達するのを妨げないが、負の方向に分極した制御グリッドのように振る舞うことで、二次電子が逆方向へと戻らないようにするのである。このように、力動的な作動図式を完全なものにする補足的な定電位制御グリッドを備えているという意味で、五極管は四極管の到達点である。とはいえ、不可逆性という同じ効果は電子流をビーム状に集中させることでも得ることができる。加速をおこなう遮蔽（シールド）グリッドの格子を制御グリッドの格子が生じさせる電子雲のなかに置くなら、二次電子放出現象はかなり少なくなる。加えて、作動中に生じる陰極と遮蔽グリッドのあいだの静電容量の変動はごくわずかなもの

（一・八pFだったのが〇・二pF）となり、発振を発生させる配線において電子管が用いられるときにはあらゆる周波数変動が除去されることになる。したがって、シールドをたんなる静電遮蔽として、すなわち任意の直流電圧に達した囲いのようなものとして理解するなら、四極管の作動図式はそれ自体では申し分なく完全というわけではないと言うこともできるかもしれない。［とはいえ］このような定義はあまりにも広く、あまりにも開かれているだろう。この定義はシールドがその機能において電子管へと複雑なしかたで組み込まれていることを必要とするが、これは、シールドに（そのシールドが加速器となるために）適用されるべき直流電圧について、そしてシールドがグリッドと陽極とのあいだの空間でとる位置について、それぞれ不確定の余地を縮小させることでなされる。最初の縮小のかなめは、直流電圧がグリッドの電圧と陽極の電圧とを媒介するようになる必要があることを明確化する点にある。そのとき一次電子の加速に関して安定した構造が得られるが、この構造はしかし陽極から生じる二次電子の道筋に関しては依然として不確定なままである。つまり、依然としてあまりに開かれており、あまりに抽象的なのだ。必要な安定的作動に対応するために、この構造を閉じるにあたっては、補足的な構造――抑制グリッドという第三のグリッド――を用いることや、遮蔽グリッドがその他の要素に対してとる配置をより精密にすること、つまりは遮蔽グリッドの格子を制御グリッドのそれに合わせて配列することができる。注目すべきは、第三のグリッドを付加することが、遮蔽グリッドの配置により大きな確定性を付加することに等しいという点である。つまり、複数の既存の構造をそれらの相互的因果によって確定させることがもつ機能上の特性と、一つの補足的な構造がもつ機能上の特性とのあいだには、可逆性がある。既存の構造からなる相互的因果系を補足的な確定によって閉じることは、一定の機能を実行するのに特化した新たな構造を付け加えることに等しいのである。技術的対象のうちには機能と構造の不可逆性が存在している。さまざまな構造からなる系がそれら構造の作動状態(レジーム)において多元的に決定されるなら、技術的対象は新たな構造の付け加えではなく作動の安定化によってより具体的なものとなる。指向性ビームを用いた四極管［＝ビーム管］は五極管に等しい。この四極管は、それによってひずみが生じる確率がより低いことを考慮するなら、音響周波数の出力増幅器としての機能において五極管よりも優れてさえいる。補足的な構造を付加することは、この構造が力動的な作動図式の総体へと具体的に組み込まれるときにのみ、技術的対象にとっての真の進歩であるのだ。こうした理由でわたしたちは、指向性ビームを用いた四極管は五極管よりも具体的であると言おう。

技術的対象の具体的な性格を高めることを、構造の複雑化によって技術的対象の可能性を広げることと混同してはならない。たとえば、二グリッド管（これによって陰極と陽極のあいだの単一空間内で二つの相互に独立した制御グリッドへと別々に作用を及ぼすことが可能となる）は［二つのグリッドと陰極と陽極という四極を備えているにもかかわらず］三極管よりも具体的ではない。二グリッド管は三極管と同じ部類のものなのであって、それゆえやむをえない場合には、独立した二つの三極管の陰極と陽極を、互いの制御グリッドは独立させたまま外的に結びあわせることで、二グリッド管と代替させることができるだろう。[3] それに対して、指向性ビームを用いた四極管はリー・ド・フォレストの三極管よりも進化している。この四極管においては、電場——一定であれ不安定であれ——によって電子流を変調させるという原始的な図式の発展、改良が実現されているからだ。

原始的な三極管には最新の電子管よりも多くの不確定性が含まれている。なぜなら、作動中に構造的な要素間にみられる相互作用は、それらのうちの一つ、つまり制御グリッドによって生じる電場の変調機能を除いて定義されていないからだ。この系にさまざまな精密化と［構造を］閉じることが相次いでもたらされることで、作動時に現れる難点は安定した機能に変わる。過熱や二次放出への備えとしてグリッドを負に分極させておく必要性には、原始的なグリッドを制御グリッドと加速グリッドへと二重化する可能性が含まれているのである。加速グリッドを有する電子管において、制御グリッドの負の分極は数ボルト、場合によっては一ボルトに削減されうる。制御グリッドはまったくと言っていいほど制御グリッドにしかならない。その機能はより効率的なものとなり、電子管の相互コンダクタンスは増大してゆく。制御グリッドは陰極に近づいてゆくが、反対に第二のグリッドであるシールドは陰極から遠ざかってゆき、陽極と陰極に対してほぼ同じ距離のところに落ち着く。これと同時に作動はより厳密なものとなる。公理系が飽和するように力動的な系はみずからを閉じるのだ。初期三極管の相互コンダクタンスは加熱で生じる陰極の電圧――これは電子流の密度に作用する――を電位差計によって変動させることで調整することができた。相互コンダクタンスの大きな五極管にはもはやこの手段を使うことは滅多にできない。そのとき五極管の特性は加熱で生じる電圧が著しく変動することで根本的に損なわれてしまうだろうからだ。

3　完全にというわけではない。［二グリッド管の場合、］グリッドはそれぞれが完全に変調しうるが、しかし二つの真空管を用いる場合、変調は中途半端なものとなるからだ。

技術的対象の進化は分化のプロセス（三極管の制御グリッドは五極管において三つのグリッドへと分裂する）と同時に具体化のプロセスにも従っており、構造的などの要素も単一の機能ではなく複数の機能を果たしているという主張は、たしかに矛盾して見える。だがじっさいには、これら二つのプロセスは相互に結びついている。分化が可能であるのは、全体的（グローバル）な作動と相関して生じる効果、つまり主たる機能の遂行とは別の弥縫策（びほう）によって辛うじて補正されていた効果を総体の作動へと一つの必然的結果をめざして意識的かつ計算されたしかたで統合することが、この分化によって可能になるからだ。

同様の進化はクルックス管からクーリッジ管への移行にも認められる［以下、図版9も参照］。前者はたんに後者よりも効率が低いだけではない。クルックス管は作動がより不安定であり、そして［構成において］より複雑なのだ。じっさい、クルックス管は陰極と陽極のあいだの電圧を利用することで単原子気体中の分子や原子を陽イオンと電子とに分離し、そうしてこれら電子を加速させ、対陰極への衝突以前にそれら電子へと大きな運動エネルギーを伝える。反対にクーリッジ管においては、電子を生じさせる機能はすでに生じた電子を加速させる機能から分離している。［電子の］発生は熱電効果（イオン化による電子の発生に代わるものだからか、この効果は誤って熱イオン効果と呼ばれている）によって実現され、そののちに加速が生じる。このように機能は分離されることで純化されており、そしてそれら機能に対応する構造はより明確であると同時により豊かなものとなっている。クーリッジ管の熱陰極は、構造と機能という観点でクルックス管の冷陰極よりも豊かである。であるのだが、静電気的な観点から考察すると、クーリッジ管の熱陰極はまた申し分なく一つの陰極でもある。あるいは冷陰極以上に陰極でさえある。というのは、クーリッジ管の熱陰極には熱電子が生まれるような非常に厳密に位置の定められた場が含まれており、そして（現行の電子管では数平方ミリメートルの）陽極に落ちる細い一筋のビームへと電子を収束可能にする静電気の勾配が、フィラメントを取り囲む陰極［＝プレート］の表面の形状によって決定されているからだ。反対に、クルックス管には電子が生まれるような厳密に定義された場が含まれていないが、それは、ビームを非常に効率的に収束させ、そうして理想的な点に近いX線源を得ることを可能にするためである。

さらには、クルックス管内にイオン化されやすい気体が存在することで、［その気体の］不安定さに由来する難点（電極への分子の定着による電子管の硬化、気体を電子管に再封入するためのロックを取り付けておく必要性）がもたらされただけではない。こうした気体の存在はまた、その気体中の分子が、陰極と陽極のあいだの電場において加速中のすでに生み出された電子にとって障害となるという本質的な難点をもたらしたのである。この難点は、さまざまなプロセスにおける機能的な拮抗状態という抽象的な技術的対象の特徴が示された典型的な事例である。拮抗状態というのはつまり、加速させるべき電子を生じさせるのに必要なその気体が、同時に加速の障害でもあるということだ。この拮抗状態こそ、クーリッジ管という高真空度真空管で消えるものである。この拮抗状態は、相乗効果（シナジー）を生じさせる機能グループが特定の構造へと割り振られることで消える。このような再配分によって各構造は機能的により豊かになり構造的により完璧な精確さを獲得する。つまり、陰極がなんらかの金属でできた球状ないし半球状のたんなる蓋であるのではなく、パラボラ状の受け皿――その中心部分には熱電子を生じさせるフィラメントがある――によって形成される総体になっているようなケースがそれだ。クルックス管において陰極に対して任意の位置を占めていた陽極は、かつての対陰極と幾何学的に一体となっている。新たな陽極＝対陰極は、相乗効果を生じさせる二つの役割を果たしている。すなわち、陰極に対する電位差を生み出すという役割（陽極の役割）であり、そして電位降下によって加速された電子がぶつかる障害――これによって電子の運動エネルギーは非常に短い波長の光エネルギーへと変換される――としての役割である。

これら［陽極と対陰極が別々に果たしていた］二つの機能に相乗効果が生じるのは、電子が最大の運動エネルギーを得るのは電場の電位降下による影響全体を受けたあとであるからだ。それゆえこの瞬間のこの場所でこそ、電子を急激に停止させることで最大量の電磁エネルギーを引き出すことができるのである。新たな陽極＝対陰極はつまり発生した熱の排出について一つの役割を（電子の運動エネルギーを電磁エネルギーに変換する効率が約一パーセントと低いがゆえに）果たしているのだが、この［排熱という］新たな機能は、さきほど述べた二つの機能と完璧に一致したものとして遂行される。すなわち、電子ビームの衝突地点に、タングステンのような溶けにくい金属の薄板が、対陰極でもある陽極をかたちづくっている斜めに切断された銅製の巨大な棒へと嵌め込まれているが、この薄板にまで広がった熱は銅製の棒によって電子管の外へと伝えられ、外側で冷却フィンへと広がってゆくのである。

三つの機能には相乗効果がある。というのも、電気伝導率がよいという銅製の棒がもつ電気的特性は、熱伝導率がよいというこの同じ棒がもつ熱的特性と表裏一体になっているのである。さらに言えば、銅製の棒の斜めに切断された断面は、ターゲット＝障害（対陰極）の機能、電子の加速（陽極）の機能、そして発生した熱の排出の機能に等しく適している。こうした理由で、クーリッジ管は単純化されていると同時に具体化されたクルックス管であると言える。この管においては各構造がより多くの機能を、ただし相乗効果を生じさせるようなそれを果たしているのである。クルックス管の不完全さ、つまり作動するなかで頻繁な修正が求められるその抽象的で職人的な特徴は、［管内に封入された］希薄気体が果たす機能における拮抗状態に由来していた。クーリッジ管で取り除かれたのはこの気体である。イオン化に対応するその不鮮明な構造は、陰極がもつ完璧に鮮明で［量的に調整可能な］[10]新たな熱電気的特性によって全面的に置き換えられるのである。

　こうしてこれら二つの事例から、分化の進む方向が、同じ構造上でおこなわれる多様な機能の凝縮と同じであることが示される。なぜなら、さまざまな相互的因果のはたらく系における構造の分化は（それら因果を作動へと統合することで）かつて障害であった二次的効果を取り除くことを可能にするからだ。それぞれの構造についておこなわれる特殊化は、機能上の統一性についてなされる総合的で積極的な特殊化であり、この作動を弱める招かれざる二次的効果が取り除かれる。技術的対象の進歩は、その内部でさまざまな機能が互いに両立可能ないくつかの統一性（ユニット）へと再配分され、当初の割り当てにあった偶然性や拮抗状態が置き換えられていくことでなされる。特殊化は機能単位ではなく相乗効果単位でおこなわれる。技術的対象において真の下位総体を構成するのは相乗効果のある機能のグループであって、単独の機能ではない。このように相乗効果が探究されるがゆえに、技術的対象の具体化は単純化の様相（アスペクト）をまとって現れる。具体的な技術的対象とは、もはやそれ自身と敵対していない技術的対象であり、いかなる二次的効果によっても総体の作動が損なわれないような、あるいは二次的効果がこの作動の外で放置されていないような技術的対象である。そしてそれゆえに、具体的となった技術的対象においては相乗効果が生じるように連合された複数の構造によって一つの機能が遂行されるのに対して、原始的で抽象的な技術的対象においては、各構造には特定の機能の、そして一般的にはただ一つの機能の遂行が担わされている。技術的対象の具体化の本質とは、機能上のさまざまな下位総体が全体的な作動において組織化されるということである。この原則から出発することで、多様な構造がおりなすネットワーク内での機能の再配分がいかなる意味（サンス）でおこなわれているのかを、抽象的な技術的対象においてと同じく具体的な技術的対象においても理解することができる。どの構造も「積極的なものであるか否かを別にして」複数の機能を遂行する。ただし抽象的な技術的対象においては、各構造は本質的で積極的な一つの機能しか、つまり総体の作動に統合された機能しか遂行していない。具体的な技術的対象においては、構造が遂行している機能はすべて積極的であり、本質的であり、総体の作動に統合されている。作動のもたらす副次的な影響は、抽象的対象においては補正装置によって除去ないし弱められていたが、具体的対象においては積極的な段階ないし側面となる。無益であったり有害であったりした影響は作動をかたちづくる連鎖の一部となるのだ。

　こうした進歩は次のことを前提としている。すなわち、あたかも人工物が、エネルギー交換つまり物理学的で化学的な変換について認識可能なあらゆる側面で研究されている物理系といかなる点でも異なっていないかのように、どの構造にもその作動の全構成要素に対応する特徴が製作者によって意識的に割り当てられている必要があるのだ。具体的対象においては、一つ一つの部品はもはやたんに製作者の望む機能の実現に対応することを本質とするものであるだけでなく、多数の力が働き、製造側の意図を離れた効果が生じている系の一部でもある。具体的な技術的対象とは、さまざまな相互作用が科学の全法則に従って働いている物理－化学系なのだ。技術的意図の目的は、普遍的な科学的認識と一体化している場合にのみその完成に到達しうる。この科学的認識が普遍的でなければならないという点は明確にしておかねばならない。というのも、人間の側にあるなんらかの特定の需要に応える対象という紛い物の区分に技術的対象が属しているなどということによっては、この対象のうちで働いたり、この対象と外界のあいだで働いたりしうる物理‐化学的な作用の類型（タイプ）は、いかなる点でも制限されず定義されないからだ。技術的対象と、対象として研究される物理‐化学系との相違は、科学の不完全さにのみ存する。技術系（システム）において働く相互作用の普遍性を予測する指針となる科学的認識は、なんらかの不完全さからの影響を受け続ける。科学的認識によってすべての効果を厳密な精度で完全に予測することはできない。それゆえに、特定の目的に対応する技術的意図の体系（システム）と、この目的を実現する因果的な相互作用についての認識の科学的体系とのあいだには、なんらかの隔たりが残り続ける。技術的対象が完全に認識されることは決して ない。まさにこうした理由で、技術的対象はまた、偶然との稀有な遭遇でもないかぎり、完全に具体的であることも決してない。機能が構造へと決定的に割り当てられ、構造について厳密な計算がおこなわれうるとしたら、それは技術的対象において存在するかもしれないすべての現象についての科学的認識が完全に獲得されたときにでしかないだろう。事実はそうなってはいないのだから、対象の技術的図式（これには人間のめざす目的の表象が含まれる）と、この対象をその中枢とする現象についての科学的な一覧表（タブロー）（これには作用因、つまり相互的ないし循環的な因果[11]の図式しか含まれない）とのあいだには、なんらかの相違が残り続ける。

技術的対象の具体化を条件づけているのは、科学と技術をへだてている間隔を狭めるということである。職人的な原始的段階（フェーズ）が科学と技術との相関関係の弱さを特徴とするのに対して、産業的段階（フェーズ）はその相関関係が強くなっていることを特徴とする。特定の技術的対象の製作はこの対象が具体的となったときに産業的な製造となりうる。これが意味するのは、具体的となった技術的対象は、製作者の意図から見ても科学的な見地から見てもおおよそ同じしかたで認識されるということである。ここから、いくつかの対象が他の対象に先んじて産業的に製作されえた事実が説明される。つまり、巻き上げ機（ウィンチ）や巻き上げ装置（ホイスト）、滑車装置（テークル）、水圧機といった技術的対象は、そこで生じる摩擦や電磁誘導、熱的・化学的な交換といった現象が、おおかた無視することが可能で、対象の破損や作動不良を引き起こさないような技術的対象である。単純機械と呼ばれるこれら対象の作動を特徴づけている主要な現象は、古典期の理論力学によって科学的に認識することができる。しかしながら、一七世紀［＝古典期］には気体用の遠心ポンプや熱機関を産業的に製造することは不可能であった。産業的に製造された最初の熱機関、つまり［一七一二年の］ニューコメン機関が利用していたのは負圧だけであった。［古典期の理論力学では知られていなかった］冷却による水蒸気の凝結現象が科学的に認識されたからだ。同様に、おおかた今日にいたるまで起電機は職人的なものにとどまっていた。誘電体によって電荷が生じて移動し、さらにはコロナ効果によってこれら電荷が流れてゆくという現象は、その性質に関しては遅くとも一八世紀から知られていたが、十分に厳密な科学的研究の対象になっていなかったからだ。［一九世紀末に発明された］ウィムズハースト起電機よりあとのものでも、たとえば［一九二九年の］ヴァンデグラフ起電機ですら、その規模の大きさや出力の向上にもかかわらず、なにか職人的なところを残しているのである。

第三節　技術的進歩のリズム——連続的でマイナーな改良、非連続的でメジャーな改良

それゆえ技術的対象の発達において進歩を特徴づけているのは、主として機能上の相乗効果の発見である。であるなら、この発見は一挙になされるのか、それとも連続的になされるのかを問うてみる必要がある。〔じっさいのところ〕発見は、作動に介在するさまざまな構造の再組織化であるかぎり突如としてなされるが、しかしそこにはいくつもの継起的段階が含まれうる。たとえば〔一九一三年の高真空熱電子X線管である〕クーリッジ管は、金属の加熱による電子の放出〔といういわゆるエジソン効果〕がフレミングによって発見される〔つまり一九〇四年にフレミング管が発明される〕以前には構想不可能だった。だが、静的な陽極（アノード）＝対陰極（アンチカソード）を備えたクーリッジ管は、かならずしもX線やガンマ線を発生させる電子管の最終版であるというわけではない。そうしたクーリッジ管は、改良されてより特殊な用途に適応したものとなりうるのである。たとえば、理想的な幾何学的点により近いX線源を得ることが可能となる重要な改良は、電子管内で中心軸上に取り付けられた分厚い板状の陽極を用いる点にあった。この板は電子管の外部に置かれた誘導子が生じさせる磁界によって動かされうるのであり、電子管に対してこの板は電機子を含む回転子となっている。電子が衝突する領域〔＝ターゲットとなる陽極〕は銅板の端近くでは環状の線条となっており、それゆえ熱散逸能力が大幅に増大している。ただし静力学的、幾何学的にみれば、衝突の生じる場所は陰極と電子管に対して一定である。それゆえX線のビームは幾何学的に一定な源から——この定点を対陰極〔＝静的でない回転陽極〕が高速で通過してゆくにもかかわらず——出てくるのだ。回転陽極をX線管に用いることで〔電子の〕衝突領域を

広げることなく出力を上げることが、あるいは出力を下げることなく衝突領域を狭めることが可能となる。ところで、この回転陽極は電子を加速させ停止させる機能を、動かない陽極と同じくらい申し分なく遂行する。また、熱を排出する機能をよりよく遂行するのであり、それゆえ特定の出力でのX線管の光学的特性が改善可能となった。

そうであるなら、回転陽極の発明は、クーリッジ管に構造的な具体化をもたらすものとみなされるべきだろうか?——そうではない。この陽極が特にその役割としているのは、総体の作動において積極的な状態（アスペクト）に変換することのできなかった難点を小さくすることだからである。クーリッジ管の難点、つまりその作動のうちに残り続けている拮抗状態の残留相（アスペクト）は、［電子の］運動エネルギーを［X線などの］電磁放射線へと変換する効率が悪いということだ。なるほど、このように効率が悪いからといって機能どうしのあいだに直接的な拮抗状態がつくりだされるわけではないが、しかしこの効率の悪さは実際上、実質的な拮抗状態へと変換されているのである。タングステンの薄板や銅製の棒の融解温度が際限なく高かったなら、きわめて高速な電子のきわめて強力なビームをきわめて細く集束させることができただろう。だが、じっさいにはあまりに早くタングステンの融解温度に達するので、膨大な熱量を生じさせる効率の悪さが制限となり、したがってビームの細さや電子の速さを犠牲にすることになる。つまり、X線源が点であることや、放射される電磁エネルギー量、得られるX線の透過性を犠牲にするということだ。対陰極の薄板上でおこなわれるエネルギー変換の効率を高める手段を発見できたなら、こうした作動のうちに残り続けている拮抗関係の最も重大なものを取り除き、あるいは弱めることで、クーリッジ管の特性全体を改善することができるだろう（同じ符号の電荷に作用されることで電子どうしが押し合うがゆえにビームを厳密に集束させることができないという拮抗状態は、かなり弱められることになる。この拮抗状態は陰極線オシロスコープや電子顕微鏡の静電レンズや電磁レンズのような集束装置を用いることで補塡可能だろう)。回転陽極は、[ビームの]細さと出力、光学的特性と電子的特性のあいだの拮抗状態を縮小可能にするのである。

それゆえ改良には二種類ある。機能の割り振りを修正して、作動の相乗効果を根本的に高めるような[メジャーな]改良と、こうした振り分けは修正せずに、残留する拮抗状態がもたらす有害な結果を小さくするような[マイナーな]改良である。エンジンの給油装置の規則性を高めること、つまり自動給油軸受を使用することや、より耐久性に優れた金属を、あるいはより堅牢な組み立て方を採用することは、この種のマイナーな改良である。たとえば電子管においては、いくつかの酸化物やトリウムのような金属の放射率の高さが発見されたことで、電束の密度が同じであってもより低温で作動し、加熱の消費エネルギーがより少ない酸化物陰極を製作することが可能となった。この改良は実践においては重大なものであるが、にもかかわらずマイナーな改良にとどまっているのであり、酸化被膜が比較的脆いがゆえに特定の種類の電子管にしかあまり適合していない。高出力のクーリッジ管の代わりになっている。そのメジャーな改良の要となるのは、電子の加速に用いられる出力を――目下のところレントゲン撮影用の電子管では数キロワットだが――数百ワットにまで下げることを可能にするような、高効率のエネルギー変換の発見であるだろう。

この意味で、マイナーな改良はメジャーな改良を妨げると言える。というのもマイナーな改良は、総体の作動へと完全に統合されているわけではない非本質的な工夫で本当の拮抗状態を補うことで、技術的対象の本当の不完全さを覆い隠してしまいうるからだ。抽象化に起因する危険がマイナーな改良とともに新たに出現するのである。たとえば回転陽極を備えたクーリッジ管は、静的な空冷を銅製の棒と放熱フィンでおこなう電子管よりも具体的ではない。［というのもそうしたクーリッジ管では］電子管の作動中になんらかの理由で陽極の回転が停止した場合、電子の集束ビームを受け取っている陽極の一点はほとんど瞬時に溶解し、電子管全体が破損してしまうのである。したがって、作動のこうした分析的特徴のゆえに新たな種類の補正装置が、つまり或る作動を別の作動によって条件づけることで保護をおこなう機構が必要となる。ここで分析されている事例であれば、陽極電圧発生器（ジェネレータ）は陽極がすでに回転しているときにのみ作動可能でなければならない。陽極電圧を供給する変圧器への電圧印加は、継電器（リレー）によって、陽極のモータの誘導子における電流の流れに従属させられる。だが、このように従属させる［＝陽極を回転させるモータの作動によって陽極電圧発生器の作動を条件づける］ことで、回転陽極の装置が持ち込んだ分析的な隔たりが完全に無くなるわけではない。たとえば軸の破損のせいで、じっさいには陽極が回転していなくても電流が誘導子に流れてしまうことはありうる。また、たとえ誘導子に電圧が印加されていなくとも継電器が動作し続けてしまうこともありうる。

保護や補償をおこなう付属機構について複雑化や改良を極める場合にめざすことができるのは技術的対象において具体性に相当するものでしかないのであって、具体性に到達することも、また具体性を準備することすらできない。なぜなら、そこで辿られる途は具体化の途ではないからだ。マイナーな改良の途とは迂回の途であり、実践的使用にとって有用である場合もあるが、技術的対象を進化させることはほとんどない。技術的対象がそれぞれもっている真の図式的本質を複雑な弥縫策の積み重ねによって覆い隠してしまうことで、マイナーな改良は技術的対象どうしのあいだに連続的な進歩があるという間違った意識を温存してしまっており、本質的な変化がもつ価値やそうした変化が急務であるという感覚が弱められている。こうした理由で、連続的でマイナーな改良は、商業が求めているような偽りの革新、つまり最新の対象がそれ以前のものより優れているものとして提示できるようにする革新に対して、明確な境界線をまったく示していない。マイナーな改良が本質的であることはほとんどありえないので、そうした改良は、よく使われる対象の本質的な輪郭（ライン）に対して流行が繰り返し周期的に押しつけるさまざまな形態によって、すっかり覆い隠されてしまうほどである。

　したがって、技術的対象とはそこに抽象性から具体性へと進む種別的発生があるものだと述べるのでは不十分である。さらに次のことを明確化しておかねばならない。この発生は非連続な本質的改良によって成し遂げられ、そしてそれゆえに技術的対象の内的図式の修正は飛躍によっておこなわれ、連続した線に沿っておこなわれるのではない、ということを。これが意味するのは、技術的対象の発展が偶然に、指定可能な方向からまったく外れたところでなされるということではない。それどころかマイナーな改良こそが、ある程度まで偶然に成し遂げられ、それぞれ無関係に増殖して、本質的な技術的対象の純粋な輪郭を過剰なまでに飾りたてるのである。技術的対象の改良をじっさいに構成しているさまざまな段階は、突然変異によって、ただし方向づけられた突然変異によって実現されてゆく。クルックス管にはクーリッジ管が潜在的に含まれている。というのも、クーリッジ管における純化のなかで［より具体的に］組織化され安定してゆく［発明者の］意図が、不明瞭だが実在（リアル）的な状態でクルックス管のうちに先立って存在していたからだ。放棄されてきた数多の技術的対象は未完の発明なのであって、それらは開かれた潜在性のようなものとして残されており、別の領域へと延長されたなら、それらの根本にある意図、つまりそれらの技術的本質に従って再開されうるのである。

第四節　技術的系統のさまざまな絶対的起源

あらゆる進化がそうであるように、技術的対象の進化［という考え］は［それ以上は遡ることのできない］絶対的起源という問題を提起する。一つの種別的な技術的現実（レアリテ）の誕生を遡っていったとき、そのおおもとにどのような項が見いだされるのか？　五極管や四極管のまえには、リー・ド・フォレストの［一九〇六年に発表されたオーディオンと呼ばれる］三極管があった。リー・ド・フォレストの三極管のまえには、二極管があった。では二極管のまえには何があったのか？　二極管が絶対的起源なのだろうか？　そうとも言い切れない。たしかに熱電子放出は知られていなかったが、電場によって電荷が空間中を移動する現象はずっと以前から知られていた。電気分解は一世紀まえから、気体のイオン化は数百年まえから知られていたのだ。熱電子放出は、技術的図式としての二極管に不可欠である。というのも、電荷の移動が可逆的であったなら、二極管は二極管ではなかっただろうからだ。そうした可逆性は通常の条件下では存在しない。なぜなら、電極の一方が熱くなり、したがって放出をおこなうようになると、他方は冷たくなり、したがって放出をおこなわなくなるのである。二極管を本質的に二極管、つまり経路が二つある［整流用の］真空管たらしめているのは、熱い電極はほとんど無差別に陽極（アノード）でも陰極（カソード）でもありうるが、それに対して冷たい電極は陽極でしかありえない――というのも陽極〔＝プレート〕は電子を放出することができないのだから――ということである。つまり、冷たい電極はたんに電子を引き寄せる――この電極が正であるなら――ことしかできないのであって、たとえもう一方の電極に対して負であっても、電子を放出することはできないのだ。こうした理由で、外部電圧を電極に印加すると、陰極が陽極に対して負である場合には熱電効果によって電流が流れるが、熱い電極が冷たい電極に対して正である場合には電流がまったく流れないということになる。二極管を構成するのは、電極のあいだに機能上の非対称性があらわれる条件のこうした発見なのであり、それは厳密でない言い方をすれば、電場によって真空中を電荷が移動する条件の発見である。単原子気体のイオン化実験はすでに自由電子が電場のなかを移動しうることを示していた。ただし、この現象は可逆的だが分極しない。希薄気体の封入された電子管をひっくり返すと、陽極に向かう柱と光の輪は電子管に対して向きを変えるが、発電機からの電流の方向に対しては同じ向きを維持する。二極管は、このような〔電〕場による電荷の移動という可逆的な現象と、不可逆性があらわれる条件――これは移動可能な電荷の発生はただ一つの種類の（もっぱら負の）電荷の発生であるということによって、そして二つの電極のうちの一方のみ、すなわち熱い電極によってうみだされる――とが連合することでつくられる。二極管とは、その内部に熱い電極と冷たい電極が存在し、そしてそれらのあいだに電場がうみだされるような真空管である。まさにここに一つの絶対的起点がある。この起点は、以上のような電極の不可逆性があらわれる条件と電荷が真空中を移動する現象とが連合することに存する。つくりだされたのは一つの技術的本質である。二極管とは非対称なコンダクタンスなのだ。

もっとも、この本質が［最初の二極管とされる］フレミング管の定義よりも広い点には注意しておかなければならない。非対称なコンダクタンスをうみだす方法はそれ以外にも多数発見されてきた。方鉛鉱と金属の接触、銅と酸化銅の接触、セレンと別の金属、ゲルマニウムと少量のタングステン、結晶化したケイ素と少量の金属の接触は、非対称なコンダクタンスである。ようするに光電管は二極管とみなすことができる。というのも光電子は光電管の真空中で熱電子のように振る舞うからだ（ただし、真空の光電管の場合。あるいは気体の封入された光電管の場合でも、光電子に付け加えられる二次電子放出によって現象は複雑なものとなる）。となると二極管（ダイオード）という名称をはたしてフレミング管のために残しておかねばならないのだろうか？　技術的には、フレミング管はその多くの使用場面でゲルマニウムダイオードによって代替可能（電流が小さく周波数が低い場合）であり、あるいは電流が大きく周波数が低い場面であっても、セレン整流器や亜酸化銅整流器によって代替可能である。だが用途［という観点］はあまりよい判定基準を与えてくれない。フレミング管は回転式コンバータ*によって代替可能だが、このコンバータは二極管とはまったく異なる本質的図式を利用した技術的対象なのである。じつのところ、熱電子によるダイオード［＝二極管］は一つの明確な類を構成している。その類はじっさいに歴史的に存在してきたのだ。だがこの類を越えたところには、たとえば不完全導体や半導体のような他の構造へと移し替えることのできるような、一つの純粋な作動図式が存在しているのである。［どの構造においても］作動図式は同一なのであって、それは、回路図のうえでは一つのダイオードを一つの記号（⏚すなわち非対称なコンダクタンス）によって、つまりどの種類のダイオードを用いるかが指定されておらず、製作者の自由な裁量に任されているような記号によって指し示すことができるほどだ。ただし純粋な技術的図式は、理想的な機能において把握された――歴史的なたぐいの現実（レアリテ）とは異なる――技術的対象の一つの存在類型（タイプ）を規定している。歴史的にみれば、フレミングの二極管はゲルマニウムや亜酸化銅、セレンを用いた整流器よりも――これらは［フレミング管と］同じ電気用図記号によって指示され、特定の場合には同じ機能を果たし、それゆえにフレミングの二極管と置換可能なほどなのだが――リー・ド・フォレストの三極管に近い。それというのも、フレミング管の本質は非対称なコンダクタンスというその特徴に収まりきるものではないからだ。つまり、減速や加速や偏向が可能な、分散させたり集中させたり、押し返したり引き寄せたりすることができる電子の流れを生じさせて、移動させるものであるというのも、フレミング管の本質なのである。技術的対象は、外部装置におけるその作動の結果（非対称なコンダクタンス）によってのみ存在しているのではなく、技術的対象がそれ自身においてその中枢となっている現象によっても存在している。まさにこの点で技術的対象は生殖能力を、つまりその対象に子孫をもたらす不飽和を有している。

原始的な技術的対象は不飽和系とみなすことができる。技術的対象があとから受ける改良は、飽和へ向かうこの系の進歩として介入するのである。［もちろん］外から見るなら、技術的対象は変質して構造を変えているのであって、改良されているのではないと考えることは可能だ。だが、技術的対象は一つの家系を生み出しながら進化していると言うこともできる。原始的対象はこの家系の祖先なのである。このような進化を自然な技術的進化と呼ぶことができるだろう。この意味で、ガスエンジンはガソリンエンジンやディーゼルエンジンの祖先であり、クルックス管はクーリッジ管の祖先であり、二極管は三極管やその他の多極管の祖先である。

　これら系列の起源にはそれぞれ明確な発明行為がある。ガスエンジンは、或る意味では蒸気機関から出てきた。ガスエンジンにおけるシリンダやピストン、動力伝達装置、滑り弁と吸・排気口による分配機構の配置は、蒸気機関のそれと類比的である。ただし、ガスエンジンが蒸気機関から出てくるというのは、二極管が気体のイオン化を利用する放電管から出てくるのと同じようにして、である。さらにくわえて新たな現象が、つまり蒸気機関のうちにも放電管のうちにも存在していなかった図式が必要だったのだ。蒸気機関においては、圧縮気体を生み出すボイラや熱源はシリンダの外部にあった。ガスエンジンにおいては、シリンダそのものが燃焼室としてボイラおよび熱源となる。燃焼はシリンダの内部で起こるのであって、つまりは内燃である。放電管においては、電極は［分極しておらず］互いに無差別であり、コンダクタンスは対称なままであった。熱電効果の発見は、電極が正負に分極した――これによってコンダクタンスが非対称となる――放電管と類比的な電子管の製作を可能にする。技術的対象の系譜の始まりは、技術的本質を構成するこうした総合的な発明行為によってしるしづけられる。

　技術的本質かどうかはつぎの点で見分けられる。技術的本質は進化の系譜を通じて安定しており、そして安定しているだけでなく、内的な発展と漸次的な飽和によってさまざまな構造と機能とを生じさせさえするのである。かくして内燃機関の技術的本質は作動を補足的に具体化することでディーゼルエンジンになりえた。あらかじめ燃料を気化しておくエンジンにおいては、シリンダ内の気化された混合気が圧縮のタイミングで加熱されることは非本質的であり有害でさえある。デフラグレーション[*]（爆発波が漸進的に広がってゆく燃焼）ではなくデトネーション[*]が生じるおそれがあるからだ。そうすると所定の燃料の種類にとって許容可能な圧縮率が制限されることになる。反対にディーゼルエンジンにおいては、圧縮に起因するこうした加熱は、それによってこそデフラグレーションが始まるのであるから、本質的で積極的なものとなる。圧縮がはたす役割のこうした積極的特徴は燃料の気化がサイクルに介入すべきタイミングをより精確に決定しておくことで得られた。つまり、あらかじめ燃料を気化しておくエンジンにおいては燃料の気化がシリンダ内への混合気の吸入以前であればどのタイミングでもおこなわれうるが、ディーゼルエンジンにおいては燃料の気化は混じり気のない――燃料が噴霧されていない――空気の吸入と圧縮のあとに、ピストンが上死点を通過するタイミングでおこなわれねばならないのである。というのも、この吸入によってデフラグレーションの開始（サイクルの始動行程の開始）が引き起こされるのであり、そして圧縮の末に空気が最も高温となったタイミングで吸入が生じる場合にのみそうした開始が引き起こされうるからだ。それゆえディーゼルエンジンにおいては［圧縮され加熱された］空気への燃料の吸入（燃料の気化）にはガソリンエンジンにおいてよりもずっと重要な機能的意義が担わされている。つまり、より飽和し、より厳密で、それゆえ製作者にはより少ない自由が、使用者にはより小さな寛容さが残されている系に、こうした吸入は統合されているのである。［さて、］三極管もまた二極管よりも飽和した系である。二極管においては非対称なコンダクタンスは熱電子放出によってのみ制限される。つまり、陰極‐陽極間の電圧をあげるとき、陰極が一定の温度になるまで内部電流は次第に増大してゆくが、しかし特定の上限（飽和電流）――これは陰極から放出されたすべての電子が陽極にとらえられていることに対応する――に達する。それゆえ二極管を通過する電流は陽極電圧を変動させることでしか調整できない。反対に三極管とは、陽極と陰極のあいだの空間を通過する電流を、陰極－陽極間の電圧は変動させずに、連続的に変動させることのできる系である。原始的特性（電流が陰極－陽極間の電圧に応じて直接に変動すること）は残されているが、しかしこの特性は変動の第二の可能性によって、つまり制御グリッドの電圧が定めるそれによって二重化されている。変動のはたす機能は、当初は陽極電圧に密着したものであったが、自由で明確な、個別化された特性となる。この特性は系に要素を付け加え、そしてそれゆえこの系を——因果の状態（レジーム）には余分な構成要素が含まれるのだから——飽和させる。技術的対象の進化のさなかでこのような機能の分離による系の飽和は顕著になってゆく。たとえば五極管においては、陽極電圧の値が最小値と最大値——最小値はきわめて低く、熱散逸の可能性によって定まる最大値は高い——のあいだに収まるなら、陰極と陽極のあいだの空間を通過する電流は陽極電圧から独立したものとなる。この特性はたいへん安定しており、五極管を緩和発振器*の負荷抵抗——これは陰極線オシログラフにおける水平方向の偏向電圧のための線形のノコギリ波を生じさせねばならない——として用いることができるほどである。この場合、シールド電圧、制御グリッド電圧、そして第三のグリッド（抑制グリッド）の電圧は一定に維持される。三極管においては反対に、制御グリッドからもたらされる電圧のために、陽極電圧に応じて陽極電流が変動する。この意味で、三極管はなお二極管と同じものとみなせるが、それに対して五極管は、力動的な状態（レジーム）にあるとき、もはや同じものとはみなせない。この相違はつぎのことに起因する。三極管において陽極は依然として二重の役目を、つまり電子を捕らえる電極（力動的な役目）と電場を生み出す電極（静的な役目）という役目を果たしている。反対に、四極管や五極管においては、電子の流れを調整する電場の維持は遮蔽（シールド）グリッドによって保証されており、つまりこのグリッドが［電場を生み出す］静電気を帯びた陽極としての役目を果たしている。プレート状の陽極には電子を捕らえる役目しか残されていないのである。こうした理由で、五極管の相互コンダクタンスは三極管のそれよりもずっと大きなものになりうる。陽極の回路に負荷抵抗が組み込まれることで電流が大きくなり陽極電圧が低下するときでさえ、電子の加速により静電場を維持するという［遮蔽グリッドの］機能が、その電位の変動も低下もなしに保証されているからだ（シールドは一定の電位にある）。三極管においては陽極による電子の加速機能とその同じ陽極によって加速された電子が運ぶ電荷を捕らえる機能――つまり負荷抵抗が組み込まれたときに陽極の電位降下を引き起こして電子の加速を弱めてしまうような機能――とのあいだに存在している拮抗状態を、四極管と五極管は取り除いたと言える。遮蔽グリッドはこうした観点からみるなら、電圧が一定の、静電気を帯びた陽極とみなされねばならない。

　したがって、原始的な三極管の図式が飽和と相乗効果をもたらす具体化とを通じて展開されたことで、四極管と五極管がまさに生まれたのだということがわかる。遮蔽グリッドには静電場に関するすべての機能が、つまり電位を一定に保つのにふさわしい機能が集約されている。制御グリッドと陽極には変動する電位に関する機能しか残されておらず、それゆえ制御グリッドと陽極はより広い範囲でこれら機能を果たすことができる（電圧増幅器に組み込まれた五極管の陽極の電位はその作動中、三〇ボルトから三〇〇ボルトまで変動する力動的状態（レジーム）に達することがある）。制御グリッドは三極管においてよりも電子を捕らえなくなっているが、これによって入力インピーダンスを非常に高いものとして扱うことができる。つまり、制御グリッドはより純粋に制御グリッドとなり、電子を捕らえることで生じる直流電流から自由になっている。より精確に言えば、静電気的な構造となっているのである。このように五極管と四極管は、さまざまな機能を相乗効果が生じるように下位総体へと配分することで両立不可能性を削減させ、三極管のうちにある技術的図式の展開を実現させたのであるから、三極管の直系の子孫とみなすことができる。一つの技術的系統にみとめられる統一性や区別は、相次いでおこなわれるさまざまな展開のなかで組織化をもたらす発明の具体的な図式がその水面下で安定したものとしてあることによって基礎づけられるのである。

具体化によって技術的対象（オブジェ・テクニック）は自然物（オブジェ・ナチュレル）と科学的表象とのあいだの中間の位置におかれる。抽象的な、つまりは原始的な技術的対象は、自然な系を構成していると言うには程遠い状態である。そうした技術的対象はひとまとまりの科学的な概念や原理に関する翻訳なのであり、そしてそれら概念や原理は根本において分離しているのであって、それらを結びつけているのは、求められている一つの効果をうみだすことへと収斂するその帰結だけなのである。こうした原始的な技術的対象は、自然な、物理的な系ではない。知性がつくりだした系を物理的に翻訳したものである。これがゆえに、原始的な技術的対象とは一つの応用、あるいは一つに束ねられた応用である。つまり学識のあとに来るのであって、「わたしたちに」なにかを教えるということができない。この対象はまさしく人工的であるがゆえに、自然物のように帰納的に検討することができないのである。

反対に、具体的な、つまりは進化した技術的対象は、自然物の存在様態に近づいている。この技術的対象は内的な整合性へと、つまり因果系が閉じている——原因や結果はその囲いの内側で円を描くように作用しあう——ことへと向かっているのである。そしてそのうえで、［その対象の］作動条件として介在する自然世界の一部分を取り込んでいるのであり、かくして［自然世界の］因果系に属しているのである。この対象は進化するにつれて人工性というその性格を失ってゆく。つまり、対象の本質的な人工性というのはつぎの点にある。すなわち、人間はこの対象を維持するために、この対象を自然世界から保護して例外的な存在（エグジスタンス）身分を与えることで、その存続（エグジスタンス）に介入しなければならない、ということだ。人工性は、対象の起源が作り上げられたものであることを自然の能産的な自発性との対比から示すような特性ではない。人工性とは、人間による人為的改良の活動——この活動が介入するのが自然物であれ一から作られた対象であれ——の内部にあるものなのだ。［たとえば］温室で得られる、花弁しかつけず（重花弁）、実をむすぶことのない花は、人為的に改良された植物の花である。人間の手によってこの植物がもっていたさまざまな機能は矛盾なく遂行されなくなってしまったのであり、その結果、もはや接木のような人間の介入を必要とするやり方でしか繁殖できなくなっている。自然物の人為的改良は技術的具体化とは正反対の結果をもたらす。人為的に改良された植物は温室という植物のための実験室においてしか、つまり温度や給水が調整されているその複雑なシステムとともにしか存続することができない。当初は整合していた生物学的作動系は、庭師の手入れによってのみ関連づけられるような相互に独立した機能へと開かれた。開花は純然たる開花、それだけが取り出されたアノミーな開花となった。その植物は種子をつくることなく枯れるまで花を咲かせるのである。この植物からは、冷気や乾燥や日射への耐性という本来あった能力が失われている。もともとは自然物であった対象のためにおこなわれる調整は、温室の人為的な調整になるのだ。人為的改良とは、人為的に改良された対象における抽象化のプロセスなのである。

反対に、技術的具体化を通じて、もともとは人工物であったような対象は次第に自然物に似たものとなってゆく[12]。この対象は最初、調整をおこなう外的環境を、つまり実験室や作業場（アトリエ）、そして時には工場を必要としていた。だが、その具体化の程度が高まるとき、徐々に人工的な環境なしで済ませることができるようになってゆく。というのも［具体化によって］その内的な整合性が増大し、組織化がすすむにつれてその機能的な体系性が閉じるからだ。具体化の進んだ対象は、自然発生的に産まれた対象［＝自然物］と比較可能である。つまりこの対象は、みずからがそこで生まれ、そして連合していた実験室から自由になり、そのさまざまな機能の相互作用においてこの実験室［という環境］をみずからのうちに力動的に取り込んでいる。他の対象——技術的対象であれ自然物であれ——との関係こそが調整を担うようになり、そして作動条件の自己保全を可能にする。この対象はもはや孤立していない。当初は孤立しているがゆえに他律的であったが、この対象は［いまや］他の対象と連合しており、ということはつまり自足しているのである。

こうした具体化はさまざまな帰結をもたらすが、それらはたんに人間や経済に関わる（たとえば産業の地方分散を可能にすることで）だけではなく、知的なものでもある。知的な帰結というのはつまり、具体化の進んだ技術的対象の存在様態は自然発生的に産まれた自然物の存在様態と類比的なのであって、そうであるなら、そうした技術的対象を自然物とみなすこと、すなわち帰納的に研究することが当然ながら可能であるということだ。具体化の進んだ技術的対象はもはやいくつかの先行する科学的原理をたんに応用したものではない。自然の構造と身分を同じくするような或る種の構造に——その構造は図式的には自然の構造のいずれとも違ったものでありうるにもかかわらず――生存能力(ヴァイアビリティ)と安定性があるということを、そうした技術的対象はみずからが存在するかぎりで証明しているのである。具体的な技術的対象の作動図式を研究することには科学的価値がある。そうした対象はただ一つの原理から演繹されるものではないからだ。つまり、作動と両立可能性にはじっさいのところ或る種の様態が存在しており、しかもそれは予測されるまえに構成されていたということを、そうした対象は証言しているのである。この両立可能性は、対象を構成するのに用いられた、互いに分離した科学的原理のいずれにも含まれてはいなかった。つまり経験的に発見されたのである。この両立可能性の検証から、互いに分離した科学分野へと遡り、そうしてそれらの原理どうしの相関関係について問題を提起し、相関関係と変換の学を打ち立てることができる。その学とは、一般技術論あるいは機械学(メカノロジー)であるだろう。

だが、この一般技術論を意味あるものにするためには、技術的対象を自然物と、とりわけ生物と同一視するような見方にこの技術論を依拠させるようなことは避けなければならない。類比は、あるいはより正確には外面的な類似は、厳しく追放されねばならない。そうした類比あるいは類似は意味連関を有しておらず、誤った方向に導くことしかできない。自動機械について沈思黙考するのは危険である。というのもそうした沈思黙考は外面的な特徴についての研究にとどまるおそれがあり、そうして不当な同一視をもたらすからだ。重要なのは、技術的対象のうちでの、あるいは技術的対象とその環境のあいだでの、エネルギーや情報の交換だけである。傍観者の目撃した外面的な振る舞いは科学的研究の対象ではない。また、自動機械であるように構成された自動機械における調整や制御のための機構を研究するような科学を別箇に打ち立てることすらすべきではない。技術論はさまざまな技術的対象の普遍性を考察すべきなのだ。この意味でサイバネティクスは不十分である。そのきわめて大きな功績はさまざまな技術的対象について初めて帰納的に研究するものである点、そして専門化した科学の中間領域について研究するものとして現れた点にある。サイバネティクスはしかし、特定の技術的対象の研究から出発したがゆえにその探究領域をあまりに専門化してしまった。類と種にもとづき定められた基準に従って技術的対象を分類するという、技術論が拒むべきものを、サイバネティクスはその出発点で受け容れてしまったのである。自動機械の種などない。たださまざまな技術的対象だけがあるのであって、それら技術的対象が有している機能的な組織構造によってさまざまな度合いの自動性が実現されているのである。

　サイバネティクスの仕事を学際研究としては部分的に失効させてしまう（そうした研究こそノーバート・ウィーナーがみずからの研究に定めた目的なのだが）おそれのあるものとは、「生きている存在である」生物と自動制御の技術的対象とには同一性があるというそもそもの公準である。ところがわたしたちに言えるのは、生物のような自然物が最初から具体的であるのに対して、技術的対象は具体化へと向かうということぐらいなのだ。具体化へ向かう傾向を完全に具体的な存在（エグジスタンス）身分と混同すべきではない。どんな技術的対象にも或る程度まで抽象化がさまざまな状態（アスペクト）で残留している。極限への移行をおこなって、技術的対象をあたかも自然物であるかのように語ってはならないのである。技術的対象はその進化において研究されねばならない。そうでなければ、傾向としての具体化のプロセスをそこから引き出すことはできない。ただし、技術的進化が最後にうみだしたものだけを分離して、それがまったくもって完全に具体的であるなどと宣言してはならない。技術的進化が最後にうみだしたものはそれに先行するものよりも具体的だが、しかし依然として人工的なのである。自動機械といった技術的存在の一分類（クラス）を考察するのではなく、さまざまな技術的対象が束の間にみせる進化を通じて具体化の線を辿らねばならない。この途に従うときにのみ、生物と技術的対象の比較はあらゆる神話を脱して真に意義のあるものとなる。〔地球上の人間という〕生きものによって思考され実現される目的性なくしては、〔自然においては準安定状態が存在しているところには変調をおこなうさまざまな構造（緩和発振器、増幅器）が存在しており、そしておそらくはそれが生命の起源の一側面であるにもかかわらず、多くの場合、〕物理的因果は積極的で有効な具体化を単独で生み出しえないだろう。[13]

第二章　技術的現実（レアリテ）の進化——要素、個体、総体[1]

第一節　技術的進化における過進化と自己条件づけ

技術的対象の進化には過進化現象が見られる。この現象によって各技術的対象は過度に特殊化され、使用条件や製造環境に生じるちょっとした変化に対してすら適応能力を失ってしまう。技術的対象の本質を構成している図式はじっさいのところ［製造と使用という］二通りのしかたで適応しうる。まず、この図式はそれが［技術的対象として］製造される*物質的で人間的な*条件に適応しうる。各対象はそれを構成する素材の電気的、力学的な特性、あるいはさらに化学的な特性を最大限に利用することができるのである。技術的対象の本質を構成している図式はさらに、対象がそのために作られる*タスク*に適応しうる。たとえば、寒冷地での使用に適したタイヤは高温の地域には適さないだろうし、その逆もまた同じである。高高度用に製造された飛行機は、とりわけ離着陸のために、一時的に低高度で機能しなければならない点で悩まされている。ジェットエンジンは超高高度ではまさにその推進原理のゆえにプロペラエンジンよりも優れているが、超低高度での利用が困難となる。ジェット機が達する高速度は着陸時にはその機能を妨げる特徴になってしまうのだ。ジェットエンジンの使用に伴って翼面が縮小されることできわめて大きな速度（プロペラ機の巡航速度に近いような速度）での着陸が余儀なくされ、それゆえきわめて長い滑走路が必要となる。

初期の飛行機は開けた平野での着陸が可能であり、現代の飛行機よりもその機能において過剰な適応がなされていなかった。機能上の過剰な適応は、この適応によって得られるいくつかの図式が、生物学で共生と寄生のあいだに段階的に見られるものと似通ったいくつかの図式に到達するほど遠くまで進む。〔たとえば戦闘機のような〕高速の小型飛行機のうちのいくつかは、より大型の飛行機によって運搬されて〔グライダーのように〕飛行中に投下されるのでなければ、容易に飛び立つことができない。〔それゆえ〕そうした小型飛行機の別のものは上方への推進力を高めるためにロケットエンジンを使用しているのだ。〔そもそも〕輸送グライダー自体が過進化した技術的対象である。輸送グライダーはもはや空の貨物船、あるいは牽引船のない空の艀（はしけ）でしかなく、この点で本来のグライダーと、つまり軽く打ち上げられたあとは気流を利用しながら独力で航空可能なそれとまったく異なっている。自立したグライダーがエンジンなしの飛行にとても精巧なしかたで適応しているのに対して、輸送グライダーは、合わさって一つの技術的全体をなしている非対称な二つの部分の一方——曳航機がその片割れである——でしかない。曳航機のほうでも、その出力に見合った積荷を単独では運搬できないのだから、その適応能力は失われている。

したがって過進化には二種類あると言える。一つは、決まった条件に精巧なしかたで適応することに対応しており、技術的対象の細分化や自立性の損失をもたらさない。もう一つは、技術的対象の分割に対応しており、元々は一つであった存在が牽引するものと牽引されるものとに分割されるようなケースに見られる。第一のケースでは対象の自立性が保たれるのに対して、第二のケースでは犠牲にされる。過進化の中間的なケースは、環境への適応に対応しているようなそれである。つまり、対象がエネルギーの点で環境と連結しているがゆえに、適切に作動可能であるには特定の種類の環境が必要となるようなケースである。このケースは牽引するものと牽引されるものとに分割されるケースとほぼ同じものだ。たとえば、配電網によって同期する時計がアメリカからフランスへと運ばれたなら、周波数の違い（六〇ヘルツと五〇ヘルツ）のゆえにその作動能力はまったく失われてしまう。また、モータは電力網や発電機を必要とする。単相［交流］同期モータは、特定の環境については交直両用電動機（ユニヴァーサルモータ）よりも精巧なしかたで適応している。つまり、そうした環境ではより満足な作動を示すが、しかしその外では価値をまったく失ってしまう。三相同期モータは、特定の種類の配電網に単相の電動機よりもなお一層精巧に適応しているが、しかしこの配電網の外ではもはや使用不可能となる。［もっとも］三相モータはこうした制限と引き換えに、単相モータの作動よりもなお一層満足のゆく作動（より安定した稼働状態（レジーム）、優れた効率、耐久性の高さ、接続ケーブルにおける［エネルギー］損失の少なさ）をもたらす。

　特定の場合には、このように技術的環境へと適応することが最も重要となる。たとえば工場では、三相交流電流を使用することでどんな出力のモータについてもあらゆる要求が満たされる。しかしながら列車の電気運転については、今日に至るまで三相交流電流を用いることができないままだった。機関車の直流モータを高電圧の三相交流電流の送電網と連結させて相互に適応させるような伝達システムの力を借りる必要があるのだ。直流電圧をカテナリ吊架式給電線へ伝える変電所であったり、カテナリ架線に交流電圧が供給されているときでさえ直流電圧をモーターへ送るような、機関車に搭載された変圧器および整流器であったりがそれである。じっさい機関車のモータは、エネルギーおよび周波数について電力供給網に適応するなら、その利用幅の相当部分を失わざるをえなかっただろう。モータは、同期モータであれ非同期モータであれ、定格回転数（レジーム）の速度に達したときにしか巨大な力学的エネルギーを供給しないのである。ところでこのような使い方は、旋盤やボール盤のような、定格回転数の速度に達してから大きな抵抗を凌駕すればよいような固定された機械には最適なのだが、機関車のモータの使い方ではまったくない。機関車は積荷が満載された状態で、列車の全惰性とともに動き出すのである。機関車が定格回転数の速度で（ただし、機関車について定格回転数の速度という言葉を厳格に用いることができるなら、ではあるが）作動しているときにこそ、機関車に供給されるべきエネルギーは最も低くなる。機関車のモータは、加速するにせよ減速するにせよ、過渡状態（レジーム）で逆流制動［＝電気ブレーキ］装置へと最大のエネルギーを供給しなければならない。回転数の変動への適応が頻繁におこなわれるこうした使い方は、回転数の使用範囲を制限すること――こうした制限は、たとえば周波数が一定の多相電流の配電網を備えた工場のような技術的環境への適応を特徴づけている――と対立する。［列車を牽引するモータである］主電動機のこうした事例から［技術的対象と環境とのあいだに］二重の結びつきが存在していることが把握される。つまり、技術的対象は一方で地理的環境との結びつきを維持しながら、他方では技術的環境との結びつきを維持しているということである。

技術的対象は二つの環境が出会う地点にあるのであって、それゆえ二つの環境に対して同時に統合されねばならない。とはいえ、これら二つの環境は同じ系に属する二つの世界ではなく、そして必ずしも完全には両立しえないのだから、見方によっては、技術的対象は二つの世界を最大限に妥協させようとする人間側の選択によって決定づけられている。主電動機とは、或る意味で、工場のモータと同様に、高電圧の三相交流が流れる電線からエネルギーを得るものである。［だが］別の意味では、そのエネルギーを発揮させて、停止状態から最高速度に達し、そして速度を段階的に落としながら再び停止するまで列車を牽引するものである。つまり、斜面やカーブ、下り坂で、速度を可能なかぎり一定に保ったまま列車を牽引しなければならないものである。主電動機はたんに電気エネルギーを力学的エネルギーに変換するだけではない。そのエネルギーを変化に富んだ地理的世界——これは技術的な観点からみれば、線路の状態や、さまざまに変化する風の抵抗、機関車前部が押し分けてゆく雪の抵抗として表れる——へと注ぐのである。世界のこうした地理的で気象的な構造の表れである反発を、主電動機は自身に電気を供給している電線へと投げ返す。雪が積もっているとき、勾配が急になるとき、横風が車輪のフランジを線路に押しつけて摩擦が大きくなるとき、使用電力は増大し、電線内の電圧は下降する。主電動機を通じて、二つの世界は相互に作用しあうのである。反対に、工場の三相モータは技術的世界と地理的世界のあいだの相互的な因果をこのようなしかたで確立しない。その作動はほぼ全面的に技術的世界の内側にある。このように環境が一つしかないということから説明されるのは、主電動機には整流器——変電所や機関車に取りつけられている——の構築する適応のための環境が必要であるのに対して、工場の三相モータは適応のための環境を必要としないということである。工場のモータは適応のための環境として電圧を抑制する変圧器くらいしか必要としない。この変圧器は高出力のモータについては取り除くことも可能だろうし、そして一般的な出力のモータの場合には、真に環境との適応（アダプタ）をもたらすものとして必要であるというよりも、むしろそれを使用する人間の安全を確保する条件として必要なのである。

第三のケースでは、適応は「対象の自立性が保たれる第一のケースや自立性が犠牲にされる第二のケースとは」別の曲線を辿り、別の意味（サンス）をもつことになる。つまり「これまでのケースとは異なり、」適応がただちに過進化現象や、過進化から帰結する適応性喪失現象につながるということはありえない。排他的なものとして規定された一つの環境に適応するのではなく、二つの環境を進化のうちで相互に関係づける機能に適応することが必要となるなら、適応はその境界が画定され、自立性および具体化の方向でより明確化されることになる。ここにこそ真の技術的進歩がある。たとえば、鉄製の板よりも透磁率が高くヒステリシスが小さいシリコン製の板を採用することで、主電動機の効率を高めつつその嵩や重量を減らすことが可能となった。このような変更は技術的世界と地理的世界のあいだの媒介機能の方向に進む。というのも「このような変更を進めると」機関車の重心がさらに低くなり、モータをボギー台車と同じ高さに設置することが可能となるからだ。また回転子（ロータ）の慣性がより小さくなるはずだが、これは高速制動にとってかなり重要である。シリコン製の絶縁体を採用したことで、絶縁体を消耗させるおそれのない温度上昇の限度を大幅に引き上げることが可能となったが、これによって、発車時の駆動トルクやブレーキ時の制動トルクを大きくするために過電流を用いる可能性が高められる。以上のような変更は主電動機の利用領域を狭めるものではない。それどころか、その利用領域を拡張する。シリコンによって絶縁されたモータは、追加の予防策を施さずとも、急斜面を登る機関車上で、あるいは気温がきわめて高くなる地域で使用することができるはずだ。また、関係にもとづく使用方法が拡張される。改良された同型のモータは（小型モデルであれば）トラックの抑速ブレーキとして使用することができる。というのも、［二つの世界を媒介するような］関係にもとづく様相にこそこのモータは適応しているのであって、列車を牽引するために配電網と地理的世界を結びつける関係という、関係のたった一つのタイプにのみ適応しているのではないからだ。

これと類比的な具体化の事例をギャンバルタービン[2]が示している[1]［図版15も参照］。このタービンは［ダムの］水圧管（ペンストック）内に据え付けられ、ごく小型の発電機と直結されており、そしてこの発電機は加圧されたオイルで満たされたケーシングに収められている。地表に現れているのは［ケーシング内にオイルを供給する］オイルタンクと計測機器を収める運転室だけなので、ダムの壁はそれゆえ発電所全体を水圧管内に収めていることになる。［このタービンにあって］水は多機能なものとなっている。つまり、タービンと発電機を動かすエネルギーをもたらし、かつ発電機で生じる熱を排出している。オイルもまた際立って多機能的である。つまり、発電機の潤滑剤としてはたらき、そのコイルを絶縁させ、コイルの熱をケーシングへと伝えて、そこで水によって冷却される。［これらの機能にくわえてさらに］最後に、オイルは水が軸封装置からケーシング内へと侵入することを防いでいる。タンク内の油圧はタンク外の水圧よりも高いからだ。この圧力差はそれ自体が多機能的である。この圧力差によって軸受

1　このタービンはフランスのあたらしい潮汐発電所の［球根状のケースに収められた］軸流タービン発電機に取りつけられたタービンと同型のものである。つまり逆回転が可能であり、干潮時にわずかなエネルギー消費で水を汲み上げることができる。

へとつねに押し込み注油がおこなわれると同時に、軸受の水密性の不足による水の逆流が妨げられている。さて、多機能性のおかげでこうした具体化やこうした関係にもとづく適応が可能となったという点は指摘しておくべきだろう。ギャンバルによる発明以前には、タービンを収めた水圧管内に発電機を置くなどということは考えられなかった。仮に水密性と絶縁の問題がすべて解決されていたとしても、発電機は水圧管内に設置するにはあまりにも大きすぎたからだ。水密性や絶縁の問題を解決するために採用された方式こそが、水とオイルという二段構えによるすぐれた冷却を可能にすることで、水圧管内への発電機の導入をありうるものにしている。あるいはこう言ってしまってもよいかもしれない。水圧管内への発電機の導入は、それと同時に強力な水冷をも許すことで、その導入そのものをありうるものにしているのだ、と。さて、冷却能力が大きくなったことで［発電機を］同じ出力でかなり小型化することが可能になった。ギャンバルの発電機は外気にさらされて最大負荷で用いられるなら熱によってたちまちに壊れてしまうだろうが、しかし［発電機を収めるケーシングの内外に］同心円を描くようにしてあるオイルと水——エネルギー［つまり排熱］の点でみれば、オイルについては発電機の回転運動が、水についてはタービンの乱流が、それらを脈々と送り出している——に浸かっているなら、ほとんど感知できない熱しか示さない。ここで具体化は、問題を解決済みと仮定する発明によって条件づけられている。というのも、具体化によってうみだされる新たな条件のおかげでこの具体化はありうるからだ。過進化でない適応の対象となるような唯一の環境とは、適応それ自体によってうみだされる環境である。ここで適応行為は、たんに適応のプロセスよりもまえにすでに与えられている環境に対する適応を定義するときにこの語が用いられるような意味での適応行為だけではない。

具体化としての適応とは、すでに与えられている環境によって条件づけられるのではなく、環境の誕生を条件づけているプロセスである。このプロセスは、発明よりもまえには潜在的にしか存在していない環境によって条件づけられているのである。発明があるのは、みずからがうみだす環境の内部でみずからが確立した関係によってみずからを実現し正当化するような跳躍があるからなのだ。［ギャンバルタービンのような］タービンと発電機というこのカップルが成立する可能性の条件とは、そのタービン発電機が実現されることである。小型化を可能にする熱交換を実現するためにタービン発電機が物理的に水圧管内に存在する場合にのみ、タービン発電機は幾何学的に水圧管内に存在することができる。具体化をもたらす発明は、技術的で地理的な環境（ここでは乱流状態にあるオイルと水）という、技術的対象が作動する可能性の条件を実現するのだと言うことができるだろう。技術的対象とはそれゆえ、こうした混合的な——技術的であると同時に地理的な——環境の存在条件として、それ自身の条件なのである。こうした自己条件づけという現象は、それによって技術的対象が過進化からの適応能力の喪失へと向かうことなく発展してゆくことのできる原理を規定している。過進化は、適応が適応のプロセス以前から存在している所与に関するものであるときに起こる。そのような適応はじっさいにはその適応につねに先行しているような条件を追い求めている。なぜならそうした適応は、先行する条件へのフィードバックをおこなうことはなく、反対にそうした条件を条件づけることもないのである。

技術的対象の進化が進歩となりうるのは、技術的対象がみずからの進化において自由であり、取り返しのつかない過進化の方向を余儀無くされていないかぎりにおいてである。こうしたことが可能であるには、技術的対象の進化は建設的でなければならない。すなわち、この進化によって技術的で地理的な第三の環境が、つまり自己条件づけによって修正されてゆく環境がうみだされるのでなければならない。というのも［技術的対象の進化は］進む方向があらかじめ決まっているような歩みとして理解された進歩でもなければ、自然［環境］を人間的なものにすることでもないからだ。［技術的対象の進化という］このプロセスが人間の自然化として現れることも十分ありうるだろう。じっさい人間と自然とのあいだには人間の知性によってのみ可能となる技術的で地理的な環境がうみだされるのである。つまり、或る図式がその作動の結果によって自己を条件づけるには、先取りという、自然のなかにも構成済みの技術的対象のなかにもない発明的な機能を用いる必要があるのだ。先取りとは生命がおこなう活動であり、与えられている現実（レアリテ）とその目下の体系的構造とを越えて、新たな形態へとこのように跳躍するのであり、そしてそれら新たな形態は、それら形態すべてが一緒になって一つの構築されたシステムとして存在しているという理由でしか保持されない。新たな器官（オルガン）が進化の系列に現れるとき、その器官は、体系的で多機能的な収斂を実現する場合にのみ保持されるのである。器官が器官自体の条件なのだ。地理的な世界と、すでに存在している技術的対象からなる世界とが、一つの具体化――この具体化は器官についておこなわれ、関係にもとづくその機能によって定義される――において関わりあうのも、これと同様のしかたによってである。穹窿（ヴォールト）が完成して初めて安定するように、関係の機能を果たしているような対象は、その対象が存在するようになってからしか、そしてそれが存在しているという理由でしか保持されず、筋の通ったものとならない。そうした対象はそれ自身でみずからの連合環境[3]をつくりだし、その環境において現実（リアル）に個別化するのである。

第二節　技術的発明——生物および発明的思考における地（じ）と形態

それゆえ技術的存在の個別化が技術的進歩の条件であると主張することができる。この個別化は、技術的存在が自身のまわりにつくりだす環境において因果が循環していることで可能となる。つまりそうした環境は、みずからをつくりだした技術的存在を条件づけているのと同様に、その存在によって条件づけられているのである。技術的であると同時に自然的でもあるこの環境は連合環境と名づけられうる。それは、技術的存在がそれによってみずからをみずからの作動において条件づけるものである。この環境は作り上げられたものではない。あるいはすくなくとも全面的に作り上げられたものではない。つまりこの環境は技術的存在を取り巻く自然的要素の一種の動的状態（レジーム）であり、技術的存在を構成する要素の一種の動的状態と結びついている。連合環境とは、作り上げられた技術的要素と、技術的存在がそのなかで機能する自然的要素とのあいだの関係を仲介するものなのだ。ギャンバルタービンの内部とまわりで運動状態にあるオイルと水の総体はそうしたものである。この総体は、その総体において生じる循環的な熱交換によって具体化され個別化されている。つまり、タービンの回転数が上がればそれだけジュール効果と磁気損失によって発電機の放熱量も大きくなるが、しかしタービンの回転数が上がればそれだけロータ周辺のオイルとケーシング周辺の水の乱流が大きくなり、ロータと水のあいだでの熱交換が促される。この連合環境こそ発明された技術的対象の存在（エグジスタンス）条件である。厳密に発明されたと言えるのは、生存能力(ヴァイアブル)をもつために連合環境を必要とする技術的対象だけだ。じっさい、このような技術的対象は切れ目のない進化がさまざまに示す段階(フェーズ)のなかでは形成されえない。というのも〔ギャンバルタービンの発明について見てきたように〕そうした技術的対象はその全体が揃っていなければ、まったく存在することができないからだ。循環的因果を自然世界とのつながりのうちで本質的なしかたで始動させる技術的対象は、それ自身の作動条件〔＝連合環境〕の原因であるのだから、ただ発明されるしかないのであって、徐々に構成されてゆくようなことはありえない。そうした対象は、問題が解決されないかぎり、すなわちそうした対象がその連合環境とともに存在しているのでないかぎり、生存能力(ヴァイアブル)をもつようにはならないのである。

そういうわけで、技術的対象の歴史には、さまざまな絶対的起源との、以上のような不連続性があることを指摘しておこう。見通しを立てる力と創造的想像力とを備えた思考だけが時間において顚倒したあの条件づけをおこなうことができる。つまり、技術的対象を物質的に構成することになる要素は、技術的対象が構成される以前には連合環境がなく、たがいに切り離されているのであって、対象が構成されたなら存在しているはずの循環する因果に従って相互に組織化されなければならない。それというのはつまり、現在が未来によって、いまだないものによって条件づけられているということだ。未来がこのような機能をはたすのは偶然の産物であり、ごく稀にしか起こりえない。この機能がはたされるには、特定の要請に応えるために要素を組織化する能力を活用する必要がある。そうした要請は総体としての価値を、つまり主導的な価値を有しており、そしていまだ存在していない未来の総体を表象するシンボルとしての役目をはたすのである。新たな技術的対象を作動可能にする因果関係がそこで展開されることになる未来の連合環境は、或る役柄をその当の人物が不在でも演じることができるのと同様に、その統一性が創造的想像力のさまざまな図式によって表象され、演じられる。［そのとき］思考の力動性（ダイナミズム）[4]は、技術的対象の力動性と同じになっている。つまり、技術的対象に秘められた多様な力動性が［その対象が］じっさいに作動するなかで相互に影響を及ぼしあうのと同様に、［思考の力動性である］心的図式は発明がおこなわれているあいだに相互に影響を及ぼしあっているのである。技術的対象の連合環境の統一性は、それと類比的なものを[5]［人間のような］生物の側の統一性において有している。発明がおこなわれているあいだについて言えば、生物の側のこの統一性とは、さまざまな心的図式が筋の通ったものになっている――これは同じ存在のうちにそれら図式が存在し展開してゆくことで得られる――ということである。矛盾しあう図式はたがいに鎬（しのぎ）を削りあい、数を減らしてゆくのである。それは生物というのが、みずからでもってみずからの連合環境――生物が発明することのできるそれ――を運んでいる個体的存在であるからだ。みずから自身を条件づけるというこの能力が、みずから自身を条件づけるような対象をつくる能力の根源にある。発明的想像力を分析するなかで心理学者たちが注意を払ってこなかったのは、図式や形態、あるいは操作（オペラシオン）――それらは勝手に飛びだし浮きあがってくる要素である――なのではなく、そうした図式がそのうえで鎬を削りあい、組み合わされ、そしてそれに参与してゆくような力動的な地（じ）なのである。ゲシュタルト心理学はたしかに全体性がはたす機能をよく見てはいるものの、形態［＝ゲシュタルト］のほうに力があるとみなしてきた。想像力がはたらく過程についてより掘り下げられた分析がおこなわれるなら、決定要因となりエネルギー源としての役目をはたすのは形態ではなく形態を運んでいるもの、つまりは地であるということがおそらく示されるだろう。注意力との関連ではいつも周辺的なものにとどまっているが、地とはさまざまな力動性を秘めたものである。つまり、形態の系を存在させるものである。形態は、形態ではなく地に、つまり全形態の系、あるいはむしろそれら形態の傾向をあつめた共通の貯蔵所に参与するのであり、しかもそうした参与は、それら形態が別箇のものとして存在して明示的な系を構成するようになる以前からおこなわれているのだ。さまざまな形態を地に結びつける参与の関係とは、現在を跨ぎ越えて、そして未来が現在へとおよぼす影響を、つまり潜在的なもの(ヴィルチュエル)が現実的なもの(アクチュエル)へとおよぼす影響を拡散させるような関係である。というのは、地とはゆっくりと進展してゆくさまざまな潜在性(ヴィルチュアリテ)、ポテンシャル、力の系であり、それに対して形態とは現実性(アクチュアリテ)の系であるからだ[6]。発明とは、現実性の系を潜在性の系によって引き受けるということ、これら二つの系から統一的な系をつくりだすということである。形態は現実性を表象するかぎりで受動的である。形態が能動的なものとなるのは、地に対してみずからを組織化し、そうして現実性へとそれに先行する潜在性を導いていくときである。形態の系が潜在性という地に参与可能になるような様相(モダリティ)を明らかにするのは、おそらく困難である。わたしたちに言えるのはつぎのことだけだ。「形態の系が地に参与しうるのは」因果および条件づけの様態(モード)によってであるが、この様態は、構成された技術的対象に含まれる各構造が連合環境の秘めるさまざまな力動性とのあいだにもっている関係のうちに存在しているものと同じである。これら構造は連合環境のうちにあり、連合環境によって、そして技術的存在に含まれるその他の構造によって——連合環境を介して——規定されている。これら構造は連合環境を部分的に——ただしそれぞれの構造がそれぞれのしかたで——規定してもいるのだが、それに対して技術的環境は、各構造によってそれぞれ別箇に規定されながらも、それら構造にエネルギー的、熱的、化学的な作動条件を提供することで、それら構造を包括的に規定しているのである。連合環境と構造とのあいだには因果の循環があるが、ただしこの循環は均整のとれたものではない。環境は情報の役目をはたしている。環境とは、さまざまな自動制御の中枢であり、情報の乗り物、あるいはすでに情報の管理下にあるエネルギーの乗り物である（たとえば［タービン発電機において］水は程度の差こそあれ高速の運動によって動かされ、程度の差こそあれ急速にケーシングを冷却する）。［このように］連合環境がホメオスタシス的であるのに対して、構造は循環的でない因果によって動かされている。構造は各自が各自の方向に進むのである。フロイトは精神生活において地が形態におよぼす影響について、この影響を別の隠された形態が明示的な形態へとおよぼす影響として解釈することで分析した。そこから出てくるのが抑圧という概念である。じっさいには、たしかに実験は象徴化が存在していることを明らかにしている（被験者を催眠状態にして、激情をかきたてる場面を語ると、被験者は覚醒後に、象徴による移し替えを用いてその場面を説明するという実験）が、しかしこの実験は、明示的な形態と同じような形態によって無意識が満たされているということを明らかにしているわけではない。意識のある状態や覚醒状態によってあらわになる明示的な形態がそのうえで展開し、それに参与するような、精神における地の存在を有効なものとみなすなら、象徴化はさまざまな傾向の力動性によって十分に説明される。さまざまな形態をまとめる体系的構造と連合した環境が、それら形態のあいだに循環的因果の関係を打ち立て、そうして形態の系――その総体において捉えられた――を改訂する要因となるのである。疎外とは精神生活における地と形態のあいだの断絶である。つまり連合環境がもはや形態の力動性を制御しなくなっているのだ。今日に至るまで想像力は適切に分析されてこなかった。活動についての特権が形態に与えられることで、精神生活と肉体の生とを主導するのは形態であるとみなされてきたからだ。じっさいには、生命と思考のあいだの類縁性はたいへん大きなものである。［まず生命について言えば、］生きた生体（オルガニスム）においては生体構成物質[7]の全体が生命に協力している。［器官のような］最も目立つ、最も明瞭な構造だけが身体のうちで生命を主導しているのではない。血液やリンパ液、結合組織もまた生命に関与しているのである。さまざまな器官（オルガン）が寄せ集められ、いくつかの系として関係づけられるだけで一つの個体がつくられるのではない。個体はまた、器官でもなければ――器官にとっての連合環境を構成するかぎりでの――生体構成物質のつくる構造でもないものによってもつくられている。生体構成物質は器官にとっての地である。器官どうしを相互に結びつけ、一つの生体にするのは、この物質なのである。この物質によってこそ、熱的、化学的な、根本的平衡が維持されるのであり、器官はこの平衡のうえで急激だが制限された変動を生じさせる。つまり器官は身体に参与するのである。こうした生体構成物質はたんなる不確定さやたんなる受動性などではない。見境のない渇望でもない。この物質は情報を与えられたエネルギー[8]のための乗り物なのである。［生命と］同様に、思考には、明確なかたちをとりたがいに分離した構造が、たとえば表象やイメージ、特定の記憶や知覚といったものが含まれている。ただし、これら要素はすべて一つの地に参与しているのであって、この地がそれら要素に一つの方向性を、つまりホメオスタシス的な統一性をもたらし、情報を与えられたエネルギーを要素から要素へと、そして要素全体から各要素へと運ぶのである。地は暗黙の公理系であるとも言えるだろう。そこでは形態の新たな系が彫琢されるのである。思考の地がなければ思考する存在はなく、不連続な表象の脈絡を欠いた連鎖があるということになるだろう。この地はさまざまな形態と連合した心理的環境なのだ。技術的対象と連合した環境が、自然的世界と技術的対象の作り上げる構造とのあいだの中間項であるのと同様に、この地は、生命と意識的思考とのあいだの中間項である。わたしたちが技術的存在をつくりだすことができるのは、関係のあいだではたらく作用や物質－形態の連関――この連関はわたしたちが技術的対象において打ち立てる連関と大いに類比的である――をわたしたちがみずからのうちにもっているからだ。思考と生命との連関は、構造化された技術的対象と自然的環境との連関と類比的である。個別化された技術的対象とは、発明された対象、すなわち人間のうちで生命と思考の循環的因果の作用によってうみだされた対象なのだ。生命のみと連合した、あるいは思考のみと連合した対象は、技術的対象ではなく、用具や器具である。そうした対象は、循環的因果を打ち立てる連合環境をもたないがゆえに、内的なまとまり（コンシスタンス）をもたないのだ。

第三節　技術的個別化[9]

連合環境における循環的因果による技術的対象の個別化の原理は特定の技術的総体をより明晰に思考することを可能にし、そしてそれら総体を技術的個体として扱うべきなのか、あるいはさまざまな個体から組織化される集まりとして扱うべきなのかを知ることを可能にする。わたしたちはこう述べることにしよう。連合環境がそれなしにはありえない（sine qua non）作動条件として存在しているときには技術的個体があり、それとは反対の場合には総体がある、と。感覚生理学の実験室のような実験室があるとしよう。［そうした実験室にある］聴力計（オーディオメータ）は技術的個体だろうか？　聴力計を、電源のないもの、電気信号を音声信号に変換するものとして使用されるヘッドホンやスピーカのないものとみなすなら、技術的個体ではない。聴力計はそのとき、［出てくる音の］周波数や強さを安定させて閾値を測定できるようにするために、温度や電圧や騒音レヴェルについて一定の条件のもとに設置する必要のあるものとして規定される。部屋の吸音率や、しかじかの周波数の反響が考慮されねばならない。その一室も完全な装置をかたちづくる一部なのだ。聴力検査には、平坦で周囲に何もない平地でおこなうか、そうでなければ無響室のような、マイクロフォニックス雑音を防ぐために床が宙吊りになっており、壁面がグラスウールで分厚く覆われているような部屋で測定することが求められる。それでは聴力計それ自体とは、つまりメーカーの販売するそれや、自作されたそれは、何なのだろうか？聴力計それ自体とは、それぞれが相対的な個体性を有した技術的形態からなる総体である。たとえば聴力計は一般に二つの高周波振動子――そのうちの一方が固定で、もう一方が変動する――を有している。二つの振動子のうみだす小さなうなりによって可聴音が生じるのである。その刺激の強度は減衰器によって調整される。これら振動子の一つ一つは単独で一つの技術的対象を構成してはいない。なぜなら各振動子が安定するにはフィラメントの電圧と陽極の電圧が安定している必要があるからだ。この安定化は一般に、循環的因果に従う電子工学システムによって得られる。このシステムが振動子の技術的形態に連合した環境を機能のうえで構成するのである。しかしながら、この連合環境は完全には連合環境ではない。むしろそれは転送システムなのであって、自然的かつ技術的な外的環境によって振動子が条件づけられないようにする適応手段なのである。仮にこの環境が真の連合環境になるとしたら、振動子の一方の周波数が不意に横滑りすることで、電源の電圧がこの周波数の横滑りに対して変動するような場合にでしかない。そうした場合、調整された電源と振動子のあいだで相互的因果による交換がなされるだろう。すると自動的に安定するのは技術的形態の系ということになる。［しかしじっさいには］ここでは反対に電源だけが自動的に安定するのであり、それゆえ振動子の一方の周波数が不意に変動しても電源は反応しないのである。

これら二つのケースは理論的にも実践的にも大きく異なっている。じっさい、電源がたんに安定しており、振動子と循環的因果により連携していないなら、この電源の同時使用数を支障なく制限ないし拡張することができる。たとえば、通常の供給限度内であれば同じ電源にその作動を乱すことなく三つ目の振動子を接続することができる。反対に、フィードバックによる有効な制御を獲得するには、ただ一つの構造がただ一つの連合環境と結びつけられていなければならない。そうでなければ、相乗作用(シナジー)をもたらすのではないしかたで同じ連合環境に結びつけられた二つの構造において逆向きに生じる不意の変動を相殺することができず、制御的なフィードバックを得ることができなくなってしまう。同じ連合環境に結びつけられた構造は相乗作用をもたらすように機能しなければならない。こうした理由で、聴力計はすくなくとも二つの明確に区別される部分、同じ連合環境によっては自動的に安定しない部分からなる。つまり、一方には周波数発生器があり、他方に増幅器 - 減衰器があるということだ。これら総体の一方が他方へと作用することは避けられねばならない。そのためにはとくに二つの電源を注意深く隔てておき、それら電源を隔てている仕切り壁に電気的かつ磁気的な遮蔽加工を施すことで［電源のあいだの］あらゆる相互作用を避けることになる。けれども、聴力計の物質的な限界は機能的な限界ではない。増幅器－減衰器は通常、被験者をスピーカーとカップリングさせるならスピーカーと部屋によって延長され、被験者をヘッドフォンとカップリングさせるなら被験者の外耳によって延長される。したがって、技術的対象の個別化にはさまざまな相対的水準が存在していることを［一つの判定基準として］認めることができる。この判定基準には価値論的な価値がある。つまり、或る技術的総体が最大限に筋の通ったものとなるのは、相対的個別化の水準を同じくするいくつかの下位総体によってその総体が構成されているときである［との判定が可能になる］ということだ。たとえば感覚生理学の実験室では、聴力計の二つの振動子と増幅器－減衰器とをグループ化してもまったくメリットがない。むしろ望ましいのは、二つの振動子をグループ化して、電圧や温度の変動に同時かつ同じ比率で影響されるようにすることである。そうすることで、各振動子の周波数が二つとも相関的に変動して生じるかもしれない微弱なうなりの変動が――二つの基本周波数の変動は高くなるにせよ低くなるにせよ同時なのだから――可能なかぎり削減されるからだ。それに対し、二つの電源を別々にして、一方の振動子の電源を局所配電線の或る位相につなげ、もう一方を別の位相につなげるなら、うなりのゆえに周波数発生器の機能上の統一性にとって妨げにしかならないだろう。二つの変動が相殺されると微弱なうなりの周波数が二つの振動子からなる総体に対して大きく安定したものとなり、自動安定化の効果が中断されてしまうのである。むしろ有益なのは、振動子をどちらも供給網の一つの位相に、つまり増幅器－減衰器がつながられているのとは異なる位相につなげることだろう。そうすることで、増幅器の陽極側での消費量の変化が振動子の電源電圧へとフィードバックされることが避けられるからだ。

それゆえ或る総体における技術的対象の個別化の原理とは、連合環境における循環的因果をもつ下位総体の個別化の原理である。つまり、みずからの連合環境において循環的因果を有するすべての技術的対象は、たがいに隔てられていなければならず、かつ、連合環境どうしの自立性を維持するように接続されていなければならない。たとえば、振動子という下位総体と増幅器－減衰器－再生装置という下位総体は、それぞれが電源において自立しているだけではなく、一方から他方へのカップリングにおいても自立しているのでなければならない。つまり、増幅器から振動子へのフィードバックを非常に弱いものにするためには、増幅器への入力はそのインピーダンスが振動子の出力に対して非常に高くなければならない。仮に、たとえば減衰器を振動子の出力に直接つなげたなら、この減衰器がおこなう調整は振動子の周波数へとフィードバックされることになる。これら下位総体すべてを含むような上位の総体は、個別化された下位総体の自立性を損なうことなく、しかじかの関係づけを自由なしかたで実現する能力によって定義される。それはたとえば、実験室において接続や指令に関わる統括的な制御盤のはたす役目である。静電気や電磁気を遮蔽したり、カソードフォロワ回路と呼ばれるようなフィードバックの起こらないカップリングを使用したりする目的は、下位総体の作動どうしの必然的な組み合わせを多様なしかたで可能にしつつ同時に下位総体のそうした自立性を維持することにある。作動のもたらす結果を、作動条件を相互作用させることなく使用すること、これが実験室と呼ぶことのできる総体がじつのところその機能においてはたしている役目である。

であるなら個体性はどの水準にあるのかと問うことができる。すなわち、下位総体の水準にあるのか、それとも総体の水準にあるのか？　これについても循環的因果を判定基準にすることで答えることができる。というのも、上位の総体（実験室のような）の水準にはじっさいのところ連合環境が存在しない。存在しているとしても、いくつかの点ではそう言えるだけであって、そうした連合環境は一般的ではない。たとえば、聴力測定の実験をおこなう部屋のなかに振動子があると実験の妨げになることが多い。それら振動子に鉄製の磁気回路をもちいた変圧器が使用されているなら、［磁気回路を構成する］鉄心の磁歪（じわい）*によって実験を妨げるような音を発する振動がうみだされてしまう。抵抗と容量を備えた振動子であっても、電気的な引力が周期的に作用することで微弱な音を発してしまう。繊細な実験のためには装置を別室に置いて遠隔操作するか、被験者を無響室に隔離する必要がある。またこれと同じく、脳波計や心電図をもちいた実験では、電源の変圧器の磁性放射によって増幅器に大きな支障が出ることがある。それゆえ実験室という上位総体はカップリングをおこなわない装置によってとりわけ構成されているのであり、連合環境が不意にうみだされることを避けている。ただ一つの連合環境だけがうみだされるのは望ましくないという点で、総体は技術的個体から区別される。このようにただ一つの連合環境だけがうみだされる可能性と闘うために、総体には一定数の装置が含まれているのである。つまり総体は、そこに含まれている技術的対象が［総体の］内部で具体化することを避けているのであり、技術的対象の作動がもたらす成果だけを利用して、［そうした作動を可能にする］条件づけどうしは相互作用させないのである。

技術的個体よりも低い水準には、なんらかの個体性を有するようなグループ群がさらに存在しているのだろうか？——存在しているが、ただしその個体性は、連合環境を有する技術的対象の個体性と同じ構造をもたない。つまりそれは、積極的な連合環境をもたずに——自動制御されずに——複数の機能をはたすような組み合わせの個体性なのである。熱陰極管を例に取ろう。自動的に分極する陰極抵抗とともに一つの回路に組み入れられるとき、この真空管はまさに自動制御現象の中枢となっている。たとえば、［加熱用の］フィラメント電圧が上がると陰極放射が増大し、それによって負の方向への分極が大きくなる。つまり真空管はあまり増幅をおこなわなくなり、その電気流量はほとんど上昇せず、またその陽極での散逸もそうである。同様の現象によって、A級増幅回路*は増幅器の入力レヴェルがさまざまに変動するにもかかわらず出力レヴェルを自動的に平準化する。ただし、制御をおこなうこうした負のフィードバックの中枢は真空管の内部にしかないわけではない。つまりこうしたフィードバックは回路の総体に依存しているのであり、それゆえ、特定の回路がもちいられるならそうしたフィードバックが存在しないような場合もある。たとえば、陽極が熱くなるような二極管（ダイオード）は二方向に伝導するようになり、そうなるとその二極管を流れる電流の強さがなお大きくなる。陰極は陽極から出てきた電子を受け取ることでさらにいっそう熱くなり、電子の放出量が増加し続ける。したがって破壊的なこのプロセスが示しているのは、二極管のみならず回路全体に属している正の循環的因果である。

　個体の下部にある技術的対象は技術的要素と呼ぶことができる。要素と呼ばれうるこうした対象は、連合環境を有していないという意味で真の個体から区別される。そうした対象は一つの個体のうちに統合されうるのだ。熱陰極管は完全な技術的個体というよりも技術的要素である。熱陰極管は生きた身体のうちにある一つの器官（オルガン）と比較することができるのだ。この意味で、一般器官学をこう定義することができるだろう。すなわち、一般器官学は技術的対象を要素の水準で研究するものであり、そして完全な技術的個体を研究する機械学(メカノロジー)とともに技術論の一部をなすのである、と。

第四節　進化の連鎖と技術性の保存。緩和の法則[10]

技術的要素の進化が技術的個体の進化へとその余波をおよぼすことがある。技術的個体はさまざまな要素と一つの連合環境とから構成されているがゆえに、みずからが活用している要素の特性に或る程度まで依存しているのである。たとえば、電磁モータは今日では「その要素である」磁石のめざましい小型化のゆえにグラムの時代[11]よりもはるかに小さくすることができる。いくつかの場合では、要素はその要素をうみだした先行する技術的作業(オペラシオン)[12]が結晶化したようなものになっている。たとえば、異方性磁石——これは焼入れによって磁化された磁石とも呼ばれる——は、再冷却後に磁石になる溶解した金属塊のまわりに強力な磁場を維持するような手順によって得られる。つまりこうした次第だ。溶解した金属塊はキュリー点*を超えると磁化し始め、それからこの強烈な磁化は金属塊が再冷却されるあいだ維持される。その金属塊が冷却されると、再冷却されたあとに磁化した場合よりもはるかに強力な磁石となるのである。すべてはあたかも強力な磁場が「再冷却されるまえの」融解した金属塊においてて分子の方向づけをおこなっているかのように進行するのであり、そしてその方向づけは、「その金属塊が」再冷却されて固体状態へと移行するあいだも磁場が保存されるなら、再冷却後も維持されるのである。ところで「この場合」、炉と炉床、そして磁場をつくりだすコイルによって、技術的総体である系が構成されている。炉の熱はコイルに作用をおよぼしてはならず、この熱を溶解した金属塊においてつくりだす電磁誘導場は、磁化をうみだすための直流電磁場を中和してはならない。この技術的総体はそれ自体がいくつかの技術的個体によって、つまり作動の結果については相互に組織化されているが、各々が作動するための条件づけにおいてはたがいの邪魔をしないような技術的個体によって構成されているのである。こうして技術的対象の進化のうちでわたしたちは先行する総体から後行する要素へと因果が移行してゆく場面に立ち会う。そうした後行する要素は、その特性がこうした要素によって修正される個体のうちへと導入され、そうして技術的因果が要素の水準から個体の水準へとさかのぼり、さらには個体の水準から総体の水準へとさかのぼることを可能にする。また技術的因果はそこから、新たなサイクルのうちで、製作プロセスを通じて要素の水準へとふたたび降りてゆくのであり、そしてこの水準において新たな個体に生まれ変わり、さらには新たな総体に生まれ変わる。そうするとつまり、直線ではなく波形で表されるような因果の線が存在しているのであって、同一の現実（レアリテ）が［まずは］要素として存在し、それから個体の特性として、そして最後に総体の特性として存在しているのである。

技術的現実（レアリテ）どうしのあいだに存在している歴史上の連係（ソリダリテ）は、さまざまな要素の製造を介して伝えられてゆく。技術的現実が後継を残すにはそれ自体が改良されるだけでは十分でない。さらになお、その技術的現実が生まれ変わり、そして緩和の公式に従って現実のさまざまな水準でおこなわれるこの［生まれ変わりという］巡りめぐる生成へと参与するのでなければならない。概して、現在における技術的存在どうしの連係はよりいっそう本質的な別の連係を、つまり進化という時間的な次元を要請するような連係を覆い隠してしまっている。ただしその連係は生物学的な進化と同一視されるようなものではない。生物学的進化にはこうした［生まれ変わりという巡りめぐる生成と異なり］継起的な水準の変更がほとんどなく、より連続的な線に従って実行されるのである。生物学的な言葉遣いで［技術的進化を］表現しなおすならこうなるだろう。すなわち、種（しゅ）は個体に与えられる器官（オルガン）をうみだし、そうしてその個体は種の系譜において最初の項となり、今度はこの項が新たな器官をうみだすという点に技術的進化は存するのである、と。生命の領域では、器官は種から切り離すことができない。技術の領域では、要素はまさしく製造されたものであるがゆえに、その要素をうみだした総体から切り離すことができる。そこには産み落とされたものとうみだされたものの違いがある。[13] このように技術的世界は空間的次元に加えて歴史的次元をも有している。目下の連係によって継起してゆくものの連係が覆い隠されてしまってはならない。というのもこの後者の連係こそが、その波形の進化法則に従って技術的な生の大きな時代区分を定めているのである。

以上のような緩和のリズムはそれに相当するものがほかのどこにも見いだされない。人間世界も地理的世界も、相次ぐ到達（アクセス）と新たな構造の噴出とともに緩和発振をうみだすことはできないのである。この緩和の時間が本来の技術的時間である。この時間は歴史的時間にみられるそれ以外の局面（アスペクト）に対して優勢となりうるのであり、その結果、この時間がそれ以外の発展リズムを同期させて歴史的進化全体を規定している——同期させ連動させているのはその位相（フェーズ）だけなのだが——ように見えるということがありうる。緩和のリズムに従うこうした進化の事例として一八世紀以降のエネルギー源の進化を挙げることができる。一八世紀に用いられていたエネルギーの大部分は、水の落差や大気の動き、そして動物に由来するものだった。こうしたタイプの動力は職人的な開発と、つまり河川に沿って点在する小規模な製作所での開発と釣り合うものであった。そうした職人的な製作所から、効率の高められた一九世紀初頭の熱力学機械が、そして近代機関車が出てくる。この蒸気機関車はマルク・スガンの煙管ボイラ——このボイラは軽量で副胴直熱式外だきボイラよりも小型であった——にスチーブンソン式弁装置を適応させた結果得られたものであった。この適応は吸気行程と膨張行程の比率を変化させること、ならびに死点を介して徐々に逆進へ移行すること（蒸気機関の逆回転）を可能にした。エンジントルクの変動を幅広くすることで、きわめて高出力の回転数でのみ効率が低下する（吸入行程は燃焼行程の全体にほとんど等しくなる）のと引き換えに、さまざまに変化する勾配へと適合する能力を牽引車の蒸気機関に与えるこうした職人的なタイプの機械的発明によって、熱エネルギーは線路上での牽引にたやすく適応することのできるものとなる。スチーブンソン式弁装置と煙管ボイラという一八世紀の職人的な総体から出てきた要素は、一九世紀にあらわれてくる新たな個体のうちに、とりわけ機関車というかたちで入り込んでいる。大型の貨物線はあらゆる地域を横断可能となり、もはやたんに等高線や航行可能な水路の蛇行に沿って進むだけではなくなっており、一九世紀の産業の中心地へと向かうのである。この中心地は、作動原理が熱力学にもとづいている個体をそのうちに組み込んでいるだけでなく、その構造においても本質的に熱力学的である。たとえば、その絶頂期にあった一九世紀の工業団地（アンサンブル）は、熱エネルギー源となる石炭産業の周辺や、熱エネルギーが最も利用される場所（炭鉱や冶金工場）の周辺に集中している。熱力学的な要素から熱力学的な個体への移行が、そして熱力学的な個体から熱力学的な総体（アンサンブル）への移行がおこなわれたのだ。

ところで、電気工学の主要な局面（アスペクト）はこうした熱力学的な総体によってうみだされた要素として現れる。電気エネルギーの実用化は、そうした実用化が自立したものとなる以前には、送電線によって或る場所から別の場所へエネルギーを伝達する順応性の高い手段［をつくりだすこと］として現れる。透磁率の高い金属は熱力学を冶金において実用化したことでうみだされた要素である。銅線であったり、絶縁体にもちいられる電気抵抗の高い磁器であったりは、蒸気で稼働する伸線工場や石炭を使う焼成窯から出てくる。鉄塔の骨組み構造やダムのセメントは巨大な熱力学的中心地から出てきて、タービンや交流発電機といった新たな技術的個体へと要素として入り込む。そうすると、さまざまな存在の新たな台頭、新たな構築が、顕著となり具体化されることになる。電気エネルギーの生産においてグラムの発電機は多相交流発電機に取って代わられる。また、エネルギーを送る際に当初は直流電流がもちいられていたが、これは周波数が一定の交流電流に取って代わられる。交流電流は火力タービンによる生産に適合しており、したがって水力タービンによる生産にも適合しているのだ。これらの電気工学的な個体は、電気エネルギーの生産や分配、利用に関わるさまざまな総体へと、つまり熱力学的な中心地とは構造が大いに異なる総体へと統合された。熱力学的な中心地において鉄道が果たしていた役目は、産業用電気の総体において系統連系のための高圧線が果たす役目に取って代わられる。

電気技術はその十全な発達段階に到達するとき、新たな局面（フェーズ）の口火を切るような新たな図式を要素としてうみだしてゆく。まず、粒子の加速である。最初は電場によって実現されていたこの加速は、直流電場および交流磁場によって実現されるようになり、そして原子力を利用する可能性を発見させた技術的個体［つまり加速器］の構築へと向かう。さらにまた、たいへん注目に値するのが、電気冶金によってシリコンのような金属を抽出する可能性である。そうした金属は光の放射エネルギーを電流に変換することを可能にするが、その効率は限られた用途であれば十分な水準（六パーセント）にすでに達しており、これは初期の蒸気機関の効率と比べてもそれほど低いものではない。純シリコン――電気工学的な工業団地（アンサンブル）の産物――をもちいた光電池は、技術的個体にまだ組み込まれていない要素である。つまり光電池はいまだ電気冶金産業の技術的な可能性の最先端に位置づけられるような好奇心の対象でしかないのだが、しかし発展の一つの位相（フェーズ）の出発点になるかもしれない。その位相は、産業用電気の生産および利用が発展してゆくことでわたしたちが体験してきた、そしてまだ完全には達成されていない位相と類比したものとなるだろう。

ところで、緩和のどの位相でも、マイナーな、あるいは重要性のほぼ等しい側面（アスペクト）はたがいに同期される可能性がある。たとえば熱力学の発展は、石炭だけでなく旅客をも鉄道によって輸送する鉄道の発達と表裏一体であった。反対に、電気工学の発展は自動車による輸送の発達と表裏一体であった。つまり自動車はその原理においては熱力学的であるのだが、電気エネルギーを不可欠な補助手段として、とりわけエンジンの点火に利用しているのである。電気エネルギーが遠隔地へと輸送されることで可能となった産業の分散には、それと相関するものとして、相互に離れた標高の異なる場所へと人々を輸送する手段としての自動車が必要である。つまりそうしたことは道路に対応しているのであって、線路にではないのだ。自動車と高圧線は、同期した、パラレルな技術的構造であるが、しかしその構造は同一ではない。［高圧線の］電気エネルギーは、目下のところでは、自動車の駆動に用いられていないのである。

同様に、原子力と光電効果により獲得されるエネルギーとのあいだには、いかなる類縁性もない。しかしながらこれら二つの形態はパラレルなのであって、それらの発展は相互に同期しあう可能性がある。[2] たとえば、数十ワット程度の電力を消費するような限定的使用に原子力を直接に用いることはおそらくかなり長いあいだ不可能なままだろう。反対に、光電子エネルギーは分散が非常に容易なエネルギーである。つまり、原子力が本質的に一箇所に集中したものであるのに対して、光電子エネルギーはその生産において本質的に分散されている。かつて電気エネルギーとガソリンの燃焼から引き出されるエネルギーとのあいだに存在していた関係は、原子核に由来するエネルギーと光電効果に由来するエネルギーとのあいだに依然として、おそらくはその相違がより強調されて存在している。

第五節　技術性と技術の進化——技術的進化の手立てとしての技術性

技術的存在の個別化にみられるさまざまな側面（アスペクト）は継起するさまざまな段階を通じて進みゆく進化の中心を構成しているが、ただしこれは語の本来の意味での弁証法ではない。そこでは否定性の役割が進歩の原動力ではないからだ。[14] 技術的世界における否定性とは個体化の欠如であり、自然世界と技術的世界との不完全な接合である。この否定性は進歩の原動力ではない。むしろ変化の原動力なのであって、この否定性によって人間はその手中にある解決案よりも満足のいく新たな解決案を探すよう促されるのである。ただしこうした変化の欲求は技術的存在において直接には働かない。この欲求は発明家や使用者といった人間においてのみ働くのである。さらには、この変化を進歩と混同してはならない。あまりに急な変化は技術的進歩にとって妨げとなる。というのもそうした変化は或る時代に獲得されたものが続く時代へと技術的要素というかたちで継承されるのを阻むのである。

技術的進歩が存在するには、各時代が続く時代へとその技術的努力の成果を手渡すことができなければならない。或る時代から別の時代へと受け継がれうるのは技術的総体ではない。また個体でさえもない。そうではなく、そうした個体が総体へとグループ化されることでうみだすことのできた要素である。技術的総体はじっさい、その内部で相互交換する能力のゆえに、みずからを構成しているのとは異なる要素をうみだすことでみずから自身を越え出てゆく可能性を有している。技術的存在は生物と多くの側面(アスペクト)で異なるが、しかし主としてつぎの点で異なっている。生物はみずからと類似した存在を産み落とす。あるいは、適切な条件が実現されるなら、自然発生的に成し遂げられるいくつかの継起する再組織化のあとに、その生物と類似した存在となりうるような存在を産み落とす。反対に、技術的存在はこうした能力を有していない。技術的存在にみずからと類似した存在を構築させることで生物をコピーさせようというサイバネティックス研究者たちの努力にもかかわらず、技術的存在はみずからと類似した別の技術的存在を自然発生的にうみだすことができない。そうしたことは目下のところ仮定のうえでしか可能ではなく、有力な根拠を欠いているのである。だが技術的存在には生物よりも大きな自由がある。それは限りなくより小さな完成によって可能となる自由である。そうした状況においては、技術的存在は技術的総体が到達した完成度を引き継ぐさまざまな要素をうみだすこと

2　そして［これら形態が］相互に結合される［可能性がある］。光電池は放射線源によって照射されうるのである。

ができるのであり、そしてそれら要素が再結合されることで、新たな技術的存在を個体というかたちで構成することが可能となりうる。したがってここには子を生むこと、発出はなく、[15]また直接的な生産もないが、しかし一定程度の技術的完成を含んでいる要素が構成されることでおこなわれる間接的な生産がある。

このように主張するには技術的完成が何であるかを明確にしておく必要がある。経験にもとづいて一見するなら、技術的完成とは実用的な質（クオリティ）、あるいはすくなくとも特定の実用的な質を物質的および構造的に支えるものであると言える。たとえば、よい道具はたんにきちんと加工され仕上げられた道具というだけではない。実用的な観点からすれば、釿（ちょうな）〔という大工道具〕は、状態が悪く研ぎが不十分となりうるかもしれないが、それでも悪い道具ではない。釿は、一方で手元が狂うことなく木材へとまっすぐ打ち下ろすのに適した湾曲を備えており、そして他方で硬材の森林のなかで仕事をするのに用いられるときでさえよく研がれた状態となりそれを維持することができているなら、よい道具である。さて、この後者の質は道具をうみだすのに使用された技術的総体から生じたものである。製造された要素であるからこそ、釿は箇所によって組成が変わる金属から作られうる。この道具は均質な金属の塊が或る種の形態に従って加工されただけのものではない。つまり鍛造されているのであって、その金属の分子鎖には、じょうぶさと弾性が最大になるように繊維の並んでいる木材のように、場所によって変化する或る種の方向づけがあるということだ。その変化はとくに、刃の刃先と、鳩目（アイレット）から刃に向かう平たく厚い部分とのあいだの中間部分にみられる。刃に近いこの部位は作業中に弾性的なしかたでかたちを変える。というのもこの部位は、削り出されつつある木っ端に対して楔（くさび）

や梃子（てこ）として働きかけるからだ。最後に、刃の先端は他の部分よりもしっかりと鋼のように鍛えられている。しっかりと鍛えられていなければならないが、ただしその範囲を適切に定めておかなければならず、そうでない場合、鋼のように鍛えられた金属部分の厚みが大きくなることで道具が壊れやすくなり、刃こぼれしてしまうことになる。すべてはあたかも道具全体が機能の点で異なる複数の区域（ゾーン）から作られているかのように進行する。道具はたんに形態（フォルム）と素材（マチエール）からできているのではない。道具はさまざまな要素から、つまり或る種の作動図式に従って作り上げられ、製作作業（オペラシオン）を通じて安定した構造へと組み立てられた要素からできているのである。道具には技術的総体の作動からもたらされるものが引き継がれている。よい釿を作るには、鋳造、鍛造、焼入れをおこなう技術的総体が必要なのである。

対象の技術性はそれゆえ用途に関わる質（クオリティ）以上のものである。技術性とは、対象のうちで、形態と素材の結びつきによって与えられた最初の規定へと付け加わるものなのだ。つまり形態と素材を仲介するようなものであって、たとえばここ［で見てきた釿の事例］では、焼入れがさまざまな箇所で段階的におこなわれているという異質性がそれである。技術性とは対象の具体化の度合いなのだ。この具体化こそが、鋳造所が木造だった時代にトレドの剣の価値と名声を作りあげ、そして最近まではサン＝テティエンヌの鋼鉄の質（クオリティ）を作りあげていたのである。この鋼鉄は一つの技術的総体が作動した結果もたらされたものを表現しているが、この総体にはそこで用いられていた石炭の特徴だけでなく、フュラン川を流れる非石灰質の水の温度および化学的組成や、鋳造まえの融解した金属をかき混ぜて精錬するのに使用された生木の樹種もまた含まれていた。いくつかのケースでは、素材−形態の結びつきの抽象的特性に対して技術性が優勢な立場となる。たとえば、コイルばねはその形態と素材のゆえにたいへん単純なつくりの物である。にもかかわらず、ばねの製造にはばねをうみだす技術的総体が高い完成度にあることが要求されるのだ。多くの場合、エンジンや増幅器といった個体の質は、組み立ての創意工夫というよりも単純な要素（弁ばね（バルブスプリング）、変調変圧器（トランス））の技術性に依存している。ところで、ばねや変圧器のようないくつかの単純な要素をうみだすことのできる技術的総体は時にきわめて巨大かつ複雑であり、いくつかの世界企業がもつ下部組織の全体とほとんど同じ拡がりを有している。一本の単純な針の質が一国の産業の完成度を表現していると言っても過言ではないだろう。こうして、或る針を「イギリス製の針」と形容するような、実用的であると同時に技術的でもある判断が十分な正当性をともなって存在していることが説明される。このような判断が意味をもつのは、技術的総体のうみだす最も単純な要素のうちでその総体が表現されているからだ。なるほどたしかにこうした思考様態が存在しているのはこの様態を正当化してくれるような理由以外の理由によってなのであって、そしてそれはとくに、或る技術的対象をその生産地で形容するほうがその対象に内在する価値について判断を下すよりも容易だからである。これこそ世論という現象だ。しかしこの現象は、多くの意図的な誇張や搾取を引き起こすことがあるとはいえ、根拠をまったく欠いているわけではない。

技術性は要素の積極的な性格とみなされうる。つまりそれは、技術的個体のうちで連合環境により実行されている自動制御に類比的なのだ。要素の水準での技術性とは具体化である。この技術性は、それによってまさに要素が総体によってうみだされた要素となり、総体そのものや個体とはならないものなのである。この特性が要素を総体から切り離し可能なものにして解放することで、新たな技術的個体が構築可能となる。なるほどたしかに、要素に唯一の技術性を付与することについて有無を言わせぬ理由は一つもない。［じっさい］連合環境は個体の水準での技術性の受託者であり、またその拡がりは総体の水準での相互可換性の受託者である。しかしながら、技術性という語はこうした要素の質（クオリティ）に、つまり技術的総体のうちで獲得されたものがそれによって表現されて保存されることで新たな周期へと運び込まれるような質に取っておいたほうがよい。要素が運んでいるのは具体化された技術的現実（レアリテ）であるのに対して、個体と総体はこの技術的現実（レアリテ）をうちに含んではいるが、それを伝播させ伝達することはできない。つまり技術的現実（レアリテ）をうみだしたり、みずからのために取っておいたりすることしかできないのであって、そうした現実（レアリテ）を伝達することができないのである。［それに対して］要素には、種の特性を伝播させて新たな個体を作りなおすことになる種子のように、みずからを技術性の真の運び手にするという変換（トランスダクション）的な特質がある。[16] それゆえ技術性は要素においてこそ最も純粋に、いわば［化学でいう］遊離状態で存在しているのであって、その一方で個体や総体においては結合状態でしか存在していないのである。

ところで、要素がその運び手であるこの技術性には否定性が含まれておらず、それゆえ総体によって要素がうみだされるとき、あるいは要素を統合して個体を形成する発明によって個体がうみだされるとき、いかなる否定的な条件づけも介在していない。発明、つまり個体をつくりだすことは、要素の技術性についての直観的な認識が発明者のうちにあることを前提としている。つまり発明は、図式の水準という、具体と抽象のあいだの中間的な水準で遂行されるのであって、その前提となっているのは、想像力の体系的構造および力動性の一部となっているさまざまなシンボルによって対象の技術性を覆い尽くしているような表象がまえもって存在し、かつ相互に筋の通ったものとなっているということである。想像力は感覚の外でさまざまな表象をつくりだしたり呼び起こしたりする能力であるだけではない。想像力はまた特定の質（クオリティ）を対象のうちに感知する能力でもある。そうした質は実用的な質ではない。また、直接に感覚からくるのでも完全に幾何学的であるのでもない。純然たる素材（マチエール）と結びついているのでも純然たる形態（フォルム）と結びついているのでもない。そうではなく、図式というあの中間的な水準にある質なのである。

わたしたちは技術的想像力を、要素の技術性にふさわしい感性によって規定されているものとみなすことができる。技術性にふさわしいこの感性によってこそ可能な組み立てが発見できるようになる。発明者は無から（ex nihilo）――つまりみずからが形態を与える素材から――出発してではなく、すでに技術的であるさまざまな要素から出発してことを進める。つまり、それら要素について、それらを組み込むことのできる一つの個体的存在が発見されるのだ。技術的個体において要素どうしが両立可能となるには連合環境が必要である。技術的個体はそれゆえ、秩序立てられたさまざまな技術的図式のまとまり（アンサンブル）として構築されていると想像されねば、すなわち仮定されねばならない。個体とは、要素のさまざまな技術性が一つのまとまりへと組織化された安定系なのである。組織化されるのはさまざまな技術性であり、そしてまたそれら技術性を支えるものとしての要素なのであって、その物質性において把握されるような要素そのものが組織化されるのではない。［たとえば］エンジンはばねや軸、容積型［圧縮］機構（システム）から組み立てられたものだが、これら［要素］はそれぞれがその特性と技術性とによって規定されているのであって、その物質性によって規定されているのではない。したがって、しかじかの要素の配置を他の要素との関連から決めるのには相対的な不確定さが残りつづける。いくつかの要素については、ただ一つの技術的対象についておこなわれる、その対象の作動のさまざまなプロセスに関する内在的な検討というよりも、外在的な検討によってその位置が選択される。内在的な決定、つまり各要素の技術性に依拠しておこなわれる決定とは、連合環境を構成する決定である。ところで連合環境とは、［技術的個体を構成する］すべての要素によってもたらされるさまざまな技術性がその相互的なフィードバックのうちで具体化していることである。技術性は、たんなる質(クオリティ)としてよりもむしろ、要素の特性を表現する安定した振る舞いとして理解されうる。技術性とは、語の最も充実した意味での潜勢力、すなわち決まったしかたで効果をうみだしたりその影響を受けたりする能力である。

　要素の技術性が高まるにつれてこの潜勢力の不確定の余地は減少する。これが、要素的な技術的対象はその技術性が増大するときに具体化すると述べることで、わたしたちが表現しようとしたことである。この潜勢力をキャパシタンス［capacité］と呼ぶことも――この語を特定の用法に関して特徴づけることにするなら――できるかもしれない。一般に、或る技術的要素の技術性が高まるほど、この要素の使用条件は要素の安定性の高さゆえに拡大する。たとえば、ばねの技術性は、そのばねが弾性を失うことなくより高温に耐えるときに、つまり熱的で力学的な限界がより拡大された状態で著しく変形することなく弾性係数を保持するときに高まる。そのばねは限界がより拡がった状態で技術的に一つのばねであり続けており、かつ、しかじかの技術的個体への組み込みについては、制限が緩められたその条件に適合している。電解コンデンサ*の技術性の度合いは紙や雲母(マイカ)のような乾式誘電体をもちいたコンデンサよりも低い。電解コンデンサの静電容量（キャパシタンス）はコンデンサに印加されている電圧に応じて変動するからだ。つまり熱的な使用限界がより制限されているのである。電解液も電極もその作動中に化学的に変化するのだから、電解コンデンサは一定の電圧が印加されるなら直ちに変動する。反対に、乾式誘電体をもちいたコンデンサはより安定している。ただし、ここでもやはり技術性の質（クオリティ）は使用条件に対するその特性の独立とともに増大してゆく。つまり、マイカコンデンサは紙をもちいたコンデンサよりも優れており、真空コンデンサはすべてのコンデンサのなかで最も優れている。真空コンデンサはもはや誘電体の貫通破壊を避けるために電圧を制限するという条件にすら従属していないからだ。中間的な段階では、銀メッキしたセラミックをもちいたコンデンサ――これは温度によってほんのわずかにしか変動しない――や空気コンデンサが高い度合いの技術性を示している。この意味で、或る技術的対象の商業的な価格と要素としての技術的な質（クオリティ）とが必ずしも相関しないことは指摘しておかねばならない。往々にして価格の考慮は絶対的なしかたで介在するのではなく、それとは別の要請――たとえばスペースのそれ――を通じて介在する。たとえば、静電容量を増やすためにあまりにも大きな容積をコンデンサの設置に使わざるをえないようなとき、乾式誘電体のコンデンサよりも電解コンデンサのほうが好まれる。また同様に、空気コンデンサは同じ静電容量の真空コンデンサと比べてかなり大きな空間が必要となる。しかしながら空気コンデンサははるかに廉価であり、その場の空気が乾いているなら使用上の安全性が同じくらい高いのである。したがって経済的な考慮は相当数のケースで直接に介在するのではなく、個別のまとまり（アンサンブル）における技術的対象の用いられ方にその対象の具体化の度合いがおよぼす影響を通じて介在する。そうした経済的な影響のもとにあるのは個別の存在についての一般的な決まり文句なのであって、要素であるかぎりでの要素ではない。技術的領域と経済的領域は個体や総体の水準では結びつくが、要素の水準ではほとんど結びつかない。この意味で、技術的な価値は経済的な価値から大幅に独立しており、それゆえ独立した基準によって評価可能であると言うことができる。

　こうした要素による技術性の伝達は、さまざまな形態や領域、利用エネルギーの種類どうしの見かけ上の不連続性を越えて、そして時には作動図式どうしの不連続性すら越えて、技術が進歩する可能性を基礎づけている。どの発展段階も先立つ時代の受遺者なのであり、それゆえ各段階が包括受遺者の状態へとより一層、そしてより完全なしかたで近づくなら、進歩もそれだけ確実となる。

　技術的対象であればただちに歴史的対象であるわけではない。技術的対象が時間の流れのもとにあるのは、技術性の乗り物として、或る時代から別の時代への［技術性の］変換（トランスダクション）というみずからが果たす役目に従ってでしかない。技術的総体も技術的個体もそこにとどまりはしない。技術性を或る時代から別の時代へと、［その技術性が］実行され、成し遂げられ、一つの結果のうちに物質化されるかたちで伝達する能力は、ただ要素だけが有しているのだ。こうした理由で、技術的対象をさまざまな技術的要素[17]に存するものとして分析するのには正当性が認められる。ただし、進化の特定の時点では技術的要素がそれ自身で意味（サンス）をもち、技術性の受託者となっている点は明確にしておかねばならない。こうした観点からすれば、或る人間集団がもつ技術についての分析は、そうした技術の個体や総体からうみだされる要素についての分析をもとにおこなうことができる。往々にして、そうした要素だけが文明の崩壊を生き延びる能力を有しており、技術の発展段階についての正当な証言者として残存するのである。この意味で、民族学者たちの方法は申し分なく正当である。だが、産業技術からうみだされる要素の分析もおこなうなら、この方法はさらに適用範囲を拡大することができるだろう。

じっさい、産業をもたない民族とよく発展した産業をもつ民族とのあいだに根本的な相違はない。産業の発展がまったくみられない民族においてさえ技術的個体や技術的総体は存在しているのである。ただし、そうした個体や総体は、それらを据え付けたり設置したりすることでそれらを定着させ存続させるような制度によって安定化されてはおらず、一時的なもの、あるいは偶発的なものでさえある。つまりただ要素だけが、すなわち道具という特定の製作された対象だけが、或る技術的作業（オペラシオン）から別の作業へと保存されているのだ。〔とはいえ、たとえば〕小舟を建造することは、本当の意味での技術的総体を必要とする作業である。〔その総体とは〕つまり、十分に平坦だが河川に近く、風雨を凌げるが光のよくあたる地面、そして建造途中の小舟を固定するための盤木（ばんぎ）や船台である。その建設現場は技術的総体としては一時的なものかもしれないが、それでも一つの建設現場が一つの総体を構築しているのに変わりはない。そもそも〔小舟を建造する場合と〕同様の一時的な技術的総体は今日でもなお存在している。たとえば、時には大いに展開されて複雑なものとなるが、建物の建設現場がそれだ。また、鉱山や石油の掘削地点のような、当面のものでありながらもより長期にわたって稼働するようなものもある。

あらゆる技術的総体が必ずしも工場や作業場（アトリエ）のような安定した形態をもつわけではない。とはいえその一方で、産業が盛んでない文明は、技術的個体が不在である点でとりわけわたしたちの文明と区別されるように思われる。こうしたことは、そうした技術的個体が物質的には安定的かつ恒久的には存在していないことが理解されているなら、その通りである。とはいえ、技術的個別化をおこなうという役割（フォンクシオン）[18]は［産業ではなく］人間個体によって引き受けられている。人間は学習によってさまざまな習慣や身振り、行動図式を形成し、そしてそれらによって一つの作業（オペラシオン）の全体が要請するきわめて多彩な道具を利用することができるようになるが、そうした学習によってこの人間はみずからを技術的に個別化するよう促される。さまざまな道具の連合環境となるのはこの人間なのだ。この人間はすべての道具を意のままに扱うとき、つまり仕事を継続するために道具を変えるべきタイミングを、あるいは二つの道具を同時に用いるべきタイミングを心得ているとき、なすべき仕事についてその内的な割り振りや自動制御をみずからの身体で請け負っているのである。[3] いくつかのケースでは、さまざまな技術的個体の総体への統合は、二、三人で、あるいはより大きなグループで仕事をしている人間個体どうしの連合を介しておこなわれる。こうしたグループのまとまりは、役割（フォンクシオン）の分化を導入していないとき、使用可能なエネルギーや労働の迅速性を増大させることだけをその直接の目的とする。しかし、分化が求められるようになると、人間個体というよりも技術的個体として採用された人間たちから一つの総体が発生してくるのがはっきりと見られるようになる。つまり、古典古代の著述家た

3　職人芸の気高さは部分的にこの点に由来する。人間は技術性の受託者であり、労働はこの技術性の唯一の表現様態である。労働の責務というのはこうした表現の要請の表れなのだ。知性の言葉では定式化されえないがゆえに労働によってしか表現されえないような技術知を身につけているにもかかわらず労働を拒絶することは、真実を明かす光を隠すことであるだろう。反対に、技術性があらゆる具体的な現実化の外で、抽象的なしかたで定式化することのできるような知に内在したものとなるとき、表現の要請はもはや労働と結びついてはいない。

ちの記している弓錐（ゆみぎり）によっておこなわれる穿孔（せんこう）がそうしたものであった。また、今日でも特定の樹木の伐採がそうしたものである。つい最近までであれば、ごく一般的なしかたでの、板材や垂木材を製材するための木挽（こびき）がそうしたものであった。つまり二人の人間が一緒になって交互に動くようなリズムで仕事をしていたのである。このことから説明されるのは、いくつかのケースでは機能の面で人間の個体性が技術的個体性の支えとして用いられうるということだ。さまざまな技術的個体性が別箇のものとして存在しているというのはごく最近のことであり、しかもいくつかの点では機械による人間の模倣――機械は技術的個体がとる最も一般的な形態である――のようにさえ見える。ところがじっさいには、機械はほとんどまったくと言ってよいほど人間に似ていないのであり、同じような結果をうみだすように機能しているときでさえ、個別の人間がおこなう労働と同じ手順を機械が採用するというのはきわめて稀である。じつのところ、大抵の場合［機械と人間の］類比はきわめて外面的なのだ。だが、機械をまえにした人間がしばしばフラストレーションを覚えるのは機能の面で機械が［技術的］個体として人間に取って代わっているからである。機械は道具の担い手としての人間に取って代わっているのである。産業の盛んな文明の技術的総体においては、複数の人間が緊密に足並みを揃えて仕事をしなければならないような職務は職人的な水準を特徴とする昔に比べて珍しくなっている。反対に職人的水準では、たがいに相補う役割（フォンクシオン）をもった人間個体が特定の仕事で一つのグループにまとまるよう要請されることはまったく珍しくもない。馬に蹄鉄を打つにあたっては、馬の足を摑んでおく人間とは別に蹄鉄を押しつけて打ちつける人間が必要となる。建物を建てるにあたっては、石工には補佐、つまり従弟がいた。脱穀のために殻竿（からざお）で打つにあたっては、同じ作業に携わっている人たちが交互におこなう運動を同期させるリズムの構造について優れた知覚能力を有している必要がある。ところで、機械に取って代わられたのは補佐だけなのだと主張することはできない。技術的個別化の支えそのものが変わってしまったのだ。かつてこの支えは人間個体であったが、今やそれは機械である。道具は機械によって担われているのであって、それゆえ機械を、みずからの道具を担い指揮するものとして定義することができるだろう。人間は道具の担い手としての機械を指揮あるいは制御する。つまり人間は、さまざまな機械が一つのグループにまとまるようにはするが、その手で道具を担ってはいない。機械は中心的な仕事を、つまり補佐のではなく蹄鉄工の仕事をまちがいなく遂行する。技術的個体の役割（フォンクシオン）——これはその本質において職人的な役割（フォンクシオン）である——から解放された人間は、さまざまな技術的個体からなる総体の組織者（オーガナイザー）になるか、あるいは技術的個体の補佐になることができる。［補佐としての］人間は、注油し、清掃し、屑やバリを取り除く。いくつかの点で補助者の役目を果たすということだ。人間は機械にさまざまな要素を供給する。ベルトを交換し、ドリルや旋盤バイトを研削する。したがって人間にはこの意味で、技術的個体性よりも下位にある役目とそれとは別の上位の役目とがある。つまり人間は奉仕者にして調整者なのであって、機械と要素や総体との結びつきに専念することで機械つまり技術的個体を統率するのである。人間は技術的水準のあいだに関係を組織する者（オーガナイザー）であって、職人とは異なり自身はそうした技術的水準の一つではない。こうした理由で技術者は職人に比べて自身の職業上の専門性に執着しないのである。

ただしこれが意味しているのは、人間は技術的個体ではありえず、機械と連携して仕事をすることができない、ということではまったくない。こうした人間‐機械関係は人間が機械を通じてみずからの行動（アクシオン）を自然世界へと適用するときに実現される。機械はそのとき、人間、機械、世界という三項関係――機械が人間と世界のあいだにある――のうちで、行動や情報の乗り物となっている。そのような場合に人間は、技術性のいくつかの特徴――それらはとりわけ学習の必要性によって定義される――を保存している。そのとき機械は主としてさまざまな運動の中継器、増幅器として役立っているのだが、とはいえ、人間と機械とから構成される現実（レアリテ）という複合的な技術的個体の中心をみずからのうちに保存しているのはやはり人間なのだ。そのような場合、人間は機械の担い手であり、機械は道具の担い手にとどまっていると言えるだろう。こうした関係はそれゆえ機械－道具関係との部分的な比較が――機械－道具ということで自動制御の伴っていない関係を意味するなら――可能である。この［機械－道具］関係のうちで連合環境の中心にいるのもやはり人間なのだ。機械－道具とは、自立した内的制御をもたない関係であり、みずからを機能させるのに人間を必要とするのである。ここで人間は生物として介入する。人間は自動制御についての自身の感覚を利用して機械の自動制御を、たとえその必要性が意識的に明確化されていなくてもおこなっている。［たとえば］人間はオーバーヒートした自動車のエンジンを「寝かせて」おき、冷えた状態から徐々に始動させるのであって、おおきなエネルギーをもたらすような努力を最初から求めたりはしない。こうした行動――これらは技術的にみて根拠のあるものだ――は生命における制御のうちにその相関項をもっているのであって、運転手によって思考されるという以上に経験されるものなのである。こうした行動は、技術的対象がその作動のうちにホメオスタシス的な制御を組み入れて具体的存在の身分に近づいているなら、それだけいっそう技術的対象に適用される。じっさい、具体的となった技術的対象には、ホメオスタシス的な制御が可能なかぎり完全に実行されるがゆえに自己破壊のプロセスが最小限におさえられるような状態（レジーム）が存在している。ディーゼルエンジンがそうだ。このエンジンは決まった温度で作動させることや、回転状態（レジーム）が最低値と最高値のあいだのごく狭い範囲に収まっていることを要請するのである。それに対してガソリンエンジンは〔ディーゼルエンジンほど〕具体的ではないのでより柔軟である。同様に、電子管は陰極（カソード）がなんらかの温度になるとき、あるいは陽極（アノード）の電圧が一定でないときには機能することができない。なかでも出力管については、陰極の温度があまりに低いと電子を放出する酸化粒子が電場によって遊離するという事態が引き起こされる。それゆえ、陽極電圧が生じないようにしつつ陰極を加熱することから始めて、それから陽極に電圧を印加して〔出力管を〕徐々に始動させる必要がある。バイアス回路が自動制御されている（陰極電流により給電されている）場合、この回路への電圧の印加は陽極から漸次的に給電することで徐々になされなければならない。こうした予防策をとらないと、短時間ではあるものの、バイアス〔電圧〕が正常な水準に達するよりもまえに陰極へと電流が流れてしまう（陰極へのこうした電流によってその流量と比例するように生じるバイアス〔電圧〕は、この電流の制限へと向かう）。陰極へと流れる電流は、こうした負のフィードバックによる制限をまだうけていないとき、許容可能な最大値を超えてしまうことになる。

ごく一般的に言って、人間が技術的対象を保存するためにとる予防策の目的は、技術的対象が自己破壊的ではなくなるような条件下で、すなわち安定化をもたらす負のフィードバックを対象自身へと及ぼすような条件下でその技術的対象の作動を維持することと、あるいはそのように誘導することにある。フィードバックは一定の限界を超えると正のフィードバックとなり、そしてその結果として破壊をもたらすものとなる。過熱したエンジンが焼き付きを起こしはじめ、そして焼き付きにより放たれた熱によってさらに過熱が進むことで不可逆的に損傷するような場合がそれだ。同様に、陽極〔＝プレート〕が赤熱された電子管は、とりわけ整流機能においてその非対称的な伝導性を失う。そのときこの電子管は正のフィードバックの位相（フェーズ）に入っているのである。こうした対象は迅速に冷却することで正常な作動を取り戻すことができる。

このように、人間は技術的個体の代理として介入することができ、また、技術的個体を組み立てることのできない時代には、要素を総体へとつなぎ合わせることができる。

人間社会の進化との関係から技術的発展がもたらす帰結について熟考するなら、まず考慮すべきは技術的対象の個別化のプロセスである。さまざまな技術的対象が組み立てられることで人間の個体性は次第に技術的役割（フォンクシオン）から解放されていく。すると人間に残されている役割（フォンクシオン）は、道具の担い手というあの役目よりも上位のものや下位のものであって、要素との関係や総体との関係へと向けられている。さて、かつて技術的な仕事で用いられていたのがまさに人間の個体性であった――人間は、機械にはそれが不可能である以上、みずからを技術化せねばならなかった――のだから、仕事のなかでどの人間個体にもただ一つの役割（フォンクシオン）が与えられるという習慣が形成されてきた。こうした機能上の一元論は人間が技術的個体となっていたときにはまったくもって有用で必然的だったのだ。だが、現在ではこの一元論によって不満が醸成されている。人間は相変わらず技術的個体であろうとしているが、もはや機械の近くの安定した場所を手にしてはいないからだ。人間は機械の奉仕者、あるいは技術的総体の組織者となっているのである。ところで、人間の役割（フォンクシオン）が意味をもつにはつぎのことが不可欠である。すなわち、技術的な仕事（タスク）のために採用されたどの人間も、機械を上から下から取り囲み、その機械を或る意味で理解して、その機械を構成する要素についてだけでなく、その機械が機能的総体へといかに統合されているかについても関心をもたねばならないのである。というのも、要素に与えられるべき配慮と総体に与えられるべき配慮のあいだに序列をつけるような区分を立てるのは誤りであるからだ。技術性は序列をつけることのできる現実（レアリテ）ではない。技術性はその全体がさまざまな要素のうちに存在しているのであって、変換（トランスダクション）によって技術的個体や技術的総体へと伝播してゆくのである。つまり、総体は――個体を介して――要素から作られ、そして総体から「新たな」要素が出てくるということだ。総体のほうに優位があるように見えるのは、長（おさ）の役目を果たす人物たちがもっている特権が目下のところ総体に与えられていることに由来する。じっさいには、総体は「長のような」個体ではない。また同様に、要素の価値の下落は、かつて要素の使用は補佐がおこなうべきことであり、そしてそうした要素はほとんど洗練されていなかったことから生じた。このように、人間と機械とに関係する状況において醸成されている不満は、個体の役目という、技術的な役目の一つを今日まで人間が受け持っていたことに由来する。つまり、もはや技術的存在ではなくなった人間は、新たな役割（フォンクシオン）を学び、技術的総体のうちに「みずからが身を置く」場所――それはもはや技術的個体のための場所ではない――を見つけるよう余儀なくされているのだ。最初の動きは、個体のものではない二つの役割（フォンクシオン）に、つまり要素としての役割（フォンクシオン）と総体の管理という役割（フォンクシオン）に携わることにある。だが、これら二つの役割（フォンクシオン）のうちで人間はみずからの過去の記憶との葛藤状態におかれる。つまり人間は、「みずからに代わって」技術的個体となった機械がそれでもなお一人の人間であり人間のための場所を占めているのだと思われるほどにまで技術的個体の役目を果たしてきたわけだが、しかしながら真の技術的個体が組み立てられるようになるまで一時的に機械の位置を占めていたのはじつのところ人間のほうなのである。機械について下されたすべての判断のうちには、こうした役目の変化をその根源的な原因としているような、暗黙の裡におこなわれている機械の人間化がある。つまり人間は、みずからが果たしてきた役目を具体的となった技術的存在が不当にも果たすようになったと思い込むほどに［みずからが］技術的存在となる習慣を身につけてきたのだ。隷属や解放といった考えは、技術的対象としての人間がかつてもっていた身分［＝奴隷］とあまりにも強く結びついているため、人間と機械との関係という真の問題にふさわしいものではありえない。人間と機械との関係が安定した健全なものとなるには技術的対象がそれ自体で認識される必要がある。ここから技術的教養の必要性が出てくる。

図版一覧

＊各図版のキャプションの日本語訳は、巻末に収録した。

1 . moteur P.F. ancien (quatre temps, volant dans le carter) ; le carburateur a été enlevé de la tubulure d'admission.

2 . moteur P.F. ; noter la distance entre la culasse et les sièges des soupapes, de type latéral. Le point d'allumage est loin de la culasse, ce qui retarde l'onde explosive.

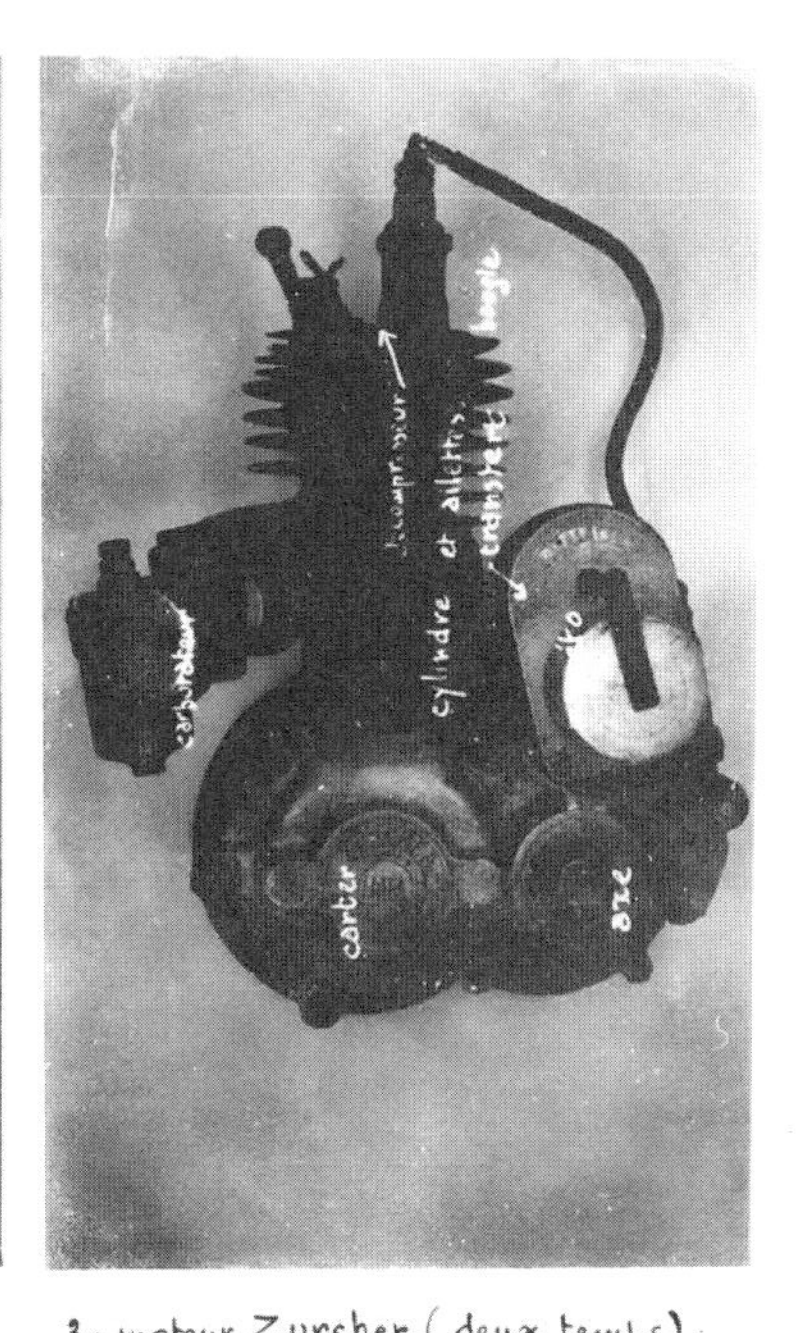

3 . moteur Zurcher (deux temps) ; le carter, servant à la précompression, est réduit. Le volant devient extérieur ; la bougie est près du point mort haut du piston.

図版 1

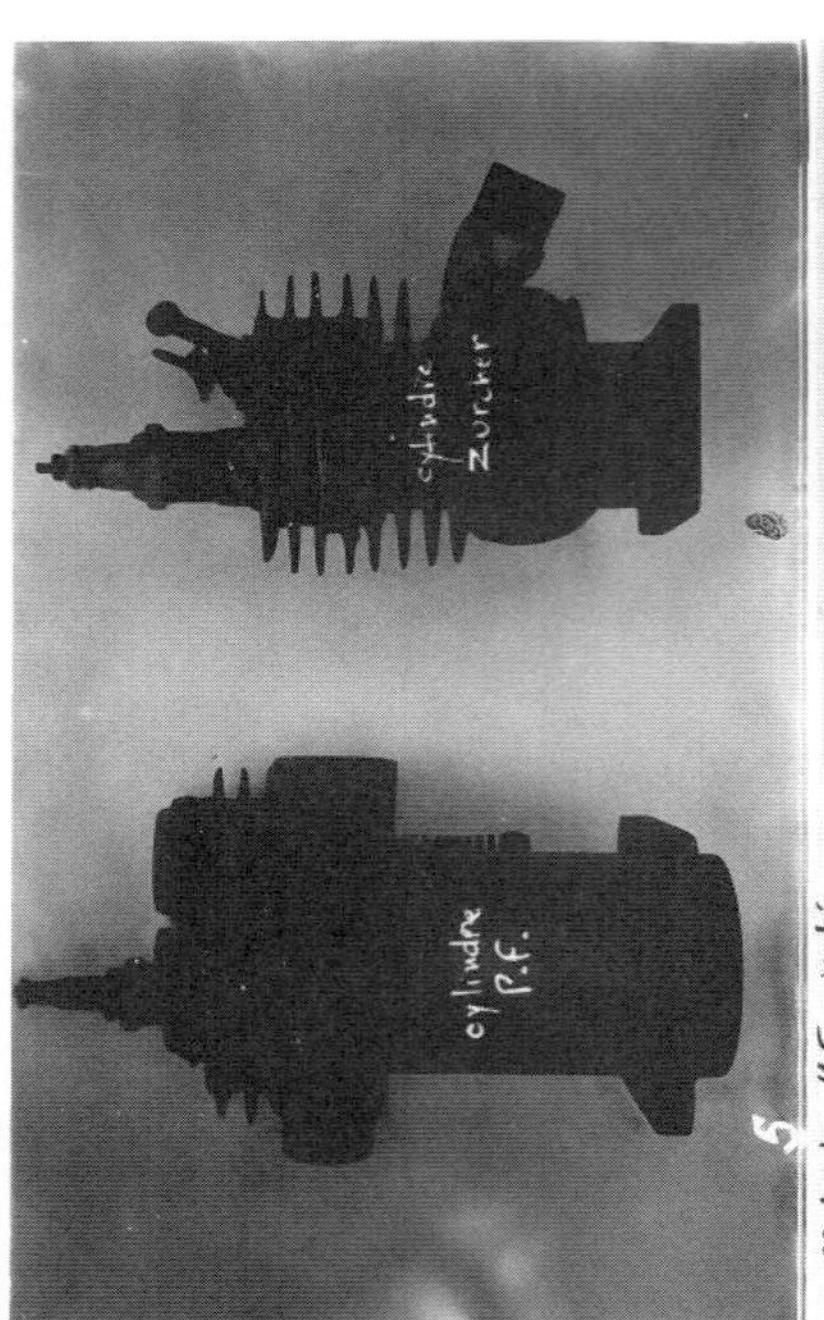
cylindre Zurcher
cylindre P.F.
5
5- {Cylindre P.F. isolé.
Cylindre Zurcher isolé.
6- Moteur Solex à allumage par volant magnétique: le développement des ailettes ne dépend pas de la puissance.
7- Moteur de motocyclette Norton "Manx"
8- Moteur "Sunbeam": le développement des ailettes a gagné le carter

図版 2

CONCRÉTISATION DU
MOTEUR D'AUTOMOBILE_
évolution du piston
Simca Six.
Renault
Juvaquatre
Camion Ford
1937
Peugeot
203

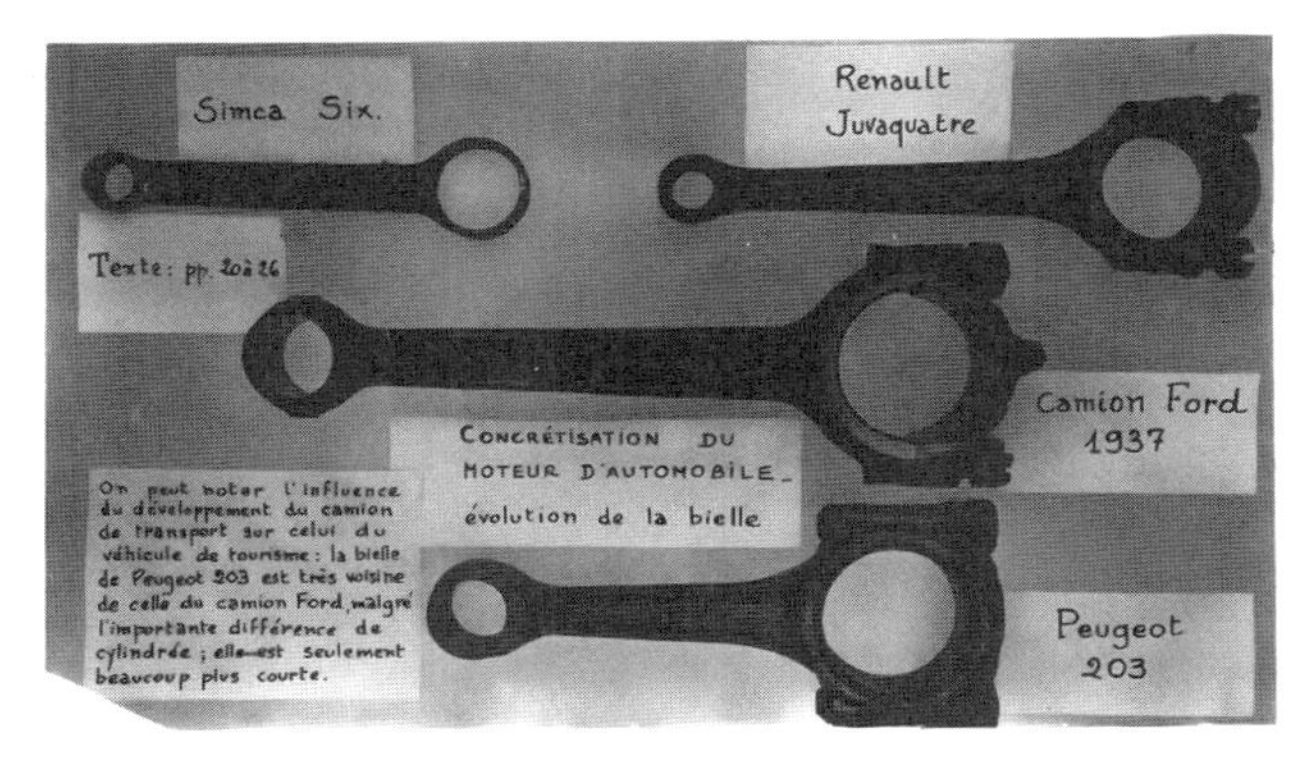
Simca Six.
Renault
Juvaquatre
Texte: pp. 20 à 26
Camion Ford
1937
CONCRÉTISATION DU
MOTEUR D'AUTOMOBILE_
évolution de la bielle
On peut noter l'influence
du développement du camion
de transport sur celui du
véhicule de tourisme : la bielle
de Peugeot 203 est très voisine
de celle du camion Ford, malgré
l'importante différence de
cylindrée ; elle est seulement
beaucoup plus courte.
Peugeot
203

volant
magnétique
de moteur Solex
(S.E.V.)
magnéto
Lavalette

図版 3

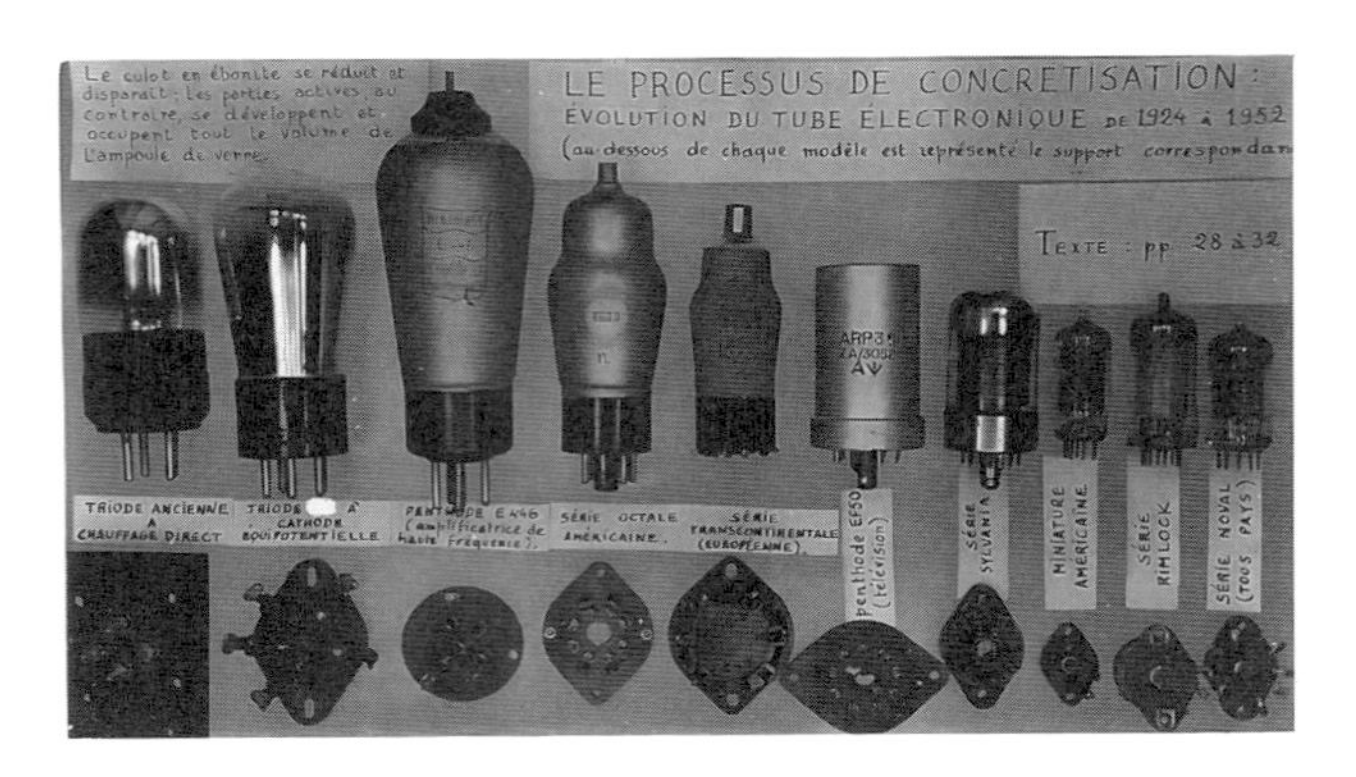
Le culot en ébonite se réduit et disparaît. Les parties actives au contraire, se développent et occupent tout le volume de l'ampoule de verre.
LE PROCESSUS DE CONCRETISATION :
ÉVOLUTION DU TUBE ÉLECTRONIQUE DE 1924 À 1952
(au-dessous de chaque modèle est représenté le support correspondan
TEXTE : pp 28 à 32
TRIODE ANCIENNE À CHAUFFAGE DIRECT
CATHODE ÉQUIPOTENTIELLE
SÉRIE OCTALE AMÉRICAINE
SÉRIE TRANSCONTINENTALE (EUROPÉENNE)
penthode EF50 (télévision)
SÉRIE SYLVANIA
MINIATURE AMÉRICAINE
SÉRIE RIMLOCK
SÉRIE NOVAL (TOUS PAYS)

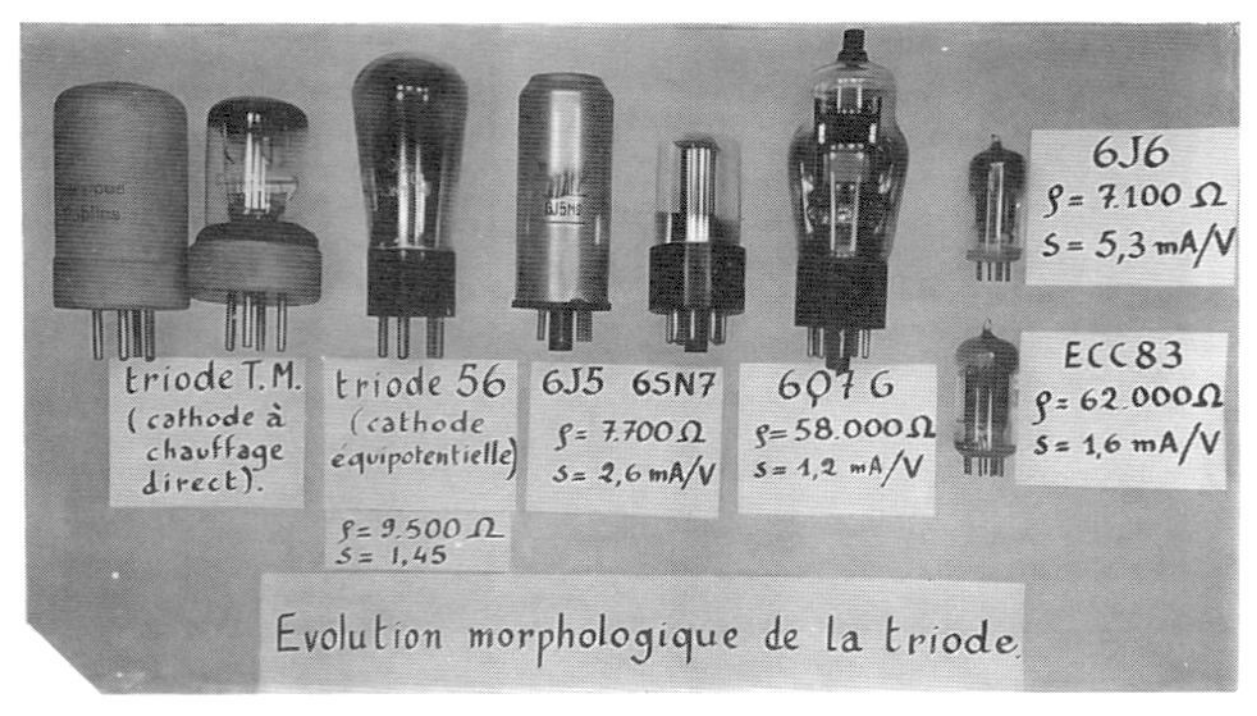
triode T.M. (cathode à chauffage direct).
triode 56 (cathode équipotentielle)
ρ= 9.500 Ω
S= 1,45
6J5 6SN7
ρ= 7.700 Ω
S= 2,6 mA/V
6Q7 G
ρ= 58.000 Ω
S= 1,2 mA/V
6J6
ρ= 7.100 Ω
S= 5,3 mA/V
ECC83
ρ= 62.000 Ω
S= 1,6 mA/V
Evolution morphologique de la triode

Structures actives et structures passives
triode primitive
triode 56
penthode E446
duo-diode triode 6Q7G
octode

図版 4

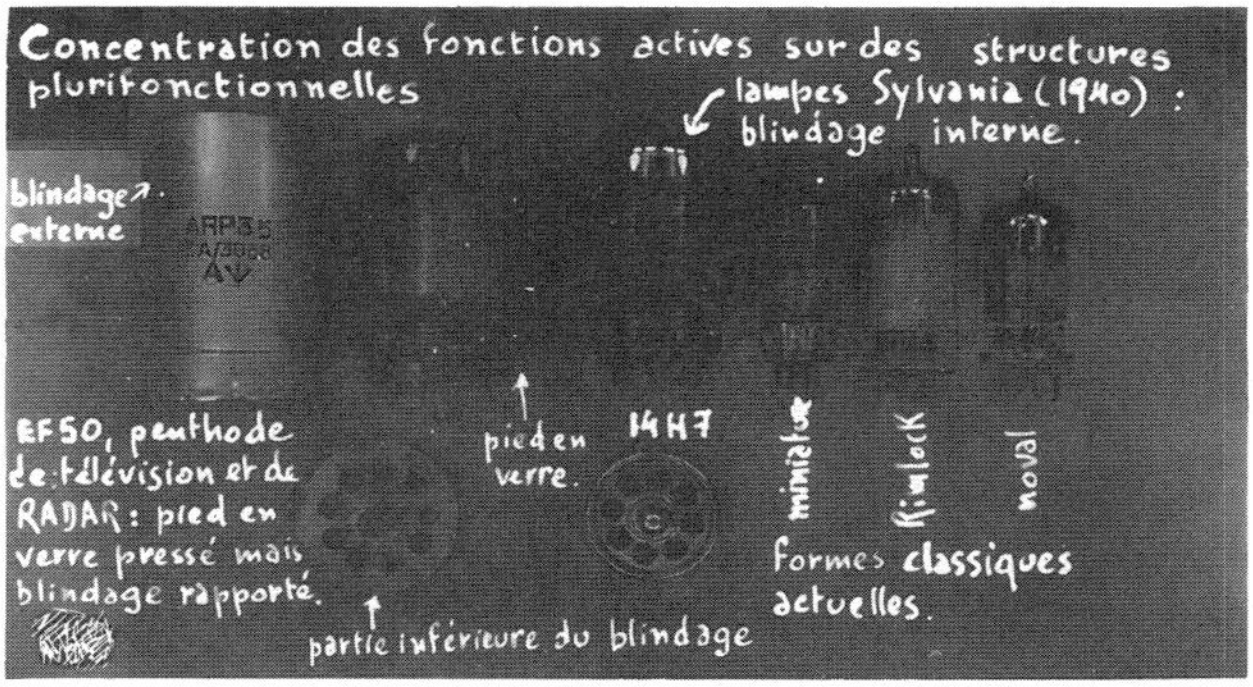

Concentration des fonctions actives sur des structures plurifonctionnelles
lampes Sylvania (1940) : blindage interne.
blindage externe
EF50, penthode de télévision et de RADAR : pied en verre pressé mais blindage rapporté.
pied en verre.
partie inférieure du blindage
14H7
miniature
Loktal
noval
formes classiques actuelles.

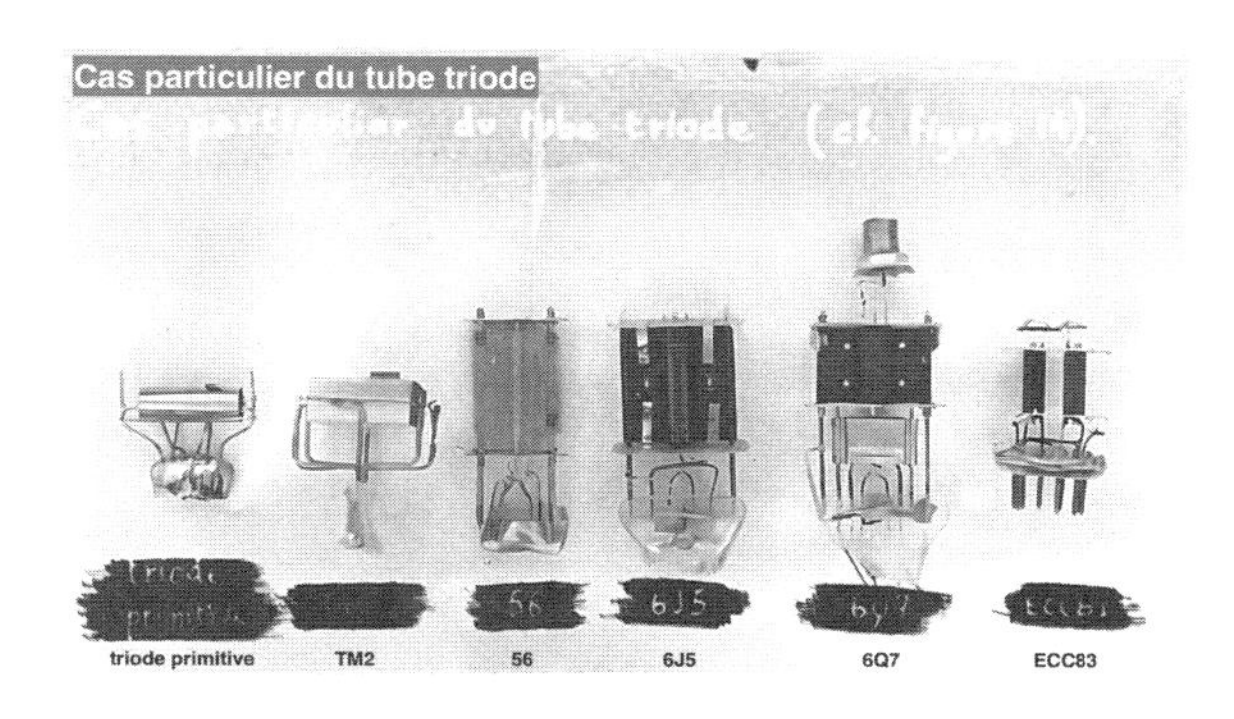

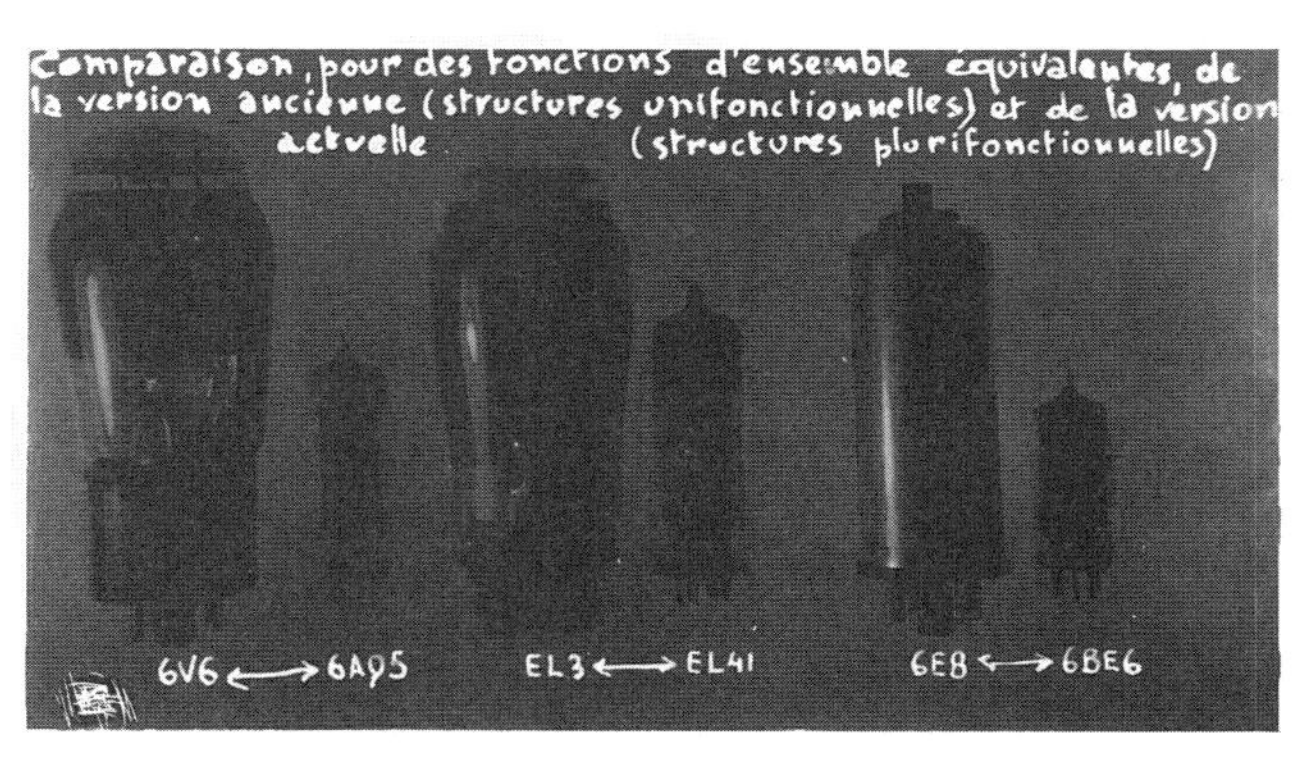

Comparaison, pour des fonctions d'ensemble équivalentes, de la version ancienne (structures unifonctionnelles) et de la version actuelle (structures plurifonctionnelles)
6V6 ⟷ 6AQ5
EL3 ⟷ EL41
6E8 ⟷ 6BE6

図版 5

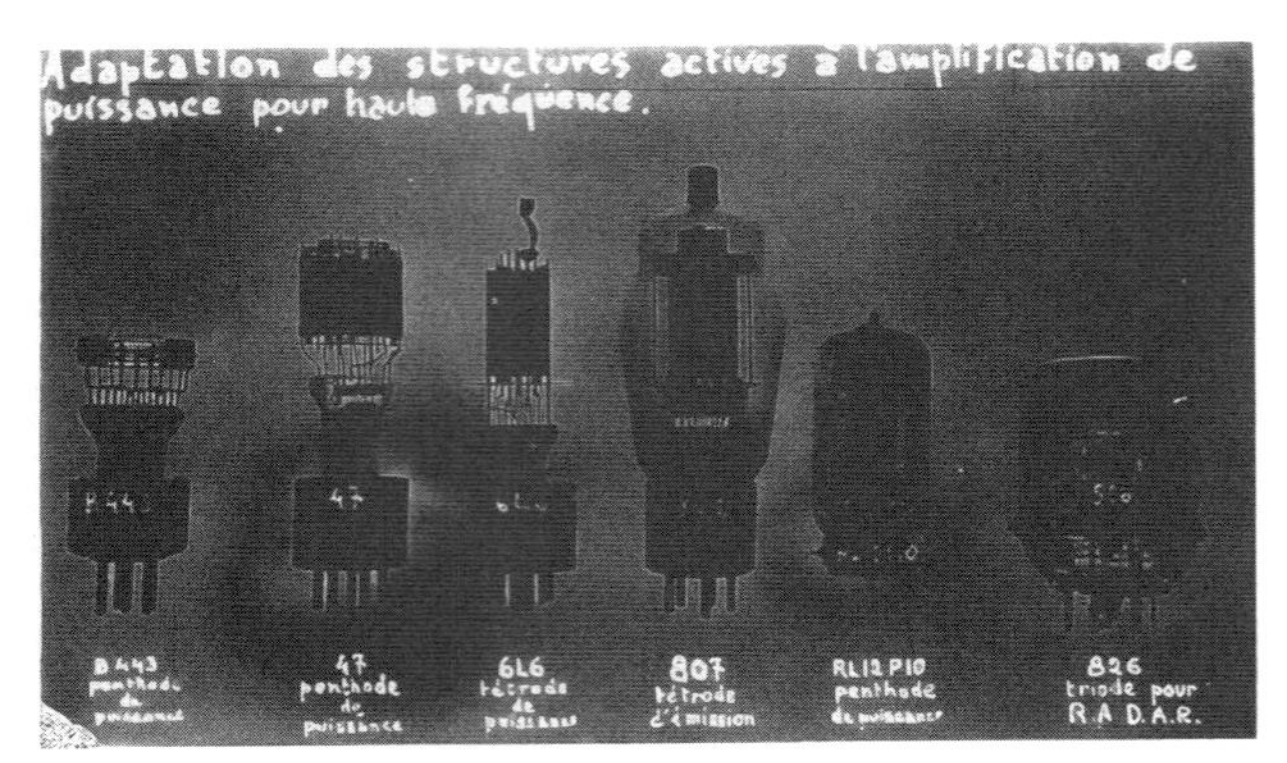
Adaptation des structures actives à l'amplification de puissance pour haute fréquence.
B443
47
penthode
de
puissance
6L6
807
tétrode
d'émission
RL12 P10
penthode
826
triode pour
R.A.D.A.R.

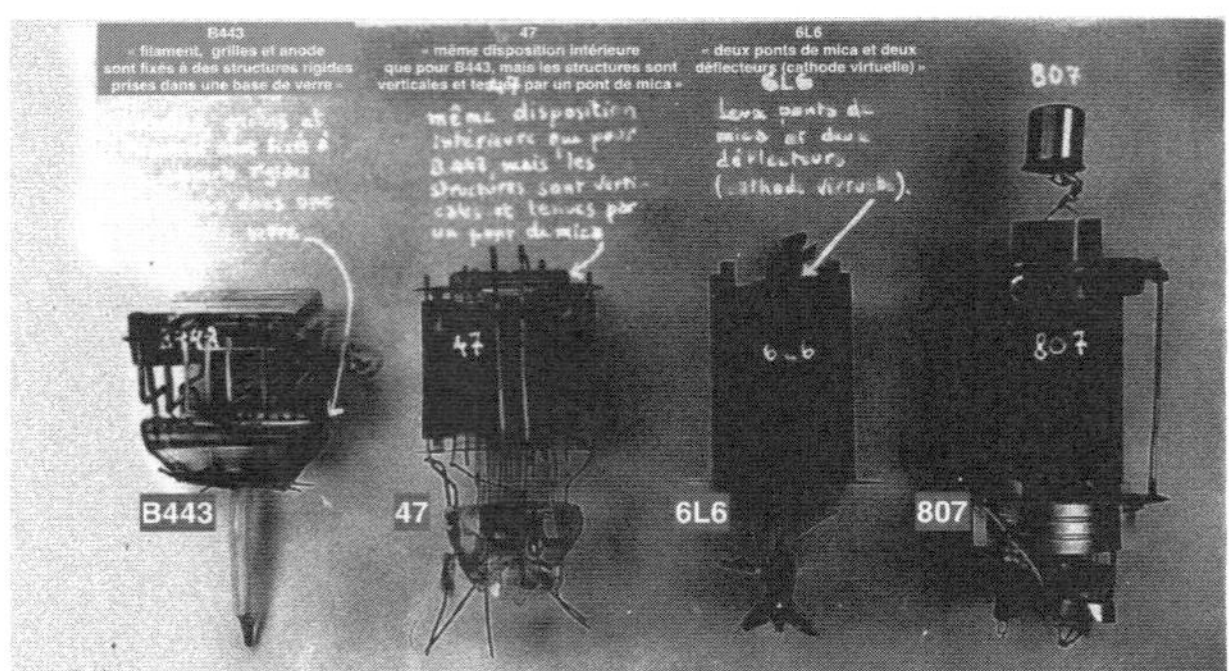
B443
« filament, grilles et anode sont fixés à des structures rigides prises dans une base de verre »
47
« même disposition intérieure que pour B443, mais les structures sont verticales et tenues par un pont de mica »
6L6
« deux ponts de mica et deux déflecteurs (cathode virtuelle) »
807
B443
47
6L6
807

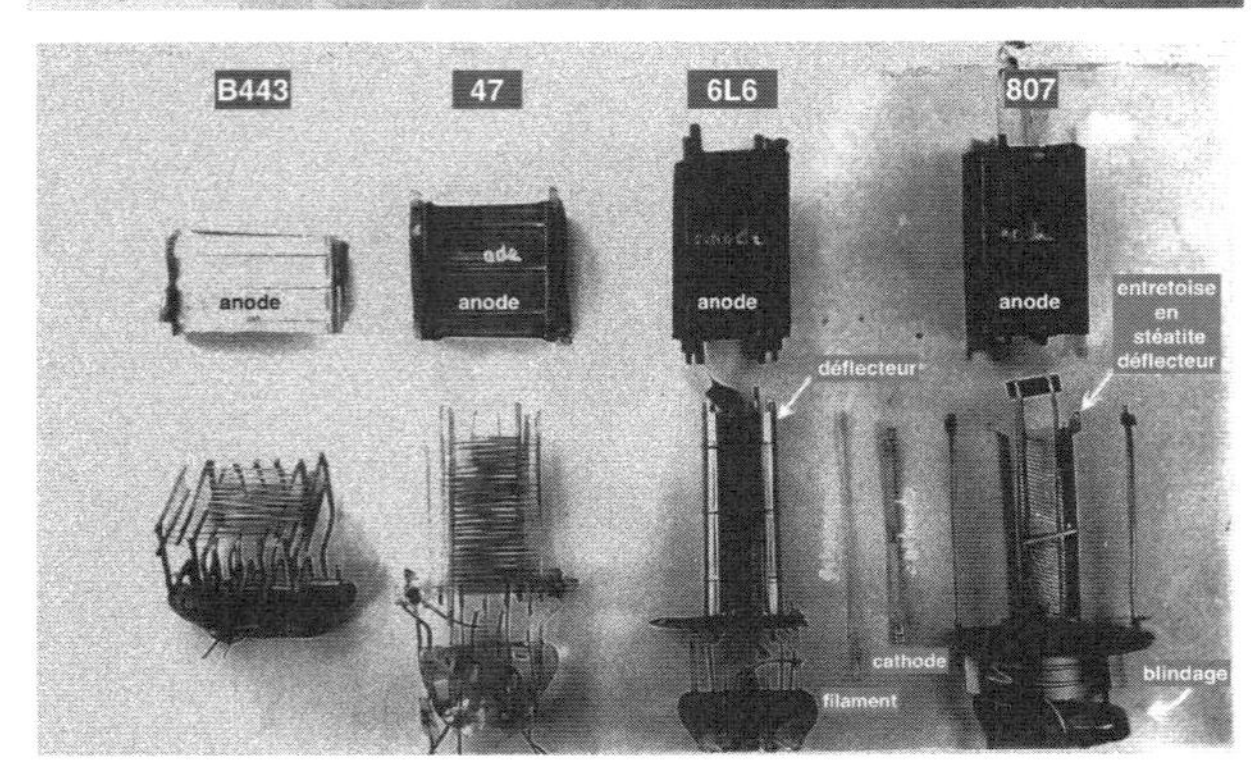
B443
47
6L6
807
anode
anode
anode
anode
entretoise
en
stéatite
déflecteur
déflecteur
cathode
filament
blindage

図版 6

図版 7

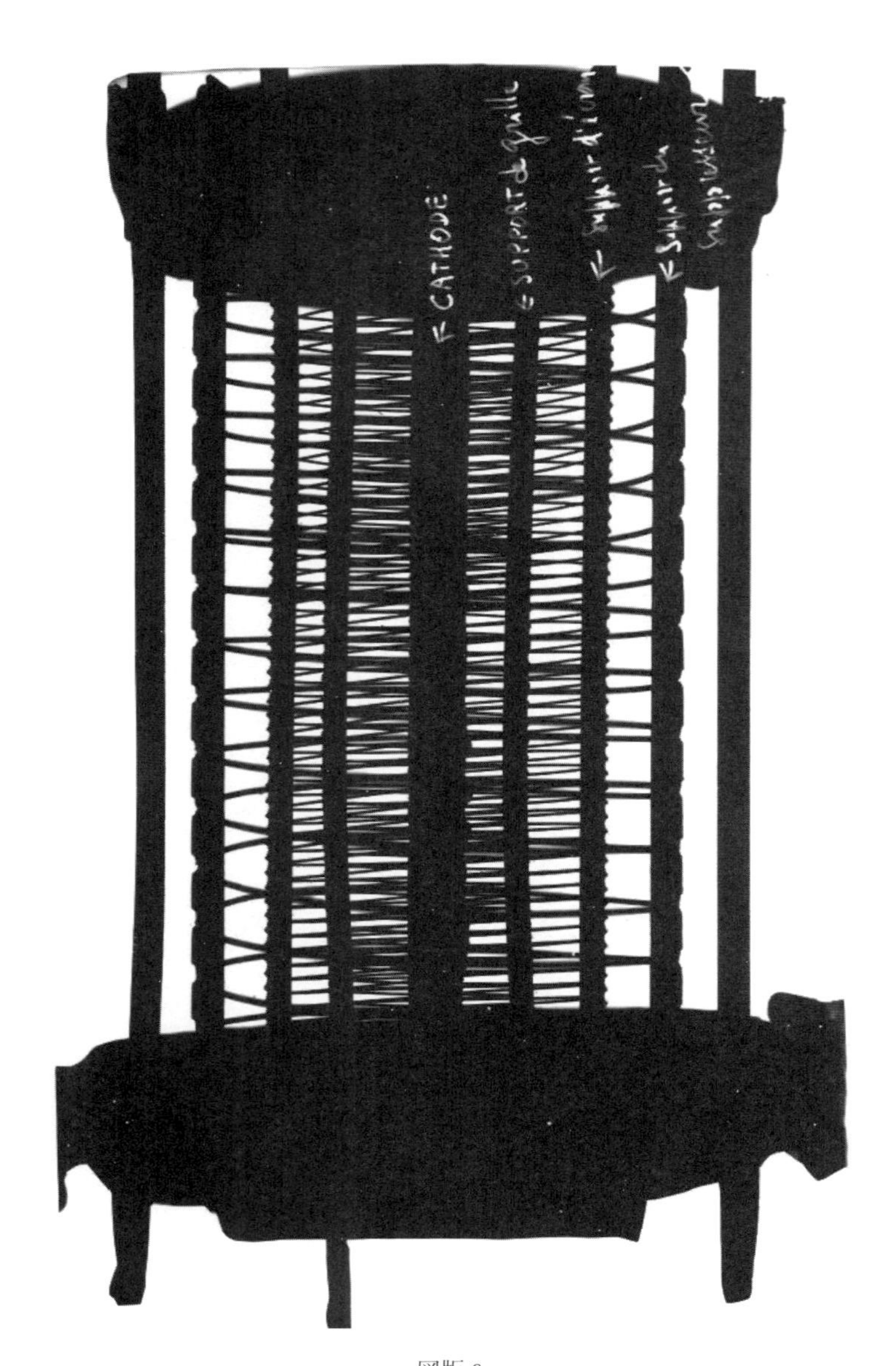

図版 8

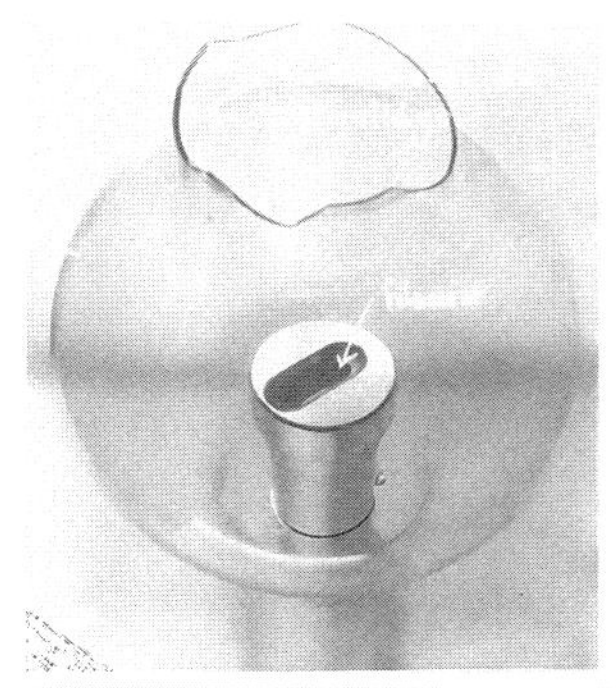

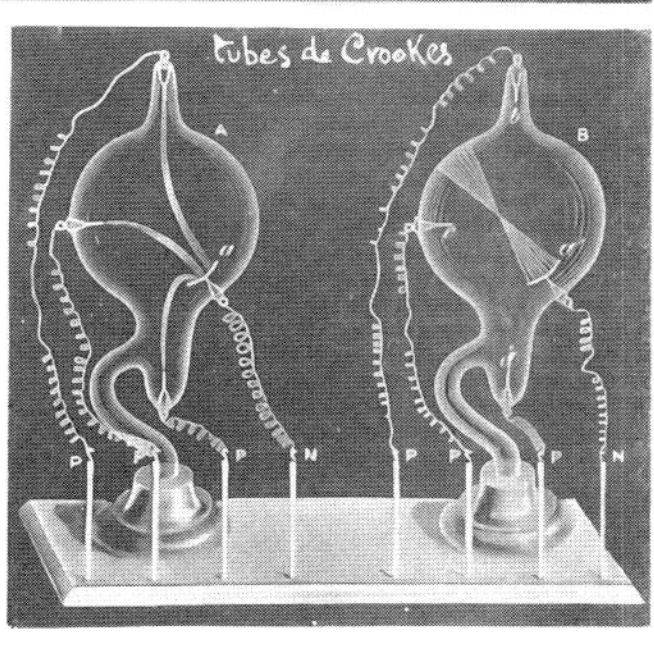
tubes de Crookes
A
B
P
P
P
N
P
P
P
N

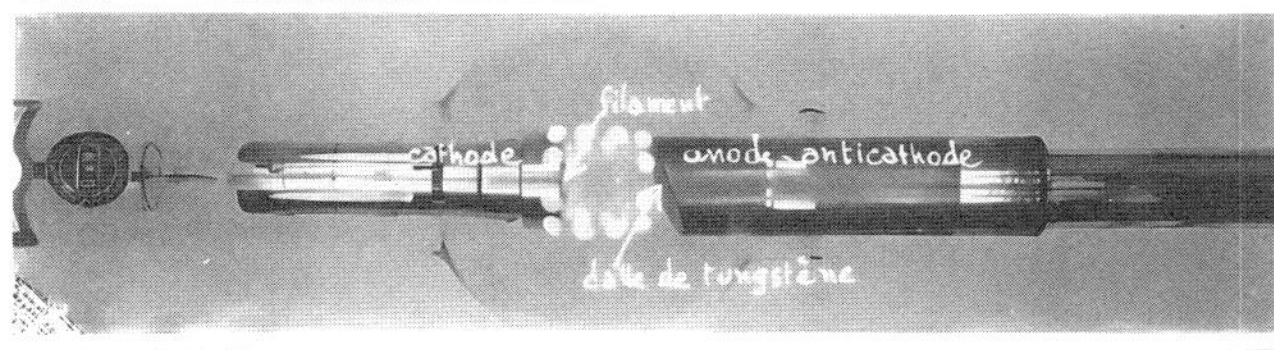
filament
cathode
anode-anticathode
dalle de tungstène

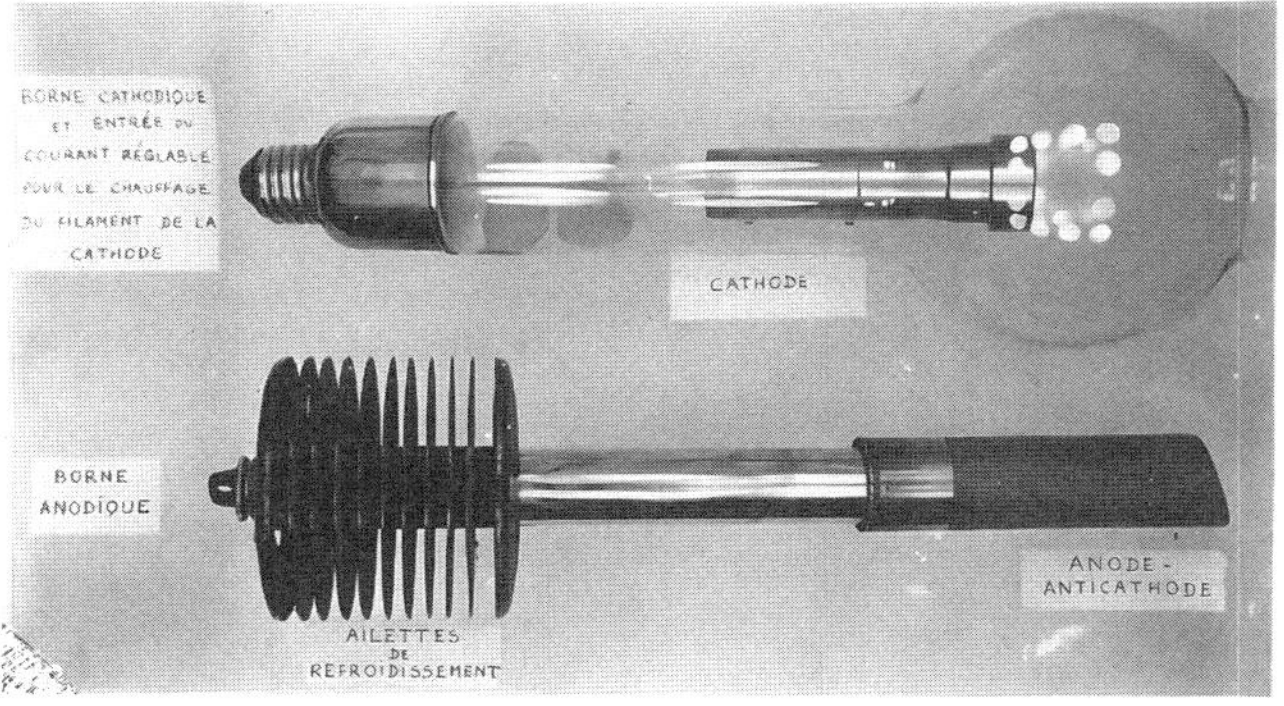
BORNE CATHODIQUE ET ENTRÉE DU COURANT RÉGLABLE POUR LE CHAUFFAGE DU FILAMENT DE LA CATHODE
CATHODE
BORNE ANODIQUE
ANODE-ANTICATHODE
AILETTES DE REFROIDISSEMENT

図版 9

commande automatique de commutation
42-18
poste mobile de 1928
poste mobile de 1951

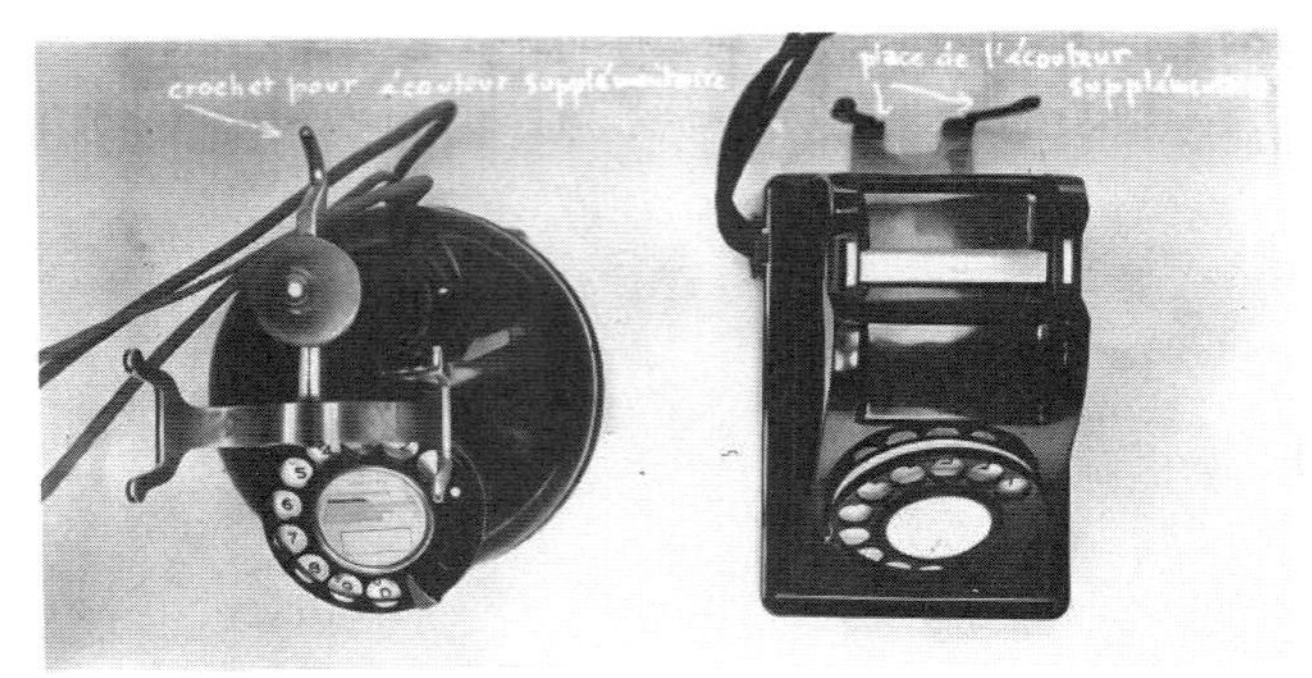
crochet pour écouteur supplémentaire
place de l'écouteur

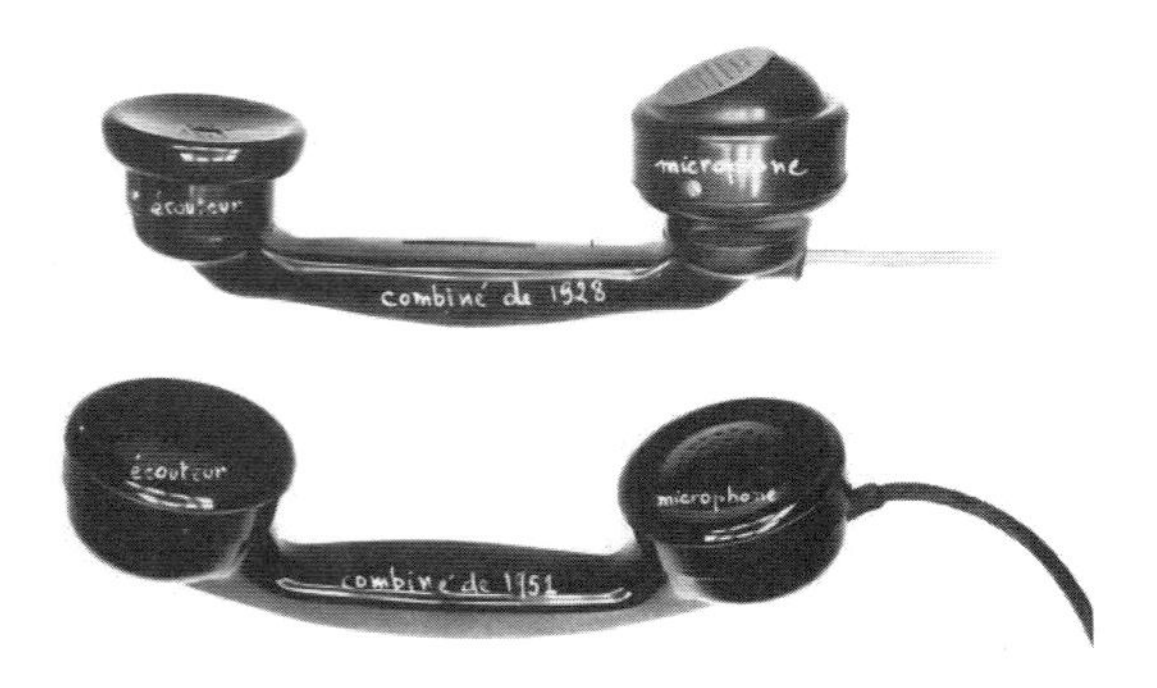
écouteur
microphone
combiné de 1928
écouteur
microphone
combiné de 1951

図版 10

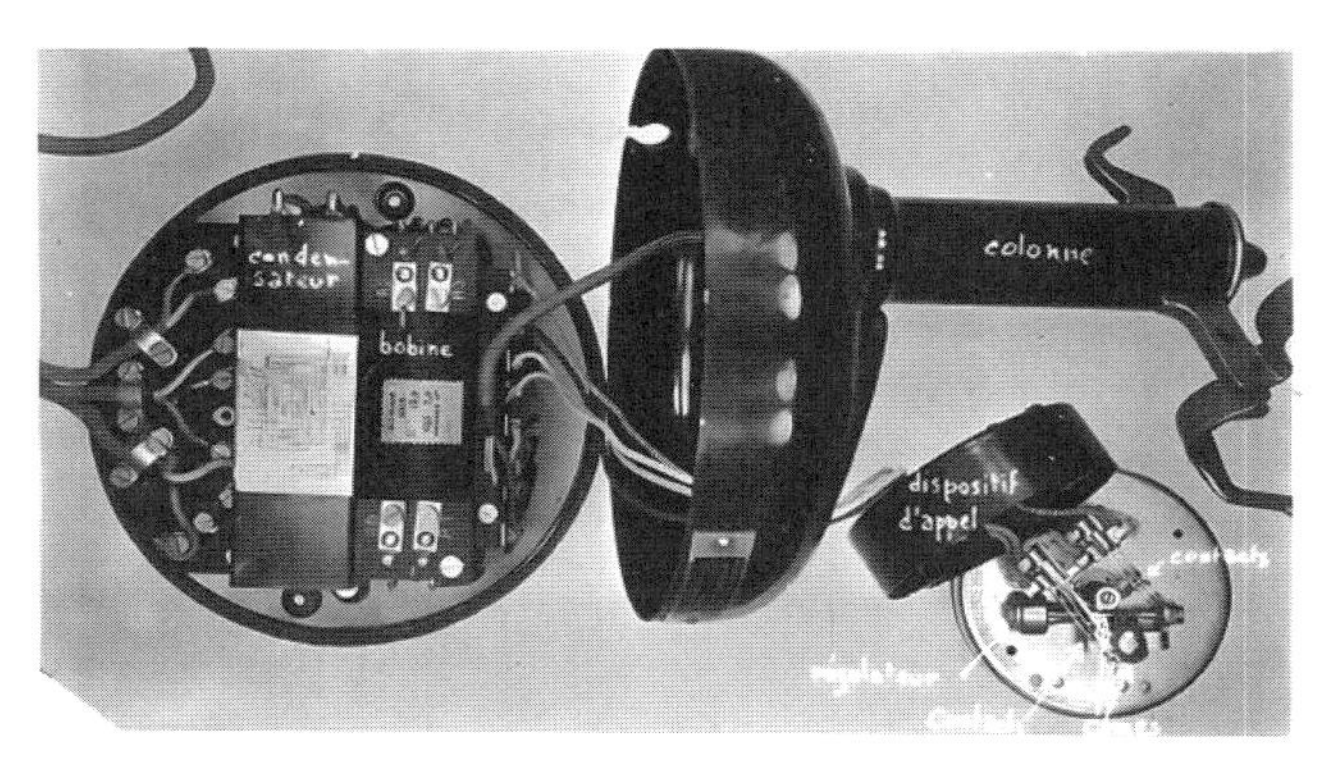
conden-
sateur
bobine
colonne
dispositif
d'appel
contacts
régulateur

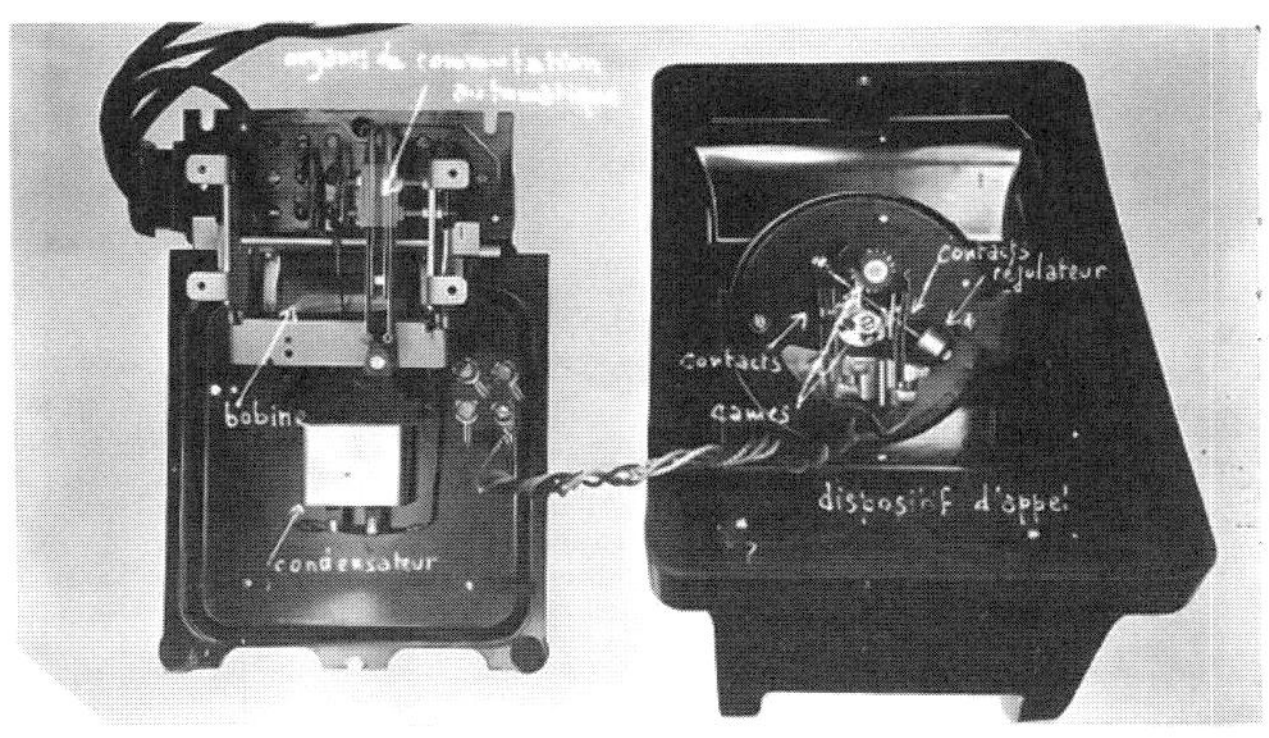
contacts
régulateur
contacts
cames
bobine
condensateur
dispositif d'appel

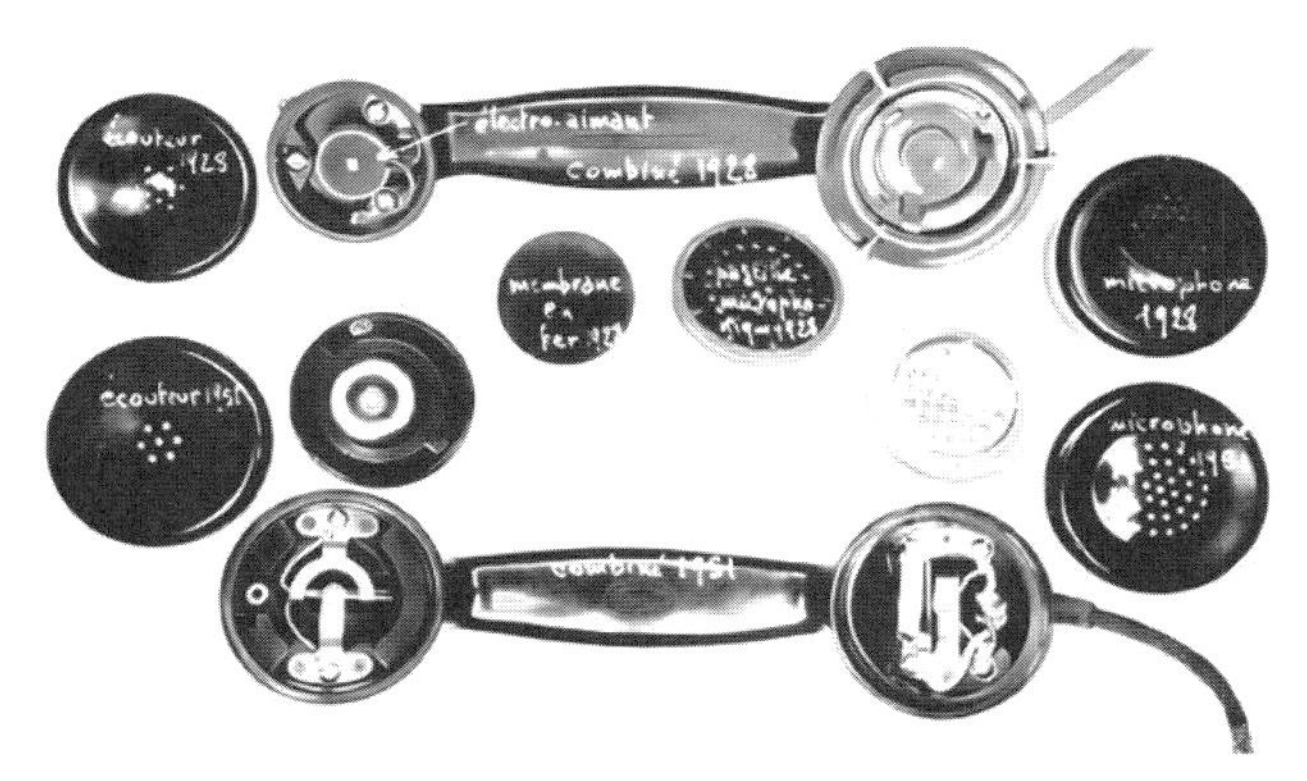
écouteur
1928
électro-aimant
combiné 1928
membrane
en
fer 1928
microphone
1928
ecouteur 1951
microphone
1951
combiné 1951

図版 11

Agriculture, Economie Rustique

Agriculture, Economie Rustique

Agriculture, Economie Rustique

図版 12

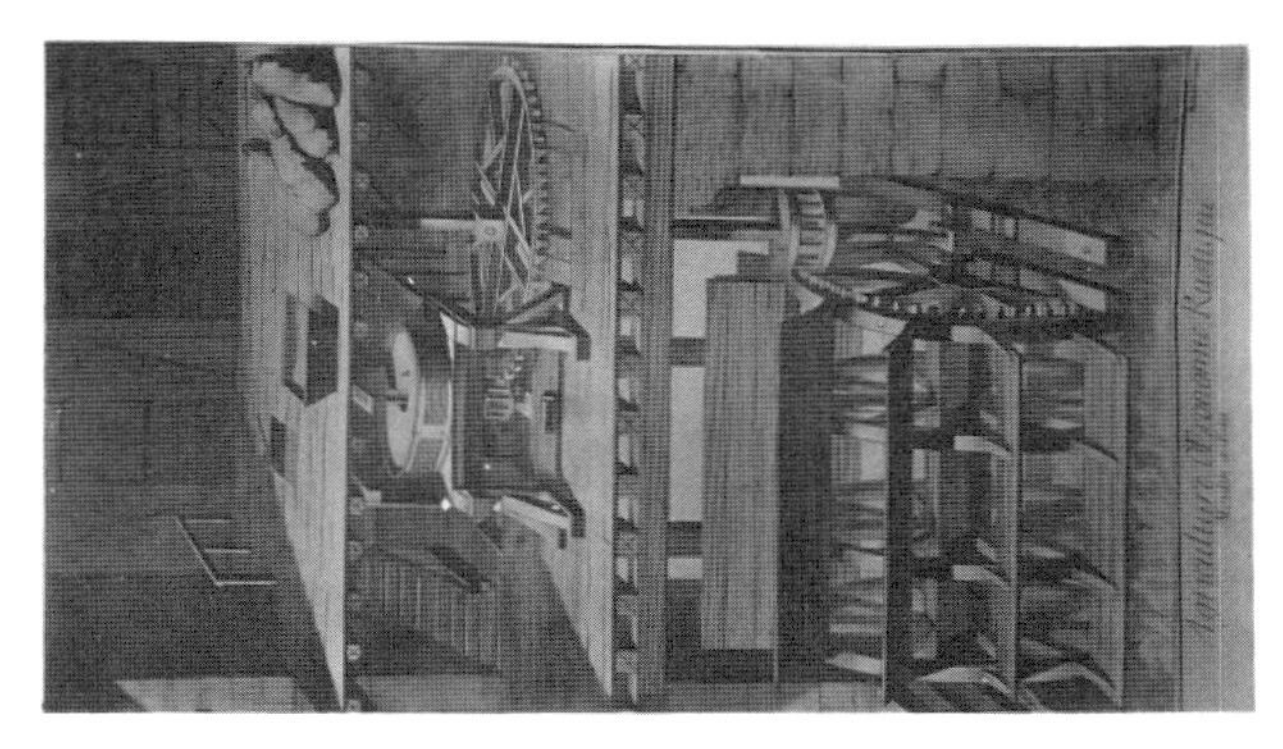

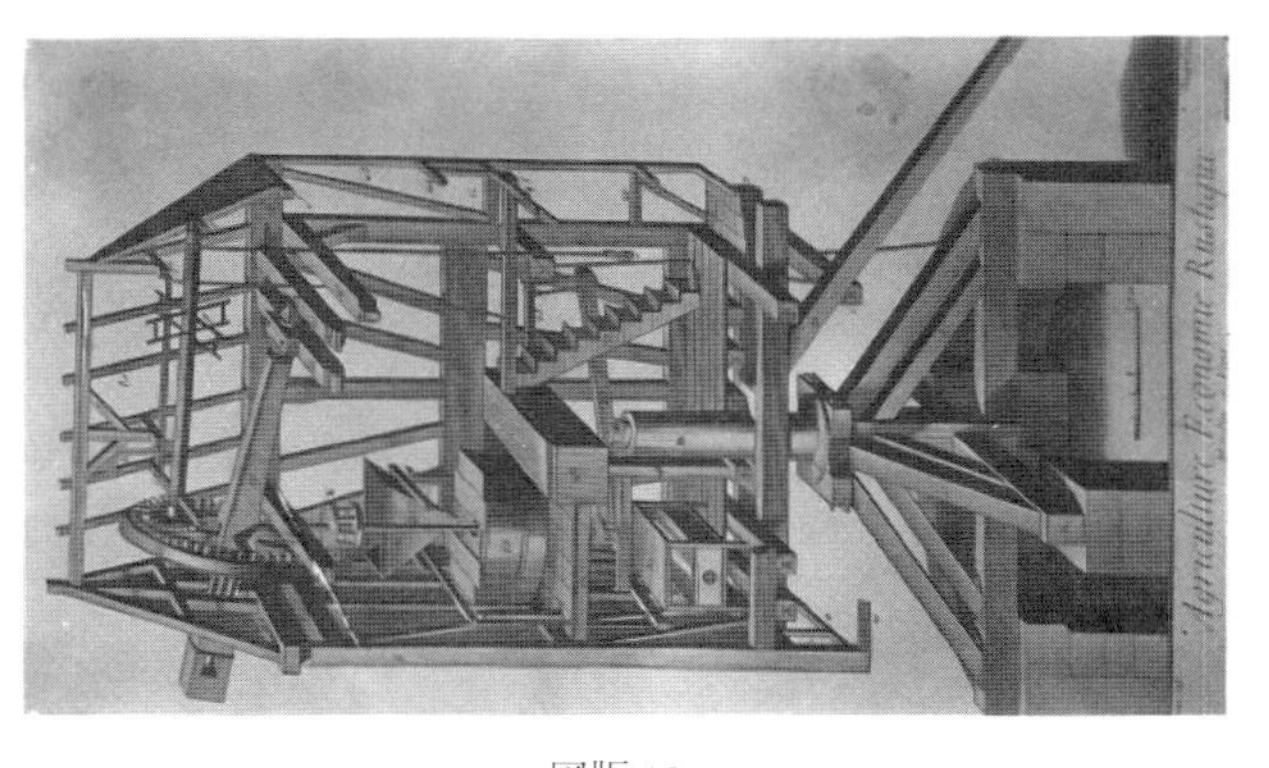

図版 13

Fig. 515. — Électromoteur de Froment.

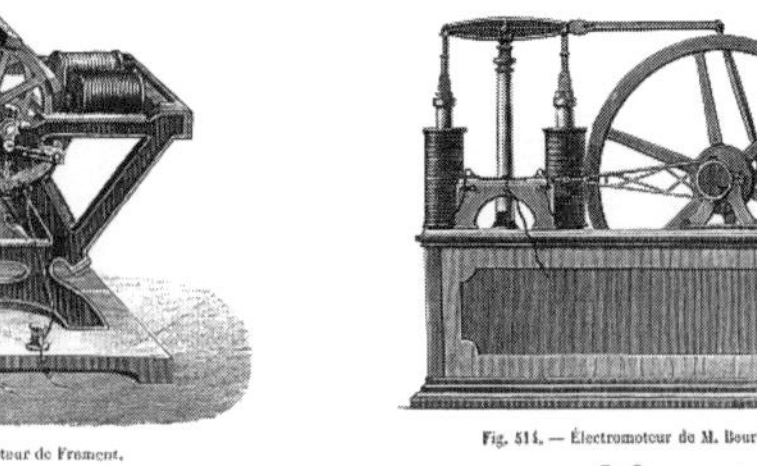

Fig. 514. — Électromoteur de M. Bourbouze.

L'électromoteur de Bourbouze copie la machine à vapeur de Watt; celui de Froment est plus concret (schème rotatif); la véritable invention est celle de Gramme.

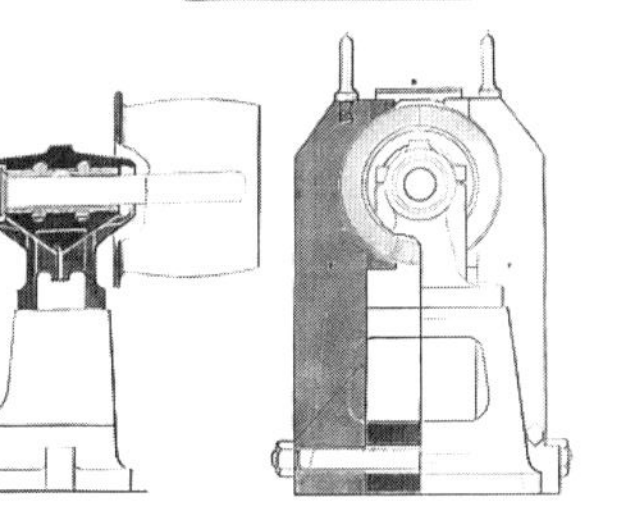

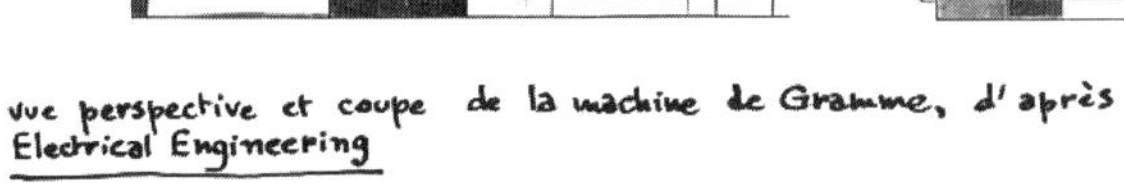

vue perspective et coupe de la machine de Gramme, d'après Electrical Engineering

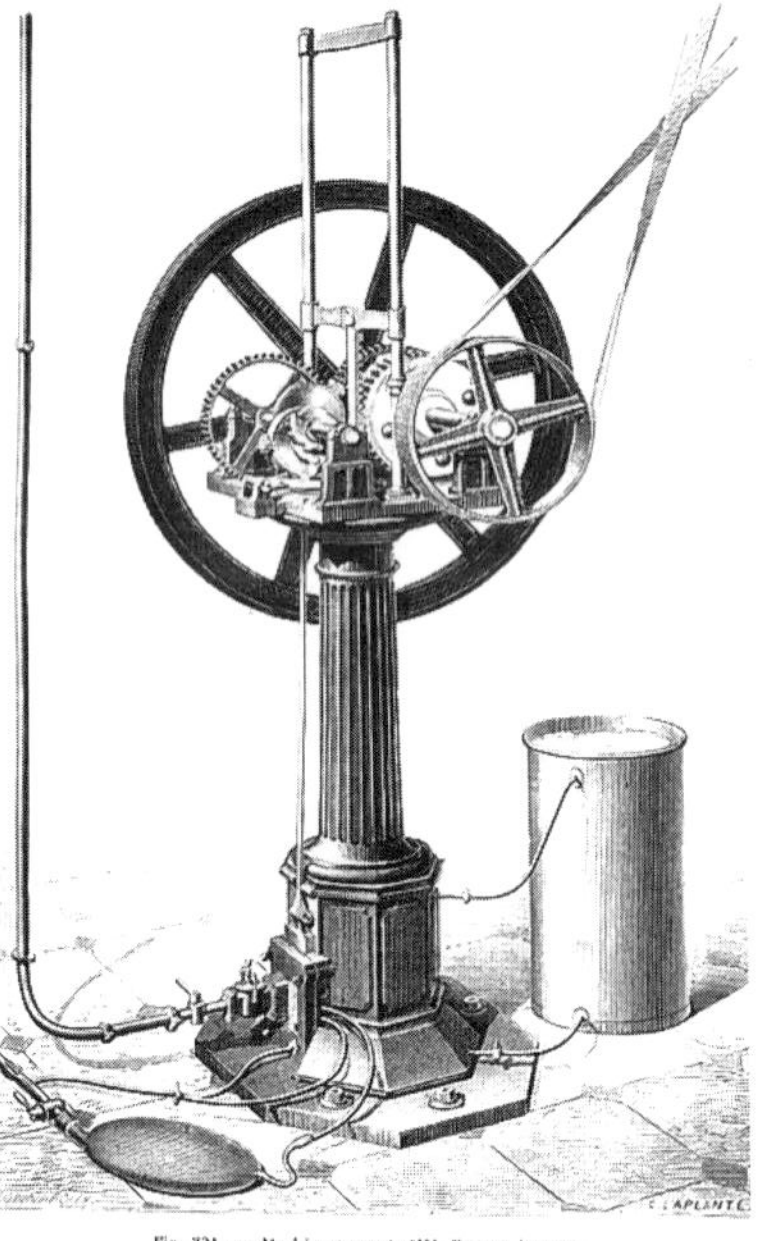

Fig. 331. — Machine à gaz de MM. Otto et Langen.

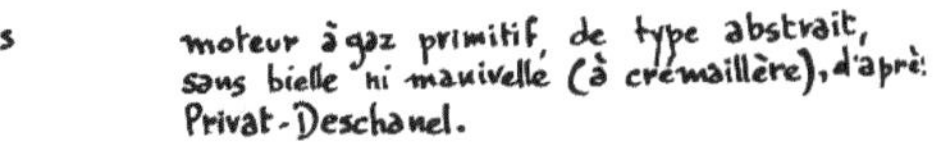

moteur à gaz primitif, de type abstrait, sans bielle ni manivelle (à crémaillère), d'après Privat-Deschanel.

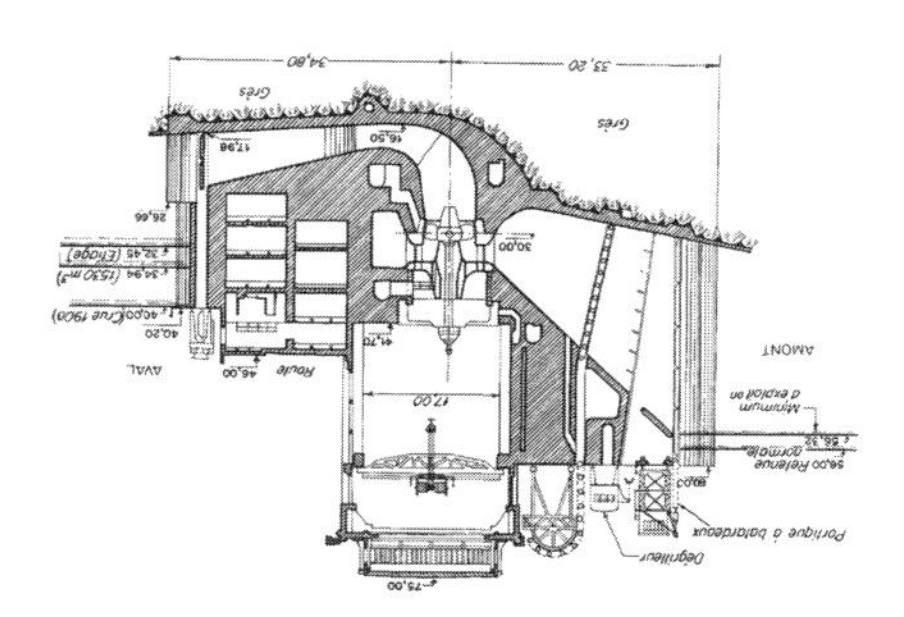

type d'usine de basse chute : coupe de l'usine de Donzère - Mondragon

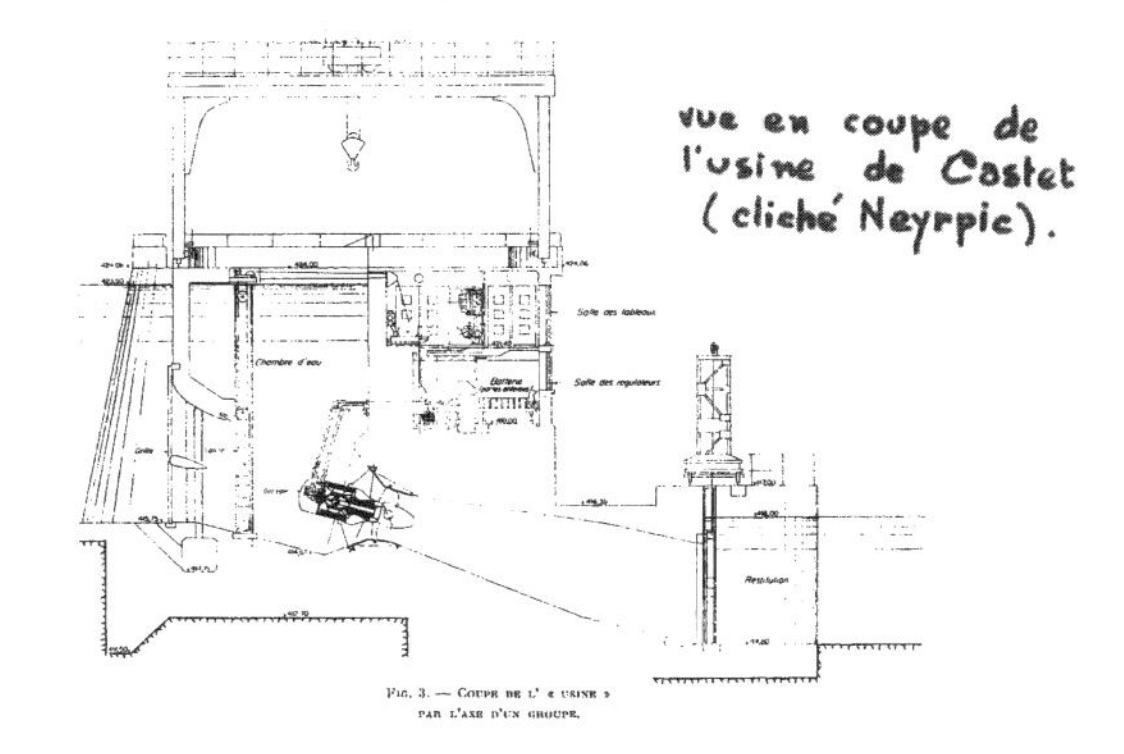

vue en coupe de l'usine de Castet (cliché Neyrpic).

FIG. 3. — COUPE DE L'« USINE » PAR L'AXE D'UN GROUPE.

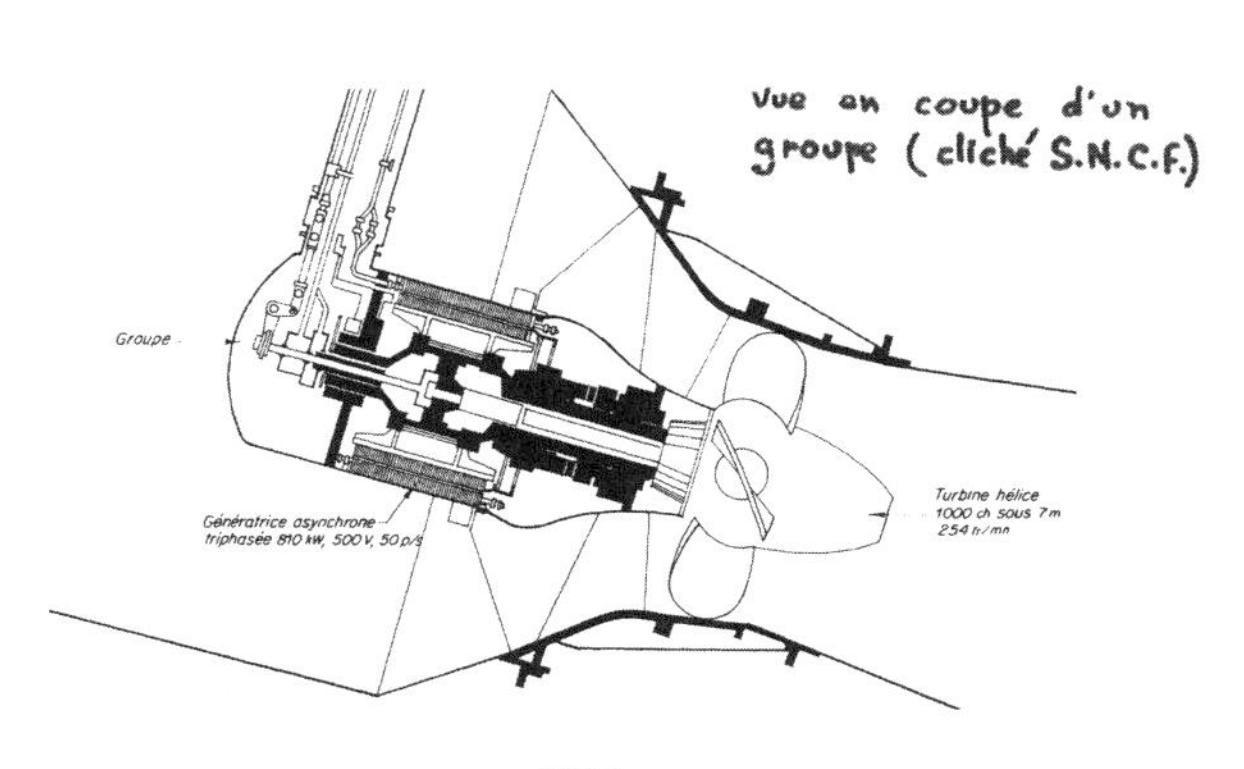

vue en coupe d'un groupe (cliché S.N.C.F.)

図版 15

第二部　人間と技術的対象

第一章　人間と技術的所与との二つの根本的な関係様態

第一節　技術の社会的なメジャー性とマイナー性

わたしたちが示そうというのは、技術的対象は人間と二つの相反するしかたで、すなわちメジャー性の身分かマイナー性の身分に従って結びつけられうる、ということである。マイナー性の身分とは、技術的対象を何よりもまずふだん使いの対象に、つまり日常生活に不可欠な対象、人間という個体がそのなかで成長し自己形成してゆく囲いの一部をなしているような対象にする身分である。技術的対象と人間との出会いはこの場合おもに幼少年期におこなわれる。技術知は暗黙知であり、反省されたものではなく、習慣によって形成されたものである。メジャー性の身分は反対に、自由な大人による意識化と反省された作業（オペラシオン）とに対応している。大人は諸科学によって彫琢された合理的認識をみずからの意のままに用いることができるのだ。徒弟の認識はこうして技師（エンジニア）のそれと対立する。大人の職人となった徒弟と社会的関係のネットワークに編入された技師は技術的対象についての見方――第一の場合にはマイナー性の身分に、第二の場合にはメジャー性の身分に対応する――を保存し、それをみずからのまわりに伝播させる。そこには技術的対象に関する表象と判断とのきわめて異なった二つの源がある。ところで、職人や技師はたんに職人や技師として生きているわけではない。つまり職人や技師はその総体における人間社会とその総体における技術的対象の世界との関係についての立会人や代理人（エージェント）なのであって、模範的な価値を有しているのである。こうした立会人や代理人でもある職人や技師たちによって技術的対象は教養に組み込まれるのだ。［ところが］今日に至るまでこれら二つの組み込み様態は一致した結果を与えることができておらず、それゆえ、技術に由来するたがいに整合しない二つの言葉遣いや二種類の思考のようなものが存在している。こうした整合性の欠如は、現在の教養が技術的対象を人間に見合ったものとして判断し思い描くかぎりこの教養に含まれることになるさまざまな矛盾の一端となっている。

　そもそも、メジャー性という側面（アスペクト）とマイナー性という側面とのこうした衝突というのは、個人的ないし社会的な人間と技術的現実（レアリテ）とのあいだにつねに存在してきた不一致の特殊な一例でしかない。古代では、技術的作業（オペラシオン）の大部分は思考の外へと締め出されていた。それは奴隷の仕事にふさわしい作業（オペラシオン）だったのだ。奴隷が都市国家の外へと締め出されていたのと同様に、奴隷の仕事とそうした仕事にふさわしい技術的対象は、言説の宇宙から、反省された思考から、教養から追放されていたのである。ただソフィストたちだけが、そして或る程度はソクラテスが、奴隷や解放奴隷によって実践された技術的作業（オペラシオン）を高貴な思考のうちへと参入させようという努力をおこなった。［しかしその場合でも］メジャー性の身分は、農耕や狩猟、戦争、航海術といったいくつかの作業（オペラシオン）にしか認められていなかった。道具を利用する技術は教養の領域外に置かれたままであったのだ（キケロは自身が用いるほとんどすべてのメタファーを高貴な術（アール・ノーブル）から、とりわけ農業と航海術から引き出しているが、機械的技芸（アール・メカニック）に言及することはほとんどない）。

さらに過去を遡るなら、しかじかの文明もまた高貴な技術と高貴でない技術とのあいだで選択をおこなってきたことがわかるだろう。［たとえば聖書で語られる］ヘブライの人々の物語は羊飼いの技術に真の特権を認め、農耕生活を呪われたものとみなしている。永遠者たる神はアベルの奉げものを受けいれ、カインの奉げものは受けいれなかった。羊飼いは農耕者に勝るのだ。［旧約］聖書には、群れを繁栄させるやり方から引き出された多様な思考図式や範例（パラダイム）[1]が含まれている。［新約聖書の］福音書は反対に、農耕の経験から引き出されたさまざまな思考様態を導入している。おそらく、神話や宗教の始まりには、或る技術を高貴なものとして是認し、それ以外の技術にはたとえじっさいにそうした技術が用いられているときでさえ市民権を与えないような、技術論的な或る種の先入観を見いだすことができるだろう。こうした多数派（メジャー）の技術と少数派（マイナー）の技術の、つまり価値を付与された技術と価値を剝奪された技術のあいだの選択は、このように発見された技術的図式をそのうちに組み込む教養へと不公平という側面（アスペクト）、非－普遍性という側面を与える。わたしたちの探求は、根本的技術のあいだでのこうした選択のさまざまな理由や様相を個別事例の一つ一つに発見するのではなく、人間の思考は技術と人間との平等で特権の存在しない関係を打ち立てねばならないと示そうとするものである。この任務は果たされるべきものとして残されている。というのも技術的な顕性現象は、技術的世界の一部は教養によって認められるがそれ以外は締め出されるということを各時代で引き起こすのであって、人間的現実（レアリテ）と技術的現実との不適切な結びつきを維持するからだ。

西ヨーロッパにおける奴隷制廃止の動きによって、かつて奴隷のものとされた技術は日の目を見るようになり、明晰な思考のうちにその姿を現すようになった。ルネサンスはさまざまな職人的技術に合理性の光をもたらすことでそれら技術を是認した。有理力学は機械を数学的思考の領域へと参入させた。デカルトは古代の奴隷たちが用いていた単純機械における運動の変換について計算をおこなった。このような合理化の努力――これは教養への統合を意味する――は一八世紀の末まで続けられた。だが、技術の統一性はそれにもかかわらず保存されなかった。真の顚倒がおこなわれ、これによってかつての高貴な技術（農耕や牧畜のそれ）が非合理の領域へと、つまり非教養の領域へと押し込まれたのである。自然世界に対する関係は失われ、技術的対象は人間を世界から引き離す人工（アーティフィシャル）的な対象となった。おそらく今日では、生物に関する技術に着想を得た思考と自動機械を構築する人工論的な思考とが歩み寄る途はかろうじて垣間見られるにすぎない。機械的技術が真に多数派（メジャー）の技術になることができたのは、職人の技術であり続けるのではなく技師（エンジニア）によって思考される技術になったからでしかない。職人的な水準では、まだ世界と技術的対象とのあいだに具体的な関係が存在している。だが技師によって思考される対象は抽象的な技術的対象であって、自然世界と結びついてはいない。教養のうちに技術的対象が組み込まれうるには、技術的対象がもつメジャー性の身分とマイナー性の身分とのあいだに中間の途を発見しなければならないだろう。教養と技術との離接は、技術の世界そのものの内部に存在している離接をその条件としている。人間と技術的対象との適切な結びつきを発見するには、職人の表象と技師の表象を同時に組み込んでいるような表象によって技術的世界の統一性を発見することができなければならないだろう。職人の表象は具体的なもののうちに隠され、素材の取り扱いや感覚可能な存在へと投じられているのである。つまりその対象によって支配されているのである。［それに対して］技師の表象は支配する側にある。つまり対象を、計測された関係の束、生産物（プロダクト）、さまざまな特性のまとまり（アンサンブル）にする。

こうして、技術的対象を教養へと組み込むための第一条件はつぎのようなものとなるだろう。すなわち、人間は技術的対象に対して下位にあるのでも上位にあるのでもないということ、そして、人間は技術的対象に取り組むことができ、技術的対象と平等の関係、相互交換の関係——それは言わば社会的な関係である——を保持することで、技術的対象の認識を学ぶことができるということである。

さまざまな技術論的様態のあいだの両立可能性ないし両立不可能性についてその条件に関する分析がなされるべきである。おそらく、ローマ人たちのそれのような技術論と文明化した社会が今日に彫琢しているような別の技術論とが両立しうるような条件を発見することができるだろう。おそらくさらには、一九世紀の技術論的な条件と二〇世紀中葉のそれとのあいだの、実在的（リアル）であるにもかかわらずほとんど目立たない両立不可能性を発見することができるだろう。そのとき、両立しえない二つの技術論的な範例体系（パラディグマティスム）が不当に出会うことで生まれたいくつかの神話を、それらのそもそもの条件へと立ち戻らせて分析することが可能となるだろう。

第二節　子どもに学習される技術と大人に思考される技術

或る文明における技術的対象の身分については、この対象と大人との結びつきと子どもとの結びつきの相違を介在させることなしには研究することができない。たとえ近代社会の生活のゆえにわたしたちには子どもの生と大人の生は連続していると考える習慣があるとしても、技術教育の歴史がわたしたちに手短に示すところでは「両者のあいだに」区別は存在してきたのであり、そして技術的認識の獲得にみられる性格は、この獲得が子どもにおいておこなわれるか大人においておこなわれるかによって同じではない。わたしたちの意図は規範的法則を表明することにあるのではまったくない。そうではなく、ただ、技術の教育にみられる性格は時代のなかで大きく変化してきたこと、そしてそうした性格は技術の状態や社会構造だけではなく、学習が課される主体の年齢によっても変化してきたことを示したいのである。ここにおいて、技術の状態と技術者の知見を構成している認識が獲得される年齢とのあいだに循環的な因果関係を発見することができるだろう。ごくわずかしか合理化されていないような技術がきわめて早熟な段階での学習の開始を要請する場合、主体は、たとえ大人になっていたとしても、その技術的認識のうちに根本的な非合理性を保存することになる。つまりその主体は、きわめて早急に獲得されたがゆえにきわめて根源的な習慣における刷り込み（インプリンティング）によってそうした技術的認識を所有することになる。まさにこの点で、この技術者はみずからの認識を明晰に表象された図式によって構成するのではなく、ほとんど本能的に所有され、習慣という第二の自然に託される手先の器用さによって構成することになる。この技術者の学知は、物質の具体的性格にきわめて近い、感覚的で量的な表象の水準にあるのだ。この人には直観し世界と共謀する能力が授けられる。作品においてのみ現れ、意識や言説には現れえないきわめて傑出した熟達がこの能力によって与えられるのである。職人は魔術師のようなものとなり、その認識は知的というよりも作業（オペラシオン）に関わるものとなる。

それは知というよりも力量（キャパシティ）なのだ。まさにその本性によって職人の認識は他人にとって秘匿されたものとなるが、それというのもこの認識は職人自身にとって、つまりその自己意識にとって秘匿されたものとなるからだ。

今日でもなお、明晰な表現で定式化されえない技術的な下意識がこのように存在していることは農民や羊飼いのうちに見いだされる。つまり農民や羊飼いは種子の価値や農地の向きを、また、木を植えたり地の利のよい安全な簡易柵を設置したりするのに最適な場所を直接に捉えることができる。こうした人々は語の語源的な意味で熟練者（エキスパート）である[2]。つまりみずからが認識する事物の生きた本性に与（あずか）っているのであり、そしてその知は原初的な共生を必要とする根源的で直接的な分有[3]による知なのであって、そこには価値づけられ性質を与えられた世界の一側面（アスペクト）との一種の友愛が含まれているのである。

人間はここで、遠方の水や塩を感じ取ったり、あらかじめ推論をおこなうことなく直接的にみずからの巣の場所を選択したりすることのできる動物のように振る舞う。このような分有は本能的な本性のものであって、生命が何世代も続くことで、生きるリズムや知覚の条件、そして安定した自然に向けた一種の活動にとって本質的な心的構造について適応が生じたときにしか見いだされない。ホフマンは『鉱山』という題名のきわめて傑出した短編小説[4]で、真の鉱夫のうちにある、これと同様の直観能力を描出している。真の鉱夫は危険を感じ取り、最奥に隠された鉱脈のうちに鉱石を発見することができるのだ。この鉱夫は地下に広がる自然（ナチュール）といわば本性（ナチュール）を同じくして生きているのであり、そしてそのようにあまりにも深く本性を同じくしているがゆえにそれ以外のあらゆる感情や愛着が排除されてしまうほどである。真の鉱夫とは地下に生きる人間なのだ。鉱山を愛することなくそこへと降りてゆく者——みずからが愛する若い娘［＝ユッラ・ダールシュー］のために勇敢にも鉱山へと働きに入るあの水夫［＝エーリス・フレーブム］のように——がこうした［鉱夫に］本質的である［鉱山と］本性を同じくすることを発見したりはしない。そのような者はまさに結婚式を挙げるその朝に鉱山の犠牲者となるだろう。ここにはいかなる道徳的ニュアンスもない。若い水夫にはありあまる天分と美徳とがある。だが、彼は水夫であって鉱夫ではない。鉱山の直観をもたないのだ。老鉱夫［＝真の鉱夫たるトールベルン］の亡霊は彼に危険を冒していると忠告する。鉱山は招かれざる者を受け入れないからだ。つまり、外から、別の職業から、別の生から来た、分有能力を授けられていない者を受け入れないのである。このように農民や羊飼い、鉱夫、水夫にあって人間本性（ナチュール）は、或る要素（エレメント）であったり地方であったりと結んだ先祖代々の協定としての第二の自然（ナチュール）によって二重化されている。この分有感覚が最初の数年で獲得されるのか、遺伝的な資質のうちに折り込まれているのかを述べることは難しい。だが、そのような技術的養成が直観ともっぱら具体的な作業（オペラシオン）的図式とに存するものであり、なんらかの象徴体系——口述されたものであれ形象化されたものであれ——を介して定式化して伝達するのがきわめて困難であるような、幼少年期に属するものであることは、いずれにせよ確かである。これと同じ理由で、こうした技術的養成は進化することがきわめて困難であり、成年になって再形成されるようなことはほとんどありえない。じっさいそれは概念的あるいは科学的な本性のものではなく、口述ないし記述された知的な象徴体系によって修正されえないのである。

この技術的養成は厳格である。知的な象徴を利用する養成に比べてこの技術的養成を必然的に劣ったものとみなすのはまったく不当だろう。こうした本能的な種類の養成がもっている情報量は、図表や図式、公式とともに象徴によって明晰に説明された認識に含まれる情報量と同じくらい大きいものでありうる。ルーティンを科学と対立させる――そのとき科学とは進歩であるということになるだろう――のはあまりに安易である。原始性は愚かさと同一視されえないだろうし、また同様に概念化は科学と同一視されえないだろう。だが、つぎのことを指摘しておくのは重要である。すなわち、基本となる新たな直観を獲得するために人間がふたたび子どもになることは不可能である以上、この技術的認識はじっさいたしかに厳格であるのだ。この技術形態にはそのうえ第二の性格がある。この形態は加入儀礼的であり排他的なのである。というのも、特定の労働のための図式がすでに完全に刷り込まれている共同体の内部で育てられることによって子どもはその基本となる直観を獲得するからだ。生存のための条件が存在していることを要請するこうした加入儀礼的な分有が外部から来た者に欠けているというのはおそらくありうる。なぜなら生存のための条件はその第一義において教育的なものであるからだ。［ただし］古くからある技術の閉鎖性を社会での共同生活の閉鎖性に帰するのはおそらく不当である。一九世紀の末頃まで続いたオーヴェルニュ地方の農民によるパリへの一時的ないし季節限りの出稼ぎが示しているように、じっさいにはそうした社会はみずからを開くすべを心得ていた。この場合、閉じた生活状態(レジーム)に対応するのは技術そのものである。なぜなら技術的養成はそれを形成した社会に対してしか有効ではなく、そしてこの社会に対して唯一有効な養成であるからだ。歴史家たちには古くからある職業への加入儀礼を純粋に社会学的な見地から扱うことでそうした儀式をとても抽象的なしかたで考察する傾向があるように思われる。［儀式で課される］試練は子どもが技術的認識を獲得する状態（レジーム）に対応していることは指摘しておく必要がある。試練は社会的な儀式であるだけでなく、若い主体が世界を馴致（じゅんち）し、危機的状況で世界と競い合い、勝利を収めることで大人になる行為でもあるのだ。試練には或る種の魔術の負荷[5]がある。試練とは子どもが大人になる行為であり、そのとき子どもは初めて極限状態でもてる力のすべてを行使するのである。こうした世界や物質との命に関わるぶつかり合いのなかで、衰弱していたり、そこから十分に立ち直っていなかったりするような場合、子どもはみずからが遺憾なく人間として行動する能力を危険にさらすことになる。敵意ある自然が打ち負かされるのでなければ、人間は完全な大人になることができない。その人間と自然とを隔てる溝が広がったからだ。試練とは、技術的存在が生命全体に対してかける魅了である。つまり、物質が人間に服従することを生じさせる作業（オペラシオン）なのだ。この人間は物質の馴致に成功したがゆえに物質の主人となったのだが、それは一匹の動物が初めてその行動を御された日から従順になるようなものである。最初の身振りをしくじったなら、動物は叛逆し、御し難いままである。もはやその動物がこの主人を認めることは決してない。直接的な接触が断たれてしまったのだから、この主人が信頼を得ることは永久にないのである。試練には全か無かの法則が姿を現す。人間と世界は試練のなかでたがいを変容させる。そこでは非対称な結合が確立されるのである。たんなる試験とおなじように試練は勇敢さや熟達を明らかにするのだと言うべきではない。試練はそうした性質をつくり出すのだ。というのも勇敢さは世界との直接的で確かな紐帯によってなされるものであって、不確実さや躊躇をことごとく遠ざけるのである。勇敢さとは克服された恐怖ではなく、世界を行動する者とともにあらしめる直観がそこにあることでつねに先送りされている恐怖なのだ。熟達した人間とは世界に受け入れられた者、つまり物質に愛され、主人を認めた動物の忠実なる従順さでもって物質に服従される者である。熟達とは力能がとる形態の一つであり、そして力能は力の交換を可能にする魅了を、あるいはむしろすでにかなり彫琢され部分的には抽象的な魅了の様態よりも原初的で自然的な分有の様態を前提としている。この意味で、熟達とは暴力的専制の行使ではなく、熟達が御している存在に見合った力の行使なのである。熟達した人間の真の力能のうちには循環的因果の関係がある。真の技術者はみずからが働きかける物質を愛する。つまり物質の側にいる。手ほどきを受けているが、みずからがそれについて手ほどきを受けたその当のものに敬意を払っているのだ。真の技術者はそうした物質を馴致したあとでその物質とのカップリングを形成するのであり、その物質を控えめにしか世俗へと引き渡さない。この技術者には聖なるものについての感覚があるからだ。職人や農民は自分たちの最も洗練された最も完璧な技術的活動を表現するいくつかの作品ないし生産物を商人へと引き渡すのに今日でもまだ反感を覚える。商事や［技術］漏洩のこうした禁止はたとえば、印刷工や出版者、著者が一冊の本から作り出すことのできる販路にのらないコピーに見られる。あるいはまた、購入することも持ち出すことも許していない特定の食物を自分のところで観光客に提供するピレネー地方の農民にも見られる。

このような技術にみられる進化することなく秘匿されているという性格は、それゆえたんに社会的条件の産物であるばかりでない。この性格は、さまざまな集団の構造を産み出す一方で、集団のこの構造によって条件づけられているのである。それゆえ人間と技術的存在とのあいだでの適切な連絡（コミュニケーション）に必要な直観や本能といった特定の要因があらゆる技術に或る程度まで伴っていなければならないというのは、ありうることである。だが、技術的養成のこうした第一の側面（アスペクト）とは別にその第二の側面が存在している。この側面は先行する側面とは逆向きのものであり、おもに大人の人間に向けられる。［とはいえ］先行する側面と同様に、第二の側面は個人としての人間に大人としての心性を身につけるよう促すことで、個人としての人間と集団とに対する力動的（ダイナミック）な作用を有している。

この第二のタイプの技術的認識とは、合理的で、理論的で、科学的で、普遍的な認識である。その最良の例はディドロとダランベールの『百科全書』によって提供されている。『百科全書』が影響力のある危険な作品であるように思われていたのは、特定の悪弊や特権者に対する婉曲的ないし直接的な攻撃のゆえにでも、特定の項目の「哲学的」な性格のゆえにでもない。『百科全書』よりも暴力的な誹謗文や攻撃文書（パンフレ）はたくさん存在していた。だが『百科全書』がてごわかったのは、それが並外れた力つまり技術的な百科全書主義の力によって動かされていたからである。この力が『百科全書』に影響力と見識とを備えた庇護者たちをもたらしたのである。この力はそれ自身で存在していた。なぜならこの力は、政治的あるいは財政上のさまざまな改革よりもなお一層、時代の要求に応えていたからだ。この力こそが積極的で創造的であったのであり、協力関係にあるが社会的あるいは宗教的な共同性によっては相互に結びつけられていない人間たちから構成されるチームに一つの信念――偉業は成し遂げられねばならない――を与えることで、研究者や編集者、文通相手たちをあれほど見事にまとめあげたのである。『百科全書』の偉大さ、そのあたらしさは、さまざまな機械の図面や模型の図版がもつ根本的にメジャーな性格にある。これら図版はさまざまな職業や技術的作業（オペラシオン）の合理的認識に対する賛辞となっているのだ。ところで、これら図版には、みずからの好奇心を満たすことを欲する一般大衆のための、たんなる公平無私な資料収集としての役目はない。そこにある情報は有用で実践的な資料収集を構築するのに十分なほど完璧であって、それゆえ著作を所持するあらゆる人間は、そこに描き出されている機械を構築し、あるいはこの分野での技術の到達状態を発明によって前進させ、先人たちの探求の終着地点からみずからの探求を開始することができるほどなのである。

　この新たな教育の方法と構造はそれ以前の教育とは逆のものになっている。この新たな教育は合理的であり二重に普遍的（ユニヴァーサル）なのだ。この点でそれは大人の教育である。この教育が合理的であるというのは、計測や計算、幾何学図形化や記述的統計といった手法を用いるからである。合理的というのはまた、この教育が客観的な説明に訴え、そして実験の結果を、仮説は推測に基づくものとして、確かめられた事実はそのようにみなされるべきものとして扱いながら、条件についての精確な報告への配慮とともに引き合いに出すからである。科学的説明はたんに要求されるのではなく、科学的精神へのはっきりとした嗜好とともに要求される。他方で、この教育は二重に、つまりそれが向けられる先である一般大衆によってと同時にそれが与える情報によっても万人のためのもの（ユニヴァーサル）である。教えられるのはまさに高い水準にある知識なのだが、それにもかかわらずそれら知識はすべての人のためのものなのである。著作の価格だけが購入の可能性を制限している。こうした知識、専門性の秘密においてそれ自体のうちに閉じた技術的作業（オペラシオン）——ただしこの作業（オペラシオン）は他の作業（オペラシオン）と結びついており、少数の原理に依拠するたがいに似通ったいくつかのタイプの装置を用いるのだが——を決して前提としない循環的図式に従って、可能なかぎり最も高い普遍性の精神のうちに与えられている。ここでわたしたちは初めて技術的宇宙が構築されるのを、つまり、同業者によって用心深く守られてはおらず、すべてがすべてと結びついているようなコスモスが構築されるのを見る。こうした技術的世界の内的共鳴を前提としているような筋の通った客観的な普遍性は、著作がすべての人に開かれており、物質的で知性的な普遍性を、つまり自由に使用することのできる開かれた技術的知識のブロックを構成することを要請するのである。この教育に前提とされているのは大人の主体、つまりみずからを導く存在なしに自分自身を導くことができ、独りで自分自身の規範性を発見することのできる主体である。独学者は必然的に大人であるということだ。独学者たちの社会が監督者や精神的に未熟な者を受け入れることなどありえない。独学者は独りで自身の歩みを進めることを、つまり自分自身を管理することを切望するのだ。主としてこの意味で、そしてその技術論的な能力によって、『百科全書』は新たな力と新たな社会的推進力とをもたらしたのである。百科全書的知識の因果的循環性はアンシャン・レジームの社会から道徳や政治における他律を排除している。技術的世界はその統一性を実現したとき、みずからの自立を発見する。『百科全書』とは、自分たちの連帯を初めて発見した技術たちによる一種の連盟祭［＝一七九〇年七月一四日のフランス革命一周年記念祭］なのだ。

第三節　マイナーな技術とメジャーな技術とに共通する本性。百科全書主義の意義

百科全書的精神と技術的対象との関係を分析してみることにしよう。なぜならこの関係は、まさにあらゆる技術論的な意識にみられるさまざまな極の一つであり、それゆえ歴史的な意義を有しているのに加えて、技術性の認識にとっていつでも正当であるような意味を有しているように思われるから

である。わたしたちは子どもを対象とした技術教育にみられる暗黙的で本能的、魔術的な性格を、それとは逆の『百科全書』のうちに発見される性格と対立させた。だがこの対立は、技術的知識のそうした〔技術教育や『百科全書』がおこなう〕構造化のうちに存在している力動性（ダイナミズム）どうしの深い類比（アナロジー）を隠してしまうおそれがある。百科全書主義は技術の根本にあるさまざまな力動性が或る意味で反転することを露わにして伝播させる。しかしながらこの反転が可能であるのは、さまざまな作業（オペラシオン）が無に帰されずに位置を変えて、いわばひっくり返されるからでしかない。『百科全書』はまた、さまざまな力や力能を操作し転送する。魅了を実行して一つの円（サークル）を魔法の円として描きもする。ただし、魅了をおこなうしかたは本能的認識における試練と同じではなく、そして『百科全書』が知の円（サークル）の内部に置き入れるのは〔試練のそれと〕同じ現実（レアリテ）ではない。人間社会こそがその不明瞭な力と能力ともども円のうちに、つまりそのうちにすべてを入れることのできる途方もなく大きくなった円のうちに置き入れられるのである。円とは、その円を表象し構築する書物の客観的な現実（レアリテ）なのだ。百科全書的な書物において形象化されているすべてのものは、人間の全活動をその最も秘められた細部まで形象化したシンボルの所有者である個人の手中に収まっている。『百科全書』は加入儀礼（イニシエーション）を普遍的なものとして実行しているのであり、そしてそれによって加入儀礼の意味そのものをいわば破裂させている。客観化された普遍の秘密は、秘密という概念について積極的な意味（知識の完成、聖なるものへの通暁）を残しているが、消極的な性格（不明瞭であること、神秘による排斥の手段であること、少数の人間のための知識であること）は無に帰されている。技術は秘教的でない神秘となるのだ。[1]『百科全書』とは一箇の穹窿（ヴォールト）であって、そのモデルのより精確でより厳密でより客観的な表象でもって構築されているがゆえに、生産性がより高い。人間がおこなう作業（オペラシオン）の活力ある原動力（ばね）、生きた力のすべてが、この対象＝シンボルのうちに集められている。読んで理解する能力をもつ個人であれば誰しもが世界および社会の穹窿（ヴォールト）を所有している。魔術的にみれば、個人は誰もが全体の穹窿（ヴォールト）を所有しているのだから全体の主人である。かつては個人を包み込むより上位のものであったコスモスと、個人の権力に対して大きな拘束力を有しつつねに中心からずれていた社会的な円（サークル）はいまや、さながら主権のしるしとして皇帝たちが身につける、世界を表象するあの球体（グローブ）のように、個人の手中にある。『百科全書』の読者の力能、安全は、自然のなかで動物に近づくまえにまず［洞窟の壁面などに］刻印された動物を攻撃した人間のそれと同じであり、さらにまた、神の慈悲を請う儀式を執りおこなったのちに土壌に種を託す原始的な農耕者のそれと、あるいは『オデュッセイア』がわたしたちにその記憶を伝えているような交感を打ち立ててあらかじめ掌握をおこなっておく行為[2]によって未知の土地をいわば好意的なものにしたあとでしか足を踏み入れない旅人のそれと同じである。加入儀礼の身振りとは、馴致され掌握されないかぎりは敵対的であり続ける現実（レアリテ）との結合である。まさにこうした理由であらゆる加入儀礼は［主体を］雄々しくし大人にするのだ。

百科全書的精神のあらゆる発露はそれゆえ、社会心理学が睨むところによると、大人として成熟した自由な状態に到ろうという欲求を社会のうちで——なぜなら思考の状態（レジーム）や慣習は個人を保護下に置いて人為的なマイナー性の状態に引きとどめるからだ——表現する根本的な運動として現れうる。知識の円（サークル）を拡張し認識能力を解き放つことでマイナー性からメジャー性へと移行しようというこの［百科全書的な］意志と、わたしたちは中世以来の思想史のなかで三たび出会う。百科全書的精神の最初の発露は［一六世紀の］ルネサンスとなり、そしてこれは宗教改革という倫理的で宗教的な改革と同時的である。ウルガタから聖書の真の原典へと移行しようとすること、固定した考え方に従って結晶化したスコラ的伝統を越えてプラトンをふたたび見いだそうとすることは、思考や知が恣意的に制限されることへの拒否である。学殖が体現しているのは過去であるかぎりでの過去への回帰ではなく、知の円を拡張しようという意志、つまり知の制限から自由になるために人間の思考全体をふたたび見いだそうという意志なのである。

古代研究の衰退が今日そう信じ込ませているように思われるのとは違って、ルネサンスの人文主義は知に制限をかけて正常化するために人間の固定的なイメージをふたたび見いだそうという意志ではまったくない。人文主義は何よりまず百科全書的な弾み（エラン）に応えるものなのだ。だがこの弾みはすでに形式化されている知へと向かった。技術の発展の水準がこの領域の速やかな形式化が生じうるほどには高くなかったからだ。とりわけ科学はあまり発展していなかった。技術を普遍化するための知的な手段が準備されていなかったのである。技術を普遍化する手段をもたらしたのは一七世紀であり、『百科全書』はこの手段を用いたのである。とはいえ、ルネサンスからすでに技術に対する非常に大

1　原始的（プリミティヴ）な呪術が効力を発揮するという感覚の一部は、進歩に対する無条件的な信仰となる。近代あるいは近代然とした対象はほとんど超自然的な効力を発揮する能力をまとっている。近代人の感情には一つの特権的な対象がもつ無際限な多価的能力に対する信仰のような何かが含まれている。

2　ファイアケス人の島［＝スケリア島］にたどりついたオデュッセウスによって実行された土地の掌握の儀式［ホメーロス『オデュッセイアー』（呉茂一訳、岩波文庫、上巻、一九七一年）の第六書を参照］。

きな好意が現れている点には留意しておかねばならない。すでに技術は表現の範例や手段として高く評価され、[3]あるいは新たな道を拓くその人間的価値について高く評価されているのである。ラブレーがおこなったパンタグリュエリヨン草の礼賛にはルネサンスの人々が抱いた希望の全体が、つまり技術がもつ「美徳」への信頼全体が端的に示されている――そうした技術によって人類は、旧世界から新世界へ入っていったように、おそらくはいつの日か「星象國に入つて」いくことができるだろう、というわけだ〔6〕。

百科全書主義の第二段階は「一八世紀という」啓蒙の世紀のそれである。科学的思考は解き放たれていたが技術的思考は自由ではなかった。技術的思考を解き放つのは科学的思考だったのだ。技術は商業や農業、産業に関わり、そしてそれらこそ社会のさまざまな側面（アスペクト）なのだから、この技術論的な百科全書主義は社会や行政におけるさまざまな改革の相関項でしかありえなかった。グランゼコールのような機関〔7〕は百科全書的精神から出てくる。百科全書主義は定義上、その農業的側面（アスペクト）によって重農主義的であるのと同様、その産業面においては諸学総合的（ポリテクニック）である。産業的な側面は重農主義的な側面よりも発展していた。百科全書的な合理化によって産業の領域でより顕著な変革が可能となったからだ。この領域は一八世紀末のさまざまな最新の科学的発見の恩恵に浴していたのである。しかしながら、こうした非対称な発展によって技術的な百科全書的精神の最も重要な要素の一つが、つまり植物的で動物的な世界――生物学的な自然――と個人との直接のつながりが忘れられてはならない。「農耕術」というこの技術は、かつて農奴であった者たちの後裔のもとに放置されてはおらず、最も気品の高い人物たちにとってすらより高い価値が与えられていたのである。それは「田園詩（ベルジュリー）」の時代であり、［一八世紀の博物学者ルイ・］ドバントンと同じくらい堅実な精神の持ち主が羊飼い(ベルジェ)の習わしについて概論を執筆するのを厭わないような時代である。このような概論は、啓蒙書の古い伝承を蒐集し、非識字者にほとんど理解可能で明晰な図示的象徴体系を用いることで新たな生活を伝えるような、気高く寛大な通俗書のプロトタイプなのだ。この美しい書物の主要な部分は『百科全書』と同じくらい鮮明で表現力豊かな版画にある。じっさい、技術論が口述表現とは別の表現手段を要請する点にはよく留意しなければならない。つまり口述表現は既知の概念を利用し、さまざまな感情を伝えることができるが、運動の図式や精確な物質的構造を表現することはほとんどできないのである。技術的作業(オペラシオン)に適した象徴体系とは、形態や均整の働きが豊富な視覚的象徴体系なのだ。言葉の文明はイメージの文明に取って代わられる。ところで、言葉の文明はまさにその本性によってイメージの文明よりも排他的である。というのもイメージは本性によって普遍的であり、意味をあらかじめ定めておくようなコードを必要としないからだ。あらゆる言語表現は加入儀礼的になる傾向がある。言語表現は一種の暗号へと到達して専門化してゆく。同業者のあいだで使われるような隠語(ジャーゴン)がそのはっきりとした一例である。口述ないし記述された言語を理解するには閉じた集団の一員にならねばならない。図表的な表現を理解するには知覚すれば十分だ。図表によって技術的な百科全書主義は真に普遍的となり、そのまったき意味と普及能力とを獲得するのである。印刷術は原典を普及させることで最初の

3　［ジョアシャン・デュ・ベレーによる一五四九年の］『フランス語の擁護と顕揚』において。ラブレーとモンテーニュもまたさまざまな職業から引き出された術語を数多く用いている。

百科全書主義を誕生させた。だがこの百科全書主義は、構築済みの教養によってすでに承認されていた反省的ないし感情的な意味連関にしか到達することができなかった。言葉を介して伝わってゆくがゆえに、個人から個人へと進む情報は言語という社会的制度を経由する回り道をしている。印刷された文書は視覚的記号を通じて、まずは口述のメッセージをこの表現様態についてまわるすべての制限とともに伝える。言語的な意味連関にもとづく百科全書主義の知性には、すべての現用語とすべての古典語との掌握が不可欠である。こうした掌握——あるいはすくなくともこうした掌握に向けた努力——はルネサンスの意味（サンス）の一部をなしているが、しかしじっさいのところは人文主義者や碩学たちの占有物にとどまっている。教養は、口述ないし記述された言語を介するのでは直接的な普遍性をもたないのである。おそらくはこうした理由で、技芸のなかでもとくに造形的で図表的な表現を他のすべての象徴体系より好む傾向にあるにもかかわらず、ルネサンスは技術論的な普遍性を構築することができなかった。印刷術、つまり空間的図表の普及能力は、その完全な意味を版画のうちに見いだす。ところで、象徴的な版画は、さまざまな構造や作業（オペラシオン）についての思考を明晰に表現する手段として利用され、口述表現へと回帰するアレゴリー的な表現（たとえば家名を図柄で表した紋章など）の意志からまったく解放されており、一七世紀におけるその完全な発展とともに、たとえばデカルトの諸論考のうちにその姿を現している。象徴的な版画はその表現的な力と精確さの能力を幾何学の使用から取り入れたことで普遍的技術論の十全な象徴体系を構築する準備を整えたのだ。

　最後に、百科全書的思考の第三段階がわたしたちの時代に到来しようとしているように思われるが、しかしこの段階はいまだその普遍的な表現様態の構築に成功してはいない。空間的、視覚的な象徴体系の文明は口述の象徴体系の文明にふたたび打ち負かされた。情報の新たな普及手段が口述表現に優位を与えたからだ。印刷されて運搬される対象へと情報が変換されねばならないとき、発見された思考と表現された思考とを分け隔てる遅れは、記述された情報と形象化された情報とで同じである。印刷術は必然的に空間的形態を利用するのだから、むしろ形象化された情報を優先しさえする。もとの形態とは別の形態へと翻訳される必要がないのは図表なのであって、その一方で文字（エクリチュール）はもともと時間的だった系列から空間的な系列への翻訳であり、読解にあたっては再変換が必要となる。反対に、電話通信や電信技術、電波ラジオ放送によって伝達される情報においては、空間的な図式を時間的な系列へと翻訳し、そのあと空間的な図式へと再変換することが伝達手段によって要請される。なかでもラジオ放送はまさに口述表現に適しており、空間的な図式の伝達に適合するのはほとんど不可能である。ラジオ放送は音の優位を確かなものにするのだ。空間的な情報はそのとき、口述の情報に対してつねに遅れている、高くつくか異例の物事の領域のうちに打ち捨てられる。口述の情報は生命的な[4]生成を一歩一歩辿るがゆえにその価値が高められるのだ。ところで文明は、価値づけられたその情報の水準で、隠れた範例主義（パラディグマティスム）によって導かれている。この範例主義はふたたび口述的なものとなった。思考は言葉がもつ意味の単位に従って、スローガンの次元（オーダー）であらためて展開される。人間どうしの関係がおよぼす強力な影響力は言葉の次元にあるのだ。たしかに、「現代の有力な象徴体系として」映画やテレヴィジョンがある。だが、わたしたちはつぎのことを指摘しなければならない。まさにその映像（イメージ）

4　あるいは社会的な。

のダイナミズムのゆえに、映画技術とは、同時に起こっていることを描き出す術である以上に、運動的で、劇的な筋立てなのであって、直接的には、知性に理解することのできる安定した形態の表現ではない。その発見はテレヴィジョンによって「リアルタイムで」映像を伝達する初期の試みに遅れるが、映画技術は完全にテレヴィジョンに取って代わり、これに映像のダイナミズムを課すようになった。今日では、このダイナミズムによってテレヴィジョンに莫大な負荷がかけられており、映画技術の競争相手にして模造品にされている。テレヴィジョンはそれ固有の表現様態を発見することができず、娯楽の一手段として一般大衆に隷属させられているのである。映画的な運動は、個体の反省的能力をまどろませて美的な分有状態へと導く陶酔やリズムに富んでいる。視覚的な物言いを用いる時間的な系列によって組織化されているがゆえに、映画とは一箇の芸術でありさまざまな感情の表現手段である。イメージはそこでは一つの単語や一つの文なのであって、個別的存在の活動によって分析されるべき構造を含むような対象ではない。映画においてイメージが不動のまばゆいシンボルとなるようなことはめったにない。その一方で、テレヴィジョンは人間がおこなう活動について情報伝達する現代的な手段となりうるだろう。映画はこうしたものになりえない。というのも、固定され記録されたものであるがゆえに、映画はみずからがそのうちに取り込むすべてのものを過去のものにするからである。だが、テレヴィジョンは動的であろうとするがゆえに、映画の静的な各映像が投影されるのと同じくらい短い時間で映像のすべての点を時間的な系列に変換するよう余儀なくされている。つまりテレヴィジョンは最初にいくつかの映像へと分割することでまず動的なものを静的なものへと変換する。それから、固定された各映像を伝達するあいだに、この固定された映像を構成する同時的な点を一つの時間的な系列へと変換する。伝達が終わるときには、時間的な系列はそれぞれ空間的な静止画面へと変換され、これらの固定された映像（イメージ）が高速で継起することで、映画技術におけるのと同様に、走査された運動が運動知覚の特性によってふたたび生みだされるのである。この二重の変換は、知的に理解することのできるその構造においてきわめて単純なイメージについてさえ並外れて大きな情報量を伝達しなければならないということになる。ここにおいては、じっさいに主体にとって興味深く意味のある情報の量と、毎秒数百万の信号に相当するような技術面で用いられる情報の量とのあいだには、いかなる共通尺度もありはしない。このように情報が浪費されるがゆえにテレヴィジョンは柔軟で誠実な表現手段を個人に提供することができず、真に視覚的な象徴体系が万人のためのものとして構築されずにいる。ラジオ放送がさまざまな境界線を乗り越えていく一方で、視覚情報は多くの場合に集団の共同生活と結びついている。こうした場合、視覚情報には高い価値が与えられえない。だが、陰極発振器のスクリーンに計算機の演算結果を映し出したり、同じタイプのスクリーンに電磁波検出信号を表示したりするのに利用される符号化システム[5]についての研究は、ヘルツ波による図表イメージの伝達に大幅な簡略化をもたらしうるように思われる。そのとき視覚的情報は発話された情報に対して、ラジオ放送により失った地位をふたたび見いだし、あたらしい普遍的な象徴体系を生み出すことができるようになるだろう。

ところで、機械の合理化への動きと機械と人間とに共通する象徴体系の創設とを通じて、科学およ

5　とりわけレーダー（R.A.D.A.R.）つまり Radio Detection And Ranging（電波探知測距）において。

び技術のうちに百科全書的な意図がその姿を現し始めている。この象徴体系によって、人間と機械の協働（シナジー）が可能となる。というのは、共同して活動するには連絡（コミュニケーション）手段が求められるからだ。そして、人間は複数のタイプの思考をもつことはできない（あらゆる翻訳は情報の損失にあたる）のだから、あたらしい普遍的な象徴体系が普遍的な百科全書主義と等質であるためにトレースすべきは、人間と機械との関係というこの混成体である。

サイバネティクス的思考は情報理論において、とりわけ人間と機械との結びつきを研究する「人間工学（ヒューマンエンジニアリング）」のそれのような個別的研究をすでに進めている。するとわたしたちは技術論を基盤とした百科全書主義を構想することができる。

このあたらしい百科全書主義は先行する二つの百科全書主義と同様に解放をおこなわねばならないが、ただしそれは異なった意味でなされねばならない。この百科全書主義は啓蒙の世紀のそれの反復ではありえないのである。一六世紀には、人間は知的なステレオタイプに隷属していた。一八世紀には、人間は社会的な硬直がしめすさまざまな階級秩序的な側面によって制限されていた。二〇世紀には、人間は遠くにある未知の力能――人間を導くが人間には認識されず、それゆえ人間が反抗することもできないような力能――に依存している奴隷である。人間を従属させるのは孤立であり、人間を疎外するのは情報の均質性の欠如である。機械化された世界で機械になった人間は、[6] 自身の役目をつつがなく果たし、そしてその役目を普遍性の相（アスペクト）のもとで思考された技術的機能の把握によって乗り越えることでしか、みずからの自由を再発見することができない。人間主義（ヒューマニズム）ということで、人間存在によって疎外されてきたものに自由の身分を回復させ、人間的なもので人間と無縁なものなどない[8]

とする、そうした意志を意味するのなら、あらゆる百科全書主義は人間主義である。ただし人間的な現実（レアリテ）のこうした再発見は異なった意味でなされうるのであり、時代ごとに、ともあれ或る程度はその状況に合った人間主義がつくりなおされることになる。人間主義は、文明についてまわる、あるいは文明のうみだす疎外の最も深刻な側面を対象とするからだ。

ルネサンスによって明確に示された人間主義は倫理的で知的な教条主義（ドグマティズム）に起因する疎外を埋め合わせるものであった。理論的で知的な思考の自由をふたたび見いだすことをめざしたのである。一八世紀は技術へと適用される人間的思考の努力がもつ意義を再発見することを欲し、そして発明のうちに発見される創造的な連続性の高貴さを進歩という理念とともに再発見した。つまり技術的な主導権（イニシアティヴ）について、社会を疎外する力［である］にもかかわらず存在してもよいという権利を明確に示したのである。二〇世紀は、社会によって要請され引き起こされる専門化の結果として技術の発展のまさにその内部に生じてしまう疎外の形態を埋め合わせることのできるような人間主義を探し求めている。人間の思考の生成には或る奇妙な法則が存在しているように思われる。その法則によれば、倫理的、技術的、科学的な発明はすべて、最初は人間を解放し再発見する手段であるのだが、歴史的な進化を通じて、本来の目的に背き、人間に制限をかけて服従させる道具と化してしまう。［たとえば］キリス

6　現在の人間には、みずからを機械や道具の担い手として振る舞わせる強い性向がある。機械が創造される以前の長きにわたってこの役割を果たしてきたからだ。それ以前には、道具というかたちで技術的要素が、作業場（アトリエ）や工事現場というかたちで技術的総体が存在していたが、技術的個体は機械というかたちで存在していなかったのである。

ト教もその始まりにおいては、旧来の社会にみられるさまざまな慣習や威光の形式主義を越えたところで人間に呼びかけるような、解放する力であった。

つまりそれは、安息日(サバト)は人間のためにつくられたのであって、安息日のために人間がつくられたのではないとする思考であった。なのだが、この同じキリスト教はルネサンスの宗教改革者たちによって、人間の生がもつ本当の根源的(リアル)な意味に反するような、人間を拘束する形式主義や教条主義と結びついた硬直性の力であると非難されたのである。ルネサンスは［人間という］〈自然(フュシス)〉を［形式主義や教条主義という］〈反自然(アンチフュシス)〉と対立させた。［こうしたキリスト教の位置づけと］同様に技術もまた、一八世紀には進歩を通じて解放をもたらすものとして引き合いに出されていたが、今日では専門化――これが障壁にして無理解の源である――を通じて人間の本性をゆがめて人間を人間自身にとって無縁なものにすることで、人間を隷属させて奴隷の状態に陥れていると非難されている。収斂の中心が細分化の原理となったのだ。そういうわけで、人間主義は一つの定義を与えればそれで事足りるような主義ではなく、また態度ですらない。どの時代もそれぞれの人間主義を、疎外という主たる危険に向けて方向づけながら発見しなければならない。ルネサンスには、教条(ドグマ)の閉鎖性が新たな情熱と新たな弾み(エラン)とを産み落としたのである。

一八世紀には、社会的な階級秩序と閉じた共同体とが限りなく細分化されたことで、慣例が制定してきたすべての障壁と禁止とを乗り越えて、技術的身振りを合理化し普遍化することで生産性を普遍的かつ間接的でないしかたで高める手段の発見へと駆り立てられていった。二〇世紀には、人間に対して人間社会の疎外を生み出すのは、もはや階級秩序内や地方で進む社会の細分化ではなく、むしろ、流動的で果てしない、気が遠くなるような社会の広大無辺さである。技術的活動の人間世界はふたたび個人にとって無縁なものとなったが、それはこの世界が発展し形式化されることで、また、個人を産業世界――これは個人の次元と思考可能性とを越えている――へと新たに結びつけなおす機械化というかたちで硬化することによってであった。一八世紀の解放をおこなう技術は個人の次元にある。この技術は職人的なタイプのものだからだ。二〇世紀のそれは個人の力を越えており、産業世界においてコンパクトで耐久性があるが、しかし疎外された人間的現実(レアリテ)を構築するのであり、そしてかつて階級秩序化された社会がそうであったのと同じくらい完全に個人の手が届く範囲外にある。

　人間が必要としているのは、もはや何かを普遍的なものとして行き渡らせる解放ではなく、媒介なのである。新たな魔術は個人の行動能力――これは身振りに確かな生産性の高さを与える知によって保障される――が直接に伝播してゆくことのうちに発見されるのではなく、人間に意味連関を与えることで人間を人間的で自然的な総体のうちに位置づけるような力が合理化されてゆくことのうちに発見されることになるだろう。ただ耐え忍んで生きるだけの状況を受け入れないようにするための試みは、認識可能で決定的には神秘的でないメカニズムとして目的論を扱うことによってのみ示される。人間は、物質と協定を結ぶことなく対象を製造するための手段を探す代わりに、目的性[9]をつくり出すこと、そして目的性を与えられた全体――人間はこれを判断し評価する――を組織することを学習するなら、全体の目的性によって隷属させられている状況から解放され、そうして事実上の統合を受動的に耐え忍ぶ必要はなくなる。情報の理論であり、したがってまた目的性を与えられた構造と力動性(ダイナミズム)とについての理論でもあるサイバネティクスは、人間が組織構造について判断できるようにすることでこの組織構造の拘束的な閉鎖性から人間を解放するのであって、人間にそれを思考し構築する能力がないという理由でこの組織構造を甘受させ、崇めさせ、敬意を払わせるのではない。[7] 人間は意識的に目的性を組織することで隷属を乗り越える——たとえば一八世紀に、「労苦に」甘んじて耐え忍ぶ代わりに仕事を合理化し、そうしてその生産性をより高めることで、その仕事がもっていた不幸な必然性を凌駕したように。みずからの目的論的なメカニズムを認識している人間社会は人間の意識的な思考から生じたものであり、それゆえそうした思考をおこなった者たちをそのうちに組み込んでいる。つまり人間社会は組織化をおこなう人間の努力の産物であり、「人間が社会によって」位置づけられることと「人間が社会のうちに」みずからを位置づけることとを一致させる。社会における人間の位置はそのとき能動性の要素と受動性の要素とのあいだの関係となるが、これは絶えず取り上げなおされ改善されうる混成的な身分のようなものである。なぜならこの身分は、邪魔をされてはいるが疎外されてはいない人間的なものだからだ。意識はデミウルゴス的な活動であると同時に「意識に」先立つ組織構造の結果でもある。社会的現実（レアリテ）は人間の努力と同時的であり、この努力に対して同質的なのだ。同時性の図式だけが、つまり「人間の努力という」力——これら力はその関係的な能力において表象される——の布置だけが、このタイプの現実（レアリテ）にとって十全たりうる。そうした図式あるいは布置の発展こそ、社会における人間をこのように力動的なしかたで表象する際に公準として仮定されているものである。サイバネティクスの図式によっては、この思考に適合するようにすでに構成されている社会のうちにしか普遍的な意味が見いだされえない。確立するのが最も困難なフィードバック性とは、社会がサイバネティクス的な思考そのものに対して有しているフィードバック性である。このフィードバック性はすでに構成された情報経路を介して漸次的にしか――たとえば所定の地点で協同して働く技術のあいだでの交換のように――生み出されえない。一九四八年に出版された『サイバネティクス』という題名の著作――これは［マサチューセッツ］工科大学で教鞭を執る数学者によって執筆された新たな『方法序説』である――の冒頭でノーバート・ウィーナーが技術についての技術である新たな技術論の源として引いているのはこのタイプのグループ化である。サイバネティクスは人間にあたらしいタイプのメジャー性を、つまり社会体のうちで分配されている権威のさまざまな関係へと入り込むようなメジャー性を与えるのであり、そして理性の円熟を越えたところに、行動する自由だけでなく目的論の創設により組織構造を生みだす能力をも付与するような反省のメジャー性を発見する。まさにこの点で、合理的に思考し作り出すことのできる目的性と組織構造は――技術の素材となるのだから――もはやすべてを正当化しうるような、上位の、最終的な根拠(レゾン)ではなくなる。目的性が技術

7 過去数世紀のあいだ、疎外の主要な原因は人間存在がその生物学的な個体性を技術的な組織構造に帰していたことにあった。人間存在は道具の担い手だったのだ。技術的総体は道具の担い手としての人間をそのうちに組み込むことでしか構築されえなかったのである。職業にみられる［人間をその職業形態に合わせて］変形させる性格は精神的であると同時に身体的なものであった。道具の担い手は道具の使用によって変形されたのである。職業による身体の変形は今日では珍しいものとなった。紳士(オネットム)が職人に覚える［差別的な］嫌悪感のうちにはおそらく、わたしたちが奇形を見たときに覚える不愉快な感じの一部が入り込んでいる。現在の職業によってもたらされる苦難はかつての職業的な変形に比べるなら取るに足らないものである。［たとえば］プラトンにとって、［職工階級を意味する］バナウソス（βάναυσος）とは禿頭の小人である。また歌われた伝承では、靴の修理屋は不具の存在である。

の対象になるのなら、倫理には目的性の彼岸がある。サイバネティクスはこの意味で、目的性という理念がもつ無条件的な威光から人間を解放する。人間は技術によって社会的な拘束から解放される。情報の技術論（テクノロジー）によって、かつてみずからを縛りつけていた連帯という組織構造を生み出す者となるのだ。技術的な百科全書主義の段階は仮のものでしかありえない。この段階は技術論的な百科全書主義を要請するのである。この技術論的な百科全書主義は、社会へと再帰する可能性を個人に与えることで技術的な百科全書主義の段階を完遂させるのであり、そして、価値づけられたり反駁されたりしながらも存続している所与を人間とは無関係なその当初の性格とともに受け入れるのではなく、組織構造をもたらすような構築の対象となる。こうして個体の本性はもはや人間の領域と無関係ではない。自由へと到達（アクセス）したあとに、語の完全な意味、つまり創造的な力という意味での権威[10]への入り口（アクセス）がその姿を現すのである。

以上が百科全書的精神の三段階である。この精神はまず倫理的、次いで技術的であったが、目的性という理念——これは最後の正当化として捉えられていた——を越えたところまで進むことで技術論的となりうる。

ところで、目的性を与えられた組織構造の技術はたんにその実践的な帰結によって有用であると言うべきではない。そうした技術は目的性を魔術的な水準から技術的な水準へと移行させるという意味で有用なのである。上位の目的に、そしてこの目的を実現する秩序（オーダー）に言及することは、技術的な図式が因果性の図式でしかない時代には——生が目的性と混同されていたために——正当化を求める際の最終項とみなされるのだが、目的性の技術論的な図式を思考に導入することは［そうした考え方に対して」カタルシス的な役目を果たす。何かについてその技術が存在していることは最後の正当化たりえない。生は個人的で社会的なものであって、目的性を与えられたプロセスとしての側面を多く含んでいるが、しかし目的性は個人的ないし社会的な生の最も根源的な側面ではおそらくなく、また、たとえば環境への適応のような目的性を与えられた行動にみられる様相でもない。

おそらく、真の目的性「なるもの」が負のフィードバックによる循環的因果のプロセスを駆動させているのではないと言えるだろう。すくなくとも、目的論的なメカニズムをこのように技術的に産み出すことで、目的性の最も下位にある最も粗野な側面を魔術的な領域から抜け出させることが可能となる。手段が目的に従属し、それゆえ手段に対して目的が優越するということである。技術的な素材となるなら、以上のような組織構造はもはや社会的ないし個人的な生の側面のうちの一つでしかなく、そして新たな形態が発展したり到来したり不意に出現したりする可能性をもはやその威光で覆い隠すことができない。そうした形態は自身の目的を進化の最終項として産み出すのだから、目的性によっては正当化されえないのである。進化は適応能力を与えもするし失わせもするのだ。適応が実現されるということは生の側面の一つでしかない。ホメオスタシスというのは部分的な機能なのである。「サイバネティクスのような」技術論は、そうした部分的な機能を包み込んで、それらを思考できるようにするだけでなく、合理的に実現できるようにすることで、社会的で個人的な生がたどるさまざまな開かれたプロセスへと十全な光をあてる。この意味で技術論は疎外を縮小させるのである。

第四節　技術に到達（アクセス）するメジャーな様態とマイナーな様態とを教育の水準で総合する必要性

技術論の分野における大人の教育と子どもの教育との分離は、二つの規範体系が構造において異なっていること、そして部分的には［それら体系からもたらされる］成果が異なっていることと呼応している。その帰結として、教育的な技術論と百科全書的な技術論とのあいだには乗り越えられえなかった隔たりが今に至るまで残り続けている。

百科全書的な技術論的教育がめざしているのは、自分が完成された存在、つまり完全に実現され、みずからの手段と力とを十分に所有している存在である——本当の成熟状態にある個人としての人間のイメージ——という感情を大人に与えることである。この感情は知識の権利上および事実上の普遍性をその必要条件としている。ところで、百科全書的な養成には何か抽象的なものが、そして普遍性の抑えがたい欠如が残されている。というのも、あらゆる技術装置が技術論的な選集のうちに物質的に集められる——そこでそれら装置は同時性や理性の秩序（オーダー）に従って配列されて取りまとめられる——ことによっては、［それら装置を］現在の状態に導いたさまざまな発見の時間的で継起的で量子論的な性格が無視されてしまうのである。徐々に構築され、時間をかけて継起的に彫琢されてきたものが、いきなり現在のすがたで把握されているのだ。神話的なものがあるという点で進歩の理念はこうした同時性の錯覚に、つまり一つの段階にすぎないものを［最終的な］状態と取り違えさせる錯覚に由来する。百科全書主義は歴史性を排除し、人間を偽の終極実現態（エンテレケイア）——というのもこの段階はなお潜在性に富んでいるからだ——の所有へと誘う。いかなる決定論も発明を取り仕切ってはいないのであって、進歩を連続的と考えるなら発明の現実性（レアリテ）そのものが進歩［の理念］によって覆い隠されてしまうのである。独学者はすべてを現在に帰着させがちだ。独学者にとって過去とはみずからがその現在の認識のうちに取りまとめているかぎりのものであり、未来とは進歩を介して現在から連続的に生じるにちがいないとみずからがみなしているかぎりのものなのだ。独学者には育てられてきたということが、すなわち危機によって構造化された発達の時間的な系列——危機はこれらの発達に一区切りをつけ、或る段階（フェーズ）から別の段階（フェーズ）への移行を可能にする——を通じて徐々に大人になっていったということが欠けている。時間という形式に従って同時的なものの秩序（オーダー）に継起的なものの秩序（オーダー）を付け加えるには、主体の生成の歴史性を通じて技術の生成の歴史性を把握しておく必要があるのだ。真の百科全書主義は、同時性の普遍性とともに時間的な普遍性をも要請するのであるから、子どもの教育を「みずからのうちに」統合しなければならない。この百科全書主義は子どもを通じて大人をつくりあげることでしか、つまり時間的な普遍性を辿って同時性の普遍性を獲得することでしか、真に普遍的とはなりえない。普遍性の二つの形態のあいだに連続性を発見する必要があるのだ。

　その逆に、技術論的でない教育には同時性の普遍性が不足している。こうしたことは、この教育のねらいは知というよりも教養なのだ、という言い方で表現される。だが、知と縁を切ることで教養を獲得しようという企ては虚しいものだろう。知の百科全書的な秩序（オーダー）は教養の一部をなしているからだ。ところで、知は知そのものの外で把握されるなら、抽象的で、それゆえ教養的でないしかたでしか把握されえない。知そのものを欠いた知の表象は外的なシンボルの把握によって——たとえば知を「体現」した人々についての神話的で社会化された表象を介して——しか作られえない。知は学者という形象に、すなわち社会的あるいは性格学的なカタログ化された類型学の一要素に取って代わられている。この要素は知そのものにとってまったく不適切なのであって、教養の真正さを失わせる神秘化を教養のうちに持ち込むのである。それは精々のところ、一人の学者の意見や伝記、性格の特徴、人格の記述によって知が取って代わられるというくらいなのかもしれない。だがしかしこれらこそまったく不適切な要素なのである。というのもそれらは知の人間的な支えを知にではなく偶像崇拝――これは知そのものの秩序（オーダー）に属さない――へと導入するからだ。技術装置を再発明する子どもの身振りには、シャトーブリアンがかの「恐るべき天才」であったブレーズ・パスカルについて述べるテクストよりも多くの正当な教養がある。パスカルの計算機（演算器）に用いられた直交する歯車による加算器を理解しようと試みるとき、わたしたちはパスカルの天才性に関する最も雄弁な数節を読んでいるとき以上に発明の近くにいる。パスカルを理解するとは、パスカルがつくったような機械をコピーするのではなく、そうした機械を――可能であれば電子加算装置に移し替えてでも――自分の手で作りなおすことであり、そうしてパスカルのものであった知的で作業（オペラシオン）に関わるさまざまな図式を現実化することで［それら図式を］再生産するのではなく再発明するのでなければならない。教養を高めるとは、しかじかの発明、しかじかの出版物がその同時代人たちのうちに生み出した動揺には付随的にしか関わらないことで、人間の現実的（リアル）な図式を類比的に現実化するということである。というのもそうした動揺は非本質的なものであって、あるいはすくなくとも大本にある思考を、つまり発明そのものを参照することでしか把握されえないからだ。

中等教育（リセ）の最終学年の教養ある生徒が［モリエールの風俗喜劇『女学者』で］ベリーズのお追従を通し

てデカルトの渦動理論を知り、[11]「その第二幕第七場で」クリザールが我慢ならなかった「ひとびとをぞっとさせるこの長い望遠鏡」によって一七世紀の天文学の状況について知ることを、人は遺憾に思うかもしれない。

ここには、どうやっても教養とは言われえない思考における真剣さの欠如や真理の欠如がある。こうした「文学作品への」言及は、教養以外のものを目的とする芸術作品のファリサイ的形式主義を通じてではなく、その実際(リアル)の、最初に把握される源泉に対して位置づけられえたなら、それ相応のものだっただろう。同時性の百科全書的な秩序(オーダー)は教養教育から追放される。この秩序(オーダー)は社会集団の意見に適ったものではないからだ。社会集団は特定の時代の生活のごくわずかな部分しか表象せず、みずからを位置づけることができないのであるから、同時性の秩序(オーダー)について決して表象をもたないのである。現代生活と教養とのあいだのこうした食い違いは教養の疎外――じつのところ教養とは先行する時代に存在していた特定の社会集団の意見への加入儀礼なのだ――に由来する。教養教育における文科系の優位は意見がもつこうした全能から生じている。じつのところ一箇の作品――とりわけ生き延びてきた作品――とは、或る集団や時代の倫理を、この集団がそこにみずからの姿を認めるようなしかたで表現した作品なのだ。文学作品は社会的証言である。教訓的な作品がもつ一面は、それが古くからあるものであり、かつ教訓的な「ジャンル」の証言と見なされうるのでなければ、ことごとく教養から消去されてしまう。現在の教養は教訓的なジャンルを今日では途絶えたものとみなしているように装っているが、しかしおそらくあれほど多くの表現力、あれほどの技巧(アート)、あれほどの人間の存在感が科学や技術の著作に含まれているようなことはまずなかった。じっさいにはいまや教養こそが変化のない規則や規範を備えた一ジャンルとなっているのである。教養は普遍性というその意味を失ったのだ。

それゆえ教育には、それが完全に教育的であるには、人間的な力動性（ダイナミズム）が不足している。こうした教育や百科全書主義の技術的な側面（アスペクト）をとくに考察するなら、それが大きな価値の仲介者となっていることがわかる。この側面には、子どもにも理解しやすくなるような相（アスペクト）と、科学知の「発展にみられる」継起的な状態を適切にシンボル化するようなまた別の相（アスペクト）とが含まれているのである。百科全書的になろうとする教養教育がそれに遭遇して打ち砕かれる暗礁をじっさいに構成しているのは、その知識をつけることが望まれる科学を「そこで用いられているような」知的で論証的なシンボルから出発して理解することの困難さなのだ。反対に技術的に実現されたものは、その実現にとって作動原理となっている科学的知識を、年少の子どもにすら理解可能にすることができ、そして論証的な理解によってますます解明され倍増することのできるような力動的な直観というかたちで与える。真の論証的な認識は程度「の差」を認めない。この認識はいきなり完全であるか、非十全であるがゆえに誤っているかのどちらかなのだ。このように百科全書主義は技術を介することで、年少の子どもが完全には意のままにできない抽象能力を要請することなく、子どもの教育のうちに自身の居場所を見いだすことができるだろう。この意味で、子どもが技術論的な認識を獲得することは、技術的対象の特徴を介して把握される直観的な百科全書主義への手引きとなりうる。じっさいのところ技術的対象は科学的対象と区別される。科学的対象は分析的対象であり、ただ一つの効果（エフェクト）についてその全条件とその最も的確な特徴とによって分析することをめざしているのに対して、技術的対象は或る個別科学の文脈のうちにその全体が位置づけられるものではまったくなく、じっさいには、多彩を極める分野から出てきた多種多様の科学的なデータや効果（エフェクト）が交わる点にあり、見たところそれ以上ないほどに種々雑多な知を統合しているのである。そのように統合された知は、知的には連携されないかもしれないが、実践的には技術的対象の作動のうちで連携しあっているのだ。［ところで］技術的対象は妥協術の結果なのだというようなことが言われてきたかもしれない。それは、じっさい技術的対象は卓越して総合的な構造のものであり、発明を取り仕切る総合的な図式化機能の導入[12]によってでなければ理解不可能であるからだ。技術的図式――複数の構造とこれら構造を通じて実行される一つの複雑な作業（オペラシオン）とのあいだの関係――は認識の循環性を、つまり理論的には依然として異質な知の要素どうしの相乗効果（シナジー）を実現するのだから、まさにその本性によって百科全書的である。

おそらく指摘することができるのは、百科全書的な仕事と子どもに与えられる教養との関係というこの役目を技術は二〇世紀に至るまで引き受けることができなかったということである。それは、じっさい当時はまだ技術のうちに真に普遍的な作業（オペラシオン）――そこには感覚や思考がはたす図式化機能が含まれる――を見いだすことがまず不可能であったからだ。今日では情報技術の存在が技術論に限りなく大きくなった普遍性を与えている。情報理論は技術論をきわめて多くのきわめて多様な科学――たとえば、生理学、論理学、美学、言語についての音声学的ないし文法的でさらには意味論的な研究、数値計算法、幾何学、権力機関の組織や体制についての理論、確率論、そして発話されたり音響的であったり視覚的であったりする情報のあらゆる伝達技術――の中心に置く。情報理論は間科学的な技術論なのであり、多様な技術の図式化機能だけでなく科学的概念の体系化をも可能にする。情報理論をさまざまある技術の一つとみなすべきではない。情報理論とはじっさいのところ、一方で多様な技術どうしを、他方で多様な科学どうしを仲介し、そしてさらに科学と技術とを仲介する思考なのだ。情報理論がこうした役目を果たすことができるのは、科学どうしのあいだには理論的であるだけでなく、道具的で、技術的でもあるような結びつきが存在しており、どの科学もそれが研究している効果（エフェクト）を実現するために他のいくつかの科学を技術的な源として活用することができるからだ。つまり技術的な関係が科学どうしのあいだに存在しているのである。そのうえ技術は科学として理論化されうる。情報理論は技術の科学や科学の技術として介在し、こうした交換機能が相互的な状態にあるようにするのだ。

　同時性と継起的なものという普遍性の二つの秩序（オーダー）が整合するなかで百科全書主義と技術教育とが出会うことができるのはこの水準であり、そしてこの水準でしかない。

　わたしたちはそれゆえこう言うことができる。技術は今日に至るまで相容れることの難しい二つの力動性――これらは一方が大人に、もう一方が子どもに向けられてきた――しか与えることができていなかったのだが、情報理論においてこの拮抗状態は仲介的な学問分野（ディシプリン）に、つまり専門分化と百科全書主義とのあいだ、子どもの教育と大人の教育とのあいだに連続性を確立させる学問分野に取って代わられるのである、と。これによって多様な技術のうえに立つ反省的な技術論が設立され、科学と技術とのあいだに関係をつくり出す思考が定義される。

　技術がこのように反省によって統一され、理論知と実践知との対立が終結することでもたらされる帰結は、人間について反省的に理解するにあたって考慮すべきものである。というのも、ひとたびこの水準に到達するなら、教育がおこなわれる時間と成人年齢とのあいだにはもはや食い違いや拮抗状態が存在しなくなるのである。継起的なものの秩序（オーダー）と同時性の秩序（オーダー）は相互性の関係において組織され、大人の時間はもはや教育の時間と拮抗するものではなくなる。まさに或る意味では、社会の進化——これは今まで、青少年期に続いて壮年期、そして最後に老年期があり、それぞれには対応する政治的で社会的な体制があるという決定論にぶら下げられてきた——は、技術についての洞察力が十分に深められてこの暗黙の生物学主義から独立した準拠や価値の体系が導入されるなら、もはや宿命的なものとはみなされえなくなる。

　肉体労働者と頭脳労働者、農民と都市生活者、子どもと大人といった、価値体系のうちにあるさまざまな二元論を注意深く分析するなら、これらの対立の根底には複数の図式化機能群のあいだの両立不可能性という技術的な理由があることが示されるだろう。肉体労働者とは物質的なものの水準で直観的な図式化機能に従って生きる者である。反対に、頭脳労働者とは感性的な質（クオリティ）を概念化してきた者である。つまり、継起的なものの秩序（オーダー）を自然や人間の運命についての定義のうちに安定化する秩序（オーダー）に従って生きる者である。頭脳労働者は、人間の身振りや直観の水準で生きられた価値を概念化してその評価を高めたり落としたりする一種の権力を握っているのだ。肉体労働者は同時性の秩序（オーダー）に従って生きている。教養へと到達（アクセス）しようとするとき、肉体労働者は独学者であるのだ。田舎の人間が都会の人間と対立するのは図式化機能のあいだの同じ相違によってである。田舎の人間は、みずからを自然の生存方式（システム）へと統合された存在にする一連の要請や分有と同時的である。その性向や直観はこうした統合がもたらす「自然との」つながりなのだ。都会の人間は個別的な存在であり、自然の秩序（オーダー）

よりも社会的な生成へと結びつけられている。［自然から引き離されているという意味で］抽象的であり教養を備えた存在が［自然と］統合されており教養のない存在と対立するように、都会の人間は田舎の人間と対立する。都会の人間が一つの時代に属しているのに対して、田舎の人間は一つの地方に属している。前者は継起的なものの秩序（オーダー）に、後者は同時性の秩序（オーダー）に統合されているのだ。一般に田舎の人間は伝統への愛着をもつことが指摘される。だが正確には、伝統とは歴史性の最も無意識的な側面（アスペクト）であって、継起的なものの秩序（オーダー）についての表象を隠してしまうものであり、継起性が不変であることを前提としている。本当の伝統主義は、生成の系列についての表象が不在であることに依拠している。この生成は埋蔵されているのだ。つまるところ、子どもと大人の対立がこうした拮抗状態を端的に示している。子どもとは継起的なものに属する存在であり、さまざまな潜在性からつくられ、時間のうちでみずからを修正し、そしてこうした修正や変化を意識する存在である。大人はみずからがうけた教育のおかげで人生がさまざまに提示してくる問題の同時性に対処することができるのであり、同時性の秩序（オーダー）に従って社会へと統合されている。もっともこうした成熟は、社会が安定しておりあまり急激には進化しないかぎりでしか十分に到達することができない。そうでない場合、変貌しつつある社会――こうした社会は継起的なものの秩序（オーダー）に特権を与える――はその社会に属する大人たちに、その者たちを青年期の人間にするような力動性を伝達（コミュニケート）するのである。

第二章　人間と技術的対象の世界との関係において教養のはたす制御的な機能。今日的な問題

第一節　進歩という概念のさまざまな様相

技術に対する百科全書主義者たちの態度は要素の技術性が発見されたことで引き起こされた熱狂とみなすことができる。じっさい、機械は百科全書主義者によって真っ向から自動機械とみなされているわけでなく、むしろ要素的な装置が組み合わされたもの（アサンブラージュ）とみなされている。ディドロの協力者たちの注意はおもに機械の器官（オルガン）に向けられている。一八世紀には技術的総体はいまだコルク製造者や秤製造者の作業場（アトリエ）の次元にある。この総体は真の技術的個体［である機械］を介してという以上に、道具であったり道具としての機械であったりを利用する職人を介して技術的要素と接続されている。『百科全書』で」研究題材が利用法に関する項目によって区分され、技術の図式すなわち機械の型式（タイプ）に従った区分になっていないのは、こうした理由による。技術的存在についてグループ化や分析をおこなう際の原理は職業（メチエ）の命名なのであって、機械のそれではないのである。ところで、似ても似つかぬ職業が同じ道具を、あるいはほとんど同一の道具を利用することがある。それゆえこうしたグループ化の

原理によっては、或る図版と別の図版のあいだでとても似通った形態に属しうるような道具や器具についての紹介がいわば余分におこなわれるという事態になっている。

ところで、数限りない要素を含んだ技術的総体によるグループ化の原理は、百科全書主義者たちのうちに存在しているような連続した進歩という理念と緊密に結びついている。技術性が要素の水準で把握されるとき、連続した線に従って技術的進化が実現されうるのである。技術性の分子的な存在様態と技術的対象の進化の連続した足取りとのあいだには相関関係がある。一八世紀には歯車やねじのピッチの切り出しは一七世紀よりも優れていた。一七世紀と一八世紀に製造されていた同じ要素が比較されることで、わたしたちが技術的対象の具体化と名づけたものにおける前進としての進歩の連続性という理念が生じたのである。要素のこうした進化はすでに構成されている技術的総体の内部で成し遂げられるものであり、激動を引き起こすようなものではない。つまり製造の結果をゆるやかに改良し、労働が容易になったという印象を感じさせつつも職人が普段からおこなっていたやり方をそのまま残しておくのである。普段の身振りは精確性を増した器具によって一層うまく助けられるようになり、よりよい結果をもたらすのだ。一八世紀の楽観主義(オプティミズム)はかなりの程度まで、このように要素によって技術的労働の条件が連続して改善されていったことから引き出されている。じっさい不安というのは、それまでの普段の身振りを無用にして日常生活のリズムに切れ目をもたらす変化から生まれるものである。だが道具の技術性の改良は幸福感をもたらす役目を果たす。人間はみずからの学習成果を保存しつつ、古い道具を同じ操作方法のあたらしい道具に変えるとき、身振りがより精確で、より巧みで、より素早くなったという印象を覚える。身体図式の全体がその限界を押し広げ、拡張し、解き放たれるのである。ぎこちなさの印象は減少する。訓練を積んだ人間はよりよい道具によって自分がより器用になったと感じ、その道具により一層の信頼を置く。というのも道具は器官（オルガン）を延長し、そして身振りによって担われるからだ。

道具ということで、或る身振りを遂行するために身体の延長と補強とを可能にする技術的対象を意味し、**器具**ということで、よりすぐれた知覚を獲得するために身体の延長と適応とを可能にする技術的対象を意味する――つまり器具とは知覚の道具なのだ――なら[1]、一八世紀はさまざまな道具や器具が発展した重要な時代であった。いくつかの技術的対象は道具であると同時に器具でもあるが、とはいえ行動的な機能が優勢であるか知覚的な機能が優勢であるかによってそうした対象を道具と呼んだり器具と呼んだりすることができる。［たとえば］ハンマーは道具だが、しかしわたしたちは運動感覚や振動に関わる触覚を感受することのできる受容器によって、釘が曲がったり木材を割ったりし始めてあまりにも速く打ち込まれる瞬間を鋭敏に知覚することができる。じっさい、この打ち込むという作業（オペラシオン）の実行されるしかたに応じて所定の情報がハンマーを手にもつ者の感覚へと伝えられるには、ハンマーが釘を打ち込むことで釘に働きかける必要がある。ハンマーはそれゆえ、その道具としての機能のゆえに器具として役立ちうるのだから、第一に道具である。ハンマーは純然たる器具として用いられるときですらなお、それに先立って、道具なのである。石工は自身のハンマーによって石の質（クオリティ）を識別するが、しかしそのためにはハンマーが部分的にその石を傷つける必要がある。反対に、望遠鏡や顕微鏡はまさに水準器や六分儀と同様に器具である。つまりこれら対象は世界に対してあらかじめ行動を遂行することなく情報を収集するのに役立つのだ。ところで一八世紀とは、道具も器具もより入念に製造されるようになった時代であり、一七世紀の静力学・動力学における発見がもたらした成果や光学における幾何学的・物理学的な発見を受け継いだ時代であった。科学の否定し難い進歩が技術的要素の進歩となって現れたのだ。科学における探求と技術における結果とがこのように一致していることは楽観主義（オプティミズム）の新たな根拠であるが、これが進歩という概念の内容に付け加えられたのは、人間がおこなう活動のさまざまな領域のあいだにみられる相乗効果（シナジー）や肥沃さ——器具は科学によって改良されることで科学における探求に役立てられる——のスペクタクルを通じてである。

反対に、技術的進化の側面（アスペクト）は、わたしたちが一九世紀に完全な技術的個体の誕生と遭遇するときに修正される。たんに動物がそうした個体に取って代わられているうちは〔それに伴う〕混乱もフラストレーションではない。蒸気機関が馬に代わって車両を牽引する。紡績工場を動かす。身振りは或る程度まで修正されるが、しかし機械がたんにエネルギー源のより幅広い使用法をもたらしているうちは人間が〔機械に〕取って代わられることはない。百科全書主義者たちは風車〔という動力源〕に通じており、これを理想化していた。風車は高みにあるその静かな構造によって田園地帯に君臨するものとして表象されていたのである。〔また〕きわめて詳細な数多くの図版が改良された水車に捧げられている〔図版12と13も参照〕。人間がフラストレーションを抱き始めるのは人間に取って代わる機械、つまり自動織り機や鍛造プレス、あたらしい製造所の設備によってである。これらは労働者が暴動で叩き壊す機械なのだ。なぜならこれらの機械は労働者の競争相手なのであり、もはや原動力ではなく道具の担い手なのである。一八世紀の進歩は人間という個体を手つかずのままにしていた。人間という個体は、みずからがその中心となり担い手となっていた自分の道具に囲まれながら技術的個体であり続けていたからだ。製造所を職人の作業場（アトリエ）から区別しているのは本質的に規模ではなく、技術的対象と人間存在との結びつきの変化である。製造所とは、その活動が人間の活動とパラレルな自動機械からなる技術的総体である。作業場（アトリエ）では技術的な行動を遂行するために人間がその個体性を提供しているのに対して、製造所は真の技術的個体を利用するのだ。以来、進歩という基本概念の最も積極的、最も直接的な側面（アスペクト）は、もはや身をもって感じられなくなる。一八世紀の進歩とは、個人が自身の身振りの力や迅速さ、精確さのうちに感じとる進歩である。一九世紀の進歩はもはや個人がその身をもって感じることのできるようなものではなくなる。この進歩はもはや個人によって「その」順応した行動のうちに制御や知覚の中心として集約されていないからだ。個人は機械の作動がもたらす結果の傍観者に、あるいは機械を動作させる技術的総体をいかに組織するかの責任者にすぎなくなる。そういうわけで進歩という概念は二重化し、不安をかきたてる挑発的なもの、両義的なものになる。進歩は人間から隔たっておりもはや個体としての人間にとって意味をもたない。進歩が人間によって直観的に知覚されるような状況はもはや存在していないからだ。そうした暗黙の判断は、運動感覚の印象であったり身体の力動性についてのそうした促通であったりにきわめて近いものであり、一八世紀の進歩概念の基盤となっていたが、個人が行動や観察をおこなう状況の拡張および促通が一八世紀と同様に科学や技術の進歩によってもたらされるような活動領域（内科や外科）の外では消滅するのである。

　進歩はそのとき宇宙的規模で、さまざまな結果が包括されるような水準で思考される。つまり、抽象的に、知性的に、学理的なしかたで思考される。進歩を思考するのはもはや職人ではなく数学者であり、そして進歩は人間による自然の所有として理解される。進歩の理念はサン＝シモン主義者のグループと一緒になってテクノクラート主義を支持する。思考され所望された進歩という理念が、身をもって感じられたものとしての進歩の印象に取って代わる。進歩を思考する人間は、いくつかの稀な事例を除いて、労働する人間と同じではない。その例外はたとえば印刷工や石版工といった、それなりの割合で職人であり続けている人間たちである。［とはいえ］こうした事例においてさえ、機械の到来はその本性を深く思考する者たちのうちで社会構造の変革への希求となって現れる。労働と技術性は一八世紀には要素における進展をその身で感じることのうちで結びついていたと言えるだろう。反対に一九世紀がもたらすのは、進歩について知性が働く条件と、まさにその進歩に起因する労働の内的なリズムをその身で感じることとの分離である。一九世紀の人間がその身で進歩を感じるのは労働者としてではない。技師や使用者としてなのだ。技師、つまりエンジニア、機械にたずさわる人間はじつのところ労働者や機械からなる総体の組織者（オーガナイザー）となる。進歩はその結果によって感知される運動として把握されるのであり、進歩を構成する一連の作業（オペラシオン）において、進歩を実現するさまざまな要素において、それ自体で把握されるのではない。進歩は大衆――その拡がりは人類に等しい――にとって価値あるものなのである。

一九世紀の前半が終わる頃の詩人たちはまさに進歩を人類の大きな歩みとして、それに積み込まれた危険や不安とともに感じ取った。この進歩のうちには何か途方もない集団的な冒険のようなもの、あるいは別世界への旅や移住のようなものすらある。この進歩には絢爛さと同時に衰退をも感じさせるような何かがある。それはおそらく［アルフレッド・ド・］ヴィニーが詩篇「牧人の家」で都市のうえに書かれたのを見る語である。[2] 機械へと向けられたこの両義性の感情は機関車への言及や羅針盤への言及——第一のものは「牧人の家」、第二のものは「海に壜（びん）を投げ入れよ」において——に見いだされる。この後者の詩はヴィニーが一九世紀における進歩の過渡的な（そしておそらくは矛盾しているがゆえに過渡的な）性格をいかに感じ取っていたかを示している。進歩のこうした理念は未完成で不完全であって、後世へのメッセージを含んでいる。この理念はそれ自体では達成されえないのである。技術的進化のこうした瞬間を生きることを受け容れるというのは〔ヴィニーの詩集〕『運命』のさまざまな側面の一つなのだ。ヴィニーはそれを、自分自身に甘んじること、自分自身に閉じることは不可能だと理解することで、正当かつ意義あるものとした。

技術的進歩という概念にみられる第三の側面（アスペクト）は、技術的個体の内的な自動制御が技術的総体へと、そして後者を通じて人類へと及ぼす影響とともに現れる。第二段階——これは個体の水準での技術的なあたらしい波（ヌーヴェル・ヴァーグ）の到来に対応していた——は、進歩の両義性や、機械に対する人間の二重の状況、そして疎外の産出によって特徴づけられていた。マルクス主義が労働者と生産手段との結びつきにその源があるものとして把握したあの疎外は、わたしたちの見るところ、たんに所有ないし非所有による労働者と労働器具との結びつきだけから生じているのではない。この所有という法的で経済的な結びつきの下にはさらになお根源的で本質的な結びつきが、つまり人間個体と技術的個体のあいだの連続性、あるいはこれら二つの存在のあいだの不連続性による結びつきが存在している。疎外が現れるのは、一八世紀には職人が自身の生産器具や道具の所有者であったのに対して、一九世紀には労働をおこなう人間個体がもはや自身の生産手段の所有者ではないことだけが理由ではない。疎外は労働者がもはや自身の生産手段の所有者ではないときに現れるが、しかし所有関係がこのように断絶することでしか現れないわけではない。疎外はまた生産手段とのあらゆる集団的な結びつきの外でも、まさしく個人的で生理学的で心理学的な水準において現れるのである。機械に対する人間の疎外はたんに経済学的‐社会的な意味だけをもつのではない。心理‐生理学的な意味をももつのである。機械はもはや労働者にとっても機械の所有者にとっても身体図式を延長するものではない。サン＝シモン主義者やオーギュスト・コントのような数学者たちがその社会的な役目を称えていた銀行家たちもまた新たな無産者階級(プロレタリアート)の構成員たちと同じくらい機械に対して疎外されている。以上からわたしたちは、有産階級のうちに疎外が存在していることを説明するのに主人と奴隷の弁証法を仮定する必要はないのだと主張しよう。機械に対する所有の関係も非‐所有の関係も――これは大きく異なる社会的状態に対応するのだが――同じくらい疎外がともなう。機械の両側、その上と下、労働者という要素にたずさわる人間と工場経営者という総体にたずさわる人間は、機械というかたちで個別化された技術的対象との真の関係を欠いている。資本と労働は、技術的対象と産業組織に含まれる技術性とに対してそれぞれ同じくらい不完全な二つの存在様態なのである。資本と労働の一見したところの対称性は、それらが結び合わされることで疎外が縮小されることを意味するものではまったくない。資本の疎外とは、労働に対する疎外、（主人と奴隷の弁証法におけるような）世界との接触に対する疎外ではなく、まさに技術的対象に対する疎外なのである。おなじことが労働についても言える。労働に欠けているものは資本が所有しているものではなく、資本に欠けているものは労働が所有しているものではない。労働は要素にたずさわる知性を所有し、資本は総体にたずさわる知性を所有している。だが、要素にたずさわる知性と総体にたずさわる知性とを結び合わせることでは、技術的個体という中間的であって混成的でない存在にたずさわる知性をつくりだすことはできないのである。要素、個体、そして総体は、時間の線上で一列になって並んでいる。要素にたずさわる人間は個体に対して遅れているのだ。もっとも、個体を理解してこなかった総体にたずさわる人間が個体に対して進んでいるわけではない。そうした人間は過去に由来する総体の構造のなかに現在の技術的個体を閉じ込めようとする。労働と資本は技術性の受託者たる技術的個体に対して遅れているのである。技術的個体はそれを動かす労働やそれを取り囲む資本と同じ時代に属していないのだ。

資本と労働との対話は過去に属するものであるがゆえに偽である。生産手段の集産化はそれ自体では疎外の縮小をおこないえない。そうした集産化が疎外の縮小をおこないうるのは、個体化された技術的対象にたずさわる知性を人間個体が獲得するための前提条件である場合にでしかない。人間個体と技術的個体とのこうした関係はその形成に細心の注意を要する関係の最たるものである。この関係の前提となっているのは、労働の能力（キャパシティ）や行動の能力（労働は要素にたずさわる知性に、行動は総体にたずさわる知性に対応する）とは別の態度に関する能力を導入するような技術的教養なのである。労働と行動は因果性に対して目的性を優位に置く点で共通している。どちらの場合でも、努力は或る特定の獲得すべき結果へと方向づけられている。つまり行動の結果に比べて行動図式が顧みられていないのである。反対に、技術的個体においては因果性と目的性のあいだのこうした不均衡は消失する。機械は外から見れば或る特定の結果を獲得するためにつくられている。だが、この外的な目的性は技術的対象が個別化するにつれて作動の内的な整合性に利するようにと消えてゆく。作動は外界に対して目的を与えられるまえにそれ自身に対して目的を与えられているのである。機械の自動化や自動制御がそれだ。つまり制御の水準では作動があるのであって、ただ因果性だけが、あるいは目的性だけがあるのではない。自動制御された作動においては、あらゆる因果性が目的性の意味をもち、そしてあらゆる目的性が因果性の意味をもつのである。

第二節　熱力学やエネルギー論に由来する進歩の概念が提示するような人間と技術的対象との関係についての批判。情報理論を頼りにして

個別化された技術的存在と人間の側で関連しているのは、作動図式の直観である。人間は機械と、その制御に与る存在として対等にカップリングされうるのであって、ただたんに総体の取り込みによって機械を統制したり利用したりする存在としてのみ、また材料や要素を供給することで機械に仕える存在としてのみカップリングされうるのではない。以上からわたしたちは、経済理論もエネルギー理論もこうした人間と機械とのカップリングを説明することができないのだと主張しよう。経済的ないしエネルギー的なつながりは、そうした真のカップリングを定義しうるにはあまりにも外在的なのである。人間と機械とのあいだでの個体どうしのカップリングは、同じ自動制御機能が人間－機械のカップルによって、人間や機械が単独でおこなうよりもうまく、より緻密に遂行されるときに存在するのだ。

記憶装置（メモリ）と呼ばれているものの事例を取りあげてみよう。生命の機能を人工的（アーティフィシャル）な作動と同一視

する神話的な見方をすべて無視するなら、人間と機械は過去の利用について相補的な二つの側面(アスペクト)を示していると言える。機械は、非常に複雑かつかなり詳細で、鮮明な、つねに同形のドキュメントを長期間にわたって保存することができる。［たとえば］長さ三メートルの磁気テープは、なんらかの物音や音声が五〇ヘルツから一万ヘルツの周波数帯で磁気的に翻訳された記録を保存することができるが、これはおよそ一時間の聴取時間に、あるいは五〇〇〇ヘルツ以上の周波数帯を切り詰めるのを容認するなら二時間の聴取時間に相当する。同じサイズのフィルムのリールは、およそ半時間のあいだに繰り広げられる場面を走査線数およそ五〇〇の解像度で、すなわち各映像(イメージ)につきおよそ二万五〇〇〇画素を区別可能なしかたで記録することができる。このように、磁気テープは相互に区別される三六〇万の音声的事象を記録し、映画フィルムは相互に区別される一億二〇〇〇万画素を記録することができる。（これら数字の相違は磁気テープの粒子が高感度フィルムよりも大きいことにのみ由来するのではない。じっさいには、粒子は同じ大きさのオーダーにある。この相違はとりわけ、音声の記録がテープ上の線形トラックに対応しているのに対して、映像の記録は継起してゆく表面——それらにおいてはほとんどすべての高感度画素が情報記憶媒体となりうる——の分割に対応しているということに由来する。）さて、ここで機械の保存機能を特徴づけているのは、それが構造をまったく伴っていないということである。映画フィルムは、かたちのはっきりとした図形——たとえば幾何学的なイメージ——を砂粒の山の無秩序な映像よりもうまく記録するわけではない。或る意味では、かたちのはっきりとした表面どうしの強いコントラストよりも砂粒の無秩序な一様さのほうがよく記録されさえする。それはロールフィルム内での光の拡散現象のゆえにであって、これがいわゆるハレーション効果を、輪郭のはっきりとした、強い光の当てられた部分のまわりに生じさせるのである。同様に、磁気テープは、一つの形式、一つの連続性をもつ楽音を一時的な音や雑音よりもうまく記録するわけではない。こうした機械による録音の保存に秩序は存在していない。機械は形式を選別する能力をもたないのである。人間の知覚は記録されたドキュメントを見たり聴いたりすると、形式を、つまり知覚の単位を見つけだす。だが、記録そのものがじっさいにそうした形式を含んでいるわけではない。機械の保存機能は形式の記録および再現に関して無能力である。この無能力は全般的なものであり、すべての水準で存在している。計算機がブラウン管の画面上に直接に読み取り可能な数字で結果を書き出すことができるようにするにはかなり込み入ったことが必要となる。数字表示機はいくつかの非常に繊細で複雑な回路からつくられており、そうした回路が利用しているコード化によって、数字をなんとか再現するように引かれた線が得られるのである。数字の5を書き出すよりもリサジュー図形をつくるほうがよっぽど簡単だ。機械にできるのは形式を保存することではなく、形式の或る種の翻訳を、コード化を通じて、空間的ないし時間的な配列のうちに保存することだけである。この配列は［たとえば］磁気テープのそれのように寿命が非常に長い配列であったり、高感度フィルムにおける銀粒子のそれのように決定的な配列であり、あるいは両端に圧電性の水晶のついた水銀柱のなかを移動するパルス列のそれ――これは特定のタイプの計算機で演算途中の部分的な結果を保存するのに利用される――のようにまったく一時的な配列であったりするだろう。あるいはまた、アイコノスコープにやや類似した、二つの電子銃――一方が読み取りと書き込みに、もう一方が保持に用いられる――が取りつけられた特定の種類のブラウン管（RCA社のセレクトロン管やマサチューセッツ工科大学の蓄積管）においてモザイク上に数字を記録するような場合には、配列は消えやすいが保持されうる。媒体の可塑性は記録機能の真の可塑性と混同されてはならない。セレクトロン管ではベリリウム製のモザイク上に書き込まれた数字を一〇〇〇分の一秒で消去して別の数字で置き換えることが可能だが、しかし同じ媒体上で継起的な記録が進められるそうした速度は、記録そのものが可塑的であることをまったく意味しない。各記録は、そのものを捉えるなら、完全に硬直している。もちろん、磁気テープの酸化物粒子の磁化を消去してあたらしく記録しなおすことは可能である。だが、あたらしく記録されたものはそのまえに記録されていたものから完全に切り離されている。最初のものがうまく消去されなかったなら、第二のものの記録は妨害され乱されるのであって、記録が容易になったりはしない。

人間の記憶（メモリ）では反対に、形式こそが保存される。保存そのものは記憶の制限された一側面（アスペクト）にすぎない。記憶とは、形式を選別する能力、経験を図式化する能力なのである。機械が同様の機能を果たすことができるとしたら、それは録音済みの磁気テープが新品のテープより優れているような場合にでしかないが、事実はそうなっていない。機械の記憶（メモリ）装置における可塑性が媒体のそれであるのに対して、人間の記憶のそれは内容それ自体の可塑性なのである。[1] 人間においては、記憶内容を保存する

1　未使用の磁気テープは、たとえ同じ形式を何度も連続して固定するためであったとしても、使用済みテープと同等か、あるいはそれよりも優れている。つねに同じ映像を安定させているブラウン管は、その映像をよりよく固定することができるようになるどころか、その映像が占めていた画素に対する感度を失うのであり、その結果、長時間使用されたあとのブラウン管は元の映像に対してよりも、それと同じ画素では構成されていないようなあたらしい映像に対して感度が高くなる。

機能は記憶のうちにあるのだと言える。というのも記憶――これは一連の形式、あるいは図式として理解される――はみずからが記録する記憶内容を、みずからの形式へと結びつけるがゆえに受け入れるからだ。反対に、機械における記録は先立つ記憶なしにおこなわれる。この本質的な相違の結果として、人間の記憶については、要素を秩序(オーダー)なしに固定することに関して重大な無能力がある。秩序なくテーブルにぶちまけられた色や形の異なるたくさんのメダルに関してその配置を［人間が］覚えるのには非常に長い時間が必要となるだろう。ぼけた写真ですら空間中のさまざまな対象に関してその配置を確かめる際に人間の証言よりも価値がある。雑多さや無秩序さのなかでは機械の記憶が優越する。人間の記憶は形式の統一性や秩序のなかで優越する。統合機能や比較機能が新たに登場するたび、最も複雑で最もよく構築された機械が出す結果は人間の記憶が到達することのできるものよりもかなり劣っている。［たとえば］計算機は翻訳のためにコード化可能だが、その翻訳はまったく最低限の大雑把なものにとどまる。計算機では、少数の語彙と定型の言い回しとによって二つの言語をそれぞれ一つの単純化されたベース［言語］へとあらかじめ分解しておくことが前提となっている。機械には統合の可塑性が欠けているからだ。この可塑性は記憶の生命的な側面(アスペクト)であり、この側面によって［人間の］記憶はただちに機械の記憶装置(メモリ)から区別されるのである。計算機であったり翻訳機械（これは一定のしかたで符号化された古典的な計算機械でしかない）であったりのストレージ[2]［が果たしている機能］は、人間においてまさに知覚の水準で知覚を通じて記憶を存在させている現在というものが果たしている機能とかなり異なっている。記憶は文の一般的な言い回しや先行する文に応じて、あるいはまた発話している人について過去に獲得した経験全体に応じて現在の語に一つの意味を与えるのである。人間の記憶はさまざまな内容——そうした内容は、あたかも獲得済みの経験が新たな獲得のためのコードとなり、そうして獲得されたものを解釈して固定するかのように、それら自体が再発見され再グループ化されるという意味で形式の力をもつ——を受け入れる。つまり、機械においては内容とコード化が条件と条件づけられるものとして分離したままであるのに対して、人間、そしてより一般に生物においては内容がコード化になるのである。人間の記憶のうちに招き入れられた内容はそれ以前の内容のうえへと置かれて具形化する。生物とは、そこにおいてア・ポステリオリがア・プリオリになってゆくところのものである。記憶とは、ア・ポステリオリなものがそれによってア・プリオリなものになってゆく機能なのだ。

ところで、複雑な技術的作業（オペラシオン）には二つの記憶形式を利用することが要請される。非生物の記憶、つまり機械の記憶が有用となるのは、経験に統合された記憶内容の習合（シンクレティズム）的な性格——こうした記憶内容はそれがそれ以外の要素に対して維持している関係によって意味をもつ——に対して詳細の保存についての忠実さが勝っている場合である。機械の記憶とはドキュメントの記憶、計測の結果の記憶であるのだ。人間の記憶とは、幾年もの隔たりを越えて或る状況を想起させる記憶である。なぜならこの記憶は別の状況と同じ意味連関、同じ感情、同じ危険をもたらすからであり、あるいは単純に、こうした［状況どうしの］関連づけは経験の構成する暗黙の生命的なコード化に従って意味をもつからである。二つの場合のいずれでも記憶は自動制御を可能にする。ただし人間の記憶は、生物において

2 ［「ストレージ（storage）」は］貯蔵を意味する英単語。

有効で、かつ生物においてのみ発展しうる一連の意味連関をもとにして自動制御を可能にする。［それに対して］機械の記憶は非生物の存在からなる世界において意味をもつ自動制御を基礎づける。人間の記憶が機能する際に従う意味連関は、機械の記憶が機能する際に従う意味連関の始まるところで停止するのである。

一方の記憶から他方の記憶への部分的な変換を実現可能にするために二つの記憶に共通のコード化が発見可能となり、そうして［それら記憶の］相乗効果（シナジー）が可能となる瞬間から、人間と機械のカップリングは存在し始める。このカップリングの実例はマスターファイルの電話呼び出しによって示される。さまざまな項目のもとに分類される多様な分野で最近になって得られた成果を記載する要約的な記録が磁気テープに記録されている。目録と電話呼び出し装置があれば、任意の磁気テープに記録されたものについて、選択装置（セレクター）のおかげで迅速に読み取りをおこなうことできる。ここにおいて人間の記憶とは、そこにおいて項目の語や名が意味を有するところのものである。反対に機械とは、そこにおいて所定のパルス列が或る金属板を通電させて別の金属板を通電させないところのものである。この選択能力は固定的で硬直しており、研究者が或る呼び出し番号を打って別の番号を打たない判断を下すようにする能力とは大きく異なっている。さて、機械と人間のカップリングのこの純然たる実例はそれ以外の実例において存在しているカップリング様態を理解可能にしてくれる。すなわち、単一の完全な機能が二つの存在によって果たされているときにカップリングはあるのだ、ということを。そのような可能性は技術的機能が所定の自動制御を含んでいるときには必ず存在している。自動制御を含む機能とは、タスクの完遂がコピーすべきモデルによって（二つの目的性に従って）導かれているだけでなく、タスクの完遂がもたらす部分的な結果によっても——それが条件として介入することで——導かれているような機能である。職人の作業（オペラシオン）には情報の取得によるこうしたコントロールがよく見られる。道具の原動力であると同時に知覚する主体でもある人間は、即座に与えられる部分的な結果にもとづいてみずからの行動を調整するのだ。道具は［前節で導入した区分で言うと］道具であると同時に器具でもある。すなわち、器官（オルガン）を延長する行動手段であると同時に循環的な情報伝送路でもあるのだ。反対に、人間に取って代わる閉じた完全な個体としての機械は一般的に自動制御機構（システム）を有していない。そうした機械は相次いでおこなわれる身振りの常同行動をあらかじめ定められた条件づけに従って展開しているのだ。この初期タイプの機械は自動制御を欠いた機械仕掛けの存在と呼ぶことができるものである。それはたしかに実践的な技術的統一（ユニット）だが、しかし厳密に言えば技術的個体ではない。

反対に、そしてその一見したところに反して、最も人間に取って代わらないのは真に自動的な機械である。なぜならこの機械に存在している制御機能は、運転のしかたが変わりうること、この仕事の完遂に作動を適合させうることを前提としているからだ。自動制御をおこなう自動機械へのじつに初歩的な熱狂は、最も人間を必要とするのはまさにこうした機械であることを忘れさせる。それ以外の機械が人間を従者や組織者（オーガナイザー）としてしか必要としないのに対して、自動制御をおこなう機械は技術者としての人間を、すなわち［その機械と］連合したものとしての人間を必要とする。自動制御をおこなう機械と人間との関係はこうした制御の水準に位置づけられるのであって、要素や総体の水準にではない。だが、自動的な機械が、その機械がそこで機能している技術的総体と結びつけられうるのは、この制御によってである。人間個体がその要素的な機能——行動に関するものであれ知覚に関するものであれ——によって集団と結びつけられるのではなく、人間個体に個性や性格を与えているその自動制御によってであるのと同様に、機械はたんに抽象的で予備的なしかたでその機能によって総体に統合されているだけでなく、瞬間ごとにその適切なタスクを総体の要請に応じて実行するやり方によっても統合されているのである。もっぱら内的な、完全に独立した自動制御などない。［制御という］動作の結果はそれ自体における結果であるだけでなく、外的な環境、つまり総体に対する結果でもあるのだ。ところで、それを通じて環境がその総体において考慮されねばならない自動制御のこうした側面（アスペクト）は、機械単独では——たとえその機械が非の打ち所もなく自動化されていたとしても——遂行されえない。制御のこうした側面に適したタイプの記憶および知覚には統合が、つまり生物がみずからにおいて単独で実現するア・ポステリオリからア・プリオリへの変換が必要なのである。技術的総体のうちには何か生きているものがあり、そして生命の統合的機能は人間存在によってのみ確かに実行されうる。人間存在は、一方で機械の作動を理解し、他方で生存するという能力（キャパシティ）をもつのだ。これら二つの機能の関係づけを人間において実現するものとして、技術的な生命という言い方をすることができる。人間は、自身がそれであるところの生物とみずからが製作する機械とのあいだの関係を確かなものにすることができる。技術的作業（オペラシオン）は技術的で自然的な一つの生命を要請するのだ。

　ところで、技術的生命の本質は機械を導くことにではなく、機械どうしの関係を確かなものにするような、同時的あるいは継起的に多数の機械とカップリングされうる存在として、機械と同じ水準で存在していることにある。各機械はそれ自体で独立した一箇のモナドになぞらえることができる。機械の能力（キャパシティ）はその製作者によって組み込まれた能力にすぎない。つまり〔モナドという〕実体がその様態を展開してゆくように、機械はその特性を繰り広げてゆくのである。機械はその本質の結果として生じるのだ。反対に、人間はモナドではない。人間においてはア・ポステリオリがア・プリオリに、出来事が原理になるからだ。技術者である人間はこの機能を、機械を製作するまえに発揮するのではなく、機械の作動中に発揮する。つまり現在というものの機能を確かに実行し、相関関係を維持するのである。なぜなら、この人間の生命は、この人間を取り囲み、この人間によって結び合わせられているさまざまな機械がつくりだすリズムによってつくられているからだ。この人間は統合の機能を確かに実行し、そして自動制御をモナドどうしの相互連結と相互伝達とを通じて自動装置の備わった各モナドの外へと延長するのである。技術者はたしかに或る意味で総体にたずさわる人間なのだが、ただしそれは、工場を経営する実業家を特徴づけるのとは大きく異なったしかたによってである。実業家は労働者と同様に目的性によって駆り立てられている。つまり結果を狙っている。この点に実業家と労働者の疎外がある。技術者とは遂行されつつある作業（オペラシオン）にたずさわる人間である。つまり作動中の総体について、その管理ではなく自動制御を確かなものにするのだ。技術者は労働の意味と工場における管理の意味とをみずからのうちに吸収している。技術者とは、作動のさまざまな内的図式を認識し、それら図式を相互に組織化する人間である。機械は反対に全般的な解決法を知らず、全般的な問題を解決することができない。一つの複雑な作業（オペラシオン）をより多くの単純な作業（オペラシオン）で置き換え可能なときならいつでも機械においてこうしたやり方を用いることができる。計算機の場合がそれだ。計算機は二進法の体系を（十進法の体系の代わりに）利用し、すべての演算（オペラシオン）を加算の連なりに還元するのである。[3]

この意味で、総体の水準での技術哲学の誕生は、さまざまな制御について、すなわち情報について深く研究することでしか可能ではないと主張することができる。真の技術的総体とは技術的個体を利用するそれではなく、相互連結の関係にある技術的個体から織りなされるようなそれである。技術的個体を情報によって関係づけることなく利用する総体の実在性（レアリテ）から出発するいかなる技術の哲学も技術を通じた人間の力能の哲学にとどまるのであって、技術の哲学ではない。力能の獲得のために機械を利用する場として技術的総体を捉えるような技術の哲学を専制（オートクラシー）的な技術哲学と呼ぶことができるだろう。〔この哲学によれば〕機械はたんなる一手段である。目的は自然を征服すること、自然のさまざまな力を〔機械についておこなわれる〕最初の隷属化によって飼いならすことである。機械は他の奴隷を調達するための奴隷なのだ。このような支配者側の奴隷擁護的な着想は人間のためにおこなわれる自由の懇願と合流するかもしれない。だが、奴隷の身分を他の存在へと、つまり人間や動物、機械へと転移させていってみずからが自由になるのは難しい。世界全体を隷属させる一群の機械を支配することは、やはり支配するということなのであり、そしてあらゆる支配は隷属化の図式の承認を前提としているのである。

テクノクラートの哲学それ自体が、テクノクラート的であるかぎり、隷属化をもたらす暴力の作用を被っている。専制的な技術的総体についての反省から生じた技術至上主義（テクニシズム）はとどまるところを知らない征服の意志に息を吹き込まれている。つまり常軌を逸し、内的なコントロールと自己支配力を失っている。技術至上主義とは、成功つまり征服という上昇フェーズの続くかぎりでしか存続しえない一つの進みゆく力なのである。サン＝シモン主義は第二帝政下で大きな成功を収めたが、それは建造すべきプラットホームが、引くべき線路が、谷間に架けるべき橋や高架橋が、トンネルを掘るべき山々があったからだ。この征服的な侵略には自然の冒瀆という性格がある。人間は大地の奥底に秘められたものを手に入れ、［大地を］横断して掘り返し、今日まで越えられないままだったものを乗り越えてゆく。テクノクラシーはこうして聖なるものの冒瀆という或る種の意味を獲得する。入江に橋を架けること、島を大陸と結ぶこと、地峡を開削することは、地形を変えるということ、その自然な手つかずの状態を侵害するということである。この暴力には支配の傲慢さがあり、人間は創造主の肩書きを、あるいはすくなくとも創造の現場監督の肩書きを自称する。デミウルゴスの役目を演じるのだ。これはファウストの夢であり、一つの社会全体によって、技術者の集団によって受け継がれたのである。じっさい、テクノクラシーが誕生するには技術が発展するのでは不十分だ。知を所有しており権力を所有していない人間の、つまり技術についての知識はあるが、そうした知識を活用するための代理人（エージェント）であったり、あらゆる制約から自由になるための立法権であったりをもたない人間の集団において表面化する、権力の座に就こうという意志を、テクノクラシーは体現している。テクノクラートたちというのは、フランスではおもに理工科学校の卒業生である。すなわち、技術に対して真の技術者というよりは知的な利用者や組織者の立場にある人間たちである。この数学者たちは総体によって思考するのであって、個別化された作動ユニットによってではない。その関心を引くのは機械よりも

3 反対に生命の基本プロセスは統合に属する。

事業なのだ。

そのうえ、しかも本質的に、さらにより根源的なしかたで、心理‐社会的な条件づけに加えて技術の状態に由来する条件づけがある。一九世紀はテクノクラートの技術論的な哲学しか生み出すことができなかった。エンジンを発見しても制御については発見しなかったからだ。一九世紀とは熱力学の時代なのである。ところで、エンジンはたしかに或る意味では一箇の技術的個体である。一定数の制御なしには、あるいはすくなくとも自動装置（吸気、排気）なしには機能しえないからだ。とはいえこうした自動装置は補助的なものである。その機能はサイクルを再開させることにある。時には、［蒸気機関の発明者でもあるジェイムズ・］ワットのガバナ（ボール調速機とも呼ばれる遠心調速機）のような真の自動制御が固定された機械に付加されることで熱機関が非常に完全なしかたで個別化されることもあるかもしれない。しかしながら制御装置は付随的なものにとどまっている。熱機関が連続定格運転からかけ離れた状態で莫大なエフォートを供給しなければならないとき、人間がそのそばで監視して、負荷が増大するまえに制御装置のレバーを戻してやらねばならない。エンジンが負荷の急激な増大に直面してすでに速度を緩めているのに、制御装置――その働きかけにはあまりに大きな遅延が伴う――が介入しかねないからだ。それは、巨大な丸太を板材として製材するために移動式蒸気機関を用いる際におこなっていることである。人間の介入がない場合、制御装置が機能するときにはすでに丸ノコは停止し、すでにベルトは落とされている。加工者は丸ノコが丸太にあたる二分の一秒前に制御装置のレバーに働きかける。エンジンはそのとき最大出力で機能しており、負荷が急激に増大しても加速してゆく。反対に、ワットの制御装置は負荷がゆっくりと徐々に変化してゆくときにきわめて効果的かつ精確である。急速な変化をまえにした［エンジンの］こうした無能力は、熱力学機関（エンジン）においては自動制御が存在しているときでさえ、この自動制御が効果器から区別される情報伝送路を有していないことから説明される。ワットのガバナにはたしかにフィードバック（feed-back）の経路があるのだが、しかしこの経路は効果器の経路――これによってエンジンは抵抗側の装置（オルガン）を動かすことができる――から区別されていないのだ。制御装置はアウトプットのための軸に接ぎ木されているのである。それゆえ、制御装置がエンジンの吸気サイクルを、そしてその結果としてエンジンの出力を増大させつつ［そこに］介入するためには、駆動ホイールや主軸、シリンダの容積測定装置、さらには往復運動を円運動に変換するシステムから構成された総体全体がそのときすでに速度を緩めている必要がある。さて、このように効果器の経路（エネルギー伝送路）と負のフィードバック（情報伝送路）とが区別されていないことには一つの深刻な難点がある。制御の効果が、そして技術的存在の個別化の程度が大きく減少してしまうのだ。つまり、エンジンが速度を緩めるとき（これは制御装置が働くのに必須である）、回転数の減少が出力の減少を引き起こす（回転数が低い場合でも高い場合でも、エンジンの出力は――滑り弁における蒸気の絞りが回転数については介入しないので――ピストンの継起的な動作行程が一時間単位内に達成する要素的な仕事全体の合計と釣り合う）。角速度の減少とともに、制御装置がそれを引き起こすことを目的としている［サイクルの］再開条件そのものが害されてしまうのである。

エネルギー伝送路と情報伝送路とがこのように区別されていないことが熱力学の時代をしるしづけ、そして熱機関（エンジン）の個別化の限界となっている。反対にこのような場合を考えてみよう。ゲージが瞬間ごとに熱機関（エンジン）のアウトプットに対する伝導軸のモーメントを測定し、そしてこの計測結果が蒸気の吸気

（内燃機関であれば気化燃料や混合気体の吸気）へと送り返されることで、伝導軸に課される抵抗の増大に応じて蒸気の吸入が増大する、と。このような場合、抵抗の計測が蒸気の吸気へと遡って吸気を修正する経路は、エネルギー伝送路（蒸気、シリンダ、ピストン軸、クランク、車軸、伝導軸）から区別される。エンジンは出力を増大させるために速度を緩める必要はない。情報伝送路によって情報が再帰するのにかかる時間はエネルギー伝送路の時定数に比べてきわめて短く――たとえば、固定された蒸気機関（エンジン）の一サイクルがおよそ四分の一秒であるのに対して、数百分の一秒、あるいは数千分の一秒に――なりうる。

それゆえエネルギー伝送路から区別される情報伝送路の使用が機械のうちに介入するようになったことで技術の哲学にきわめて根源的な変化がもたらされたのは当然のことである。この到来は情報の伝達手段の発展によって、そしてとりわけ弱電の発展によって条件づけられていた。こうして電流はエネルギーの運搬者ではなく情報の伝達手段とみなされることになる。情報の伝達手段としては、電流に匹敵するものは、ヘルツ波や光線束――これもまたヘルツ波と同様に電磁波からなる――以外にない。というのも電流と電磁波はともに伝達速度がきわめて速く、また振動数においても振幅においても、目立った慣性もなく精確に変調される能力（キャパシティ）をもっているからだ。電流と電磁波はその変調される能力によって情報の忠実な運搬者となり、そしてその伝達速度によって高速の運搬者となる。そのとき重要となるのはもはや伝えられる出力ではなく、情報伝送路によって伝達される変調の精確さと忠実さである。熱力学の定める大きさの外に新たな大きさのカテゴリーが出現する。このカテゴリーは情報伝送路を特徴づけて相互に比較することを可能にするのだ。あたらしい概念をこのように彫琢してゆくことは哲学的思考にとって意味をもつ。そうした彫琢は哲学的思考へと、今日に至るまで技術においては意味をもっていなかったが、もっぱら思考や人間の行動において意味をもっていたあたらしい価値の事例を提供するからだ。たとえば、熱力学はエンジンのような変換系における効率という概念を定義した。効率とは、エンジンのインプットで投入されるエネルギー量とそのアウトプットで得られるエネルギー量との比率である。インプットとアウトプットのあいだで、エネルギーには形態の変化がある。たとえば熱機関の場合であれば、熱エネルギーから運動エネルギーへの移行がある。カロリーの力学的な等価性の知識によって、熱エネルギーから運動エネルギーへの変換器としてのエンジンの効率を定義することができるのだ。より一般的に言えば、変換を実行するあらゆる装置において、二つのエネルギーのあいだの比率であるところの効率を定義することができる。たとえば燃焼室の効率がある。これは支燃性物質－燃料系に含まれる化学エネルギー量とじっさいに引き出される熱量とのあいだの比率によって表される、化学エネルギー［と熱エネルギー］とのあいだの比率である。燃焼室－ボイラ系の効率は、燃焼室によって産み出される熱素エネルギーとじっさいにボイラの水へと伝達される熱エネルギーとのあいだの比率によって定義される。また、エンジンの効率がある。これは、インプットへと送られた熱い蒸気と排熱のための冷たい復水器からなる系に含まれたエネルギーと、シリンダのなかでの［蒸気の］膨張によってじっさいに産み出された運動エネルギーとのあいだの比率である（カルノーの原理から導かれる理論上の効率）。エネルギーが次々とその形態を変化させていくなかで、最初のインプットと最後のアウトプットのあいだで計算される効率は、部分的な効率の全体の積である。この原理は、アウトプットで得られるエネルギーがインプットで投入されるエネルギーと性質が同じである場合にすら適用されうる。蓄電池に充電するとき、電気エネルギーから化学エネルギーへの変換効率という最初の部分的効率がある。蓄電池を放電するとき、化学エネルギーから電気エネルギーへの変換効率という第二の部分的な効率がある。蓄電池の効率とは、これら二つの効率の積なのだ。ところで、情報を伝達するために情報伝送路を利用するとき、あるいはまた情報を保存するために記憶媒体に記録するとき、あるいはさらに或る情報記憶媒体から別の媒体へと（たとえば機械的な振動から、その増幅や周波数がこの振動に従う交流へと）移行するとき、情報の損失が生じる。つまり、アウトプットで得られるものはインプットにあったものと同一ではない。

たとえば、可聴周波数の電流を電話回線という情報伝送路によって伝達しようとすると、特定の周波数が正しく伝達されることに気がつく。そうした周波数にとってはアウトプットで得られる変調は回線のインプットに入力された変調と同一なのである。だが、電話回線の通過周波数帯は狭い。この経路のインプットにノイズや複合音を入力すると著しいゆがみが生じる。アウトプットで得られる変調はインプットに入力された変調と比較しうるようなものではまったくない。前者は後者が貧弱になることで構成されるのだ。たとえば、二〇〇ヘルツから二〇〇〇ヘルツのあいだに収まる複合音の基音は正しく伝達されるが、それよりも高い倍音は抜け落ちてしまう。あるいはさらにまた、回線は倍音のひずみを持ち込む。すなわち、インプットに入力された正弦波形の音はアウトプットではもはや正弦波形の電圧によっては表されない。二つの現象はそのうえ、見かけ上の相違にもかかわらず同じ現象である。つまり、倍音のひずみを持ち込む回線は［周波数が］狭いという特性をもつ情報伝送路であり、これは、たとえインプットにないときでもアウトプットに現れるような倍音の周波数をインプットでもっている音を――回線がこの倍音の周波数に対する共鳴を有するときには――目立ったゆがみなしに伝達するだろう。完全な情報伝送路があるとすれば、それは、インプットで入力した変調が多彩で複雑であろうともそのすべてをアウトプットで与えるような情報伝送路だろう。このような情報伝送路があるなら、完全なエンジンと同様に効率＝1とすることができるだろう。

　情報伝送路の効率のこうした特性はエネルギー的な特性ではなく、それゆえ大抵の場合、情報効率の良さはエネルギー効率の悪さとセットになっている。［たとえば］マグネティックスピーカはダイナミックスピーカよりもエネルギー効率が良いのだが、情報効率はきわめて悪い。このことは、変換系においては鋭い共鳴によって二つの要素のあいだに密なカップリングが存在するときに最大のエネルギー効率が得られるという点を考えれば十分よく説明される。巻線(コイル)が静電容量によって一定の周波数で同調する変換器は、この周波数では一次巻線と二次巻線とのあいだの卓越したカップリングを有するのだが、それ以外の周波数では効率の悪さを有する。それゆえこの周波数を選択して伝達しているのであり、広い帯域を伝達するのにその利用が望まれるときにはかなりの貧弱化が生じることになる。情報を伝達するためにつくられた変換器のエネルギー効率はより微弱だが、さまざまな周波数からなる広い帯域に対しては一定である。エネルギー効率と情報効率はそれゆえ相互に結びついた二つの大きさではない。技術者はよく二つの効率のうちの一方を得るために他方を犠牲にすることを強いられる。情報伝送路において本質的なのは［信号の］形式であり、それが正しく伝達される条件はエネルギーが高い効率で伝達される条件とは大きく異なるのである。情報伝送路に関する問題を解決するには、応用熱力学の[4]問題を解決するのに適した精神の態度とは異なる態度が前提とされる。熱力学の技術者は設備建造の巨大化と効果の増幅とをめざす傾向にある。熱力学的な効率は動力源や設備の規模とともに増すからだ。たしかに小規模の蒸気機関を建造することは可能だが、しかし得られる効率は微弱なものだ。そうした蒸気機関はかなりしっかりと建造されていたとしても、卓越した効率には到達できない。熱の損失と機械の甚大な磨耗が著しく生じてくるからだ。タービンは熱エネルギーから運動エネルギーへの変換系であり、レシプロエンジンよりもすぐれた効率を提供する。しかしタービンが適切な条件で機能しうるには大規模な設備が必要となる。三基の小規模な火力発電所の効率は、それら三基を合わせたのと同じ出力の発電所たった一基の効率に劣る。このように稼働している機械の規模とともに効率が向上することは、本来の意味での熱力学の枠組みを越えたエネルギー論の実践的な一般法則である。工業用の電気変圧器は一般に公称出力五〇ワットの変圧器よりも高い効率をもつ。ただし、この傾向は電気エネルギーのようなあたらしいエネルギー形態よりもむしろ熱のような古いエネルギー形態とともに示される。高効率で小型の電気変圧器の建造に反対する者はいないだろう。出力の小さな装置の効率が幾分か無視されるのは、そうした装置にとって効率の損失が工業用の装置ほどには深刻でないからなのだ（なかでも温度の上昇［という問題］は、小さな蒸気機関の効率が巨大な蒸気機関よりも微弱なものになるのと同じ理由でより容易に掻き消される）。

　反対に、情報の技術者は、みずからの利用する装置に残留する熱力学的な要請と両立可能な範囲で可能なかぎり小さな規模を追求する傾向にある。じっさい、制御において情報は少ない遅延で介入するほど有用である。ところで、情報を伝達する機械や装置の規模が大きくなると慣性や［電子の］移動時間が増える。電信機（テレグラフ）の子針はあまりにも重たくなった。ケーブルは子針の刻む信号よりもずっと多くの信号を伝達することができる。たった一本のケーブルによって三〇もの同時通信のトラフィックを捌くことができるだろう。一本の電子管において、陰極と陽極のあいだでの電子の移動時間は許容可能な周波数をすぐれて制限している。最小の電子管とは最も周波数の高い電子管だが、しかしこの電子管の出力はそのとき非常に微弱である。というのもその規模の小ささゆえに、その作動を危うくする温度に達することなしには十分な排熱をおこなうことができないからだ。一九四六年以後に観察される、規模を縮小してゆく傾向の原因の一つは、情報技術の命法が発見されたことにあるかもしれない。その命法とはすなわち、技術的個体を、そしてとりわけ非常に小さなサイズの要素を製造すること、である。なぜならそうした個体や要素はより完全であり、情報効率がより優れているからだ。

第三節　人間と技術的対象との関係を説明するにあたっての技術論的な情報概念の限界。技術的個体における不確定の余地。自動性

しかしながら技術の哲学は、情報の伝達における形式と形式の効率とについて無条件におこなわれる探求にだけもっぱら依拠することはできない。二種類の効率は、分岐しているように見え、そしてじつのところ元々は分岐しているのだが、にもかかわらずさらに遠くで再会する。すなわち、情報の運搬者となるエネルギー量がかなり低い準位に向かうとき、あたらしいタイプの情報の損失が、つま

4　あるいは、より一般的に言えば、エネルギー論の。

りエネルギーの要素的な不連続性に起因する損失が現れるのである。情報の運搬者となるエネルギーはじつのところ二つのしかたで変調される。すなわち、伝達すべき信号によって人為的に。そしてまたその物理的な本性のゆえに、要素的な不連続性によって不可避的に。この要素的な不連続性は、平均的なエネルギー準位の大きさのオーダーがエネルギーの要素的な不連続性に起因する瞬間的な変化をわずかにしか上回らないときに現れる。人工的な変調はそのときこの不可避に起こる変調と、すなわちホワイトノイズという伝達に重なってくるあの背景混信[3]と混じり合ってしまう。ここで問題になっているのは音のひずみではない。というのもそれは信号の変調とは独立した変調であって、信号のひずみや貧弱化ではないからだ。ところで、背景ノイズを小さくするために通過周波数帯を小さくすることができるが、これは検討されている経路の情報〔伝達〕における効率も小さくしてしまう。実践的な必要を十分に満たすような情報〔伝達〕効率と、背景ノイズを信号の受信を妨げない準位に押しとどめるのに十分な水準のエネルギー効率とを保存するような妥協策が採られねばならない。

この拮抗状態は情報技術の哲学に捧げられた最近の業績ではほとんど示されていないが、にもかかわらず情報概念の一義的ならざる性格をしるしづけている。或る意味で情報とは無限に変化しうるものであり、可能なかぎり少ない損失で伝達されるためにエネルギー効率を犠牲にしてでも扇のように広がった可能性の幅を少しも狭めないよう要請するものなのである。最も忠実な増幅器とは、エネルギー効率がきわめて一様であるとともに周波数のスケールから独立しているような増幅器である。この増幅器はいかなる周波数も優遇せず、それが伝達すべき変化してゆく信号の開かれた系列に対していかなる共鳴も常同性もあらかじめ設定された規則性も課しはしない。だが別の意味では、情報とは伝達されるために熱運動のホワイトノイズのような純然たる偶然的な現象の水準よりも上にあらねばならないものである。そのとき情報は、規則性、局在性、所定の領域を、つまり情報があの純然たる偶然から区別されるような特定の常同性を有するものである。背景ノイズの水準が高まったときでも、情報の信号が特定の法則を有しているなら、すなわちその信号を構成する継起的状態が時間的な系列において展開されてゆくなかで一定の予測可能性を示しているなら、その信号を救うことができる。たとえばテレヴィジョンにおいては、時間軸信号の周波数があらかじめ適切に定められていることで、ほとんどすべての時間で同期装置をロックしておき、あらかじめ定義された再帰法則（遠隔地での受信には位相比較装置が利用される）によって同期信号が到達するだろうときにほんの一瞬（たとえば一〇〇万分の一秒）だけロックを解除することで、同期信号をそれと同じくらい大きな背景ノイズから抽出することができる。さて、同期信号の受信はたしかに一つの情報として取り扱わざるをえない。だがこの情報はより容易に背景ノイズから抽出される。なぜなら、背景ノイズの妨害作用は時間全体のほんの一部分に制限することができるのであり、そうするとこの瞬間から外れる背景ノイズの表出はすべて有意でないものとして排除されるからだ。［ただし］この装置は、受信すべき信号用のそれと非常によく似た周期をもつ再帰法則に同様に従っているようなノイズに対しては効力をもたない。かくして情報には二つの側面（アスペクト）があり、それらは伝達において必要となる相反する条件によって技術的に区別される。情報とは或る意味で、予測不可能な、あたらしい一連の状態を、つまりあらかじめ定義することのできる数列のどの一部分でもないような一連の状態をもたらすものである。それゆえ情報とは、情報伝送路が送る変調の全側面に対してこの伝送路が全面的に稼働するよう要請するものである。情報伝送路はあらかじめ限定されたいかなる形式も勝手に持って来てはならず、選別的であってはならない。完全に忠実な増幅器は全周波数と全振幅とを伝達できなければならないだろう。この意味で情報には、熱電効果や光電効果における分子の熱運動や放射線放射、不連続な電気放射のような、法則のない純粋に偶発的な現象と共通するいくつかの特徴がある。そういうわけで、きわめて忠実な増幅器は通過周波数帯の制限された増幅器よりも大きな背景ノイズを生じさせる。そうした増幅器はそのさまざまな回路でさまざまな原因によって（抵抗器では熱効果によって、電子管では電子放射の不連続性によって）生み出されたホワイトノイズを一様に増幅させるからだ。しかしながら、情報には意味連関があるが、ノイズには意味連関がない。［また］それとは反対の意味で情報はノイズから区別される。情報には特定のコードを、つまり相対的な一様化を与えることができるからだ。ノイズが直接に或る程度の水準以下まで軽減されえない場合にはいつでも、情報を伝える信号がもつ不確定さや予測不可能性の余地について縮小がおこなわれる。先ほど示したような、位相比較器で同期信号を受信するような場合がそれだ。この場合に縮小されるのは時間的な不確定の余地である。ここで考えられているのは、再帰現象の周期における最小部分——これはその位相によって完全に決定されている——に等しい時間区画の一定の瞬間に信号が生じるだろうということだ。送信機の安定性と受信機の安定性が大きくなればなるほど装置はより精巧に制御されうる。信号の予測可能性が増大すればするほどこの信号は背景ノイズという偶然の現象からより容易に区別されうる。周波数帯の制限についても同様である。あまりに大きな背景ノイズのゆえに回路がもはや音声を伝達することができないとき、モールス信号でのように、単一の周波数での信号の伝達を利用することができる。送信時の単一周波数に合わせたフィルタは受信時に周波数がこの狭い帯域に含まれるような音しか通過させない。そのとき微弱な水準の背景ノイズは通過するが、受信帯域が狭くなればなるほど、すなわち共鳴がピーキーになればなるほど、その水準は縮小されてゆく。

　こうした対立は哲学的思考に問題を提起する技術的なアンチノミーを表している。そのアンチノミーとは、情報は偶然の出来事のようなものであるが、にもかかわらず偶然の出来事から区別される、というものだ。絶対的な常同性はあたらしさをすべて排除することであらゆる情報をも排除してしまう。しかしながら、情報をノイズから区別するには、不確定さの制限がもつ縮小という特性が頼りとなる。もしも時間軸信号がライプニッツのモナドのように真に狂うことのないものであったなら、同期すべき発振器の感度能率（モーメント）を望むだけ制限することができるだろう。すると、同期パルスの情報がはたす役目は、もはや同期すべきものが何もないのだから、まったく消え去ってしまう。つまり、同期信号はもはや同期すべき発振器に対していかなる予測不可能性の特性ももたないということだ。信号にみられる情報としての本性が存続するには一定の不確定の余地が存続しているのでなければならないのである。予測可能性とはこの余分な精度を受け取る基盤であり、非常に多くの場合でこの精度をあらかじめ純然たる偶然から区別し、まえもって部分的に形成しておくのである。このように情報は純然たる偶然と絶対的な規則性との中間にある。形式は——空間のそれも時間のそれも——絶対的な規則性として理解されるなら、情報ではなく情報の条件であると言える。つまり情報を迎え入れる

5　つまりは通過周波数帯の広い。

もの、情報を受け取るア・プリオリである。形式には選択性という機能がある。だが情報は形式に属するものではなく、また一連の形式に属するものでもない。情報とは形式の可変性であり、形式に対する変化からもたらされるものなのだ。情報とは形式の変化についての予測不可能性であって、あらゆる変化のたんなる予測不可能性ではない。わたしたちはそれゆえ、純然たる偶然、形式、情報という三つの用語を区別するよう導かれることになる。

ところで、技術の哲学の新たな段階(フェーズ)――これは熱力学およびエネルギー論の現代的な段階に続くものであった――は今日に至るまで形式を情報から十分に区別してこなかった。生物と機械のあいだには、したがって人間と機械のあいだには、じっさい大きな食い違いが存在しており、そしてそれは、生物が情報を必要とするのに対して、機械は本質的に形式を利用し、そしていわば形式によって構成されるということに由来している。形式と情報のあいだに存在している真の結びつきを解明するのに成功しないかぎり、哲学的思考は機械と人間とのカップリングの意味を十分に把握することができない。生物は情報をさまざまな形式へと、つまりア・ポステリオリをア・プリオリへと変換する。だがこのア・プリオリは解釈すべき情報の受信へとつねに方向づけられている。機械は反対に一定数の図式に従って構築されたのであって、それゆえ決まったしかたで機能する。機械の技術性、そして要素の水準での機能的な具体化とは、形式の決定なのだ。

そのとき人間個体は機械のうちに託された形式を情報へと変換しなければならない者として現れる。機械の作業(オペラシオン)は情報を生み出しはせず、ただ形式を組み合わせて修正してゆくものでしかない。機械の作動は意味をもたず、別の機械のために真の情報［伝達］信号を生じさせることができないのである。或る作動を情報の観点から解釈し、別の機械のためにその作動を形式へと再変換するためには、仲介者としての生物が必要なのだ。人間は機械を理解する。人間には、真の技術的総体が存在しうるために、機械の上に立ってというよりも機械のあいだで果たすべき役割（フォンクシオン）がある。意味連関を発見するのは人間なのだ。意味連関とは、すでに存在しているさまざまな形式に対して或る出来事が捉える意味である。つまり意味連関とは、或る出来事が情報としての価値をもつようにするものなのだ。

この「人間という生物が果たすべき」役割（フォンクシオン）は、技術的個体の発明という役割（フォンクシオン）と相補的である。人間という機械のあいだの通訳者は、機械の機能を可能にする厳格な形式をみずからがもつさまざまな図式から出発して基礎づけた者でもある。機械とは、人間の身振りが託され、固定されたもの、常同行動と再開能力と化した身振りなのだ。かつて、安定状態が二つある回路であるフリップフロップ*が思考され組み立てられた。人間はその作動を限られた回数だけ思い描いたのであるが、今やフリップフロップは平衡の反転というその作業（オペラシオン）を無際限に実行している。つまり所定の活動のなかで、それを組み立てた人間の作業（オペラシオン）を永続させているのだ。組み立てを通じて或る種の移行が、心的な作動から物理的な作動へと実行されたのである。人間がフリップフロップを思考したプロセスと組み立てられたこのフリップフロップの物理的な作動プロセスとのあいだには力動性における真の根源的な類比（アナロジー）がある。発明する人間と機能する機械とのあいだには同力動性（イゾディナミスム）の関係が存在している。この関係は、ゲシュタルト心理学者たちが知覚を説明するために考案し、同型性（イゾモルフィスム）と名づけたそれよりも本質的である。機械と人間とのあいだの類比的な関係は身体的な作動の水準にはない。機械は栄養を摂ったり、知覚したり、休んだりしないのであって、サイバネティクス文学はまやかしの類比を不当に用いている。じっさいには、真の類比的な関係は人間の心的作動と機械の物理的作動とのあいだにある。これら二つの作動は日常生活においてではなく発明においてパラレルである。発明するというのは、あまりに断片的な因果性に従うのでも、あまりに統一的な目的性に従うのでもなく、生み出されたがゆえに把握され、その発生において付随する、生きられた作動の力動性に従って、みずからの思考を機械が機能可能になるように機能させることなのだ。機械とは機能する存在である。そのメカニズムはかつて思考のうちに存在していた——つまり思考であった——筋の通った力動性を具体化している。思考の力動性が発明の際に、機能するさまざまな形式へと変換されたのだ。その逆に、機械はそれが機能しているあいだ、その作動の根本的なリズム——その一定の形式の結果として生じるようなそれ——を中心にして一定数の変化の幅から影響を受けたり、そうした変化の幅を生み出したりする。意味があるのはこうした変化の幅であり、そしてそれら変化の幅は発明プロセスにおける思考の原型（アーキタイプ）たる作動の原型に対して意味がある。機械の作動の変化の幅が情報となるには機械が発明ないし再発明されていなければならない。エンジンのノイズはそれ自体では情報としての価値をもたない。ノイズは、そのリズムが変化すること、周波数や音色が移り変わること、発明の結果としての［発明者の思考した］作動に対して［組み立てられた機械の］作動が修正されていることの表れである過渡状態の変質によって、こうした価値を得る。機械どうしのあいだに存在している相関関係がもっぱら因果的なものであるとき、人間存在が機械のあいだの相互通訳として介入する必要はない。だがこの役目はそれら機械に制御が含まれているとき必要となる。というのも制御を含む機械とは或る種の不確定の余地をその作動のうちに秘めている機械なのである。こうした機械は、たとえば急速に動くこともゆっくりと動くこともできる。すると、運転速度に変化の幅があることには意味があり、これによって機械の外側で起こっていることが技術的総体のうちで考慮されうるようになる。機械の自動化が進むにつれて、運転速度のありうる変化の幅は縮小してゆく。そのとき変化の幅は気づかれないようなものかもしれない。だがじっさいには、非常に安定した発振器がさらにより安定した別の発振器と同期されるときに起こるようなことがここで起こる。つまり、発振器は完全に安定しているのでないかぎり情報を受信し続けることができるのであり、その作動の不確定の余地が縮小されるにもかかわらず［発振器どうしの］同期化は依然この不確定の余地の内部で意味をもつのである。同期パルスは作動状態の再帰という時間形式にごく軽微な変化として介入するときに意味をもつ。これと同様に、作動の不確定さが縮小されても機械が互いに絶縁するわけではない。そうした縮小は、情報としての価値をもつような意味がある変化の幅をより精確で厳密で繊細なものにするのだ。ただしこうした変化の幅が意味をもつのはつねに発明の本質的な図式に対してである。

　完全な自動機械という概念は極限への移行によって得られた概念であり、何か矛盾のようなものを秘めている。つまり、*そのような自動機械はあまりに完璧な機械であるがゆえにその作動の不確定の余地がゼロだが、にもかかわらず情報を受信し、解釈し、発信することができる*、ということになるだろう。ところが、作動の不確定の余地がゼロならもはや変化はありえない。作動は際限なく繰り返され、その結果この反復は意味連関をもたないのである。情報が自動化された過程のさなかでも保持されるのは不確定の余地の縮小とともに信号の繊細さが増大するからでしかない。そうした増大によって信号は、たとえこの不確定の余地がきわめて狭くなったとしても、意味があるという価値を保存するのである。たとえば、発振器が周波数の変化の幅において一〇〇〇分の一の誤差で安定しているなら、ありうる位相回転が時間内に一〇パーセントの誤差で変化するような同期パルスには、あるいは勾配が急ではなく持続時間が変化するような同期パルスには、同期化にとってわずかな情報の価値しかないだろう。すでにかなり安定している発振器を同期するにあたっては、完全に鋸歯状で、短く、位相角が厳密に一定なパルスが用いられる。情報がより意味のあるものとなるのは、さらに正確に言えば信号がより情報の価値をもつようになるのは、それが受信側の個体の自律した形式により合致したものとして介入するときである。たとえば、同期すべき発振器に固有の周波数が同期パルスの周波数からかけ離れているときには同期化は起こらない。反対に、自律した周波数と同期パルスの周波数とが互いに近づいてゆくほど微弱な信号についでは同期化が起こる、といったぐあいだ。しかしこの結びつきはより細かく解釈されねばならない。再帰的なパルスによって発振器が同期可能であるには、そうしたパルスが作動の臨界期——これは平衡が反転する直前、すなわち或る位相が始まるまさにその手前にある——に到来する必要がある。同期パルスは後続する位相への移行を加速させるごくわずかな量の余分なエネルギーとして、この移行がいまだ完全には果たされていなかったときに到来する。パルスが引き金となるのだ。自律している周波数が同期化する周波数よりもごくわずかに低いときに繊細さが最大の同期化と最高度の感度が得られるのは、こうした理由による。このような再帰の形式に対して、ごくわずかに先行するパルスは意味を得て、情報を運搬する。発振器の平衡が反転しようとしている瞬間とは、準安定状態がエネルギーの蓄積とともにつくりだされる瞬間なのである。

このように臨界的な位相が存在しているということが、急激な状態の反転を示さないような作動を同期する困難さを説明する。［たとえば］正弦波形の発振器は緩和発振器よりも同期が容易でない。というのも正弦波形の発振器の作動においては不確定の余地がより臨界的でないからだ。つまりその周期が展開されるどの瞬間でもこの発振器の作動は修正可能なのである。反対に緩和発振器においては、不確定さはサイクルの持続時間全体に拡散されるのではなく、サイクルが終わるごとに蓄積される。平衡が反転したとき、緩和器*は到来するパルスをもはや感知しない。しかしまさに平衡を失おうとしているときには［パルスに対する］感度がきわめて高くなる。反対に、正弦波形の発振器は位相全体を通じて感知するが、しかし［その感度は］平均以下である。

かくして、機械に不確定の余地が存在していることは、作動に一定数の臨界的な位相が存在していることとして理解されねばならない。情報を受け取ることのできる機械とは、可能性に富んだ感知可能な瞬間へとその作動を時間的に局在化する機械である。この構造は判定（デシジョン）の構造であるが、しかしまた継電器（リレー）の構造でもある。情報を受け取ることのできる機械とは、みずからの不確定さを局在化する機械なのだ。

こうした作動判定（デシジョン）の概念がサイバネティクス学者たちの著作に欠けているわけではない。そうではなく、この研究に足りないのは情報の受信と情報の発信との可逆性という考えである。或る機械が緩和発振器の位相のような臨界的な位相をもつ作動を示しているなら、その機械は情報を受信することも発信することもできる。たとえば緩和発振器はパルスを発信するが、発振器が連続して作動することでそうしたパルスは別の緩和器を同期するのに使用することができる。二つの発振器をカップリングさせるなら、それら二つの発振器は同期する側と同期される側を明示できないようなしかたで同期される。じつのところ二つの発振器は相互に同期しあうのであり、その総体は単一の発振器であるかのように各発振器に固有の周期とは微妙に異なった周期で機能する。

開かれた機械と閉じた機械を、ベルクソンが『道徳と宗教の二源泉』においてこれら二つの形容詞に与えた意味で対置させるのはあまりに安易に見えるかもしれない。しかしこの相違は現実的（リアル）なものなのだ。機械のうちに制御が存在しているなら、その機械は臨界期と臨界点——すなわち機械のエネルギー経路が修正されて特性を変えうる点——を局在化するかぎりで開かれたままである。機械の個別化は形式と臨界的な要素とのこうした分離とセットになっている。機械は臨界的な要素を有するかぎりで外部と関係するのだ。ところで、こうした臨界点が機械に存在していることは、人間が機械に立ち会うことを正当化する。つまり機械の運転状態（レジーム）は外部から来る情報によって修正されうるのだ。たとえば、計算機は一般に言われるようにたんにフリップフロップの集合体であるのではない。たしかに計算機には所定の形式が、つまり一連の加算操作を代理するフリップフロップのさまざまな系列による作動の形式が数多く含まれている。だが、もし計算機がこの点にのみ存するのであれば、その機械はもはやいかなる情報も受信できないのだから使い物にならないだろう。じっさいには、計算機には判定（デシジョン）図式システムと呼ぶことのできるものも含まれている。つまり計算機を作動させるまえに*プログラミング*しておく必要があるのだ。パルスを供給するマルチバイブレータと加算をおこなうフリップフロップの系列とをもってしても計算機は依然として存在しなかっただろう。一定の度合いの不確定さが存在しているからこそ計算の可能性は生み出されるのである。計算機には選択装置とプログラミング制御された切替（スイッチ）とからなる総体が含まれる。最も単純な事例、つまりガイガー＝ミュラー計数管よりのちに用いられているような、フリップフロップで構成されたパルス測定器の場合でさえ、作動には不確定さの度合いがある。つまり、電圧を加えられたガイガー管は、新たな位相を開始しようとしている緩和発振器であったり独りでに平衡を反転させようとしているマルチバイブレータであったりと同じ状態にある。唯一の違いは、ガイガー管ではこうした準安定状態（これはガイガー＝ミュラー管の電圧の平坦域に相当する）は余分なエネルギーがイオン化の引き金となるほどまでに持続的なしかたで延長されるのに対して、緩和器やマルチバイブレータでは電子管やサイラトロンに外的な抵抗回路や静電容量の活動が継続されるがゆえにこの状態は過渡的である、という点にある。

こうした不確定の余地はさらにまた、情報を伝達することのできるさまざまな種類のあらゆる装置にも見いだされる。［たとえば］熱電によるものであれ結晶によるものであれ三極管のような直流継電器（リレー）は情報を伝達することができる。給電回路の両端に一定のポテンシャルエネルギーが存在していることだけでは、出力回路へと送られる現実化している実効エネルギーの量を決定するのに十分ではないからだ。エネルギーの現実化におけるこうした開かれた可能性の関係は、制御装置（オルガン）へと情報が到着するという補足的な条件によってのみ閉じられるのである。直流継電器は変換器（トランスデューサ）として、すなわちポテンシャルエネルギーとこのエネルギーが現実化する場とのあいだに置かれた変調しうる抵抗として定義することができる。この抵抗はポテンシャルエネルギーと現実化しているエネルギーとに外的な情報によって変調しうるのだ。ただし「変調しうる抵抗」という言葉はあまりにも漠然としていて不適切である。じっさい、この抵抗が本当の抵抗であれば、ポテンシャルエネルギーが現実化される領域の一部をなしていただろう。ところが、完全な変換器においてはいかなるエネルギーも現実化されない。また、いかなるエネルギーも備蓄されない。変換器はポテンシャルエネルギーの領域の一部をなすのでも現実化しているエネルギーの領域の一部をなすのでもない。変換器は真にこれら二つの領域の仲介者であるが、エネルギーが蓄積される領域でも現実化される領域でもない。変換器とはこれら二つの領域のあいだの不確定の余地であり、ポテンシャルエネルギーを現実化へと導くものなのだ。情報が介入するのはポテンシャルから現実的なものへのこうした移行のさなかにである。情報とは現実化の条件なのだ。

さて、変換（トランスダクション）[4]という概念は一般化可能である。それをさまざまな種類の変換器において純粋な状態で示すなら、変換（トランスダクション）は或る種の不確定の余地をその作動のうちに局在化させて有するようなあらゆる機械のうちに制御的な機能として存在している。人間存在、そしてより一般に生物は、本質的に変換器である。元素的な生物、つまり動物は、化学エネルギーを備蓄し、それからさまざまな生命活動（オペラシオン）のさなかでそうしたエネルギーを現実化するとき、それ自体が一箇の変換器なのである。たしかにベルクソンは『創造的進化』において」、エネルギー的ポテンシャルを構成して、そうしたポテンシャルを急激に消費するという生物のこの機能に光を当てた。だがここでのベルクソンの関心は時間的な凝縮という機能——これが生命を構成しているとされる——を示すことにあった。ところで、蓄積の遅さと現実化の瞬間的な急激さとの結びつきはいつでも存在しているわけではない。体温調整や筋緊張（トーヌス）におけるように、生物はそのポテンシャルエネルギーをゆっくりと現実化することができる。本質的であるのは、ポテンシャル化と現実化という時間的な状態（レジーム）の相違ではなく、生物がこのポテンシャルエネルギーとこの現実化しているエネルギーとのあいだの変換器として介入しているという事実である。生物とは変調をおこなうもの、変調がそこにあるものなのであって、エネルギーの貯蔵庫や効果器ではないのだ。また、生物は消化吸収すると述べるのでも十分ではない。消化吸収とは、変換（トランスダクション）の機能において解放され現実化されうるポテンシャルエネルギーの源なのである。

ところで、人間と機械との関係は変換（トランスダクション）の機能の水準でつくられる。たしかに、人間が身体のうちに蓄積することのできるエネルギー量を大きく超えた蓄積を確実に実行する機械を製造することは容易である。また、人間の身体のものよりも優れた効果器を構成するような人工的なシステムを用いることも可能である。だが、生物に匹敵する変換器を構成するのはかなり困難だ。というのも生物は厳密にいえば機械がそのうちに含むことのできるような変換器ではないのである。生物とはそうしたものであり、かつそれ以上の何かでもあるのだ。［それに対して］機械仕掛けの変換器は不確定の余地を含んだシステムである。情報とは確定をもたらすものである。しかしこの情報は変換器に与えられねばならない。変換器は情報を発明しないのだ。生物における知覚のメカニズムと類比的なメカニズム、たとえば効果器が機能するしかたに由来する信号（熱機関の出力軸上のゲージ）によって情報は変換器に与えられる。反対に、生物は解決すべき問題の形式を修正する能力を有しているがゆえに、まったく知覚が欠けている場合でさえみずからに情報を与える能力をもつ。機械にとって問題は存在せず、ただ変換器を変調するデータだけがある。［ウィリアム・ロス・］アシュビーのホメオスタットのような、切替可能な図式に従って相互に働きかけあう複数の変換器は、問題を解決する機械を構成しない。相互的な因果関係にある変換器はすべて同じ時間のうちにある。つまり現実的なもののうちで互いに条件づけあっているのだ。こうした変換器にとって問題など、つまり目前に放たれたもの、前方にある飛び越えなければならないものなど決してありはしない。問題を解決するとは、問題を飛び越えることができるということ、問題のデータそのものである形式をつくりなおすことができるということである。真の問題を解決するということは、機械のうちには存在しえない再帰的な作用様態――すなわち未来から現在への、潜在的（ヴァーチャル）なものから現実的なものへの再帰――を前提とした生命の機能なのだ。機械にとって本当に潜在的なものはない。機械は問題を解決するためにみずからがもつ形式をつくりなおすことができない。アシュビーのホメオスタットが作動中にその回路を切り替えるとき（というのもこの機械にはみずからの選択装置に働きかける能力を付与することができるのである）、先行する作動をまったく消去してしまうような特性の跳躍が生じる。どんな瞬間であっても［ホメオスタットという］機械は現実的なもののうちに存在しているのであって、みずからの形式を見たところ変えてしまう能力は、かつての形式がまったく残っていないのだからほとんど実効性がない。すべてはあたかもあたらしい機械があるかのように進む。どの作動も一時的なものなのだ。機械が回路の切り替えによって形式を変えるとき、その機械は問題の解決へと方向づけられたしかじかの別の形式を得るために回路を切り替えるのではない。解決すべき問題についての予感によって方向づけられているような形式の修正など［機械には］ない。潜在的なものが現実的なものへと逆に作用することはない。潜在的なものは機械に対して潜在的なものとしての役目を果たすことができないからだ。機械は、積極的に与えられ、現実的に為された何かにしか反応することができない。潜在的なものに応じてみずからを修正するという生物が有している能力は時間の感覚（サンス）であり、機械は生きていないがゆえにこれをもたないのである。

技術的総体を特徴づけているのは、技術的対象どうしの関係がそこでは各技術的対象がおこなう作動の不確定の余地の水準で確立されるということである。技術的対象どうしのこの関係は、［それら対象の］不確定さを相関させるかぎりで問題提起的なタイプのものであり、そしてそれがゆえに技術的対象そのものが引き受けることができない。この関係は計算の対象や結果ではない。つまり生物によって、そして生物に対して思考され、問題として提起されねばならないのである。わたしたちが人間と機械とのあいだのカップリングと名づけたものを、人間は機械について責任があると述べることで表現できるかもしれない。この責任は、産み出したものが――産み出されたものが産み出したものから発出するかぎり――もつような責任ではなく、第三者――独りでそれについて思考することができるがゆえに独りでそれを解決することのできる困難についての立会人――がもつ責任である。人間はさまざまな機械の立会人であって、機械どうしのあいだで機械の代理を務める。機械は自分たちの相互的な結びつきを思考することも生きることもできない。現実的なもののうちで因果の図式に従って相互に作用しあうことしかできないのである。機械の立会人としての人間は機械どうしの関係について責任がある。個別の機械は人間を代理するが、しかし人間は機械の総体を代理するのだ。すべての機械についての機械はないが、一方ですべての機械を対象とする思考はありうるからだ。

人間が一つの技術的存在の使用ばかりでなく技術的存在どうしの相関関係についても気にかけるようにするような態度を、技術論的な態度と名づけることができる。教養と技術とのあいだに現在みられる対立は、技術的対象が機械と同一のものとみなされている結果である。教養は機械を含まない。

機械を閉じたブロックとみなし、機械的な作動を反復される常同行動とみなしているがゆえに、教養は技術的現実（レアリテ）に不適切である。技術と教養とのあいだの対立は、どの機械も絶対的な統一性（ユニット）ではなく、二つの途——要素との関係という途と、技術的総体における個体どうしの関係という途——に従って個別化され開かれた技術的現実（レアリテ）でしかないということを教養が発見するまで続くだろう。教養が人間に割り当てた機械に対する役目は技術的現実（レアリテ）に対して座りの悪いものとなっている。その役目は、機械が実体化され、物質化され、それゆえその価値を低下させていると想定しているのだ。じっさいには、機械は教養が想定しているよりも堅固ではなく、実体的でない。機械が人間と結びつくのは塊（ブロック）の状態においてではない。そうではなく、その要素の［互いに］自由な複数性において、あるいは技術的総体の内部で他の機械ともちうる関係の開かれた系列においてである。教養はそれが下す判断あるいは偏見においてのみならず、認識の水準そのものにおいても機械に対して公正を欠いている。教養が機械へと向けている認知の志向は実体化を伴うようなものなのだ。機械は、機械をそれ自体で完成された完全なものとみなすこうした還元的な見方に、つまり機械をその現在の状態、その物質的な限定と一致させるような見方のうちに閉じ込められている。美術工芸品に対してであれば、以上のような態度は、一枚のタブローを、ぴんと張られたカンヴァス上の乾いてひび割れた絵具の或る種の拡がりに還元することにあるだろう。人間存在に対してであれば、その同じ態度は、主体を、悪徳と美徳の、あるいはさまざまな気質的特徴の固定的な総体に還元することにあるだろう。[6]

芸術を美術工芸品に還元すること、人類を気質的特徴の担い手でしかない個人の連なりに還元すること、こうしたことは、技術的現実（レアリテ）を機械の寄せ集めに還元するときにおこなわれていることである。

ところが、最初の二つの場合ではこうした態度は粗暴だと判断されるが、後者の場合、最初の二つの場合と同じ破壊的な還元をおこなっているというのに、教養の価値観に適ったものとして罷り通っている。ただし、この態度は同じ認識を通じて暗黙の判断を下すことで「そうした還元を」おこなっている。機械の概念がすでに歪んでしまっているのである。この概念は集団の常同行動における異人表象のようなものになっているのだ。

ところで、教養ある思考の対象となることができるのは異質(エトランジェ)なものであるかぎりでの異人(エトランジェ)ではない。そうした対象になることができるのは人間存在だけである。異人のステレオタイプが公正で適切な表象に変化しうるのは、判断する存在と異人である者との結びつきが多様化し増加することで、その異人に或る種の堅固さを、つまりはっきりとした現実(レアリテ)の能力を付与するような多岐にわたる流動性(モビリティ)が獲得される場合にでしかない。ステレオタイプは二次元の表象であって、画像のように深さや可塑性を欠いている。ステレオタイプが「公正で適切な」表象になるには、異人との関係から得られる経験が多様で多彩でなければならない。判断する主体に対してだけでなく他の異人に対しても異質な存在が存在しているとき、異人はもはや異質なものではなく他者なのだ。人間と異人とのこうした関係が相互に非対称な変わることのない関係のうちに主体と異人を閉じ込めるのではなく、その関係全体が他の人々のあいだで認識されるとき、ステレオタイプは消え去る。同様に、機械に関するステレオタイプが修正されうるのは、人間と機械とのあいだの関係(つまり排他的に生きられているかぎりは非対称な

6　こうした還元的な態度は或る地方全体に対しても存在しているかもしれない(地方性)。

関係）が主体から独立した諸項のあいだで、つまり技術的対象のあいだで行使されているところが客観的に目撃されうるような場合にでしかない。技術的な内容についての表象が教養へと組み込まれうるには、人間に対する技術的な関係の客観化が存在していなければならないのだ。

　同じような異人としか関係をむすばないなら、異人の生活様式の内側に入り込み、教養に従ってそれを認識することも可能ではありえないのと同様に、一つの機械にのみもっぱら向けられる関心では技術性の発見に至りえない。幾人もの異人と継続して交友関係をむすぶだけでは十分でないのと同様に、いくつもの機械を愛用したとしても十分ではない。そうした経験は異人嫌悪か異人贔屓――これらは正反対の態度だが等しく感情に流されている――にしか至らない。教養を通じて異人を見つめるには、二つの存在を互いに異質であるようにする結びつきが働くのを自己の外で、つまり客観的に見たことがなければならない。同様に、たった一つの機械では教養の内容を与えるのに十分ではなく、たった一つの理工科学校もまた十分ではない。それはテクノクラシーへの傾向や塊（ブロック）の状態で捉えられた技術への拒絶しか生み出さないのである。

第四節　哲学的思考は技術論を基礎づけることで技術的現実（レアリテ）を普遍的教養へと統合しなければならない

　技術的な関係が機能するのを人間が客観的なしかたで見ることができるようにする条件が生み出されることは、技術的現実（レアリテ）の認識とその存在が含意する価値観とを教養へと組み込むための第一条件である。ところでそうした条件は、十分な不確定さの度合いを有するさまざまな機械を利用した技術的総体において実現される。人間にとって、機械のあいだのこの関係に媒介者として介入しなければならないという事実は、技術的現実(レアリテ)について教養的な見方を獲得できるような独立のための状況を与えてくれるものである。［ただし］たった一つの機械との非対称な関係に身を投じるのでは、技術的な智慧と名づけることのできるものが生み出されるのに必要なあの距離感は与えられない。機械に対する具体的で責任ある付き合いを伴っているが、しかし個別に捉えられた機械のそれぞれに対する自由を伴うような状況だけが、技術的な意識化のこうした公明正大さを与えることができる。文学的教養が構築されるには、人間存在との強烈な関わりを維持しつつも判断の公明正大さと深さとを与えていた一定の距離感のなかで人間関係を生きて熟視した賢人たちが必要であったのと同様に、技術的教養の構築は、技術的現実(レアリテ)に対するみずからの責任を直感しているが、しかし或る個別の技術的対象との直接的で排他的な関係からは解き放たれたままであるような人間のうちで或る種の智慧――わたしたちはこれを技術的な智慧と名づけることにしよう――が発展してゆくことなくしてはありえない。労働者[7]にとっては、自身が機械について日常的におこなっている仕事の特徴や様相を通して技術性を認識することはとても難しい。また、機械を所有し生産資本とみなしている人間にとっても、そうした機械の本質的な技術性を認識することは難しい。この特殊な智恵の形態を発見することができるのは機械どうしの関係の媒介者だけである。ところで、このような役割(フォンクシオン)はいまだ社会的な地位をもって

7　作業者(オペレーター)という中立的な語を用いるのがふさわしいかもしれない。

いない。組織化の技師がただちに得られるような効率に拘（かかずら）わず、機械の状態（レジーム）に外的な目的性、つまり生産性というそれによって操られていなければ、それはこの技師の役割（フォンクシオン）だということになるだろう。わたしたちがその大きな輪郭を描き出すことを試みる役割（フォンクシオン）とは、機械の心理学者の、あるいは機械の社会学者のそれ、つまり機械学者（メカノローグ）と呼ぶことのできる者のそれだろう。

この役目の素描は、サイバネティクスという、生物と機械における制御（コントロール）と通信（コミュニケーション）についての科学を創設したノーバート・ウィーナーの意図のうちに見いだされる。サイバネティクスの意味は十分に理解されてこなかった。この卓越してあたらしい試みは、古くからある概念や傾向との関連で判断され、単純化されてしまったのである。サイバネティクスのおこなう研究は情報の理論とコントロールあるいは自動制御の図式についての研究とが一つになっていることを前提としているが、フランスでは二つの放散してゆく部門に分裂した。すなわち、ルイ・ド・ブロイと『光学』誌[5]で研究を発表するチームとによる情報理論の部門と、アルベール・デュクロ[6]のような技術至上主義的でテクノクラート的な傾向を体現する技師たちによる自動装置研究の部門とに分裂したのである。さて、これら二つの傾向のあいだの結び合わせこそ、技術的現実（レアリテ）に含意された価値観を発見して教養へと組み込むことを可能にするだろうものである。情報理論はじっさい科学的な次元（オーダー）にある。つまり熱理論が用いるのとよく似た操作的な様態を情報理論は用いている。反対に、デュクロの技術至上主義は自動機械の作動のうちに自動装置との類比によって他の種類の実在（レアリテ）を解釈可能にするようないくつかの機能の実例を探っている。自動制御機構の理論は生命の起源を説明する仮説について素描することをとくに可能にする。あるいはまた、主要な心的操作（オペラシオン）であったり特定の神経機能であったりがこのように類比によって説明されている。じっさいには、こういった類比はたとえ恣意的なものでなかったとしても、生物と機械には共通する作動があるということを示しているにすぎない。こういった類比はそのような「生物と機械に共通する」作動の本性そのものという問題を残したままにしているのだ。こうした技術至上主義は、さまざまな図式であったりそれらの活用を規定している条件であったりの本性を探る論究である以上に、現象論なのである。

もちろん、ノーバート・ウィーナーが情報を特徴づけるしかたや、その著書の主たる公準——それは負のエントロピーが熱力学の定義するエントロピーと対立するのと同様に情報は背景ノイズと対立すると主張することにある——を認めないというのも可能だ。しかしながら、たとえ放散してゆく決定論と収斂してゆく決定論とのこうした対立が技術的現実（レアリテ）のすべてを説明したりその生命との結びつきを説明したりしないとしても、この対立には、技術的な作動とそうした作動を思考できるようにする概念とに含意されている一連の価値を発見し定義するための方法のすべてが含まれているのである。ただし、ノーバート・ウィーナーの思索はさらに発展させることができる。その著書の終わり「＝『サイバネティクス』の第八章」で、著者は自身の定義した概念が社会の組織化に利用されうるようなやり方をみずから検討している。ノーバート・ウィーナーは大規模集団に含まれる情報が小規模集団よりも少ないことを指摘し、これを大規模集団において指導的な役割（フォンクシオン）を占めている最も「ホメオスタシス的」でない人間という要素がもつ傾向によって説明している。一つの集団に含まれる情報量は反対に、ノーバート・ウィーナーによれば、その集団のホメオスタシスの完全性の度合いに比例するとされる。そうであるなら道徳や政治の根本問題は、ホメオスタシス的な力を体現する個人をどのようにして集団を指導する立場に就かせることができるかという点にあるだろう。ところが、ノーバート・ウィーナー曰く、ホメオスタシスの価値を理解し、また情報がどのようなものであるかを理解するような個人は誰一人として権力を得ることができない。そしてサイバネティクス学者は皆、共同体の命運を握る人間をまえにすると、ネコの首に鈴をつけようとするネズミのようになってしまう（*Cybernetics*, p.189）[7]。組合指導者に対しておこなったその試みは著者の心をプラトンが『第七書簡』で述べているそれを想起させるような苦渋で満たしたのである。ところで、技術についての理解と人間の集団を導く力とのあいだに、ノーバート・ウィーナーが思い描いているのとは大きく異なる媒介を発見できるか試みてみることができる。というのも、哲学者が王となるようにすること、あるいは王が哲学者となるようにすることは困難だからだ。王となった哲学者がもはや哲学者ではなくなっているというのはよくあることだ。技術と権力のあいだの真の媒介は個人的なものではありえない。この媒介は教養を介してしか実現されえない。人間に統治すること[8]を許すような何かが存在しているからだ。つまり、その人間が受け取った教養である。この教養こそがその人間に意味連関と価値観とを与えるのだ。たとえ人間が他の人間や機械を統治していても、教養こそがその人間を統治するのである。ところで、この教養は統治されているものたちの巨大な集団（マス）によって彫琢される。それゆえ、或る人間によって行使される権力は厳密に言えばその人間から出てきたのではなく、たんにその人間において結晶化し具体化しているにすぎない。その権力は統治されている人間たちから出てきて、そこへと戻ってゆく。ここには一種の循環がある。

　ところで、技術の発展が脆弱だった時代には、統治される人間たちが教養を彫琢してゆくというのでも、集団が抱える問題の総体を思考すべき統治機構には十分だった。因果や情報の循環は統治者を通じて人間集団から人間集団へと及んでいたため、完全で完成されていたのである。だがこれはもはや実状に即していない。教養は相変わらず人間だけを基盤としている。つまり人間の集団によって彫琢されているのだ。ところが、教養は統治者を経由して、一方では人間集団へと、他方では機械へと戻って、それらに適用される。つまり機械は、機械の見地から彫琢されてはおらず、そしてそこに機械が欠けているような教養によって逆に影響を及ぼされているのである。このような教養は機械に適したものではなく、機械を代理していない。統治する人間から現実（レアリテ）全体が逃れてゆくのは、教養が人間だけを基盤としているからだ。制御をおこない、統治者と被統治者のあいだに円環的な因果関係をつくり出すのは教養なのである。その出発点と到達点は被統治者である。社会的なホメオスタシスの欠如は、教養というこの制御的な関係のうちで代理されていない側面が統治される現実（レアリテ）には存在しているということに由来する。

技術論者（テクノローグ）の使命はそれゆえ、教養がその手によって彫琢されてゆく者たちに対して――すなわち作家や芸術家に、そしてかなり一般的には、社会心理学で注目の的（サイノシュア）と呼ばれる人々に対して――技術的存在の代理人であるということなのだ。技術的現実（レアリテ）についての適切な表象を教養へと統合することで社会の機械化をもたらすということではない。社会を無条件にホメオスタシスのはたらく領域とみなしてもよいとするようなものなど何もない。ノーバート・ウィーナーは価値についての必要不可欠というわけではない公準を、すなわちホメオスタシス的なよい制御が社会の最終目的であるという公準を、そしてあらゆる統治の活動を活気づけるはずの理想とを受け入れているように思われる。じっさいには、生物は成長し生成するためにホメオスタシスに依拠しているのであって、同じ状態を綿々と続けるのではないのと同様に、絶対的な到来の力が、つまりホメオスタシスに依拠しているが、しかしホメオスタシスを乗り越えて利用するような力がある。技術的領域を顕揚し拡張することで技術的現実（レアリテ）の表象が教養へと統合されるなら、目的性の問題が技術的な問題として然るべき位置に置きなおされるにちがいない。目的性の問題は間違って倫理的な問題、そして時には宗教的な問題とみなされてきた。技術の未完成さによって目的性の問題は神聖化され、人間は自身が絶対的なものとして思い描くさまざまな目的に従属させられている。

　こうした理由で、さまざまな技術的対象がその現在の姿の水準で認識されるだけでなく、宗教的様態や美的様態のような人間と世界との関係のさまざまな様態のうちの一つとしてそうした対象の技術性が認識されるのでなければならない。技術性はそれ単独で捉えられるなら、サイバネティクスの体系を通じて技術性が今日そうしているように、尊大なものとなってあらゆる問題に答えを出そうとするようになる。じっさいには、技術性はその本質に従って正しく認識され、教養へと真摯に統合されるには、技術性以外の、人間が世界の内に在る様態との関係において認識されねばならないのである。技術的対象の複数性から出発するいかなる帰納的研究も技術性の本質を発見することができない。それゆえ、哲学的方法を用いるような、発生論的な方法に従った技術性の直接的な検証こそが試みられねばならない。

第三部　技術性の本質

技術的対象の存在（エグジスタンス）とその発生条件は哲学的思考に一つの問いを提起するが、その問いは哲学的思考が技術的対象をそれ自体で考察しただけでは解決することのできないものである。すなわち、思考と人間の実存（エグジスタンス）とその世界の内での在り方とからなる総体に対して、技術的対象の発生はいかなる意味（サンス）をもつのか？　思考と世界の内に在るという様態とに器官（オルガニック）としての性格が存在しているという事実は、技術的対象の発生の余波が人間によるそれ以外の生産活動へと、世界をまえにした人間の態度へと及んでいるのだと考えてみることを余儀なくさせる。[1] これはしかし、発生のもとにあってこの発生の血統だけを真の本質とするような現実（レアリテ）[2]として技術的対象が表れてくることから導かれる問題の提起を、側面的できわめて不完全なしかたでしかおこなっていない。じっさい、それこそが独立した一つの現実（レアリテ）であること、つまりは一つの明確な存在様態をもつものとして捉えられた技術的対象であることを証明するものなど何もないのである。

この存在様態が一つの発生から来るものであるがゆえにはっきりと定まるのなら、さまざまな対象を産み落としているこの発生はおそらくたんなる対象の発生ではなく、さらには技術的現実（レアリテ）の発生ですらない。この発生はおそらくより遠くからやってきて、より広汎なプロセスの限定的な一側面（アスペクト）を構成しているのであり、そしておそらくは技術的対象を出現させたのちも別の現実（レアリテ）を産み落とし続けているのである。それゆえ認識すべきは技術性全体の発生――対象の発生と対象化されていない現実（レアリテ）の発生――であり、そして人間と世界とを含む発生全体である。おそらく技術性の発生はこの全体のささやかな一部分にすぎないのであって、技術的対象の発生と相関し、先立っていたり後続したり同時的であったりするような他の発生に支えられて平衡を保っているのだ。

それゆえ技術的対象の存在（エグジスタンス）がもつ哲学的な射程を把握するには、人間と世界との結びつきについての一般化された発生論的な解釈へと向かわねばならない。

もっとも、発生という当の概念を明確化しておくべきである。ここで発生という語は『形態と情報の概念に照らした個体化』[3]についての研究で定義された意味で、その一般性において［捉えられた］個体化のプロセスとして理解される。或る実在系（レアリテ）――この系は当初より過飽和状態にあり、ポテンシャルに富み、統一性（ユニテ）を越えており、内的な共立不可能性を秘めている[4]――の生成が、この系にとって共立可能性の発見になっているとき、つまり構造が到来することによる［問題の］解決になっているとき、発生はある。この構造化は準安定性という平衡[5]の基礎となる組織構造（オルガニザシオン）の到来である。このような発生は系に含まれているポテンシャルエネルギーの散逸と対立している。そうした散逸はもはやいかなる変化もありえない安定状態への移行によるのだ。

人間と世界との関係の生成が向かう先（サンス）[6]についてわたしたちが立てる一般仮説の眼目は、人間と世界とから形成される総体を一つの系（システム）とみなす点にある。ただしこの仮説の主張は、人間と世界が一つの生命系を形成しており、そこに生物とその環境が包括されるということに終始するわけではない。たしかに進化というのは適応であると、すなわち生物と環境との隔たりを縮小することでおこなわれる系の安定平衡の探求であると考えることもできるだろう。ところが、適応という概念が機能や機能上の目的性といった、この概念と結びついた概念とともに導くことになるのは、人間と世界のあいだの関係を安定平衡状態に向かうものとみなすということであるが、これは人間の場合には的確とは思われず、そもそもいかなる生物についてもおそらく的確ではない。発生的な生成についてのこうした仮説に生気論的な根拠を残しておきたいのなら、ベルクソンが『創造的進化』で」提示した生の弾み（エラン・ヴィタル）という概念に訴えることもできるかもしれない。ところがこの概念は、生の生成を解釈可能にするはずの適応という概念に欠けているものを示すのには優れているが、適応「そのもの」とは相容れないのであって、適応と生の弾み（エラン・ヴィタル）とのあいだには媒介のありえない敵対関係が残されている。これらの相反する二つの概念は、それらが形成する対（カップル）のうちで、過飽和系の個体化——この個体化はポテンシャルに富んだ系の内部で構造の発見によって緊張が相次いで解決されてゆくこととして理解される——という概念で置き換えることができるように思われる。緊張と傾向は系のうちで現実（リアル）に存在しているものとして理解できる。つまりポテンシャルとは現実（リアル）がとる形態の一つなのであって、「その別の形態である」現実化（アクチュエル）しているものにまったく劣らずそうなのだ。系のポテンシャルは、散逸することなく生成するというこの系の能力を構成する。系のポテンシャルとは、未来の状態のたんなる潜在性（ヴィルチュアリテ）ではなく、そうした状態を存在させる実在性（レアリテ）なのだ。生成とは、潜在性の現実化でも、現実化されている実在性（レアリテ）どうしが衝突した結果でもなく、その実在性（レアリテ）においてポテンシャルを有する系の働き(オペラシオン)である。生成とは、一つの系に詰め寄せる構造化の系列、あるいは相次いでおこなわれる系の個体化なのだ。

さて、人間と世界との関係はたんなる適応ではない。そうした適応は平衡状態が次第に安定してゆくのを見いだす自動制御的な目的性の法則に支配されているのである。この［人間と世界との］関係の進化——技術性は他の存在様態とともにこの進化に参与している——は反対に、段階を踏んで増大しながら進んでゆく進化の能力を示しているのであって、この能力を安定させて揺らぎをますます狭めるようにする代わりに、この能力をさらに進化させることのできる新たな形態や力を発見するのである。目的性の概念そのものはこうした生成に適用されるなら不適切であると思われる。というのも、この生成の内部にはさまざまな狭い目的性（食物を探すこと、破壊をもたらす力に対して防御すること）が見いだされるが、しかし、進化の全側面(アスペクト)へとさらに押しつけることができ、そうしてそれら側面を連携させて、それらの方向性についてあらゆる個別の目的よりも上位にある一つの目的を探求することで説明できるような、ただ一つの上位の目的などありはしないのである。

そういうわけで、適応と生の弾み(エラン・ヴィタル)という相反する側面よりも原初的な或る発生論的な図式を介入させてそれらをいずれも抽象的である極端な事例として含むような仮説に訴えることは禁じられてはいない。［その図式とは］すなわち、構造を相次いで発明することで準安定状態から準安定状態へと進んでゆく、個体化をもたらす構造化の継起的段階という図式である。

対象の利用を通じて表れてくる技術性は、人間と世界との結びつきの原初的で根源的な位相の提起する問題を一時的に解決するような構造化のうちで姿を現すものとして理解することができる。この第一の位相は、魔術的という語をその最も広い意味で理解し、そして魔術的様態をたんに生物とその環境との関係でしかないような関係のすぐうえにある前‐技術的で前‐宗教的な存在様態とみなすなら、魔術的位相と呼ぶことができる。[7] 世界との魔術的な関係様態に組織構造(オルガニザシオン)がまったくないわけではない。それどころか、世界や人間とつながった暗黙の組織構造に富んでいる。人間と世界のあいだの媒介はそこではまだ専門分化した対象や人間存在を通じて具体化され別箇に構築されていないが、しかし機能の点から見れば、この媒介は最初の構造化のうちに存在している。あらゆる構造化のうちでも最も基礎的なものは、宇宙のうちに図と地(じ)の区別を生じさせる構造化である。[8] 技術性は「魔術的位相における図と地の」共立不可能性を解決する構造として現れる。つまり、技術性は図の機能を専門分化させ、その一方で宗教性は地の機能を専門分化させる。ポテンシャルに富んだ根源的な魔術的宇宙はみずからを二重化することで構造化されるのである。技術性は人間と世界との関係という問題に対して与えられた解の二つの側面の一方として現れる。これと同時的かつ相関的なもう一方の側面は、明確なかたちをとったさまざまな宗教の設立である。ところで、生成は技術性を発見してその歩みを止めるわけではない。「魔術的位相の共立不可能性に対する」解であった技術性は、技術的対象を技術的総体へと導いてゆく進化によって系を再構築するとき、あらためて「解決すべき」問題になる。つまり、魔術的宇宙がそうしたのと同様に、技術的宇宙は——宗教的宇宙と同時に——飽和し、それから今度は過飽和状態となるのだ。技術性と技術的対象との内属的な結びつきは暫定的なものである。それは発生的生成にとって一つの契機でしかない。

さて、この仮説によれば、技術性は決して孤立した実在(レアリテ)とみなされるべきではなく、系の一部分とみなされなければならない。技術性とは、部分的な実在（レアリテ）にして過渡的な実在（レアリテ）であり、発生の結果にして本源である。進化の結果たる技術性はまさしく最初の問題への解として人間と世界のあいだの媒介となる能力を備えているがゆえに、進化する能力の受託者なのだ。

この仮説は二つの帰結をもたらす。第一に、対象や思考の技術性を一つの完全な実在（レアリテ）とみなしたり、それ固有の真理を独立したものとして有する思考様態とみなしたりするようなことはできなくなる。つまり、技術性によって産み落とされたすべての思考形態やすべての存在様態は、宗教的様態から出てきた別の思考様態や存在様態によって補完されて平衡状態に置かれることを要請するということだ。第二に、技術性の出現は原初的な魔術的統一における破れと二重化とをしるしづけており、技術性ならびに宗教性は、進化的な放散の能力を受け継いでいる。人間が世界の内に在る様態の生成においては、この放散の力は収斂の力によって、つまりそうした放散にもかかわらず統一性を維持するような関係的機能によって補われねばならない。収斂の機能が放散の能力と対立することにでもなれば、魔術的構造の二重化は生存可能（ヴィアブル）なものにはなりえないだろう。

これら二つの理由のゆえに、技術性はどこから生じてきたのか、何に行き着くのか、そして人間が世界の内に在るそれ以外の様態とどのような関係を維持しているのか、すなわち技術性は収斂の機能の手がかりをどのようにつくっているのか、といったことを研究する必要がある。

さて、「人間と世界との関係の」生成の一般的な流れ（サンス）はつぎのようになるだろう。すなわち、思考形態や世界の内に在る形態は、それらが出現したばかりのとき、すなわちそれらが飽和していないときには放散してゆくが、そののちに過飽和となり、新たに二重化を通じて構造化へと向かうときにふたたび収斂する、というものだ。収斂の機能は世界内存在の進化する形態が過飽和となることで、美的思考においては自然発生的な水準で、哲学的思考では反省的な水準で実行されうる。

技術性は、みずからが適用される世界の現実性（レアリテ）をあらためて取り込むことで過飽和となる。宗教性は、みずからが世界との原初的な関係を媒介している人間集団の現実性（レアリテ）を取り込むことで過飽和となる。このように過飽和となることで技術性は理論と実践とに二重化し、また同様に宗教性は倫理と教義（ドグマ）とに分離してゆく。

したがって技術性の発生だけでなく技術性からの発生も存在しているということになる。つまり根源的な技術性が図と地とに二重化されることによる発生である。その地が対応している全体性の機能は技術的な身振りのどんな適用からも独立しているのに対して、限定された個別の図式から構成されるその図は一つ一つの技術を行動様式として特殊化する。技術における地の実在性（レアリテ）が理論知を構成するのに対して、個別の図式は実践を与える。［技術性と対になる宗教性に関しては］反対に、宗教の図的な実在性（レアリテ）が筋の通った教義として構成されるのに対して、地の実在性（レアリテ）はそうした教義から切り離された倫理となる。技術に由来する実践と宗教に由来する倫理とのあいだには、そしてまた科学の理論知――この知は技術に由来する――と宗教的教義とのあいだには、類比――これは表象あるいは行動の相（アスペクト）における同一性に由来する――と同時に共立不可能性――これはこれらのさまざまな思考様態が図的な実在性（レアリテ）に由来したり地の実在性（レアリテ）に由来したりすることに起因する――とが存在しているのである。哲学的思考は、思考の二つの表象的オーダー［＝理論と教義］と二つの行動的オーダー［＝実践と倫理］とのあいだに介入するのであり、これらを収斂させてそれらのあいだに媒介を打ち立てることをその意味（サンス）としている。ところでこの媒介が可能であるには、これら思考形態の発生そのものが技術性および宗教性に先立つさまざまな段階から出発して完全に認識され成し遂げられなければならない。哲学的思考はそれゆえ技術性の発生――この発生はそれに先立ったり後続したり取り囲んでいたりするさまざまな発生プロセスのまとまりのうちに統合されている――を捉えなおさねばならないが、それはたんに技術性をそれ自体で認識できるようになるためにだけでなく、知の理論と行動の理論とが存在の理論に見合ったものとなっているかという哲学的な問題意識（プロブレマティック）に絶大な影響力をおよぼしている問題をまさにその土台から把握するためにでもある。

第一章　技術性の発生

第一節　生成に適用された位相の概念——思考の位相としての技術性——魔術的、技術的、宗教的、美的

本研究は、技術性とは人間と世界とから構成される総体の存在様態がとる二つの根本的な位相のうちの一つであることをその公準とする。位相ということでわたしたちは、別のものに置き換えられてゆく時間的な瞬間ではなく、存在の二重化から生じて［その二重化により生じる］もう一方の位相と相対するような側面（アスペクト）を意味する。位相という語のこうした意味は、物理学で位相比という概念がもつ意味にその着想を得るものである。位相は別の位相あるいは他の複数の位相に対してしか考えることができない。いくつかの位相からなる系には平衡状態となる比や相互的な緊張がある。まとめて捉えられたすべての位相からなる現実化している系こそが完全な実在（レアリテ）なのであって、一つ一つの位相はそれ自体ではそうした実在（レアリテ）ではないのだ。位相は他の位相に対してのみ位相であり、類や種といった概念に少しも依拠することなく他の位相から区別される。要するに、位相が複数存在していることに

よって、平衡状態にある中立的（ニュートラル）な中心、つまり位相がそこへとずれてゆく中心の実在性（レアリテ）が定義されるのだ。こうした図式は弁証法的な図式とおおきく異なる。必然的な継起も進歩の原動力としての否定性の介入もこの図式には含まれていないからだ。さらに、位相の図式において対立は二相となった構造の特殊例にしか存在していないのである。

位相の概念に基づくこうした図式は或る原理を始動させるために採用される。その原理とは、生きている実在（レアリテ）の時間的な展開は、初期の活動する中心から二重化することでおこなわれ、それから二重化の結果として出てくる分離した実在（レアリテ）がそれぞれ緩やかな進展ののちに再結集することでおこなわれる、というものである。分離した実在（レアリテ）はそれぞれがもう一方の実在（レアリテ）の片割れ（シンボル）であるように、一つの位相は別の位相の、あるいはその他複数の位相の片割れ（シンボル）なのだ[1]。いかなる位相も位相であるかぎりそれ自身に対して平衡状態とはならず、真理あるいは完全な実在性（レアリテ）を保持していない。あらゆる位相は抽象的で部分的であり、座りの悪いものとなっている。さまざまな位相からなる系だけがその中立点で平衡状態にある。そうした位相系の真理や実在性（レアリテ）とはこの中立点であり、「それら位相がなす」行列や転向はこの中立点へと向かうものなのだ。

わたしたちの考えるところでは、魔術的様態という、世界の内に在る様態のなかでも中心的で始原的な唯一の様態において位相のずれが生じた結果、技術性は出てくる。技術性を平衡状態にする位相は宗教的な存在様態である。原初的な魔術的統一が二重化するときに中立点に、つまり技術と宗教とのあいだに美的思考が現れる。美的思考は位相ではなく、魔術的な存在様態の統一の破れについて繰り返され続ける喚起であり、未来の統一についての探求である。

どの位相もそのそれぞれが理論的様態と実践的様態とに二重化する。したがって、技術の理論的様態と宗教の理論的様態があるのと同様に、技術の実践的様態と宗教の実践的様態がある。

技術と宗教の隔たりが美的思考を生み出すのと同様に、二つの理論的様態（技術的なそれと宗教的なそれ）の隔たりは科学知を、つまり技術と宗教との媒介を生み出す。技術的な実践的様態と宗教的な実践的様態の隔たりは倫理的思考を生み出す。美的思考はそれゆえ科学や倫理よりも原初的な技術と宗教とのあいだの媒介である。科学や倫理の誕生は、それらに先立って技術と宗教のただなかでおこなわれる理論的様態と実践的様態とのあいだの二重化を必要としているからだ。その結果として出てくるのは、美的思考がまさしく現実に中立点へと位置づけられ、魔術の存在（エグジスタンス）を延長しているのに対して、一方では科学が他方では倫理が——なぜなら技術と宗教における理論的様態と実践的様態の隔たりと同じ隔たりが科学と倫理にはあるのだから——中立点に向かって対置されているということである。科学と倫理は互いに収斂し統一しなおされえたなら、この発生系の中立性の軸上で合致し、そうして魔術的統一の第二の類比物をその第一の類比物である美的思考——これは技術と宗教とのあいだの位相のずれを存続させているがゆえに不完全である——の上に提供するだろう。この第二の類比物は完全である。つまり同時に魔術と美的なものとに取って代わるだろう。だが［じっさいには］おそらくこの類比物は規範的な役目を果たすたんなる傾向でしかない。理論的様態と実践的様態とのあいだの隔たりを完全に乗り越えることができると証明するものなど何もないからだ。［にもかかわらず］こうした方向性が哲学的探究を規定している。

それゆえ技術的対象の真の本性を指し示すには、人間と世界との結びつきの発生全体をあつから研究に頼る必要がある。対象の技術性はそのとき人間と世界との結びつきの二つの位相——これは原初的な魔術的統一の二重化によって産み落とされた——の一つとしてその姿を現す。では、技術性を発生のたんなる一契機とみなすべきだろうか？——或る意味ではそうだろう。たしかに技術性には過渡的な何かが、つまりそれ自身が理論的なものと実践的なものとに二重化し、そのあとでおこなわれる実践的思考と理論的思考との発生に参与するような何かがある。しかし別の意味では、技術性と宗教性との対立には決定的な何かがある。というのも、人間が世界の内に在るその原初的な在り方（魔術）は、技術的位相と宗教的位相とに二重化しうるものを無尽蔵に、相次いで際限なく供給することができると考えられるからだ。このように考えるなら、生成にはじっさいに継起があるにもかかわらず、さまざまな生成の継起的な段階は教養の内部では同時的なものであり、そして同時的な位相のあいだだけでなく継起的な段階のあいだにも結びつきや相互作用が存在している。かくして技術は宗教、そして美的思考とだけでなく、科学や倫理とも出会いうる。ところで、発生論的な公準を採るなら、科学や倫理が宗教や技術と本当に共通した場で出会うことなどありえないことに気がつく。というのも、その度合いが異なっており（たとえば科学と技術）かつ同時に存在しているような思考様態はただ一つの系譜を構成しておらず、原初的な魔術的宇宙の同じ推進力から出てくるものではないからだ。平衡状態にある真の結びつきは同じ水準の位相どうし（たとえば一通りの技術と宗教）のあいだにしか、あるいは同じ系譜をなす発生の継起的な度合い（たとえば一八世紀の技術および宗教の段階と現代の科学および倫理のそれ）のあいだにしか存在していない。中立点を中心にして平衡状態にあり、その全体性において考察された、発生的な総体にしか、真の結びつきは存在していないのである。

読者カード

みすず書房の本をご購入いただき，まことにありがとうございます．

書　名

書店名

・「みすず書房図書目録」最新版をご希望の方にお送りいたします．

（希望する／希望しな

★ご希望の方は下の「ご住所」欄も必ず記入してくださ

・新刊・イベントなどをご案内する「みすず書房ニュースレター」（Eメール）ご希望の方にお送りいたします．

（配信を希望する／希望しな

★ご希望の方は下の「Eメール」欄も必ず記入してくださ

(ふりがな) お名前　　　　様	〒
ご住所　　都・道・府・県	市・
電話　　（　　　）	
Eメール	

ご記入いただいた個人情報は正当な目的のためにのみ使用いたしま

ありがとうございました．みすず書房ウェブサイト https://www.msz.co.jp で刊行書の詳細な書誌とともに，新刊，近刊，復刊，イベントなどさまざまなご案内を掲載しています．ぜひご利用ください．

郵便はがき

料金受取人払郵便

本郷局承認

7250

差出有効期間
2027年4月
30日まで

113-8790

東京都文京区
本郷2丁目20番7号

みすず書房営業部
行

通信欄

（ご意見・ご感想などお寄せください．小社ウェブサイトでご紹介させていただく場合がございます．あらかじめご了承ください．）

到達すべき目標はまさにそこにある。反省的思考の任務（ミッション）とは、継起的に打ち寄せる発生の波――これらによって人間と世界との関係の原初的統一は二重化し、美的思考がそのあいだで展開される技術と宗教とを通じて科学と倫理に［エネルギーを］補給しに来る――を立てなおして完全なものとすることである。科学と倫理が発生の終わりに歩み寄ることができなければ、原初的統一はこうした継起的な二重化のなかで失われてしまうだろう。［じっさいには］美的思考と始原的な魔術的統一とが延長されるなかで、哲学的思考が理論的思考と実践的思考のあいだに編入されるのである。

ところで、科学知と倫理との統一が哲学的思考において可能であるには、科学と倫理の供給源が同じ度合いのものであり、たがいに同時的であり、発生の展開において同じ点に到達していなければならない。技術と宗教の発生は科学と倫理の発生を条件づけている。哲学はそれ自身がその条件となっている。というのも反省的思考は、それが芽生えるや否や、発生についての完全には成し遂げられていない思考を発生プロセスそのものの向かう先（サンス）を意識化することで完全なものにする能力をもっているからだ。かくして、知と倫理との結びつきの哲学的な問題を根源的なしかたで提起しうるには、まず技術の発生と宗教的思考の発生とを完成させることが、あるいはすくなくとも（というのもこの仕事（タスク）には終わりがないので）これら二つの発生が現実に向かう先（サンス）を認識することが必要となるだろう。

第二節　原初的な魔術的統一における位相のずれ

それゆえ技術と人間の思考がはたすそれ以外の機能との真の結びつきを理解するには人間と世界と

の結びつきの原初的な魔術的統一から出発する必要がある。この検討によってこそ、なぜ哲学的思考は技術の現実（レアリテ）を教養へと統合すること――これは技術論の基礎づけによって技術の発生の向かう先（サンス）を取り出してくることでしか可能ではない――をおこなわねばならないのかが把握できるようになる。そのとき、反省を通じて知と倫理を総合するという意図を害するような技術と宗教とのあいだに存在しているちぐはぐさが弱められるだろう。哲学が基礎づけるべき技術論とは、さまざまな技術の統合運動（エキュメニズム）である。というのも、反省のうちで科学と倫理が出会いうるには、技術の統一性と宗教的思考の統一性が、これら思考形態のそれぞれにおける理論的様態と実践的様態とへの二重化に先立っている必要があるからだ。

個別的な位相の発生はそれ自体で記述することができる。しかしその位相はその他の位相と関係した位相として生成の全体のうちに置きなおされるのでなければその向かう先（サンス）とともに現実に認識することはできず、したがってそれがおこなう統一性の公準化において把握することはできない。そういうわけで、技術性を理解するにあたってはすでに構成された技術的対象から出発するのでは不十分である。対象は特定の瞬間に現れるが、しかし技術性は対象に先立ち、対象を越え出ているのだ。技術的対象は技術性が対象化された結果として生じる。技術的対象は技術性から産み出されるが、しかし技術性は対象のうちでは汲み尽くされず、その全体が技術的対象のうちに含まれはしないのである。

わたしたちは人間と世界との結びつきの継起的な段階のあいだに弁証法的な結びつきがあるとする考えを退けるが、［では］技術性がそのさなかで現れる継起的な二重化の原動力はいかなるものでありうるのか？［これについては］ゲシュタルト理論に訴えることが、そしてこの理論が図と地のあいだに打ち立てる関係を一般化することができる。ゲシュタルト理論はみずからの基本原理を古代哲学の質料形相論的な図式から引き出し、それを物理的な形態発生についての現代的な考察に依拠させている。［その原理とは］すなわち、系の構造化は安定平衡状態へと向かう自然発生的な変更に依存している、というものだ。じっさいには安定平衡と準安定平衡とを区別する必要があるだろう。図と地の区別の出現はたしかに緊張――系のそれ自身に対する共立不可能性――の状態に、つまり系の過飽和と呼ぶことができるだろうものに由来する。しかし構造化は最も低い水準の平衡が発見されることではない。安定平衡というのは、そこではすべてのポテンシャルが現実化しているのだから、以後のあらゆる変化の可能性の死に相当するだろう。ところで、生きている系、つまりまさしく組織構造（オルガニザシオン）の最も大きな自然発生性を示している系とは、準安定平衡系である。たしかに構造の発見は共立不可能性のすくなくとも暫定的な解決であるが、しかしポテンシャルの破壊ではない。系は生き続け、進化し続ける。この系は構造の出現によっては低劣化しないのだ。系は緊張状態を保ち、みずからを変えてゆく能力を維持し続ける。

こうした緩和をおこない安定性の概念を準安定性の概念で置き換えることが容認されるなら、人間と世界のあいだの関係の生成にみられるさまざまな根本的段階をゲシュタルト理論で説明することができるように思われる。

原初的な魔術的統一は人間と世界を結び合わせる生命的な関係であって、主観的であると同時に客観的でもある宇宙を、つまり対象と主体とのあらゆる区別に先立ち、したがってまた［主体から］切り離された客体のあらゆる出現にも先立つような宇宙を規定している。人間と世界との関係の原初的様態は世界の対象化に先立つばかりか、客観的な領野となる領野で対象が統一性（ユニット）として分離することにすら先立つのだと考えることができる。人間が結び合わせられているのはその身で環境として体験した宇宙なのだ。対象の出現は人間と世界のあいだの媒介が絶縁され断片化されることでしかおこなわれない。そして、ここで立てられた原理に従うなら、この媒介の対象化は、原初的な中立的中心に対して、媒介の主体化をその相関項とするはずである。人間と世界のあいだの媒介は、技術的対象として対象化されるとともに、宗教的媒介者として主体化されるのだ。ただし、対置され相補的なこれら対象化と主体化は、世界との関係の第一段階つまり魔術的な段階に先立たれている。この段階において媒介はいまだ主体化も対象化も、断片化も普遍化もされていないのであり、或る生物の環境における構造化のなかで最も単純かつ最も根本的なものでしかない。すなわち、存在と環境のあいだでのやりとりのための特権的な点（ポイント）からなるネットワークの誕生である。

　魔術的宇宙はすでに構造化されているが、しかしそれは対象と主体の分離に先立つような様態に従っておこなわれている。この構造化の原初的様態とは、宇宙にさまざまな要石（キーポイント）をしるしづけてゆくことで図と地を区別する様態である。もしも宇宙がまったく構造を欠いているなら、生物とその環境のあいだの関係は一つの連続した空間と一つの連続した時間のうちで、特権的な瞬間も場所もなしに実現されうるのかもしれない。じっさいには、特権的な場所と瞬間とを刻み込む網状構造が統一性（ユニット）の分離に先立つかたちで確立されるのであって、それはあたかも人間がもつ行動能力のすべてと世界がもつ人間に影響を及ぼす能力のすべてがそれらの場所と瞬間とに集中しているかのようである。これらの場所と瞬間は、それらを支える実在性（レアリテ）の地に含まれたさまざまな力を保持し、集中させ、そして表現している。これらの地点（ポイント）や瞬間は切り離された実在（レアリテ）ではない。それらはみずからを支配している地からその力を引き出している。ただしそれらは生物がその環境と対面する際の態度を局在化させ、一点に集中させるのだ。

わたしたちはこうした発生論的な一般仮説に従って、世界における人間の原初的な存在様態はあらゆる二重化以前の、主観性と客観性との原初的な結びつきに対応するのだと考える。この存在様態における図と地の出現に対応する最初の構造化とは、魔術的宇宙を誕生させる構造化である。魔術的宇宙は組織構造のうちで最も原初的で最もプレグナントな組織構造——さまざまな特権的な場所や瞬間へと世界を網状に組織化するそれ——に従って構造化されている。特権的な場所、能力のある場所とは、それによって画定される領域の力全体や効力をみずからのうちへと吸い寄せるような場所である。それは塊として圧縮された現実（レアリテ）の力を総括してみずからのうちに含んでいるのだ。特権的な場所はこの力を、高みにある場所が低いところにある地方を統治し支配するようにして総括し統治する。高くそびえる尖峰は山の主であって、それは森の最も分け入りがたい部分がその森の全実在（レアリテ）の存するところであるのと同様である。[1] このように魔術的世界をつくっているのは、「それ自身に」能力があり、そして同様に能力のある他の場所や事物と結びつけられている場所や事物のネットワークなのだ。しか

1　これは隠喩的にではなく現実（リアル）にそうである。地質学的な褶曲や、山塊全体を築き上げた押し上げる力が向かうのは尖峰なのだ。岬は海の作用によって侵食された山脈の最も堅固な部分である。

じかの道、しかじかの区域、この神域（τέμενος）はその地方の力全体を、つまり事物の実在性（レアリテ）と自発性の、そしてまたその使用可能性のキーポイントをそのうちに含んでいるのである。

以上のようなキーポイントの、つまり高みにある場所のネットワークにおいては、人間の現実（レアリテ）と客観的世界の現実（レアリテ）は原初的に区別されていない。これらのキーポイントは実在的（リアル）で客観的だが、ただしそれらは、そこにおいて人間存在が直接に世界と結びなおされ、そうして世界からの影響を受けとると同時に世界へと働きかけるところのものである。つまり、接触（コンタクト）であったり相互的で混交的な現実（レアリテ）であったりのための地点（ポイント）なのであり、二つの現実（レアリテ）のあいだの結び目からできているがゆえにやりとりや交流（コミュニケーション）がおこなわれる場所なのである。

ところで、魔術的思考は最初の思考である。最も単純で、最も具体的で、最も広汎で、最も柔軟な構造に、すなわち網状組織のそれに対応しているからだ。人間と世界とから構成される全体には特権的な地点（ポイント）のネットワークが最初の構造として出現する。それら地点によって人間の努力は［世界に］組み込まれ、それら地点を通じて人間と世界とのやりとりは実行される。どの特異点もそれが部分的に代理しその実在性（レアリテ）を翻訳している世界の一部分を人間との交流（コミュニケーション）において制御する能力をみずからに集中させている。これら特異点は、人間‐世界の結びつきを可逆的に制御する――というのも世界が人間に影響を及ぼすように人間も世界に影響を及ぼすのだから――キーポイントと呼ぶことができるだろう。山々の頂であったりいくつかの山間の隘路であったりがそれだ。これらは地方を統治しているのだからその本性からして魔術的なのである。森の中心部、平原の中央は隠喩的あるいは地理的に示される実在（レアリテ）であるだけではない。それらは人間の努力を一点に集中させるのと同様に自然の能力を集中させる実在（レアリテ）なのだ。つまりそれらは、それらを支え、それらの地（じ）を構成する塊に対して図的な構造なのである。

一般に、現在の生活環境から出発して魔術的思考をふたたび見いだそうとするときには迷信のうちにその図式の例が探られる。じっさいには、迷信とは低劣化した魔術的思考の残存物であって、この思考の真の本質についての探究においては道に迷わせることしかできない。魔術的思考の意味を理解するには反対に誰の目にも明らかな努力を払って、高みにある高貴で神聖な思考の形態に訴えるべきである。たとえば、登攀や踏査を支える情動的で表象的で意志的な基礎部分がそれだ。征服の欲望であったり競争の意味であったりが、ありきたりな生活からそうした例外的な活動への移行を許す動機づけのうちに存在しているかもしれない。しかし、征服の欲望をもちだす際にとりわけ重要なのは共同体に対して個人的な活動を正当化するということである。じっさいには、個人的な存在のうちで、あるいは例外的な活動を実行する者たちの狭いグループのうちで働いているのは、より一層原初的でより一層豊かな思考なのだ。

登攀、踏査、そしてより一般に開拓者のあらゆる身振りは、自然が提示するキーポイントへと接続することに[2]その本質がある。斜面をよじ登り山頂へと進むことは山塊全体を俯瞰する特権的な場所へと向かうことであり、それは支配や所有のためにではなく山塊全体と友好関係を交わすためにおこなわれる。こうしたキーポイントへの接続以前には、人間と自然は厳密に言えば敵どうしではなく、互いが互いにとって得体の知れない（エトランジェ）ものである。山頂はよじ登られないかぎりたんなる山頂、つまり他よりも高い場所にすぎない。登攀が山頂に抽象的ではないより豊かでより充実した場所としての性格を、つまり世界と人間とのこうしたやりとりがおこなわれる場所としての性格を与えるのだ。山頂とはそこから山塊全体が抽象的に眺められる場所であるのに対して、その他の場所からの眺めはすべて相対的で不完全であり、山頂からの視点を渇望させる。所定の経路で大陸へと到達できる遠征や航海は何も征服しない。しかしながら、魔術的思考によればそうした遠征や航海は価値あるものだ。そうした遠征や航海はキーポイントである特権的な場所で大陸との接触（コンタクト）を可能にしてくれるからだ。魔術的宇宙は、実在（レアリテ）の各領野へとアクセスするためのさまざまな場所からなるネットワークによってつくられている。この宇宙は、さまざまな閾、頂点、境界、踏破点――これらはその特異性や例外的な性格によって相互に結びつけられている――に存するのである。

　こうした境界のネットワークは空間的であるだけでなく時間的でもある。しかじかの行動の始まりには特筆すべき日付、特権的な瞬間が存在している。そもそも、たとえ始まりの日付に特別な価値がまったく認められないとしても、始まりという概念そのものが魔術的なのだ。持続するはずの行動の始まり、長い系列になるはずの最初の行為は、行動が持続する期間全体や一連の努力全体を――それらが実を結ぶにせよ結ばないにせよ――統治するのだとみなされないのであれば、それ自身のうちに特有の荘厳さや指導的能力をもつはずもない。日付とは、人間の側の意図と出来事の自然発生的な展開とのあいだでのやりとりを可能にする時間の特権的な点（ポイント）なのだ。こうした時間的な構造によって人間は自然の生成へと組み込まれ、そしてまた、運命づけられたものとなる人間のそれぞれの生へと自然の時間が影響を及ぼすのである。

　文明化された現代生活においては大規模な制度が魔術的思考に関わっているが、しかしそうした制度はその制度を間接的に正当化する功利主義的な概念によって隠されてしまっている。とりわけ休暇や祝祭日やヴァカンスがそれであり、これらは文明化された都市生活が否応なく喪失させる魔術的な能力をそれらの魔術的な負荷で埋め合わせているのである。たとえば、休息と気晴らしになるにちがいないと考えられているヴァカンス旅行はじつのところ、古くからあるものであれあたらしいものであれキーポイントの探求なのだ。そうした地点（ポイント）は田舎の住民にとっての大都市であったり都市住民にとっての田舎であったりしうるが、しかしより一般には、都市や田舎の地点であればなんでもよいというわけではない。海岸や高山、あるいはさらに異国へ赴く際に越えてゆく国境がそうしたキーポイントなのである。休日と定められた日付は時間の特権的な瞬間に関係している。［また］時には特異な瞬間と特異な地点とが出会うこともありうる。

　ところで、日常的な時間と日常的な空間はこれら図にとっての地となっている。地から切り離されるなら図はその意味を失ってしまう。休暇や祝賀は、日常生活が中断されることによる、日常生活に対する休息なのではなく、連続的な地に対する特権的な場所や日付の探求なのである。

　原初的な魔術的思考においては、図的な構造は世界に内属しており、分離していない。つまりそれは生物とその環境のあいだのやりとりがおこなわれるキーポイントへと宇宙を網状化する構造なのである。ところで、まさしくこの網状の構造こそ、始原的な魔術的統一から技術と宗教とに移行するときに位相のずれを生じさせるものである。図と地はそれらが接続していた宇宙から切り離されることで分離する。キーポイントは対象化され、媒介としてのその機能的な性格のみを保存し、器具として役立つもの、移動可能なもの、いかなる場所や瞬間であれその効力を発揮しうるものとなる。つまり図として、キーポイントはみずからがその鍵（キー）であった地から分離することで、技術的対象という運搬可能で環境から抽象されたものになるのだ。それと同時に、キーポイントはその相互的な網状構造を失い、キーポイントを取り囲んでいた実在（レアリテ）へと遠隔的に影響をおよぼす能力を失う。つまりキーポイントは技術的対象としては接触による作用、地点から地点、瞬間から瞬間へと伝わる作用しかもたないのだ。キーポイントのネットワークのこうした破れは地のさまざまな性格を解き放つ。そしてそれら性格が今度はその厳密に量的で具体的な地から分離し、そうして世界の埒外にある分離された力や能力というかたちで宇宙全体を空間全体と持続全体において見はるかすのである。キーポイントが具体化された道具や器具というかたちで対象化されているそのときに、地の能力は神的なものや聖なるもの（神々や英雄、聖職者たち）というかたちで擬人化されることで主体化されるのだ。

このように魔術的世界の原初的な網状構造は相対する対象化と主体化の源である。図が地から分離するという事実は、最初の構造化が破れるときにまた別の分離となって現れる。図と地はそれぞれが宇宙と具体的に接続することで互いに分離し、相対する途を辿るのである。図が断片化される一方で、地の質（クオリティ）や力は普遍化される。こうした細分化や普遍化は、図にとっては抽象的な図となるための、地にとっては唯一の抽象的な地となるためのやり方なのだ。このように媒介に生じた図的な性格と地の性格とへの位相のずれは、人間と世界のあいだに距離が生じたということの表れである。つまり媒介そのものが宇宙のたんなる構造化ではなく、一種の密度を得るのだ。それ以前には生物とその環境の統一しかなかったというのに、媒介は技術において対象化し、宗教において主体化し、技術的対象において最初の対象を出現させ、神性において最初の主体を出現させる。対象性と主体性は、世界がなお対象としての完全な身分をもたず、また人間が主体としての完全な身分をもたないとき、生物とその環境のあいだに、人間と世界のあいだに出現するのだ。もっとも、対象性は決して世界と完全には共外延的ではなく、また同様に主体性は決して人間と完全には共外延的ではないことは指摘できる。世界は完全な対象であり人間は完全な主体であると言えるように思われるのは、ただ世界が技術至上主義的な観点から眺められ、人間が宗教的な観点から眺められるときだけである。純粋な対象性や純粋な主体性とは、その初期形態において人間と世界のあいだを媒介する様態なのだ。

　技術と宗教は相対する対称的な二つの媒介がとる組織構造である。ただし、技術と宗教は一つの対(カップル)を形成している。どちらも原初的な媒介の一位相でしかないからだ。この意味で、技術と宗教は決定的な自律性を有していない。加えて、たとえそれらが形成する系において捉えられたとしても、技術と宗教は現実(リアル)全体をそのうちに含むものとはみなされえない。技術と宗教は人間と世界のあいだにあるが、しかし人間や世界の実在性(レアリテ)全体を含んではおらず、この実在性(レアリテ)に完全なしかたでは適用されえないからだ。媒介のこうした相対する二つの側面(アスペクト)のあいだに存在している隔たりに導かれながら、科学と倫理は人間と世界との関係を深く掘り下げてゆく。科学と倫理とに対して「技術と宗教という」原初的な二つの媒介は規範的な役目を果たす。科学と倫理は、技術と宗教のあいだの隔たりにより規定される間隔のなかで、その中間の方向を辿りながら誕生するのだ。技術と宗教が科学と倫理に先行していることで行使される方向性は、或る角をこの角の二等分線上に制限するような直線が行使する方向性と同じ部類のものである。つまり角の辺は短い線分によって示されうるが、その一方で二等分線は無限に延長されうるのだ。同様にして、ひじょうに彫琢された科学と倫理は、ひじょうに原初的な技術と宗教とのあいだに存在している隔たりから出発して、その基盤にある技術と宗教の条件によって制限されることなく、しかしそうした条件に導かれながら徐々に構成されうるのである。

現実に機能的であるような網状組織の原初的構造にこそ技術的思考と宗教的思考を生み出した二重化の起源を認めることができる。この二重化は図と地を切り離し、その図によって技術の内容が、地によって宗教の内容が与えられることとなった。世界の魔術的な網状構造において図と地は相互的な実在（レアリテ）であるのに対して、技術と宗教は、図と地が互いに分離し、そうして世界と結びつけられていないがゆえに可動的で、断片化可能で、移動可能で、直接に操作可能になるとき、その姿を現す。技術的思考は、さまざまな特異点への働きかけに効力をもたせるものについて、構造の図式化機能（シェマティスム）しか勘考しない。それら特異点はみずからがその図であった世界から分離し、また互いにも分離しており、それらを固定する網状の連結関係を失うことで、断片化可能で自由に使用可能で、また複製することも構築することも可能なものとなる。高くなった場所は監視哨や、平原につくられた物見櫓や、山間の隘路の入り口に配置された塔となる。往々にして揺籃期の技術は、たとえば丘の頂上に塔を建てたり岬に灯台を置いたりするなど、最も目につく地点（ポイント）で特権的な場所を整備するにとどまることが多い。しかし技術は特権的な地点の機能性を完全につくり出すこともできる。技術は自然の実在性（レアリテ）から図的な能力のみを保存するのであって、人間のあらゆる介入よりもまえに定められて与えられた地における所在地やそれ本来の位置は保存しないのである。図式化機能（シェマティスム）を次第に断片化させてゆくことで、技術は物を道具や器具にする。すなわち、世界から分離しており、人間が望むならどんな場所であれどんな条件であれみずからを導く意図に従って逐一その効力を発揮するように働くことのできるような断片にする。技術的な物の使用可能性は、世界の地に隷属することから解き放たれている点にある。技術は分析的であり、しだいに接触を通じて働き、影響力によるつながりを度外視する。魔術においては、たとえば或る民族全体の支持を得るには王へ訴えかければ十分なように、特異な場所が或る領域全体への作用を可能にしている。技術においては反対に、実在(レアリテ)全体が技術的対象によって見渡され、触れられ、取り扱われなければならず、世界から分離しており、どんな地点や瞬間であっても適用可能でなければならない。技術的対象は世界の一部ではないという意味で自然的存在から区別される。技術的対象は人間と世界のあいだを媒介するものとして介入するのだ。このゆえに、技術的対象は最初の分離した対象である。というのも世界とは統一であり、対象が寄り集まったものというよりは一つの環境であるからだ。じつのところ実在(レアリテ)には三種類ある。すなわち、世界、主体、そして対象つまり世界と主体との中間にあるもの、である。その最初の形態が技術的対象なのだ[3]。

第三節　技術的思考と宗教的思考の放散

魔術的世界の原初的な網状化構造が破れた結果として生じる技術的思考は道具や器具といった対象のうちに堆積しうる図的な要素からいくつかの要素を保存しており、この「破れによる」分離から、この思考が世界の全要素に適用されるようにする使用可能性を獲得する。ただしこの破れは欠損をもゆえに、質料と形相の相互的な帰属についての、つまりあらゆる二重化に先立つカップリングについての最初の直観をよみがえらせる。この意味で質料形相論的な図式は正しい。ただしそれはこの図式が古代哲学で論理的に用いられていたからではなく、技術の誕生以前の人間にとっての宇宙の構造についての直観であったからだ。この関係は序列化することができず、質料と形相には次第に抽象的になってゆく継起的な段階はありえない。というのも質料と形相との関係の実質（リアル）的なモデルとは宇宙における図と地への最初の構造化だからだ。ところで、この構造化が真となりうるのはそれが抽象的でない場合、つまりただ一つの段階にある場合でしかない。地は現実（リアル）に地であり、図は現実（リアル）に図なのであって、この図がより高次の図にとっての地となることはありえない。アリストテレスが質料と形相との結びつきについて述べるしかたは、とりわけ質料が形相を希求すること（「女が男を希求するように質料は形相を希求する」[4]）を前提としており、すでに原初的な魔術的思考から遠く隔たっている。このような希求はあらかじめ分離がおこなわれている場合にしかありえないからだ。ところが、同時に質料であり形相であるのはただ一つの存在なのである。しかもおそらくは、個体的存在がそれ単独で形相と質料を含んでいると言うべきではない。図－地構造の出現は統一性（ユニット）のあらゆる分離に先立つからだ。しかじかのキーポイントとしかじかの地との相互的な対応関係には、このキーポイントが他のキーポイントのネットワークから孤立していることも、この地が他の地との連続性を欠いていることも前提とされていない。このように構造化されているのは宇宙であって、個体が寄り集まったものではないのだ。原初的な網状構造が破れたあとに出現する最初の分離した存在は技術的対象と宗教的主体であり、これらは図的な性格か地の性格かをその身に負っている。これら存在はそれゆえ形相と質料を完的宇宙のまさにその構造化によって制限されていたさまざまな地は、宗教的思考においては空間的にも時間的にも無制限に広がる一つの後景の地となる。[5]それら地はみずからの積極的な性質（力、能力、影響力、質（クオリティ））を保存するが、しかしそれらを今・此処に（hic et nunc）縛りつけていたその限界や帰属は捨て去る。つまり絶対的な地、地という全体性となるのだ。宇宙の開発（プロモーション）は、解放されて或る意味では抽象的となった魔術的な地から出発しておこなわれる。

宗教的思考は地と図が分離したあとで魔術的世界のもう一方の部分を、すなわち地をそのさまざまな質（クオリティ）や緊張や力とともに保存している。ただしこの地もまた技術の図的な図式と同様に世界から分離した物、原初的な環境から抽象された物となる。そして、世界との接続から解放された技術の図的な図式が対象化を通じて道具や器具へと固定化されるのと同様に、技術性を通じた図の動員によって使用可能となる地の質（クオリティ）は主体へと固定化される。技術的対象という人間と世界のあいだの媒介者の出現へと至る技術的な対象化と対をなすものとして、宗教的な主体化がある。技術的対象となる物によって技術的な媒介が確立されるのと同様に、宗教的な媒介は地の性格が主体——現実のであれ想像上のであれ——や神性や聖職者へと固定化されることで出現する。技術的な媒介が技術的対象による媒介へと至るその一方で、宗教的な主体化はふつう聖職者による媒介へと至る。技術性が人間と世界との原初的な複合体から図的な性格を保存しているのに対して、宗教性は地の性格を保存しているのである。

技術性と宗教性は魔術の劣化した形態でも魔術の名残でもない。原初的な魔術的複合体——人間の原初的な環境の網状構造――が図と地とに二重化したことの結果である。技術と宗教は対（カップル）になっているからこそ魔術の後継者なのであって、それぞれが単独でそうなのではない。宗教は技術と同じくらい魔術的でない。宗教とは二重化の結果にみられる主体的位相であり、それに対して技術とはこの同じ二重化の対象的位相である。技術と宗教は互いに同時的なのであって、それぞれを別箇に捉えるなら、その大本の魔術よりも貧しいのだ。

それゆえ宗教はその本性上、全体性の要請を代理することを使命としている。理論的様態と実践的様態とに二重化するとき、宗教は神学を通じて、絶対的な統一に従った現実（リアル）の体系的代理の要請となる。また道徳を通じて、あらゆる仮言命法――つまりは個別の命法――よりも上位にあり、全体性の名のもとに正当化される絶対的な行動規範の、倫理に対する要請となる。宗教は科学にも倫理にも全体性への準拠――これは理論的な知の統一と道徳命法の絶対的な性格とへの希求である――という原理をもたらすのである。宗教的な霊感は無条件的な全体性――これは認識や行動の対象や主体をすべて凌駕している――に対する個別の存在の相対性を絶えず喚起させる。

技術は逆に統一の身分よりもつねに下にある内容を受け取る。キーポイントの原初的ネットワークが断片化した結果として生じる有効性の図式であったり構造であったりは、世界の全体性には適用できないからだ。その本性上、技術的対象は多種多様で細分化されている。技術的思考はこうした多数性のうちに閉じ込められつつも進歩してゆくことができるが、ただしそれは技術的対象を増やしていくことによってでしかなく、原初的統一を回復させることはできない。技術的対象を無限に増やしていっても世界との絶対的な合致を取り戻すことはできない。どの対象もたった一つの地点やたった一つの瞬間にしか世界へと立ち向かわないからだ。技術的対象は局在化され個別的なものとなっている。技術的対象に技術的対象を加えていくことでは、世界をつくりなおすことも統一状態の世界との接触――魔術的思考はこれをめざしていた――を取り戻すこともできないのである。

所定の対象や仕事（タスク）との結びつきのなかで技術的思考はつねに統一よりも下位にある。技術的思考はいくつもの対象、いくつもの手段を提示し、最良のものを選ぶことができる。しかしそれにもかかわらず対象や仕事がもつ統一の全体に対してつねに不適切なのだ。どの図式、どの対象、どの技術的作業（オペラシオン）も、技術的思考がその目的や方針をそこから汲み取り、そして決して到達されない統一という本源――技術的思考はみずからの図式を組み合わせたり増やしたりすることでこれを翻訳している――をこの思考に与える全体によって支配され、導かれている。

技術的思考はその本性上、要素の観点を代理することを使命としている。技術的思考は要素的な機能と接続しているのだ。技術性は或る領域へ導入されることでこの領域を断片化し、この領域の統一性によって統治されそれに従属している継起的で要素的な媒介の連鎖を出現させる。技術的思考は総体の作動を、一つずつ段階を踏んで働く要素的プロセスの連鎖として理解する。技術的思考は媒介の図式を局在化し増やしてゆくのであり、つねに統一よりも下のものであり続ける。技術的思考において要素は総体よりも安定し、よりよく認識され、そして或る意味ではより完全である。総体が或る程度まで世界に内属しているのに対して、要素は実質的（リアル）に一箇の対象〔＝眼前に投げ出されてあるもの〕なのである。宗教的な思考はこれとは逆の平衡を見いだす。つまり宗教的思考にとっては全体性のほうが要素よりも安定し、より力強く、より有効であるのだ。

技術は理論的な領野でも倫理的な領野でも要素への拘い（かかずらい）をもたらす。科学［という理論的な領野］では、技術のもたらすものの本質は、技術的対象のおこなう作業（オペラシオン）と比較可能な単純な要素的プロセスへの分解によって一つ一つ捉えられた現象を表象できるようにする点にあった。［たとえば］デカルトが虹について光の粒子がそれぞれ雲の細かな水滴のそれぞれを一つ一つ通っていった軌跡の包括的な結果として思い描けるようにした機械論的な仮説がそれだ。デカルトが心臓の働き方を説明する際に従ったのもやはり同じ方法である。つまり［心臓が動く］サイクル全体をいくつかの継起する単純な働き（オペラシオン）へと分解し、そして全体の働き方が、さまざまな要素の独特な配置（たとえば各弁の配置）によって必然的にもたらされるそれら要素のおりなす動きの結果であると示している。デカルトが問うているのは、心臓がなぜこのようにつくられ、いくつかの弁と空洞を伴っているのかではなく、このようにつくられていることで心臓はどのように働いているのか、である。技術から引き出された図式の適用は、その統一において把握された全体性が存在していることを説明するのではなく、この全体性が地点ごとに、瞬間ごとに働いているしかたを説明するのである。

倫理的な領域では、技術的思考は家庭用品となる各対象の能力（キャパシティ）に結びついている細分化した行動手段をもたらすだけでなく、技術性による行動の一種の畳語（じょうご）的な反復をももたらす。人間がおこなう一定の行動は、その結果において検討されるのであれば、異なる段階を踏む所定の技術的作動によって実行することが可能だったかもしれない。［じっさいたしかに］行動にみられるさまざまな要素や契機にはその技術的な類比物がある。注意力の、記憶力の努力は、技術的作動によって置き換え可能だったかもしれない。技術性は［人間がおこなう］行動の結果と部分的に等価なものをもたらすのである。結果というかたちで行動を実行する存在がその行動についておこなう意識化を技術性は際立たせるのだ。行動をいくつかの部分的な結果、つまりいくつかの要素的な実行へと分解し、行動の結果を技術的作動の結果と比較することで、技術性は行動の結果を媒介し対象化する。科学において技術性が現象全体をいくつかの要素的な作動へと分解することでどのようにの探求を導入するのと同様に、倫理において技術性は行動全体を行動のいくつかの要素へと分解することの探求を導入する。行動全体が一つの結果に至るものとみなされることで、技術によって引き起こされる行動の分解においては行動の要素が部分的な結果を得る身振りとみなされる。技術性は行動がその結果によって制限されていることを前提としている。その現実（リアル）の全体性において捉えられた行動の主体に拘おうとはせず、またその全体性のうちにある行動にすら、行動の全体性が主体の統一性に基づいているかぎり拘おうとはしない。倫理における結果への拘いは科学におけるどのようにの探求の類比物である。結果やプロセスは行動の統一や現実（リアル）全体の統一よりも下にとどまる。

倫理に対して宗教が出す絶対的で無条件的な正当化の請願は意図の探究となって現れるが、これは技術が掻き立てる結果の探求と対置される。［また］科学においては、宗教的思考が絶対的な理論的統一の嘆願を導入し、これには所与の現象が生成し存在していることの意味の探究が必然的に伴う（それゆえなぜに答える）のに対して、技術的思考は現象の一つ一つについてどのようにの検討をもたらす。

統一よりも下位の内容をもつことで、技術的思考は理論的な次元（オーダー）においてであれ実践的な次元（オーダー）においてであれ、あらゆる帰納的な思考の範例となっている。理論的な様態と実践的な様態とへのあらゆる分離以前から、技術的思考はそれ自体のうちにこうした帰納的プロセスを含んでいる。帰納はじっさい語の厳密な意味での論理学的なプロセスであるだけでない。その内容が統一の身分よりも下位のものであり、そして統一に到達しようと努力するような、あるいはすくなくともそのそれぞれが統一よりも下位のものである要素から出発して統一へと向かうような思考の歩みはすべて、帰納型の思考の歩みとみなすことができる。帰納が捉えるもの、帰納がそこから出発するものとは、それ自体では十分かつ完全ではない要素、統一を構成していない要素である。帰納はそのときどの個別の要素も凌駕しており、その要素をそれ以外のそれ自体がそれぞれ個別的な要素と組み合わせることで統一の類比物を見いだそうと試みる。帰納［の歩み］には、断片である図的な要素から出発した実在の図の探求がある。ベイコンやスチュアート・ミルの帰納におけるようにさまざまな現象のもとに法則を見いだそうとするのは、あるいはアリストテレスの帰納におけるように同じ種の全個体に共通のものを探そうとだけするのは、現象や個体の多数性を越えたところに実在の安定し共通した地――現実の統一性――が存在していることを公準とするということである。

直接に技術から出てくるような倫理においても事は変わらない。古代の幸福主義が、あるいは功利主義がそうするように、人生の最初から最後までの期間を瞬間の連続でもって構成し、状況のそれぞれからその状況に含まれる快い感じのようなものを取り出し、そして人生の幸福をそれら快い要素の積み重ねでもって築き上げようとするのは、人生が続いてゆく期間の統一性や人間の希求の統一性を瞬間の多数性や継起してくる全欲望の同質性で置き換えようとすることによって物事を帰納的なしかたで進めようとするということである。エピクロス主義がさまざまな欲望に施した彫琢は、積み重ねるようにして物事を進める実存（エグジスタンス）の連続性へとそれら欲望を組み込み可能にすることだけを目的としている。そのために、どの欲望も真の要素として扱われ操作されうるには主体によって支配され、主体のうちに包み込まれ、［主体の］統一性よりも小さくなければならない。それゆえに情念は取り除かれる。要素として扱うには手に余るからだ。情念は主体の統一性よりも大きいのである。情念は主体を支配し、主体よりも遠くから来て主体よりも遠くへと向かい、主体にその限界から出るよう強いる。ルクレティウスは心の内の情念を錯誤に基づくものであると示すことで打ち砕こうと試みている。じっさいには、ルクレティウスは情念のうちにある傾向という要素を、すなわち主体のうちに入り込むが主体よりも広汎で、それに対しては主体がきわめて制限された存在のように思われるような力を考慮に入れていない。傾向は統一性としての主体のうちに収まるものとはみなされえないのである。智慧は行動の発端にあるさまざまな力を道徳的主体の統一性に対して下位にある身分へと引き戻したことで、それら力を要素として組織化し、自然のままの主体の内部に道徳的主体を再構成することができる。しかしながらこの道徳的主体が統一性の水準へと完全に到達することは決してない。再構成された道徳的主体と自然のままの主体のあいだには埋めようのない空隙が残り続ける。帰納の歩みは多数性のうちにとどまる。帰納の歩みは要素の束を構成するが、この束はしかし現実の統一性と等価ではありえない。どんな倫理的な技術によっても道徳的主体は満たされないままである。そうした技術は道徳的主体の統一性について無知であるからだ。幸福な瞬間の連続とされる人生によっては、たとえそれが間断ないものであったとしても、主体は満足することができない。その要素の一つ一つで申し分なく成功を収めた人生はいまだ道徳的な生ではない。そのような人生にはそれを主体の生とするものが、つまり統一性が欠けているのである。

だが義務の基盤である宗教的思考は逆に、あらゆる行為やあらゆる主体を現実の統一性よりも下位のものと感じさせる無条件的な正当化の探求を倫理的思考のうちにつくりだす。無限に膨張する全体性と関連づけられた行為や道徳主体はみずからの意味連関をこの全体性との結びつきからしか引き出さない。全体性と主体との交流（コミュニケーション）は仮初めのものである。主体は絶えずそれ自身の統一性の次元へと連れ戻されるが、これは全体性の次元ではないからだ。倫理的主体は宗教的な要請によってその中心から逸らされているのである。

第二章　技術的思考とその他の種類の思考との結びつき

第一節　技術的思考と美的思考

以上のような発生論的仮説に従えば、異なる思考様態を互いにパラレルなものとみなすべきではなくなる。たとえば、宗教的思考と魔術的思考は同一平面にないがゆえに比較不可能である。しかし技術的思考と宗教的思考は逆に、互いに同時的であるがゆえに比較可能である。［ただし］比較にあたっては、あたかもこれら思考が一つの類に属する種であるかのようにその固有の特性を確定するのでは十分でない。つまりそれらを形成した発生の実行を再開する必要がある。技術的思考と宗教的思考は対(カップル)として、つまり原初的な完全な思考である魔術的思考が二重化した結果として存在しているからだ。美的思考について言えば、この思考は制限された領域にも所定の種にも決して属さず、ただ一つの傾向にのみ属している。美的思考とは全体性の機能を維持するものである。この意味で美的思考は魔術的思考と比較可能だが、ただし、美的思考には魔術的思考とは違って技術と宗教とに二重化する可能性が含まれていないという点は明確にしておかねばならない。美的思考は二重化が向かう先(サンス)へと進むようなことはせず、統一についての暗黙の追憶を維持するものなのだ。美的思考は二重化の位相の一つから、それと相補的なもう一方の位相を呼び求める。美的思考は思考の全体性を探し求めるのであり、さまざまな位相の出現により思考の思考自身に対する相互的な孤立がうみだされうるようなところで類比的関係によって統一を再構成することをめざすのである。

たしかに、制度化された状態で所与の文明のうちに存在している芸術作品をそのように特徴づけようとするなら、そしてさらにまた耽美主義の本質をそのように定義しようとするなら、美的努力の以上のような捉え方は的外れなものだろう。だが、芸術作品が可能であるには、人間存在の根本的な傾向によって、そして特定の現実的（リアル）で生命に関わる状況にあって美的印象を覚える能力（キャパシティ）によって芸術作品が可能にされるのでなければならない。或る文明の一部となっている芸術作品は美的印象を利用しているのであって、人間が或る種の思考を行使する際にもつような全体性に対する相補物を探し求めるという傾向を、時には人為的に、欺くようなやり方で満足させる。芸術作品は魔術的思考のノスタルジーを表していると述べるのでは不十分だろう。じつのところ、芸術作品は魔術的思考の等価物を与えているのである。というのも芸術作品は所与の状況から出発し、そして構造と質において類比的関係に従うことで、他の状況や他のありうる現実（レアリテ）に対する連続性——これが普遍化をもたらすのである——をふたたび見いだすからだ。芸術作品は網状の宇宙をすくなくとも知覚に対してつくりなおす。だが芸術作品は原初的な魔術的宇宙を本当（リアル）に再構築するわけではない。この美的宇宙は部分的であり、二重化から生まれた本当の現実化している宇宙へと編入されてそこに収まっている。じつのところ芸術作品は美的印象を感じ取る能力をとりわけ維持し、そして保護しているのであって、それは言語が思考能力を維持しているにもかかわらず〔言語そのものは〕思考ではないのと同様である。

　美的印象は人為的な所産に関するものというわけではない。美的印象とは、思考のさまざまな行為の全体がその領域の限界を乗り越えて他の領域で思考の完成を呼び起こすことができるようにする完成の申し分なさを、二重化以後に思考様態が行使されるなかで告げ知らせるものである。あまりに非の打ち所がないがゆえに宗教的行為に等価であるような技術的所産や、あまりに非の打ち所がないがゆえに組織化や作業（オペラシオン）をおこなう技術的活動の力をもつような宗教的所産は、申し分なさの感覚を与える。不完全な思考はみずからの領域にとどまる。思考が申し分のないものとなることで、完成状態にある個別的な行為に普遍的な射程を与えるような、他のものへの移行（μετάβασις εἰς ἄλλο）[1]が可能となる。その射程によって、最初は放棄されていた魔術的全体性の等価物が人間の努力の終わりにふたたび見いだされるのだ。そして、世界そのものが長い廻り道[2]のあとでそこに現れてこの完成に正当性を与えるのでなければならない。美的印象は行為の完璧な申し分なさの感覚をもたらすが、この申し分なさによってその行為に威光と権限とが客観的に与えられ、そしてこの権限によってこの行為は生きられた現実（レアリテ）のなかの傑出点、じっさいに経験された現実（レアリテ）の結び目となる。この行為は、世界へと編入された人間の生のネットワークにおける傑出点となるのだ。この傑出点から他の傑出点へと、上位の親縁性が作り出され、それが宇宙の魔術的なネットワークの類比物を再構成するのである。

　行為や物の美的な性格とは、それがはたす全体性の機能であり、対象としても主体としても傑出点として存在しているということである。あらゆる行為、あらゆる物、あらゆる瞬間は、宇宙の新たな網状構造の傑出点となる能力をそのうちにもっている。どんな教養もさまざまな行為や状況から傑出点となるのに適したものを選別している。ただし、或る状況が傑出点となる適性をつくり出すのは教養ではない。教養はただ特定のタイプの状況を抑制し、美的印象の自発性に対する狭い途を美的表現に残すことしかしない。つまり教養は創造的なものというよりも制限として介入するのである。

　美的思考の定め、あるいはより厳密に言えば完成へと向かうあらゆる思考の美的霊感の定めとは、他の思考様態の網状構造と合致するような網状構造をそれぞれの思考様態のうちに再構成することである。美的な傾向とは思考の統合運動（エキュメニズム）なのだ。この意味で、原初的な魔術の放散から生じた互いに切り離されている思考を関連づける最終的な網状構造は、どの種類の思考がむかえる成熟をもまさに越えたところで介入する。どの思考も発展の第一段階は、孤立、世界との非接続、抽象化である。次いで各思考は、当初こそさまざまな原理の無条件的な一元論に従ってみずからのあり方をはっきりとさせてからは自身以外の種（しゅ）として振る舞うものを拒絶していたが、まさにみずからが発展するなかで多数性の原理に従って多元化し拡大してゆく。どの思考も世界から離れたあとでみずからを網状化して新たに世界と接続することをめざすのだと言えるだろう。技術は魔術的世界の図式的な図を動員しそれらを世界から分離したあとで、セメントと岩石との、ケーブルと渓谷との、鉄塔と丘陵との合致によって世界と同盟を結ぶために世界へと回帰する。技術によって選ばれた新たな網状構造は世界の特定の場に特権を与えることで、技術的図式と自然の能力との相乗作用（シナジー）をもたらす同盟において確立される。そこで美的印象が現れるのは、最も傑出したキーポイントを通じてあらためて具体的なものとなり、世界へと編入されてふたたび結びつけられた技術のこうした協定や超克においてである。人間と世界のあいだの媒介はそれ自体が一つの世界、世界の構造となる。同様に宗教的な媒介は、ヒトという種のあらゆる代表者を手にするために宇宙の具体性から分離して各教義を動員する教条主義（ドグマティズム）のあとで、具体化されることを、すなわち相対的に多元的な様相に従って各文化や各人間集団とふたたび結びつけられることを承諾する。つまり統一は、ただ一つの原理やただ一つの信仰の一元論的な統一ではなくネットワークの統一となる。技術や宗教の成熟は世界——技術にとっては地理的な、宗教にとっては人間的な世界——へ向かうのである。

今日に至るまで、二つの網状構造、つまり地理的世界における技術のそれと人間世界における宗教のそれとが、現実的（リアル）なシンボル的関係において類比的に出会う可能性があるようには思われない。しかしながら、美的印象が思考のさまざまな力の再会を指し示すことで魔術的全体性の再発見を表明することができるとすれば、そのようにしてでしかないだろう。美的印象は宗教的思考と技術的思考とに共通のものであり、魔術的思考が棄却された結果として生じたこれら二つの思考の片割れをふたたび結びつけることを可能としうる唯一の点なのだ。

哲学的思考はそれゆえ、さまざまな理論的・実践的な様相が区別される水準で技術と宗教とによってもたらされるものをみずからがどのように扱うべきかを知るにあたって、それら様相の区別に先立つ水準で美的活動がこのようにもたらされるものをどのように扱っているのかと問うことができる。魔術から技術と宗教とへの移行において破られたものとは、宇宙の最初の構造、すなわちキーポイントの網状構造、人間と世界のあいだの直接的な媒介である。ところで、美的活動はまさしくこの網状に組織された構造を温存している。美的活動はこの構造を現実（リアル）に世界のうちで温存しておくことができない。技術や宗教の代わりになることができない——そのようなものは魔術の再創造だろう——からだ。しかし美的活動は、みずからがそこで存在し続けることのできるような、技術的であると同時に宗教的でもある世界を構築することで、この構造を温存している。この世界が技術的であるというのは、それが自然のままではなく構築されているからであり、そして技術的対象を自然世界へと適用する能力を使用して芸術の世界をつくるからである。［また］この世界は、技術が度外視する地（じ）のさまざまな力や質（クオリティ）や性格を取り込もうとするという意味で宗教的である。［ただし］美的思考は宗教的な主体化と技術的な対象化との狭間に留まっているので、宗教的思考が普遍化によってそうするようにそうした力や質や性格を主体化するのではなく、また、技術的思考が分離した図的構造へと働きかけてそうするように道具や器具へと閉じ込めることで対象化するのではなく、技術的な構造によって地のさまざまな質を具体化する以上のことはしない。こうして美的思考は美的現実（レアリテ）を、人間と世界のあいだの新たな媒介を、人間と世界の中間にある世界をつくるのである。

美的現実（レアリテ）はじっさい本来の意味での対象とも主体とも言えない。たしかに、この現実（レアリテ）の要素には相対的な対象性がある。だが美的現実（レアリテ）は技術的対象のように世界や人間から分離してはいない。道具でも器具でもないのである。つまり、たとえば自然的現実（レアリテ）の意図的な組織化であることで世界と結びついたままでいることができる。また、声音の変化や演説の言い回しや衣服の着こなしになることで人間と結びついたままでいることができる。不可避的に分離可能という器具のあの性格を有していないのだ。美的現実（レアリテ）は人間的現実（レアリテ）であったり世界であったりに編入されたままでいることができるのであり、そして編入されているのが正常でさえある。わたしたちはどこにでも彫像を置いたり、どこにでも木を植えたりするわけではない。事物や存在の美しさ、在り方の美しさがあるのであって、美的活動はこの美しさが自然に生じたときにこれを感じ取り、この美しさを尊重しつつ組織化することから始まるのである。技術的活動は反対に、みずからの対象を別々に構築して分離し、それらを抽象的、暴力的に世界へと適用する。美的対象が影像や竪琴（リュラー）のように分離したものとしてつくられるときですら、この対象は世界や人間的現実（レアリテ）の一部についてキーポイントであり続ける。神殿のまえに置かれた影像は特定の社会集団に対して或る意味を提示している影像であり、影像にとって［そこに］置かれているということだけが、すなわちこの影像によって利用され強化されるがつくり出されはしないキーポイントを占めているということだけが、この影像が分離した対象ではないと示している。竪琴についてはたしかに音を生じさせるものであるかぎりで美的対象であると言えるが、しかし竪琴の音色は、すでに人間のうちに存在している特定の表現あるいは伝達の様態を具体化するかぎりでしか美的対象ではない。竪琴は道具のように持ち運ばれるが、しかし竪琴が奏でる音色、真の美的現実（レアリテ）をつくり出す音は、人間的現実（レアリテ）や世界のそれのうちに編入されているのである。竪琴は静寂のうちでしか、あるいは話し声や群衆のざわめきではなく、風の音や潮騒のような決まった特定の物音とともにしか聴取されえない。竪琴の音は、影像が編入されているのと同様に、世界へと編入されていなければならない。道具であるかぎりでの技術的対象は反対に、至るところで作用をおよぼし、至るところで機能することができるがゆえに編入されていないのである。

　美的対象を定義するのはまさに編入であって、模倣ではない。物音を模倣するような音楽作品は世界へと編入されえない。そうした作品は宇宙の特定の要素（たとえば潮騒）の代わりをするのであって、そうした要素を補完するのではないからだ。一体の影像は或る意味で一人の人間を模倣し、その代わりをするが、しかし影像が美的作品であるのはその点においてではない。影像は都市の造り（アーキテクチャ）のうちに編入され、岬の最も高い地点（ポイント）をしるしづけ、城壁の境界を定め、塔にそびえるがゆえに美的作品なのである。世界についての美的知覚はいくつかの要請を感じ取る。埋められるべき空隙、塔を支えるべき岩石があるのだ。世界にはいくつかの傑出した場所が、つまり美的創造を引きつけて刺戟する例外的な地点があり、また同様に人間の生にはいくつかの特別な瞬間が、つまり他の瞬間から区別されるまばゆい瞬間があり、作品を呼び求めているのである。作品は創造へのこうした要請の結果であり、例外的な場所や瞬間に対するこうした感性の結果なのであって、世界や人間を模写しているのではなく、それらを延長し、それらのうちへと編入されているのだ。美的作品は、たとえ切り離されたものであっても、宇宙であったり人間の生命に関わる時間であったりが破れることから来るのではない。さらには、美的作品はすでに与えられている現実（レアリテ）から来るのであり、この現実（レアリテ）へと構築された――ただし現実（リアル）の一部となり世界へと編入されているような基礎のうえに構築された――さまざまな構造をもたらす。こうして美的作品は宇宙を芽生えさせ、これを延長し、作品のネットワークを、すなわち例外的なまばゆい現実（レアリテ）のネットワーク、人間的であると同時に自然的でもある宇宙にみられるようなキーポイントのネットワークを構築する。芸術作品の空間的・時間的なネットワークは、魔術的宇宙におけるキーポイントからなるかつてのネットワークよりも世界や人間から分離しており、世界と人間のあいだで、魔術的世界の構造を保存する媒介となっている。

　おそらくこう主張することもできるだろう。美的価値をもち、美しいと言われうるような技術的対象があるのだから、技術的対象と美的対象のあいだには連続的な推移がある、と。すると美的対象はそのとき技術的対象が美的対象とみなされうるのだから、技術的対象と同様に、宇宙に編入されていないもの、分離したものとして考えられることになる。

じっさいには、完全に美的な拘い(かかずら)に応えるたぐいの見せ方を追求するのでもないかぎり、技術的対象は直接にはそれ自体で美しくはない。またそのような場合であっても技術的対象と美的対象のあいだには紛う方ない隔たりがある。すべてはあたかもじっさいには二つの対象が存在しているかのように進むが、美的対象は技術的対象を包み込んで隠しているのである。たとえばわたしたちは、給水塔が封建制時代の廃墟のすぐそばに建てられており、あとから足された銃眼模様で偽装されて、古くなった石材と同じ色で塗装されているのを見る。技術的対象はこの偽りの塔のなかにコンクリート製のタンクやポンプや配管とともに収まっている。ごまかしは一笑に付されるようなものであり、一目でそれと気づかれる。技術的対象はその技術性を美的な装いの下に保存しており、そこからグロテスクという印象を与える軋轢が生じている。一般に、技術的対象による美的対象の仮装は総じて偽物であるという厄介な印象を生み、物質化された嘘のように見えるものだ。

だが特定の場合には技術的対象に特有の美しさが存在している。この美しさはそうした対象が地理的であれ人間的であれ世界へと編入されているときに現れる。そのとき美的印象は編入との関係のうちにある。つまり一つの身振りのようなものなのだ。船の帆はうまく機能していないときには美しくないが、風を受けて膨らみ、マスト全体がたわんで船が海上を進んでゆくときには美しい。岬の彫像と同様に、海上で風を受ける帆こそが美しいのである。暗礁の縁で海を見晴るかす灯台は美しい。地理的で人間的な世界のキーポイントへと編入されているからだ。谷に跨がるケーブルを支えている鉄塔の連なりは美しいが、その一方で鉄塔やケーブルはトラックで運ばれている状態や運搬用の巨大なローラーに巻かれている状態で見れば、これといった特徴もないものである。トラクターはガレージのなかでは一箇の技術的対象でしかない。耕作地にあって、耕耘中に耕地へとその身をかがめているとき、トラクターは美しいものとして知覚されうる。可動式のものであれ固定式のものであれ、あらゆる技術的対象は世界を延長しそこへと編入されているかぎりで、美的なエピファニーをもちうる。だが美しいのは技術的対象だけではない。技術的対象を具体化するのは世界の特異点なのである。美しいのは鉄塔の連なりだけではない。その連なりと岩山や谷のカップリングが美しいのであり、ケーブルの緊張とたわみが美しいのである。そこには、世界へと適用される技術性の、無言で、静かで、つねに継続されている働き(オペラシオン)がある。

技術的対象はどんな状況や場所でも美しいわけではない。世界の特異で傑出した場所と出会うときに美しいのである。高圧線は谷を跨ぐときに、自動車は方向転換するときに、列車は発車あるいはトンネルを抜けるときに美しい。技術的対象は、みずからにふさわしい、みずからがその適切な図となりうるような地と出会っていたときに、すなわち世界を完成させ表現するときに美しいのだ。技術的対象は、みずからにとって地となりいわば宇宙となるようなより広大な対象に対してすら美しい。レーダーのアンテナは船舶の甲板から見るときに、つまり船体の最上部にある構造の上にそびえているときに美しい。このアンテナが地面に置かれるなら、もはや一本の軸に取りつけられた造りの粗い円錐形の物体にすぎない。船舶という総体の構造および機能における完成としては美しかったが、しかしそれ自体では、つまり宇宙への準拠なくしては美しくないのである。

それゆえに技術的対象の美しさの発見を知覚だけに任せておくことはできない。対象の機能が理解され思考されるのでなければならないのだ。別の言い方をすれば、技術的対象の美しさが宇宙への技術的図式の編入、この宇宙のキーポイントへの編入として現れうるには、技術教育が必要なのである。たとえば無線中継器の美しさ、つまり或る山に設置されて別の中継器の設置された別の山へと向けられているその美しさは、中央にごく小さなダイポールアンテナが設置されたパラボラ状グリッドを備える大して高くもない塔だけしか見ない者へと、どのようにして現れるというのだろうか？　これらの図的な構造はいずれも、雲や霧を抜けて塔から塔へと伝播してゆく指向性の電波のビームを送信するものと受信するものとして理解されなければならない。向かい合った塔――というのも塔はヘルツ波無線を構築するために二つの山のキーポイントに設置されているのである――と山々とからなる総体が美しいのは、この不可視で感知することのできない実在的（リアル）で現実化している伝送に対してなのである。この種の美しさは作図の美しさと同じくらい抽象的であって、対象の構造やこの構造と世界との結びつきが正しく想像されて美的に感じ取られるためには、その対象の機能が理解されていなければならない。

技術的対象はみずからが延長する人間世界へとみずからを統合することで、別のしかたで美しいものでありうる。たとえば道具は、身体にとてもよく適応しており、それゆえに身体を自然なしかたで延長してその図的な性格をいわば増幅させるように思われるとき、動作（アクション）において美しいものでありうる。短刀はそれを掴む手のなかでしか現実に美しくない。同様に、道具や機械や技術的総体は、人間世界へと編入されており、この世界を表現することでこの世界を覆い尽くすときに美しいのである。

電話交換局の一列に並んだパネルが美しいのは、その整列そのものにおいてでも地理的世界との関係によってでもない。そうした整列はどこにでもありうるからだ。そうしたパネルが美しいのは、いくつもの色に彩られて絶えず様相を変える星座を刻々と描き出してゆく光り輝く表示灯が、回線の交差によって互いに繋ぎ合わせられる幾多の人間存在の現実の身振りを表象しているからである。電話交換局は活動しているときに美しい。それはいつだって或る街や地域で営まれている生活の一側面についての表現であり、実現であるのだ。［表示灯の］光は期待であり、意図であり、願望であり、喫緊の知らせであり、聞こえはしないだろうが遠方の別の家で鳴り響こうとしている呼び出し音なのである。この美しさは活動（アクション）のうちにある。その美しさはたんに瞬間的であるばかりではなく、ピーク時間と夜間時間のリズムによってもつくられている。電話交換局はそれがもつ対象としての性格によって美しいのではない。そうではなく、集合的（コレクティヴ）で個人的な生のキーポイントであるからなのだ。同様に、プラットホームの腕木式信号機はそれ自体では美しくないが、しかし腕木式信号機としては、すなわち指し示すというその能力、停止を意味したり線路を空けておいたりする能力によって美しいのである。さらに同様に、別の大陸からわたしたちに届くヘルツ波の変調は、辛うじて聴き取ることができ、時折は混信やひずみのもとで意味のつかめないものとなるが、技術的現実（レアリテ）であるかぎりで技術的に美しい。この変調はさまざまな障害や距離を乗り越えるという責任を負って到着し、遠く離れた人間がそこにいるという証言をわたしたちにもたらすからだ。つまりこの変調はその人間の唯一のエピファニーなのである。すぐそばの強力な発信機が出す音を聴くことは技術的には美しくない。人間をほのめかして［人間が］存在していることを明示するあの能力によって価値づけられていないからだ。そして別の大陸から送信された信号の受信を美しくするのは〔その伝送にあたって〕克服された困難ばかりではない。〔信号の受信を美しくするのは〕人間的現実（レアリテ）をわたしたちに対して出現させるこの信号の能力である。この信号は人間的現実（レアリテ）をわたしたちにとって感覚可能なものとすることで——ただしこの現実（レアリテ）はわたしたちのものと同時的であるにもかかわらず知られないままであるのだが——これを現に存在しているもののうちに延長して明示するのだ。「ホワイトノイズ」は或る人間存在にコミュニケーションの意図があるという証をそれ自体でもたらすとき、意味のある変調と同じくらい大きな技術的な美しさを有している。背景ノイズやたんなる正弦曲線状の連続した変調の受信は、人間世界に編入されるときに技術的に美しいものでありうるのである。

こうして、美的対象は厳密に言えば一箇の対象ではなく、むしろ自然世界や人間世界がそれを支えている現実（レアリテ）へと編入されたまま延長されたものであると言うことができる。美的対象は宇宙における傑出点なのだ。この点は彫琢の結果として生じ、技術性の恩恵に浴するものである。しかし恣意的に世界のうちへと設置されるものではない。宗教的媒介者と同様、この点は世界を表象しており、この世界のさまざまな力、地としてのその質（クオリティ）を一点に集中させている。純粋な対象性と純粋な主体性の中間にある身分においてこの点は維持されているのだ。技術的対象が美しいのは、その技術的対象が美的現実（レアリテ）のように自然世界や人間世界へと編入されているからなのである。

美的現実（レアリテ）は普遍化も主体化もされない点で宗教的現実（レアリテ）から区別される。芸術家は作品と混同されないのであって、一定の偶像崇拝が誕生してもそれらは偶像崇拝として識別される。美的現実（レアリテ）と普遍的全体性の機能との混同を防いでいるのは芸術作品の技術性である。芸術作品は人為的で局在的なもの、つまり特定の瞬間につくられたものであり続ける。芸術作品は、世界や人間に先立つより高次のものではない。芸術作品は一体となって魔術的宇宙を継続させ、その構造を維持している。つまり技術と宗教の中立点をしるしづけているのだ。

とはいえ、美的宇宙は先立つ時代の残滓、たんなる残存などではない。この宇宙は生成の向(サンス)から先を、つまり魔術から技術と宗教とへの移行において放散するが、いつか統一に向かってふたたび収斂していくはずのそれを表しているのである。技術のうちにも宗教のうちにも美的な拘いが内在していることは、技術的思考も宗教的思考も完全な思考の一位相しか表していないしるしである。技術と宗教は直接に交流不可能だが、美的活動を介してなら可能である。傑出した地点や瞬間において世界への編入があるとき、宗教的身振りが美しいものでありうるのと同様に技術的対象は美しいものでありうる。これら相対する二つの思考様態のうちには美しさという規範が存在している。この規範によって二つの思考様態は同じ宇宙へと適用され、互いのほうへと近づいてゆくこととなるのだ。宗教的行為は美的作品を通じて編入される。作品となるのは宗教的行為そのものだからだ。歌唱、賛歌、典礼は今・此処（hic et nunc）へと編入される。宗教的身振りは自然世界と人間世界とを延長するときに美しい。たとえば秘蹟(サクラメント)は宗教的身振りであって、特定の場所と特定の瞬間に——なぜなら秘蹟は特定の人物に適用されるのだから——世界へと編入されるときに美しい。地の質があらためて構造と出会うのだ。儀礼の美しさによって宗教的思考は宗教的価値のある瞬間と場所のネットワークをふたたび見いだすのである。宗教的身振りは或る場所や時代のものであるときに美しいのであって、世界とのつながりを欠いた表面的な装飾によって美しいのではない。そうしたなんらかの時代や場所のものではない装飾は宗教的思考を儀礼の無意味な不毛さのうちで孤立させる。［前述の給水塔のような］美的なうわべで覆われた技術的対象と同様に、そうした装飾はグロテスクなものに属するのだ。宗教的思考は宇宙全体における地のさまざまな力や質を一つの場所や瞬間へと介入させて、全体性の機能を時空間のネットワークへと編入させるときに美しい。そもそも、技術的思考においてと同様、こうした美しさの点で価値のある再編入は、自然世界や人間の世界のキーポイントとの出会いなしには実行されえない。神殿や聖域は、あてずっぽうに、抽象的なしかたで、世界との関わりなしに構築されはしない。自然世界には聖域を呼び求める場所があり、また人間の一生には秘蹟のような儀礼を必要とする瞬間があるのだ。美的印象が宗教的思考のうちに生まれるには、宗教が宇宙における地のさまざまな力や質をそのうちに含みつつ、分離したものとして構築されねばならない。しかしまた、根源的に美的であるような規範に則って宗教的な場所や瞬間において延長され具体化されるのを自然世界と人間の世界とが待ち構えていなければならないのである。

このように美的現実（レアリテ）は所与の現実（レアリテ）へと余分に付け加えられるのだが、ただしそれは所与の現実（レアリテ）のうちにすでに存在している線に沿っておこなわれる。美的現実（レアリテ）とは、魔術的宇宙の分離時に技術と宗教とになった図的な機能と地の機能とを所与の現実（レアリテ）へと導入しなおすものなのだ。美的活動がなければ技術と宗教のあいだには構造や質を欠いた現実（レアリテ）の中立地帯しか存在しなくなる。美的活動によってこの中立地帯は安定したまま中心にとどまりつつ密度と意味連関とをふたたび見いだす。つまり、魔術的思考の分離以前には全宇宙へと広がっていた網状構造を、美的作品を通して取り戻すのである。

技術的思考が図式から、つまり地としての現実（レアリテ）をもたない図的な要素からつくられ、宗教的思考が図的な構造をもたない地のさまざまな質や力からつくられるのに対して、美的思考は図的な構造と地の質とを組み合わせる。つまり、技術的対象のように要素的な機能を表象するのでもなく、あるいは宗教的思考のように全体性の機能を表象するのでもなく、要素と全体性とを、図と地とを、ともに類比的関係において維持するのである。世界の美的な網状組織とは類比のネットワークなのだ。

じっさい、美的作品は唯一の中間的現実（レアリテ）として世界と人間とに結びつけられているだけでない。美的作品はその他の作品に、それら作品と混同されることなく、それらとの物質的な連続性なしに、みずからの同一性を保ったまま結びつけられてもいる。美的宇宙は本質的な類比的関係に従って或る作品から別の作品へと移行する能力により特徴づけられるのだ。類比とは、項が後続の項に否定されることなく或る項から別の項への移行が可能であるための基礎である。類比はド・ソラージュ神父[3]によって比例の一致として定義され、たんに同一性——一般に部分的な——の関係でしかないような類似から区別されている。[4]じっさいは、完全な類比とは二つの現実（レアリテ）を特徴づける内的な比例の一致以上のものである。つまり、そうした図的な構造の同一性であるが、しかし二つの現実（レアリテ）の地における同一性でもあるのだ。そしてさらにいっそう本源的には、図的な構造と現実（レアリテ）の地とが二つの存在の内部で交換しあい交流（コミュニケート）しあう様態における同一性でさえある。完全な類比とは、二つの現実（レアリテ）における図と地とのカップリングにみいだされる同一性なのである。それゆえ、純粋に技術的な思考の領域にも純粋に宗教的な思考の領域にも真の完全な類比は存在していない。類比はさまざまな存在が存在しているという根本的な働き（オペラシオン）とでも呼ぶことのできるようなものに、つまり、図と地を出現させることでそれら存在を発展させる生成をそれら存在において存在させているものに関わるのである。美学[5]はさまざまな存在が出現し、その姿を現すしかたを、すなわち図と地とに二重化することで生成するしかたを把握する。［それに対して］技術的思考は存在の図的な構造しか把握しない。そうした構造をみずからの図式と同一視するのである。［また］宗教的思考は存在がもつ現実（レアリテ）の地しか、つまりそれによって存在が清浄であったり不浄であったり、聖なるものであったり俗なるものであったり、神聖であったり汚れたものであったりするところのものしか把握しない。そういうわけで宗教的思考は清浄と不浄といった同質的な分類項目やカテゴリーをつくり出し、これら分類項目への包含や排除によって存在を認識するのである。技術的思考は存在の図的な構造を解明することで、その作動を分解して再構築する。技術的思考は作業（オペラシオン）をおこない、宗教的思考は判定をおこなう。美的思考は作業（オペラシオン）と判定を同時におこなって、存在それぞれの統一性において、切っても切り離せない相補的なしかたでさまざまな構造を構築し現実（レアリテ）の地がもつさまざまな質を把握する。つまり認識の対象や作業（オペラシオン）の対象の水準で統一性を識別するのであって、技術的思考のようにつねに統一性の水準以下にとどまるのでも、宗教的思考のようにつねにこの水準以上にとどまるのでもない。

限定された存在の統一性を尊重するからこそ美的思考は根本的な構造として類比をもつ。技術的思考は存在を断片化し複数化するが、それは図的な特徴に特権性を認めるからだ。宗教的思考は存在を全体性へと組み込むのであり、そこで存在は質的にも力動的にも吸収されて統一性以下となる。さまざまな存在をその統一性の水準で把握するには、そしてそれら存在を断片化や組み込みによって各々の統一性を消し去ることなく多様なものとして把握するには、どの存在も他の宇宙を排除しない一つの完全な宇宙として作業（オペラシオン）や判定の対象となるのでなければならない。存在の生成を構成する関係が、つまり図と地を区別し統合しなおす関係が、或る存在の統一性から別の存在の統一性へと転送されうるのでなければならない。美的思考は存在を個体化したものとして把握し、世界を類比の関係にある存在のネットワークとして把握する。

このように美的思考はたんに魔術的思考の想起であるというだけではない。美的思考とは、技術と宗教とに二重化する思考の生成の統一性を維持するものなのである。技術的思考が存在をその統一性の下で捉え、宗教的思考がその上で捉えるのに対して、美的思考とは、存在をその統一性において把握し続けるものであるからだ。

美的作品は完全で絶対的な作品ではない。美的作品とは完全な作品への向かい方を教えるものなのである。完全な作品というのは世界のうちにあり、あたかも本当に(リアル)世界に属しているかのように世界の一部となっているのでなければならない。そしてそれは庭園の影像のようにではないのである。美しいのは庭園や家屋であって、庭園にある影像ではない。[たしかに]それら影像は一体一体がそれ自体で美しく、庭園を美しいものにしている。[しかし]影像が美しく見えるようになっているのは庭園のおかげであって、影像のおかげで庭園が美しく見えるのではない。或る対象が美しいものでありうるのは一人の人間の生全体に対してなのである。そもそも厳密に言って美しいのは決して対象ではない。[美しいのは]世界の現実的(リアル)な側面と人間の身振りとの出会いなのであって、この出会いが対象についで起こるのである。美的なものとして定義され、それによって美的印象が排除されないような美的対象が存在しないことは、それゆえありうる。美的対象はじっさいには混成体なのである。美的対象は人間の特定の身振りを呼び求めるのであり、さらにはこの身振りを満足させてこれに応えるために、この身振りの支えとなるような現実（レアリテ）の要素を含んでいる。人間のこの身振りはその支えに適応し、その支えにおいて成し遂げられるのである。或る美的対象が支えと身振りのあいだの客観的に相補的な比例でしかないなら、その対象は何物でもないだろう。線どうしがたんなる比例であるなら、それら線は調和のとれたものとはなりえないだろう。数や尺度から切り離された客観性は美しさを構成しないのである。完全な円はそれが円であるかぎりで美しいのではない。だが或る種の曲線は、たとえその数式を見つけるのがきわめて困難であるとしても美しいものでありうる。神殿をきわめて正確な均整で表す線彫りの銅版画は退屈で硬直した印象しか与えない。だが神殿それ自体は、時間に蝕まれて半ば崩れ落ちているのだが、学識に裏づけられた修復の非の打ち所のない図面よりも美しい。美的対象は厳密に言えば対象ではないからだ。美的対象はまた部分的には呼び求めとしてのいくつかの特徴――これらは主体という現実（レアリテ）に、つまり身振りに属している――の受託者でもあり、この身振りが実行されて成し遂げられうる客観的な現実（レアリテ）を待ち構えている。美的対象は対象であると同時に主体でもあるのだ。つまり、主体に揺さぶりをかけて、その主体のうちに一方では知覚を、他方では分有を引き起こそうと待ち構えているのである。分有はさまざまな身振りによってなされ、知覚はこれら身振りに客観的な実在性（レアリテ）の支えとなるものを与える。正確な線の完璧な図面にはすべての描画された客観的な要素がたしかに描出されているのだが、とはいえ生き生きとした身振りを生み出す能力を対象に与えるあの呼び求めの特徴はもはやない。というのも、呼び求めの特徴を神殿に与えるのはその幾何学的な均整ではなく、まさにこの神殿が多数の石材、冷ややかさ、謎めいた感じ、堅固さからなる塊として、つまりわたしたちに備わっている努力や欲求の能力、わたしたちがおぼえる畏敬や衝動（エラン）を最初から知覚の成立よりまえに屈折させる塊として世界に存在しているという事実なのである。世界に統合された質的な負荷とは、この石材の塊を、わたしたちの知覚に関わるあらゆる幾何学的な要素に先立って、わたしたちのさまざまな傾向の原動力にするものなのである。復元図が引かれる紙のうえにはもはや幾何学的な特徴しかない。そうした特徴は冷ややかで意味連関を欠いている。さまざまな傾向の目覚めがそうした傾向の知覚よりもまえに引き起こされなかったからだ。芸術作品は、こうした幾何学的な特徴つまり境界線が［わたしたちに押し寄せてくる］質的な波を受けとめて固定するかぎりでしか美的ではない。この質的な存在（エグジスタンス）を定義するのに魔術を引き合いに出すのはまったく有効ではない。この存在は魔術的であるとともに生物学的でもあり、わたしたちがもつ向性（トロピズム）の衝動に、つまり知覚以前の世界におけるわたしたちの原初的な在り方（エグジスタンス）――まだ対象を捉えてはいないが、方向性、つまり上方や下方、暗い方や明るい方へと向かう道筋は捉えているような生き物としての――に関わるものである。この意味で、そして美的対象がさまざまな傾向を喚起させるかぎりで、美的対象というのはよい呼称ではない。局在化された今・此処（hic et nunc）として把握されるとき、対象は知覚に対してしか対象ではない。しかし対象を知覚以前にそれ自体であるような対象とみなすことはできないだろう。美的現実（レアリテ）は前対象的であるが、それは世界とはなによりまず対象なのであると言うことができるという意味においてである。美的対象とは、この対象に安定性を付与して切り出してくるような発生の終端にみいだされる対象なのである。この発生以前には、主観的でないにもかかわらずいまだ客観的でない現実（レアリテ）がある。この現実（レアリテ）は生物が世界の内に在る一種のやり方であり、呼び求めの特徴、方向性、語の厳密な意味での向性（トロピズム）をそのうちに含んでいる。

本当（リアル）の美的印象は対象に縛られえない。美的対象の構築とは、忘却された魔術をふたたび見いだそうとおこなわれる、必ず徒労に終わってしまう努力でしかない。真の美的機能は魔術的ではありえない。それが魔術の想起や成就のやりなおしでありうるのはその機能においてでしかない。真の美的機能とは逆さまになった魔術、逆向きの魔術なのである。元々の魔術がそれによって宇宙が特異な地点と瞬間において網状に組織化されるところのものであるのに対して、芸術とは、それによって新たな網状構造が科学、道徳、神秘主義、儀礼から不意に生じ、それゆえにこの新たな網状構造を通じて本当（リアル）の宇宙が不意に生じるところのものである。この宇宙では、それ自身から切り離された努力が、つまり、技術と宗教との影響を被り、それゆえに宇宙を構造化する最初の努力の影響を――魔術についてのこれら二つの表現を通じて――被った内的な分離に由来する努力が成就されるのだ。芸術は宇宙を、あるいはむしろ一つの宇宙を再構築するが、それに対して魔術は一つの宇宙から出発し、そうして意味と能力とを担わされたさまざまな領域への分化と切り分けをすでに宇宙に施しているような構造を確立させる。芸術は人間の努力から出発して一つの宇宙をめざし、統一性を再構築する。芸術はそれゆえこのように魔術とは逆のものであるが、しかし二つの継起する分離以後にしか完全に逆のものとはなりえない。

芸術には二つの部分的形態が、すなわち宗教芸術と世俗芸術とが存在している。[6]「まず宗教芸術について言えば、この」芸術は神秘主義的態度と儀礼的態度のあいだに媒介者として介入しうる。この芸術は司祭を構成するものではないにもかかわらず、司祭のおこなう祈り（アクト）のようなものである。つまりこの芸術は、宗教に代わって神秘主義的態度と儀礼的態度とを出現させた破裂のなかで消えていった媒介的な何かをふたたび見いだすのだ。宗教芸術は身振りであると同時に現実(レアリテ)でもあり、対象であると同時に主体でもある。というのも芸術は美的態度であると同時に作品でもあるからだ。作品は演じられることでしか存在することができない。作品は霊感(インスピレーション)から来るのである。芸術は、芸術家の身振りと、対象化され、現実化された作品とからできている。この意味で、儀礼があるから媒介がある。

同様に、世俗芸術はその対象、つまり芸術家がおこなった労働の結果を、理論的な知と道徳的な要請とのあいだに据えつける。折衷主義的な言葉遣いを用いたければ、美は真と善の中間にあるのだ。美的対象は客観的構造と主観的世界の中間にある道具のようなものである。つまり知と意志の媒介者なのだ。美的対象は知のさまざまな側面(アスペクト)と意志のさまざまな側面とを［みずからのうちに］集中させて表現する。美的表現や美的創造は知であると同時に行為でもある。美的な行為は知と同様にそれ自身において完成される。ただし、美的な知は神話的である。行動の能力をそのうちに秘めているのだ。美的対象とは知と行動を媒介する作業(オペラシオン)の結果なのである。

ところで、美的印象が存在していなかったなら美的対象は存在することができなかっただろう。美的対象は、自然な美的印象を、つまり世界の多様な要素と主体の多様な身振りとの真の出会いが成就したしるしを準備し、展開させ、維持するものでしかない。あらゆる美的対象は聖なるものか俗なるものであるが、それに対して美的印象は聖なるものであると同時に俗なるものでありうる。美的印象は人間の媒介と対象の媒介とを同時に前提としている。美的印象においては、人間は運命の司祭でありまた対象は運命の対象である。運命が意志と合致するのである。

ここから、芸術作品にはさまざまな傾向の誘発とそうした傾向の指標となるさまざまな感性的質（クオリティ）の現出とが含まれていることが説明される。またそこから、対象がもつまとまり（コンシスタンス）の特徴を芸術作品に与える一定の構造化が説明される。芸術作品は実践的判断と同時に理論的判断をも呼び求めるのである。

だが、美的判断は必ずしも芸術作品に直面して下されるものではない。芸術作品は自然になされる美的判断がありのままに先立って存在していることを利用するのである。そもそも芸術作品が一定の持続を示すとき、美的判断は完全に成し遂げられた状態で最初から与えられてはいない。判断には一種の進化がある。つまり判断は、初めはより理論的で倫理的であり、そして作品の完成が近づくと次第に純粋に美的なものとなってゆくのだ。古代の悲劇は、作品が展開されるあいだになされる様相のこうした進化の一事例を提供してくれている。［つまり悲劇においては］大団円だけが真の美的判断に対応しており、大団円に先立つ持続は実践的判断と理論的判断を含むのである。絵画や彫刻のような時間ではなく空間を利用する作品についての美的な観照においてさえ、初めて目にしたときに、つまり美的印象との融和やその純然たる発見よりもまえに、さまざまな理論的判断と実践的判断との或る種の区別が存在している。芸術作品は理論的判断と実践的判断との或る種の分離についての経験を、これを支えるにあたってその基底に潜む技術的判断の確かさがなかったとしても、それでもやはり与えるのだと言うことさえできるだろう。芸術作品とはつくられた物なのである。

美的判断は一般に技術的判断と純粋な美的判断との混成体のままであり続ける。たしかに、芸術作品の知覚が展開されるあいだに純然たる美的判断が下される瞬間はありうる。だが、把握の統一性を支えるにあたって、つくられたものであり、そしてそのことによって実質的（リアル）な起源の統一性を有している現実（レアリテ）としての芸術作品がその基底に潜んでいるのでなければ、美的判断には理論的判断と実践的判断とに分離する傾向があるだろうと考えられる。美的判断が生よりも芸術においてより容易に現れるのは、美的把捉にはこのように技術的判断が現出するからなのだ。生においては美的判断［が下されること］はごく稀である。なぜなら、世界に極性を与える期待と努力との終わりにしか、そして世界について偶々おこなわれた限定がこの普遍化され具体化された期待と偶然に合致する場合にしか生じえないような出会いが必要だからだ。落胆は美的表出と比べようもないほどありふれている。

真の美的印象は宗教芸術のあたえる美的印象と世俗芸術のそれとをみずからのうちで再統合し、美的対象（宗教芸術のような）か、世俗芸術にみられる人間の身振りかだけでなく、その両方を同時に介入させる。人間はそこでは、美的価値のある対象の世界のただなかにいるミサ執行司祭である。古代の悲劇は聖なるものであると同時に俗なるものでもある。つまり古代の悲劇とは、悲劇性の印象を、すなわち人間存在のうちに仲介者を把握する印象を与えるかぎりでの真の生に最も接近するものなのだ。人間のどんな身振りも或る種の聖なる美的価値をもつ。人間の身振りは生の全体性と世界とのあいだに介入するのである。運命とは、生がたどる線と世界の現実（レアリテ）とが例外的な価値をもつ身振りのネットワークを通じてこのように合致することなのだ。仲介をおこなうあらゆる身振りは、芸術作品の外においてさえ、そしておそらくは何よりその外において美的である。聖なるものであると同時に俗なるものでもある完全な美的身振りを芸術作品のうちに見いだすのはほとんど不可能でしかない。芸術作品は一般に聖なるものか俗なるもののどちらかなのである。完全な美的印象は運命の印象と切り離すことができない。つまり完全な美的印象は、聖なるものについては現実（リアル）における所定の一領域へと限定されず、俗なるものについては人為的に対象化をおこなう言い回しをもたないのである。

　聖なるものと俗なるものは現実（リアル）の生のなかで美的印象において出会う。宗教芸術と世俗芸術は完全で現実的（リアル）な美的印象を補強するものでしかない。この印象は芸術作品——宗教的な作品であれ世俗的な作品であれ——から生まれるものではなく、しかも印象が表れてくる瞬間に芸術作品がそこにあることすら要請しない。ロマン派の芸術家たちは、人の手（アーティフィシャル）になる芸術作品が自分たちに付き従うよう求めたりはせず、一箇の芸術作品として作られた誰の目にも明らかな芸術作品の助けを借りずに生のうちに真の美的印象を見いだした。ところで、ロマン主義は悲劇的思考にみられるさまざまな側面（アスペクト）の一つにすぎない。悲劇的思考は芸術を生と結びつけ、そしてそれがゆえに聖なるものと俗なるものを接合させる。芸術におけるジャンルの混合はロマン主義からの直接の帰結である。だがロマン主義的な真の美的印象は芸術作品のうちにはない。それは生への態度のうちにあるのだ。古典主義芸術においては反対に、宗教芸術と世俗芸術との再統合はない。芸術の形態はそれゆえ互いに切り離されており、真の美的印象は芸術作品のうちにある。

　確立された芸術は互いによく似た思考どうしのあいだで部分的な再統合を実現することができる。しかし宗教的思考と技術的思考とを完全に結びつけることはできない。確立された芸術はさまざまな芸術作品を生み出すものであって、美的な在り方（エグジスタンス）へと向かう始まりの運動にすぎない。［再統合が］本当に実現されたしるしであるあの出会いは、主体にとってはこうした美的なあり方において生じうるのである。真の美的印象は、現実（レアリテ）として実感された現実（レアリテ）の領域のものである。確立された芸術、人の手になる芸術はいまだ真の美的印象を発見するための準備にして言語にすぎない。真の美的印象は魔術的思考と同じくらい現実的（リアル）で根源的なのだ。この印象は多様な個別的様相どうしの本当（リアル）の出会いから生じるのであり、みずからのうちに魔術的統一を再構成し、長い分離ののちにこの統一を取り戻させる。美的様相とはそれゆえ、すべての様相が分化し別々に発展したのちになされる［それら様相の］再統合である。美的様相はその機能の点で、その統一性の能力によって原初的な魔術的思考に最も近づくものなのだ。ただし美的印象がその機能の点で真に魔術と等価となりうるのは、それが思考の多様な様相的次元（オーダー）どうしの本当の出会いを表現しており、作為的な構成の結果を表現しているのではない場合にでしかない。確立された芸術は、思考のさまざまに分化した様相的次元（オーダー）を通じて統一の要請を維持することだけをその意味（サンス）とし機能としている。確立された芸術が耽美主義となるなら、すなわち生命の維持にあたって実感されるとみなされているような本当の最終的な充足を与えてその代わりとなるなら、この芸術は真の美的印象が現れるのを妨げる遮蔽幕となる。

この意味で、思考のどの様相的次元（オーダー）の基底にも他の次元（オーダー）が潜んでいる——これは中断された原初的統一のシンボル的な翻訳である——のだから、魔術的思考から美的思考へと進む連続した線が存在しているのだと言うことができる。たとえば、技術のうちにはその反対物の、つまりは宗教的思考の現出があり、これが技術に或る種の完全さの向かう先（サンス）を、技術的な美しさをもたらしている。宗教的思考のうちにはみずからの媒介作用を技術的領域にまで拡大しようという欲望が存在しており、そうして宗教的思考はみずからの規範を技術的思考の規範の侵攻に対して防御するのと同時に、或る種の技術性へと、一定の規則性へと、技術的な美しさが技術性を美化するのと同様に宗教的思考を美化するさまざまな形態へと向かうのである。つまり、技術的思考に技術的対象を威信のあるものとするような美しさの探求があるのと同様に、中断された魔術的統一の再発見をめざす相補的な力の探求を宗教的思考の内部で表象するような宗教的な美しさがあるのだ。技術的対象が美術品たらんとするのと同様に、司祭は芸術家たらんとする。二つの仲介者は魔術的統一に見合った自身の平衡を見いだすためにみずからを美化するのである。

とはいえ次の点はたしかに指摘しておかねばならない。この未熟な美化は宗教の場合でも技術の場合でも静的な充足へと、つまり完全な特殊化にいたるまえの偽の完成へと向かうのである。真の技術性も真の宗教も耽美主義へと向かってはならない。耽美主義は埋め合わせによってあまりに安易な魔術的統一を維持し、かくして魔術と宗教をほとんど進歩のみられない発展段階にとどめておくのである。思考が本当に発展してゆくには、思考のさまざまな態度が互いに切り離され、さらには敵対関係となることとすら可能であることが求められる。というのも、それら態度が同時にただ一つの主体によって思考し発展されることは不可能だからだ。じっさい、それら態度が要請するのは、主体がそれら態度を根源的、本質的なしかたで実現して確かなものとし、そのうちの一つをみずからの実存であったり生であったりの原理とするということなのである。或る態度が発展してゆくことができるには、思考が複数の対象のあいだで取り交わされ、時間的な次元を得て、一箇の伝統となり一本の時間線に沿って展開してゆく必要さえある。一定の類型が、或る社会集団が存在している根拠として、神話として、それが存在していることの正当化として、この社会集団へと組み込まれているのは、以上のことに由来する。

ところで思考は社会的、集合的（コレクティヴ）になるにつれて、個人が集団に参与する手段として役立つようになり、また、この思考は個別的なものとなり、歴史的な要素を引き受け、型にはまったものとなってゆく。そのとき、多種多様な思考の特殊化に相当する社会集団どうしのあいだでの伝達を準備するというのが美的判断の第二の機能である。わたしたちはこれまでさまざまな様相をあたかも人間主体は個人であって集合体（コレクティヴィテ）ではないかのように提示してきた。じっさいには、主体が集合的存在であるかぎり、芸術はその多様性において最も際立ったさまざまな態度を共有する準備としての役目を果たすのである。さまざまな技術者と司祭が、さまざまな科学者と活動家がいる。これらの人々が何事かを共有し、その考えを交換する手段を見いだすことができるようにする原初的魔術の負荷は、美的な意図のうちにあるのだ。特殊化した思考において美のカテゴリーとは、特殊化した思考がまさに達成されることで明示的かつ内在的に満たされる前触れとなるものなのである。美しさの印象が出現しうるのは努力の始まりにでは決してなく、その終わりになってからでしかない。なぜならこの努力はまずそれ自身の方向へと進んでいなければならず、そのうえ、それがめざしていなかった、自身とは異なるものの達成とも出会わねばならないのである。美しさは、達成しようと努めていたわけではないものの達成であるかぎりで、つまりそのために直接に努力したわけではないが、にもかかわらず全体性への傾向を通じて相補的な欲求として漠然と感じ取られていたものの達成であるかぎりで、優雅なのだ。全体性への傾向は美的探求の原理である。だが、この同じ探求は無限前進（progressus ad indefinitum）を始める。この探求はどの分野においても完全たらんとする意志——たとえこの完全さが、美的探求がそこで実現されることを望むような領域以外の領域をまさに対象としているとしても——だからだ。

このような状況下では、美的探求は安定した規範を見いだすことができない。この探求は消極的な特徴によって、つまり或る思考様態はそれ以外の同様に価値のある思考様態をみずからの与り知らぬものにしているという感情によって突き動かされているからだ。美的な傾向とは、特定の領域でそれ以外の全領域との等価性を実現させせようという努力なのである。領域が個別的で特殊化されていればいるほど、申し分のない作品をつくり上げよという美的な要請に突き動かされることになる。この申し分のなさというのは、他の領域と等価となり、この局在的な完成がもつ過剰さによってそれら領域を実現させようとする超克の意志なのである。それはあたかもこの局在的な申し分のなさ、あふれんばかりの輝かしい贅沢品には、この領域ではないものたりうるような能力があるかのようだ。

このように芸術とは普遍性の意志、つまりみずからの様態を超克し、その限界の超克によってすべての様態をみずからの様態において実現しようという個別的存在のうちにある意志である。申し分なさとは、制限についての限なく実現された規範性ではなく、きわめて大きな卓越性の発見なのであって、この卓越性は、それ以外のすべての様態に至りかつそれらを弱体化によって取り戻すことができるほどの横溢でもってそれ自身において機能し、それ自身のうちで反射するのである。じつのところ、美的な企てにはおそらく錯誤がある。或る特定の思考様態がその申し分なさによってそれ以外のすべての思考様態と等価になりうるのはおそらく不可能だからだ。にもかかわらず、美的意図にはこうした超克の肯定が、卓越性のこうした等価性あるいは相互互換性の肯定が含まれている。芸術とは具体的な卓越性の探究、つまり各様態へと巻き込まれており、或る様態がそれ自身のうえでおこなう運動を通じてそれ以外の様態を見いだそうとする探求なのだ。この点でこそ芸術は魔術的なのである。芸術は一つの様態から離脱することなく、ただその様態を膨張させ、再開し、申し分ないものとすることで、さまざまな様態を見いだそうとする。魔術があるのは、現実の宇宙には網状構造があるという仮定があるからだ。どの様態も客観的にはそれ自身の内部に留まりつつ、魔術的にはそれ自身から離れるのである。こうしたことから、その他の様態もまた同じ内的な探求のもとにあることが想定される。或る様態の安定性が別の様態の安定性と連絡（コミュニケート）し合うのではなく、卓越性が卓越性と、美的意図が美的意図と連絡し合うのである。

変換（トランスダクション）性という語を取り上げなおして、芸術とはさまざまな様態のあいだに相互的な変換（トランスダクション）性を打ち立てるものであると言うこともできるだろう[7]。つまり芸術とはある様態のうちで非-様態的であり続けるものであって、それは、或る個体のまわりにその個体と連合し、その個体が集合的（コレクティフ）なものの確立において連絡（コミュニケーション）できるようにする前個体的な現実（レアリテ）が残存しているのと同様である。

美的意図とは、このかぎりでさまざまな思考様態のあいだに水平的な関係を打ち立てるものである。それは、共通類に頼ることなく或る領域から別の領域への、或る様態から別の様態への移行を可能にするものなのだ。美的意図は或る領域から別の領域へと至らせる変換（トランスダクション）的な能力を秘めている。美的意図とは横溢や極限への移行の要請である。つまり、固有性であったり限界であったり定義に含まれる本質であったり外延と内包との相関であったりが向かう先（サンス）とは反対のものなのだ。美的意図はそれ自身ですでに全体性の要請、現実（レアリテ）全体の探求である。美的意図がなければ、探究は次第に緊密なものとなってゆく特殊化の内部で同じ現実（レアリテ）について際限なくおこなわれることになるだろう。そういうわけで美的意図は探求を構成する中心的な方向性からの絶えざる逸脱のように見えるのである。この逸脱はじっさいには領域の恣意的な断片化のもとでおこなわれる本当の連続性の探求なのだ。

美的意図は様態どうしを相互に結びつける変換（トランスダクション）による連続性の確立を可能にする。たとえばわたしたちは宗教的思考のさまざまな様態から技術的思考のさまざまな様態へと（あるいは宗教以後の思考から技術以後の思考へと、と言うべきかもしれない）、神学的様態、神秘主義的様態、実践的様態、理論的様態という順序に従って移行してゆく。ただしこうした変換（トランスダクション）による関係はそれ自体に閉じており、それゆえ空間的な表象によってしか把握することができない。というのは、理論的様態から神学的様態への移行が神秘主義的様態から実践的様態への移行と同様におこなわれるのである。客観的な二つの次元（オーダー）のあいだには、そして主観的な二つの次元（オーダー）のあいだには、連続性がある。また、技術と宗教という二領域のそれぞれの内部にも、主観的な次元（オーダー）から客観的な次元（オーダー）への連続性がある。

このように、美的意図は一つの特殊化された領域を、つまり芸術のそれを創り出してはおらず、あるいはすくなくとも創り出さねばならないというわけではない。芸術はじっさい一つの領域において発展するのであって、それがめざしている或る目的をみずからの内部に暗黙のうちに有しているのである。「その目的とは」すなわち、特殊化しつつ分散してゆく傾向にある現実（レアリテ）の領域について変換（トランスダクション）による統一を保存する、ということだ。芸術とは、意味連関であったり存在全体とのその密度における結びつきであったりが失われてしまうことに対する根源的な反応である。芸術は補償、つまりあとからやってくる現実（レアリテ）ではなく、またそうであってはならず、その反対に原初的統一であり、統一に即した発展の前触れなのだ。芸術は告げ知らせ、予示し、導入し、あるいは完成させるが、しかし実現させはしない。芸術とは、口火を切り聖別する根源的で統一的な霊感（インスピレーション）なのである。

芸術はまた、事実確認をするものであるかぎりで一連の現実（レアリテ）をいわば要約し、別の時間的統一へと、歴史の別の瞬間へと移し替えることを可能にするものでもあるのではないのか、と問うてみることとすらできる。芸術はそれが実現する最終的な祝賀や叙任において、今・此処で（hic et nunc）成し遂げられ局在化された現実（レアリテ）を時間と空間を越えてゆくことのできるような現実（レアリテ）に変える。つまり、人間によって成し遂げられたものを終わりのないものにするのだ。よくある言い方では、芸術はさまざまな現実（レアリテ）を永遠不滅にするとされる。じっさいには、芸術は永遠不滅にするのではなく変換（トランスダクション）的なものにするのであり、成し遂げられ局在化された現実（レアリテ）に他の場所や他の瞬間へと移行する能力を与えるのである。つまり、永遠不滅なものにするのではなく、再生しふたたび成し遂げられるという能力を与えるのだ。芸術は何性[8]の種子を残す。今・此処で実現された個別的存在に対して、かつてそれ自身であったが、にもかかわらずまた別の折に何度でも新たにそれ自身となるような能力を与えるのだ。芸術は此性の束縛を緩める。此性を増殖させ、同一性に対して、同一性であり続けながらみずからを反復するという能力を与えるのである。

芸術は存在論的な限界を乗り越えて、存在に対しても非存在に対しても自由になる。一箇の存在というのは自己を否定したりみずからが存在してきたことを拒んだりすることなく生成し自己を繰り返すことができるのであり、芸術とは、どの再開についても現実（レアリテ）を消し去ることのない反復の能力なのだ。この点で芸術は魔術的である。芸術によって、あらゆる現実（レアリテ）が空間と時間において特異でありながら、にもかかわらずネットワークをなす現実（レアリテ）となっている。この［特異な］点は、この点へと応答するそれ以外の無数にある点と、つまりそれ自体であるが、にもかかわらずネットワークのどの結目についても此性を消し去ることのない点と相同的（ホモローグ）なのである。美的神秘と呼ぶことのできるものはまさしくここに、つまり現実（リアル）のこうした網状構造にある。

第二節　技術的思考、理論的思考、実践的思考

美的活動がもつ収斂の能力は技術および宗教にみられる原初的形態どうしの関係の水準でしか十全に行使されない。しかし技術および宗教の発展の自律性のうちに含まれる放散の能力は思考様態の新たな次元（オーダー）をつくりだす。それら思考様態は技術および宗教の二重化に由来し、もはや美的思考の自然的水準にはない。これら様態に対して美的思考は原初的なものとして現れる。美的思考はみずからを行使することでこれら様態を収斂させることができないのであって、その活動はただ哲学的思考の努力を方向づけ維持するための範例（パラディグム）として役立つのみである。哲学的思考は美的思考と同様に、相対する位相のあいだの中立点に位置づけられる。だがその水準は、魔術的統一に位相のずれが生じた結果として出てくる一次的な対立のそれではない。技術的思考と宗教的思考とが二重化した結果として出てきたものどうしの二次的な対立の水準なのである。ところで、哲学的思考が技術性の生成に適用されることでいかにして美的「思考」以後の収斂というその役目を効力あるしかたで完全に果たすのかを知るには、この二次的な二重化を、とりわけ技術的活動における二重化を研究する必要がある。

思考の一次的な様相（技術的、宗教的、美的）の水準は、伝達（コミュニケーション）と表現がたんに偶然的に使用され

ていることによって特徴づけられる。もちろん、美的思考は伝達されうるし、或る程度までは技術、そして宗教でさえ、学ばれ、伝えられ、教えられることが可能だ。とはいえ、これらの原初的な思考形態を伝えるのはむしろ主体を或る状況下に置く必要のある直接的な体験によってなのである。そうした思考形態がつくり出す対象やその表出は明白かもしれない。だが思考図式であったり、これら思考そのものを構成し養っている印象や規範であったりは、直接には表現の次元（オーダー）のものではない。一編の詩を覚えたり一枚の絵画作品に見入ったりすることはできるが、しかしそれで詩であったり絵画であったりがわかるようになるわけではない。思考の核心は表現によっては伝えられないのである。これらのさまざまな種類の思考は人間と世界のあいだの媒介であって、主体どうしの出会いではないからだ。間主観系の変容が前提とされてはいないのである。

反対に、思考の二次的な様相は伝達と表現とを前提としているのであって、判断の可能性が、つまり表現による伝達の結び目が折り込まれており、そして本来の意味での［つまり文法的な意味での］様相（モダリティ）を、つまりみずからの言表行為の内容に向き合う主体の態度をそのうちに含んでいる。ところで技術性はいくつかの種類の判断、とりわけ理論的判断と実践的判断とに、あるいはすくなくとも特定の理論的判断と実践的判断とに［わたしたちを］導き入れる。

じっさい、伝達された思考のさまざまな様相が過飽和となり二重化することで産み落とされるのは技術性だけでない点は留意されるべきである。宗教的思考もまた判断の基盤となるのだ。

宗教的思考の二重化と同様に、技術的思考の二重化はこの思考の過飽和状態の結果として出てくる。原初的な水準では、技術的思考は宗教的思考と同様に判断を下さない。判断は様相が分化するときに現れるのである。様相は判断の様相である以前に思考の様相であり、とりわけ表現の様相であるからだ。判断は表現による伝達の節点にすぎない。判断は伝達の手立てとして様相を有するのである。様相は表現のタイプによって決まるからだ。様相とは表現の意図なのであって、判断を包み込み、判断に先立ち、判断に付き従うのである。様相は判断のうちに収まるものではない。様相が判断を出現させるのだ。判断は表現の様相を具体化するが、しかしそれを汲み尽くしてはいない。

技術的活動においては、行動が挫折するとき、すなわち行動がそのうちに組み込んでいる世界とともに共立不可能な過飽和系を形成するとき、相対する二つの様相が出現する。もし唯一の身振りがつねに同一の結果へと行き着くのなら、もし技術的行動が唯一の価値しかもたず隙間もないのなら、相対する様相の出現などなかっただろう。技術的思考はあいかわらず成し遂げられた行為の有効性について暗黙のうちになされる把握であって、この行為と区別されることもなかっただろう。だが、技術的身振りの挫折は技術的行為をして相対する二つの実在性（レアリテ）へと、つまりさまざまな行動図式、習慣、人間が手段として習得する構造化された身振りからなる図的な実在性（レアリテ）と、技術的身振りが適用される世界のさまざまな質や次元や能力からなる地の実在性（レアリテ）へとその位相を分離させるのである。技術的身振りを裏打ちしているこうした地の実在性（レアリテ）はさまざまな事物の力動性（ダイナミズム）であり、事物がそれによって生産的となるもの、事物に多産性や有効性や利用可能なエネルギーを与えるものである。それは能力としての事物であって技術が探し求める構造としての事物ではなく、さまざまな傾向や質や固有の力（アレテー）を貯蔵するものとしての物質である。それは行動の支えや補強としての、つまり身振りが有効だと判明しうるためにその有効性が期待される補強としての自然である。それはポテンシャルの備蓄としての自然、不足時にその本性を露わにするところのフュシス（φύσις）なのだ。この自然は人間の図式的な身振りとは別のものである。人間の身振りが技術的に有効であるためにはこの能産的な自然に従って成し遂げられねばならない。自然のこうしたポテンシャル性はたんなる潜在性に比べてはるかに豊かであり、可能性という様相の基盤となっている。論理的な可能性というのは、技術的意図が挫折するときに人間の身振りと区別されることで把握され理解されるようなフュシスの真の潜在性が弱められた反射にすぎない。

ところで、潜在性（ヴィルチュアリテ）とは理論的で客観的な様相である。潜在性は人間の能力の及ばないものに対応しており、にもかかわらず一箇の能力であるからだ。それは純粋な能力、絶対的な能力なのである。

技術的行動の挫折は潜在性と同時にこの潜在性の主観的な対応物をも、すなわち［希望や欲求を表現する動詞の法である］希求法としての可能性を発見させる。図式をすべてまとめてもそれは不完全な現実（レアリテ）である。行動図式とは行動の始まり、つまり作業（オペラシオン）が実現されるために世界へと適用される刺戟なのである。この行動は必要とされ、望ましいものとして提起され、そして人間がその実現をめざすかぎりで現にすでに望まれている。ただしこの行動それ自体はその完全な自律性を有していない。人間の望みには行動の萌芽の価値しかなく、それが遂行されるためには世界の潜在性と出会わねばならないからだ。図的な実在性（レアリテ）が地の実在性（レアリテ）に対応しているのと同様に、実践的な希求法は理論的な潜在性に対応している。希求法とは潜在的なものの図なのである。ここには、技術的統一のうちで直接に与えられ、あらゆる様相に先立つ、暗黙のカップリングがある。一つは理論的でもう一つは実践的なこれら二つの様相の出現は、認識と同時に行動にも属していた最初の統一の、つまり完全で具体的な技術的思考の破れを表している。

だが、これは実践的思考と理論的思考の源泉の一つにすぎない。さまざまな潜在性の公準化は科学ではないし、また同様にさまざまな図式の可能性は実践的思考ではない。*自然学*[1]は科学の最初の分野だが、しかし科学ではないのだ。ポテンシャル的潜在性という概念がつねに個別的であるという点に留意しておくのが何より重要である。この概念は部分ごとに把握される細分化された要素的現実（レアリテ）を対象としている。つまり世界の全体には関わらないのである。ポテンシャルとは現実（リアル）の或る特定の領域のポテンシャルなのであって、それが形成する安定系における現実（レアリテ）全体のポテンシャルなのではない。潜在性の――ほとんど指摘されてこなかった――このような性格は技術性に由来する。じっさい技術的活動は局在的な能力に応じて有効であったり有効でなかったりするのである。技術的活動は、技術的身振りのもとで現実化可能な状態にある潜在性と今・此処で（hic et nunc）出会わねばならない。潜在性は編入され、局在化されており、個別的なのである。希求法が主観的な可能性であるように、潜在性は客観的な可能性なのだ。それゆえ、潜在性というこの様相が、一つ一つ確かめられた項を積み重ねることで真理の発見をめざす帰納的な歩みを統御する様相であるというのは当然のことである。帰納はその原始的な形態において潜在性に基づいているのであって、必然性にではない。帰納によって獲得された真理はそれとは別のものでありえたのかもしれない。潜在性のそうした項すべてを付加することが現実へと向かうのだ。それら項は一つ一つが潜在的である。ただし、積み重ねられ互いに

1　この語［physiologie］は「イオニアの自然学者たち」が語られる際に与えられる意味で理解されている。

結びつけられた全潜在性からなる系は、基礎となる安定性の、つまりいつでも利用可能でどこにでも現出する潜在的なものの安定性――これが「自然法則」にあたる――の等価物へと向かう。しかし第一の帰納的な歩みを基礎づけるにあたっては、自然法則よりもまえに、自然のさまざまな能力、さまざまなフュシス（φύσεις）、効果をうみだすさまざまな力量（キャパシティ）がある。帰納的思考とは、個別の能力を積み重ね、それらを類似性と領域とによって整序し、発見可能な自然の能力に従って現実を分類する思考である。その最初の形態において帰納的思考は技術的行動のための一覧表を準備するが、この一覧表は行動が引き起こしうる全能力を定義し、かつ感覚的印象の多様さのもとであってもつねにそれら能力に達することができるほどの深度でそれら能力を識別することで技術的な挫折を回避するためのものである。

帰納的思考はそれゆえその内容によってのみ定義されるのではない。帰納的思考とは技術の分散に由来する理論的な思考形態なのだ。それは方法としては、個別の要素や経験から「それらの」集まりの全体や全般的な肯定へと進み、包括的な言明の妥当性を、個別的な検証の妥当性を積み重ねるなかで把握する思考である。内容としては、この思考は重いものと軽いもの、冷たいものと湿ったもの、硬いものと柔らかいもの、腐敗するものと腐敗しないものといった世界の発生に関わるさまざまな質や能力を勘考する思考である。最初の帰納的思考が探求する事物の特徴はすべて技術的作業（オペラシオン）のうちに含意されていたものである。これが意味するのは、理論的な帰納的思考が実用主義的（プラグマティック）な思考、つまり行動へと振り向けられており、技術的行動を可能にすることだけを目的としているような思考であるということではまったくない。それは正反対のものだ。帰納的思考は、細分化され局在化された直接的な技術的行動が挫折することで生まれる。この挫折によって、図的な実在性（レアリテ）とこれに連合していた地の実在性（レアリテ）との分離が引き起こされる。帰納的思考は地のさまざまな実在性（レアリテ）を組織化する。ただし帰納的思考は行動へと方向づけられていない場合でもその技術的な起源のしるしをまとっている。地の実在性（レアリテ）、フュシスが捉えられるには、帰納的思考が一定の技術的作業（オペラシオン）に連合されている必要がある。帰納が勘考するものとは、行動の希求法によって言及されえたものなのである。

　技術的思考は挫折を通じて、世界が完全には技術へと組み込まれていないことを発見する。もし世界が図的な構造からしかつくられていなかったなら、勝利をおさめた技術が障害に出くわすことなど決してなかっただろう。だが、人間の身振りと同質な図的構造を越えたところには、人間の身振りの有効性について無条件的な限界として否定的に介入するような別種の現実（レアリテ）が存在している。もし水がポンプのシリンダ内でどんな位置にでも上昇するのだとしたら水道業者の技術で事足りたことだろう。到達すべき位置が高ければ、それに合わせてポンプのシリンダの製造や配管の嵌め合わせやバルブの擦り合わせ加工が完璧なものにされたにちがいない。領域が変更されることも新たな種類の概念が用いられることもなく、ただ到達すべき結果の大きさと製造に関わる技術的な努力との比例だけがあったことだろう。だが、水が吸い上げポンプの一定の位置以上に上昇しないとき、技術的な概念は不適切なものとなる。もはや技術的対象の改良が問題なのではない。最も優れた水道業者であっても一〇・三三メートルを超えて水が上昇するようにはできないのである。世界は技術的身振りへと従順で自発性を欠いた物質を引き渡したりはしない。技術的作業（オペラシオン）のもとにある世界は中立的な地ではない。世界は図的な技術的図式と相対立するような対抗構造を有しているのである。ところで、世界がもつこうした押し止める能力はどんな技術の公理系においても、技術の改良時にこの公理系を過飽和にするような条件づけの無尽蔵の備蓄として介入する。上掛け水車、らせん揚水機（アルキメデスねじ）は対抗構造と出会っていない。しかし吸い上げポンプをつくることのできる水道業者の熟練の技はこの押し止める能力に出会うのである。そしてとりわけ留意しておくべきは、押し止める能力に由来する新たな条件が技術的改良の条件と同質のものではないという点である。技術的改良の条件は、改良とともに体系化される対象の具体化を通じてみずから飽和へと向かう。だが自然によって課される条件はそうした条件に加えて、かつそうした条件と両立可能ではないしかたで介入するのである。

　破れた両立可能性をふたたび見いだすために技術的思考は実践と理論とに二重化するのである。技術に由来する理論的思考とは、そのただなかで作業（オペラシオン）条件の全体性を今いちど同質的で筋の通ったしかたで思考することが可能となる思考である。たとえば流体静力学は、ポンプのシリンダ内で水が上昇する条件について今いちど同質的となった体系をふたたび見いだすことを可能にする。水の上昇は管の下部と上部で作用する圧力差によって説明されていたが、もはやかつての技術的な条件（ポンプのシリンダにおける非耐密性は水柱の上部に残留する圧力、つまり弁を開ける最低限の圧力を存続させる）とかつての非技術的な条件（液柱の高さ、大気圧、液体の蒸気圧）とのあいだに本性の差異はない。あらゆる条件はすべて、自然的であると同時に技術的でもある圧力概念を中心とした一箇の同質的な思考体系のうちにまとめなおされる。技術的な挫折によって思考は水準の変更を、新たな公理系の確立を余儀なくされる。この公理系というのは、技術的作業（オペラシオン）のさまざまな図的図式と技術的身振りにおいて自然がそれら図的図式の有効性に課すさまざまな限界の表象とを、それらを両立可能なものとすることで同質的なしかたで組み込むような公理系である。概念的な両立可能性を打ち立てるこの新たな表象とは概念（コンセプト）である。科学は概念的（コンセプチュアル）だが、それは科学が技術から出てきたからではなく、さまざまな技術的身振りとそれら身振りに世界が課すさまざまな限界とのあいだの両立可能性の体系だからだ。もし科学が技術から直接に出てくるのであったなら、科学は概念（コンセプト）ではなく図的図式からしかつくられなかっただろう。技術的身振りの支えとして考えられたさまざまな自然的質（クオリティ）、さまざまなフュシスは、最も原初的な種類の概念（コンセプト）を構築し、そして帰納的な科学的思考の始まりをしるしづけている。

この「理論と実践への」分離からもたらされる別の結果とは、現実のうちに編入されてはいないが「理論的思考と」同様に当初は互いに分離していた図式が集められてつくられた実践的思考の出現である。技術的身振りへの適用から自由なこれら希求法は世界の客観的な潜在性として互いに連携し、理論知における帰納の過程と類比的な過程に従って実践的な総体を形成する。これこそがさまざまな価値——努力が有効であることや行動が非常識でないことといった価値——を伴った実践的な道徳の基礎の一つなのだ。このような価値はまとめられて体系化されるまえに、世界へと編入された行動のなかで体験され生きられねばならない。そもそもそうした価値が完全に体系化されることなど決してありえない。理論的な帰納知が事物の特性であったり現実の法則であったりの多数性へと至るのとまったく同様に、そうした価値は相異なる価値の多数性へと至るからだ。技術から生じる理論的思考と実践的思考はその帰納的な性格がゆえに多元論的であり続ける。単純であること、つまり完遂が容易いことが行動にとって一つの価値であるのはなぜなのか、有効であることがそれとは別の価値であるのはなぜなのかを述べることはできない。容易さと有効性とのあいだに分析的なつながりはない。にもかかわらず、単純であると同時に有効であることは行動にとって一つの価値なのである。じっさいに適用されて今・此処へと編入された先行する技術的試練だけが実践的道徳のこうした多元論的な価値目録の基礎を提供することができる。それら価値は実践的思考において構築されているためにもはや規範ではないが、しかし挫折と出会い、そしてそれと相関してその客観的な基盤を帰納的な理論知において、その主観的な基礎を実践的道徳の規範において明示するような技術的行動の試練に発するものなのである。

こうした多元論的で細分化され帰納的であり、そして多元論的であるのが当初は経験的であったからであるような性格には、宗教的思考の相関的な二重化からもたらされる結果が相対している。じっさい宗教的思考もまた、主観的・客観的な要素を過度に組み込むまでに過飽和となり、人間と世界の媒介としてそれ自身と両立可能ではあり続けられなくなったとき、理論的様態と実践的様態とに二重化するのである。宗教的思考があらゆるものを代表するというその要請のうちに社会のさまざまな構造を翻訳して組み込むのはおもに集合的（コレクティヴ）な主観である。多くの社会的な推論を担わされるようになると宗教的思考はもはや人間と世界の媒介を実現することができない。そのとき宗教的思考は代表の要請と規範の要請とに、つまり普遍的な神学的教養と普遍的な倫理とに二重化する。これら二つの特殊化においてこの思考はそれを宗教的思考として特徴づけるものを、つまりは全体性と一挙に与えられる無条件的統一性とへの要請を保存している。

じっさい宗教的思考は技術的思考と同様にみずからの能力の限界と出会うのであり、そしてこの限界というのはその公理系に組み込むことのできるものではないのである。もし宗教的思考が余すところなく隙間もないほどに世界と人間とに適用されたなら、この思考が代表している敬意という全体性の機能が誤ることなど決してなかっただろう。だが、原初的な魔術的統一から出てきたのとは別の全体性の次元が生じてくる。個人のさまざまな傾向、そしてとくに時間を通じて発展し組織化する社会的集団化には、媒介されない全体性の能力がある。どの都市もみずからの世界観、無条件的な命令法をもたらす。都市がその版図を拡大するときにデルフォイは変わらず中立の地であり続けることはできない。宇宙のうちには、魔術的宇宙の地の特徴の一部ではないが、にもかかわらず地の特徴のようなものでもあるようなさまざまな能力がある。［たとえば］神託（オラクル）の能力は、同じ部類のものであり、両立可能であるにちがいないが、にもかかわらず原初的な宗教的表象の一部でないような別の能力と出会う。それはただたんに地のものではない能力である。この能力には構造的な何かがあり、世界観を個別的なものにする。都市とは一箇の全体性であり、版図は遍く拡がらんとするが、にもかかわらず完全にはそうならない。宗教的思考はそのとき理論的思考と実践的思考とに二重化する。実践的思考が行動の掟（コード）を与え、その一方で理論的思考は世界のさまざまな質や力を上位の表象において両立させようとし、観想（θεωρία）を基礎づけるのである。

　宗教性を表現する理論知は宇宙と人間の一元論的で体系的な表象を探し求めるのであり、全体から出発して部分へと向かい、時間の総体から出発して瞬間をその個別性において理解する。技術から生じる理論知が作業（オペラシオン）に関わる知であるのに対して、この知は一元論的で演繹的な知、本質的に観想的な知なのだ。この知が観想的であるというのは、認識主体が認識すべき現実(レアリテ)に対して下位にあり後続するという状況のうちにあるという意味においてである。つまり認識主体は、その観察に供される未調整の自然のうちに秩序をもたらす帰納知におけるのとは違って、身振りの継起を通じて認識すべき現実(レアリテ)を構築したりはしないのである。観想的な演繹知にとって認識の努力とはすでに存在している秩序を自覚する努力でしかないのであって、実効的に秩序づける努力ではない。知は存在を変化させず、そして存在を把握するにはつねに部分的に不十分なものであり続ける。存在は知に先立ち、そして知は存在のただなかで反射光のように広がってゆくのである。

科学における数の使用はその起こりにおいて技術的というよりも宗教的であったように思われる。じっさい数とは何より演繹を可能にし、或る個別の現実(レアリテ)をそれが属する総体への準拠において把握することでこの総体に統合することを可能にする構造なのである。それはプラトンの定義するところでは哲学者のあつかう数である。プラトンは哲学的な測量術(メトレーティケー)を商人のそれと対立させる。つまり後者はたんなる実践的な手続きなのであって、存在どうしのあいだに、そして存在とコスモスとして理解された全体とのあいだに関係が存在していることを認識できるようにはしない。イデア的な数は分有関係を可能にする構造である。イデア数についてアリストテレスが『形而上学』でおこなう批判はプラトンのイデア数のこうした卓越して構造的な性格を考慮に入れていない。アリストテレスは帰納的思考の図式に従っているがゆえに数えるという作業(オペラシオン)を通じて数を考察しているからだ。ところが、数を利用する理論的思考は本質的に観想的であり、その起こりにおいて宗教的なのである。この思考は存在を数えたり測定したりしようとするのではなく、存在がその本質において世界の全体性に対してどのようなものであるかを評価しようとする。この思考はそれゆえに各個物の本質的構造を数のうちに探し求めるのだ。全体性の機能と一元論的な着想とによって特徴づけられる宗教的思考は理論知の第二の源泉である。この思考の意図が普遍的な図的実在性（レアリテ）を、世界の秩序を、存在の全体のエコノミーを把握することにある点は指摘しておかねばならない。こうした探求においてこの思考は形而上学的であって自然学的ではない。というのもこの思考は、みずからを分離させた技術的思考とは違って、地のさまざまな局在的な実在性（レアリテ）——さまざまな能力つまりフュシス——の帰納的な積み重ねをめざしはしないのである。この思考は普遍的な構造的輪郭を、全体の外形を探求するのだ。それゆえ、理論知の演繹的な源泉から出てきた探求が帰納的な探求の結果と完全に出会うことなど——これら歩みは一方が地の実在性（レアリテ）に基づき、他方が図的な実在性（レアリテ）に基づいている以上は——決してありえないだろうと考えられる。

　実践的な次元（オーダー）において宗教的思考は、所与の無条件的な原理を出発点とし、この原理から個別の規則まで降りてゆく義務の倫理を生じさせる。宗教に統御されるさまざまな思考形態の理論的一元論と実践的一元論とのあいだには類比がある。つまり理論的一元論においては世界の秩序はそれがそのようにある以外にはありえない。それは潜在性とは反対のものだ。世界の秩序とは、それについて得られるあらゆる認識に、そしてあらゆる生成にすら先立つ現実性（アクチュアリテ）なのである。理論的な演繹的認識の様相とは必然性なのだ。実践的な次元（オーダー）においては、必然性の理論的様相には命法の無条件的で唯一的な性格が、すなわちその定言的な性格が対応している。カントが定言命法を提示するしかたは、もしカントが定言命法を理性の普遍性と結びつけなかったなら、宗教に由来する倫理の原理を定義するのに相応しいものであっただろう。宗教的な定言命法は理性的であるまえに定言的であるのだ。それは最初から定言的なのである。現実（レアリテ）が道徳的行動の主体である個別の存在を包み込んでいるように、存在の全体性はあらゆる個別の行動に先立って存在しており、個別の行動を無限に凌駕しているからだ。存道徳命法の定言的性格は全体性の要請を、そしてこの要請が行動する存在の個別性に対してもつ全能性を表している。定言命法とは何よりもまず全体性に対する敬意である。定言命法は地の実在性（レアリテ）がもつ所与の自己正当化的な性格からつくられている。定言命法において道徳主体が敬意を払うものとは、この主体を無限に凌駕し、その行動をそのうちに含むがゆえに条件づけて正当化している全体性であるかぎりでの現実（レアリテ）である。あらゆる個別の行動は全体性において捉えられ、存在の地のうえで展開され、そしてそこにみずからの規範性を見いだす。個別の行動は地を構築せず、修正しない。地に適用され、順応することしかできないのである。これこそまさに倫理の第二の源泉、技術的な源泉と相対する源泉である。

　したがって理論的思考の二源泉と実践的思考の二源泉とが存在していると言える。すなわち技術と宗教であり、過飽和となりどちらもが地の内容と図的な内容とをふたたび見いだしたがゆえに二重化するときに把握されている［かぎりでの技術と宗教である］。理論的思考は技術の地の内容と宗教の図的な内容とを取り集める。こうして理論的思考は帰納的で演繹的、作業（オペラシオン）的で観想的となる。実践的思考は技術の図的な内容と宗教の地的な内容とを取り集める。これによって実践的思考には仮言的規範と定言的規範が、多元論と一元論が提供される。

これらの相対する二源泉から理論的次元（オーダー）と実践的次元（オーダー）とにおいて生じるさまざまな思考様態が収斂してゆく地点には完全な知と完全な道徳とがあるだろう。ところがこれらの相対する要請のあいだに現れるのは統一性の発見というよりもむしろ衝突なのである。理論的思考も実践的思考も二つの基本的な方向性が出会う地点に真にあるような内容を完全に発見するには至らない。しかしこれら方向性は判断や行為ごとに存在しうる唯一の様相を定義することで規範的な能力として振る舞うのである。

理論的な次元（オーダー）においては、そうした「思考様態の収斂してゆく」正中にある総合的な様相とは実在性（レアリテ）のそれである。現実（リアル）は最初に与えられるものではない。そこにおいて帰納知と演繹知の出会いが成し遂げられるだろうところのものである。つまりそうした出会いの可能性の根拠であり、多元論的な認識と一元論的な認識が両立しうる相関的な根拠である。現実（リアル）とは潜在的なものと必然的なものの総合、あるいはむしろそれらの両立可能性の基礎なのだ。つまり、帰納的な多元論と演繹的な一元論のあいだで、完全な実在性（レアリテ）として捉えられた図‐地関係の安定性である。

これと相関して、実践的な次元（オーダー）においては、技術から生じる実践的思考の希求法的様相と定言命法とのあいだには中心的な――つまり希求法と義務とが出会う地点、実践的価値の多元論と定言命法の一元論とのあいだにあるような――道徳的カテゴリーが存在している。この様相には名称が与えられていない。極端項（仮言命法と定言命法）だけが指摘されてきたからだ。にもかかわらずこの様相は実践的な次元（オーダー）において、理論的な次元における実在性（レアリテ）に対応するものである。この様相は価値についてのありうる多元論と両立可能性という規範の統一性とをそのうちに折り込むことで行動の最適条件（オプティモム）をめざすのである。最適（オプティモム）とは、価値の多元論と全体性の無条件的な要請とを両立可能にするような行動の特徴である。行動の最適条件（オプティモム）は仮言命法と定言命法とのありうる収斂を公準とし、そしてこの両立可能性を、現実のさまざまな構造の発見が帰納的な多元論と演繹的な一元論とを両立可能とするようにして構築する。

　理論的思考と実践的思考は中立的（ニュートラル）な中心への収斂を実現するかぎりで構築され、そうして原初的な魔術的思考の類比物をふたたび見いだすのだと言えるだろう。しかしながら、理論的な統一性と実践的な統一性――これら統一性は理論的判断と実践的判断（実在性（レアリテ）と行動の最適）という正中の二様相が存在していることから公準として立てられている――は理論的な次元（オーダー）と実践的な次元（オーダー）とのあいだに食い違いを残したままにしている。魔術的統一を図と地へと分離する原初的な破れが、理論的と実践的とに分割された思考の二様相的（バイモーダル）な性格によって置き換えられたのだ。理論的であれ実践的であれ、どの様態も図と地を有している。だが、それら様態が原初的な魔術的思考の、つまり人間が世界内に在る完全な様態の完全な遺産を受け継いだのは、ただそれら様態が二つ揃った状態ででしかない。思考の生成にみられる放散が全面的に補われるには理論的な次元（オーダー）と実践的な次元（オーダー）とのあいだの隔たりが或る種の思考によって、つまり決定的な総合能力を有しており、その機能において魔術ひいては美的活動の類比物として現れうるような思考によって踏み越えられる必要があるだろう。別の言い方をすれば、美的思考が技術と宗教との原初的な対立の水準で成し遂げる仕事を理論的思考と実践的思考との関係の水準で再開させる必要があるだろう。このような仕事というのは哲学的な反省が成し遂げるべきものである。

　ところで、哲学的な仕事が成し遂げられうるには、この反省の基盤が堅固で完全でなければならない。別の言い方をすれば、打ち立てるべき関係の向から先（サンス）が姿を現すには、思考のさまざまな理論的・実践的な形態の発生が全面的に完全に成し遂げられるのでなければならない。哲学的思考はそれゆえ収斂というその役目を果たしうるには、さまざまな様相をそれらの真の意味連関において把握するためにまずは先立つ発生を意識化しなければならない。そうすることで哲学的思考の真の中立的な中心を決定することができるようになる。じっさい理論的思考と実践的思考はつねに不完全で未完成である。把握しなければならないのはそれらの意図と方向性だ。ところで、この方向性や意図は、これら思考形態のいずれであれその現実化している内容を検討することでは与えられえないだろう。哲学的な努力がそれに沿って実行されるべき方向性を見いだすために認識すべきは、各形態の生成がその起源から出発して向から先（サンス）なのである。哲学的思考はみずからがその終端で収斂の力として介入する生成を引き受けなおさねばならない。哲学的思考それ自身は、理論的思考と実践的思考とを生じさせる分離よりもまえに技術的思考と宗教的思考とを関係的な様態へと変換することができる。じっさい、分離に先立って存在しており美的思考を哲学と結びつけるような共通の基礎的領域がなければ、存続しうる（ヴァイアブル）総合がこれらの思考形態のあいだに確立可能であることはまったく説明がつかなくなってしまう。この中間的様態は教養と呼ばれうる。かくして哲学は教養について構築的で制御的であり、宗教や技術の向から先（サンス）を教養の内容へと翻訳するものということになる。なかでもとくに、哲学は技術的思考や宗教的思考の新たな表出を教養へと導入することをその務めとするだろう。かくして教養は中立点にあり、さまざまな思考形態の発生に随伴し、収斂の力が行使された結果を保存するものということになる。

収斂の努力を技術の要素的な思考と宗教の母体としての全体性の思考とがとる最新の形態へと適用することは、これら二種の思考が世界と人間との媒介にだけでなく、地理的世界と人間世界との媒介にも適用されることで可能となる。これら二種の思考は人間的現実（レアリテ）を対象として有しており、この新たな負荷から出発して彫琢される。つまり人間的現実（レアリテ）を相異なる方向（サンス）へと屈折させるのである。対象のこうした共同性は哲学的反省を介した教養の樹立にとって基盤として役立ちうる。人間のさまざまな技術が存在しており、そして或る意味であらゆる技術は集団をなす人間の技術なのである。人間は技術的総体の画定に介入するからだ。技術的活動の飽和は思考における理論的様態と実践的様態への分裂とは別の構造化に導きうる。哲学的思考は、技術的思考と宗教的思考とが分離する以前の人間の世界内存在の二つの相対する位相の関係づけを試みるために、技術的思考がより長く、より完全に技術的であり続けることを可能としうる。かくして哲学的思考は生成の向かう先（サンス）を深化させてより多産なものとするために生成を再開させることを、すなわち生成の速度を緩めることをその務めとするということになる。思考の根本的な位相を理論的様態と実践的様態へと分離するのはおそらく時期尚早なのだ。哲学的な努力は技術性と宗教性を保存し、そうして哲学的な努力の発生論的な意図なしには自発的に成し遂げられないような発生の終端に、技術性と宗教性のありうる収斂を発見することができる。かくして哲学は発生論的な本質の発見だけでなく、そうした本質の産出をもその目標とするということになる。

第三章　技術的思考と哲学的思考

技術と宗教とのあいだに存在している対立は、第一の位相では自然世界を彫琢する技術――こうした技術は個としての人間の運命を思考する宗教と対照をなしている――に内属する。だが技術と宗教には第二の段階が存在している。自然世界の彫琢ののち、技術的思考は人間世界の彫琢へと舵を切ったのだ。技術的思考は人間世界を分析してさまざまな要素的プロセスへと分離し、次いで地(じ)のさまざまな質(クオリティ)や力は脇に置きつつ図的な構造を保存することで作業(オペラシオン)に関する図式に従ってこの世界を再構成するのである。人間世界についてのこうした技術には、それ自身が人間世界――ただしその全体性において把握された――に関わるいくつかの種類の思考が対応している。慣習ではこれらの思考は宗教とは呼ばれない。伝統によって宗教という呼称は世界を彫琢する技術と同時的な思考様態に割り当てられているからだ。もっとも、人間世界に適用される技術との対立を通じて全体性の機能を引き受け、世界規模の巨大な政治運動であるような思考様態はまさしくその機能において宗教の類比物である。だが［第二段階の技術と宗教である］人間についての技術と政治的・社会的な思考は魔術的思考の二重化のあたらしい波から生じてくる。かつての技術と宗教はほとんどもっぱら自然世界とみなされた原初的な魔術的宇宙の分離に糧を得ることで発展しえたのであった。人間世界は原初的な魔術的網状構造のうちに包まれたままであったのだ。反対に、人間についての技術がこの網状構造を破って人間を技術的な素材とみなすようになったときから、統一性の水準より下で人間存在を捉える思考（人材管理の技術）と統一性の水準より上で捉える別の思考（政治的・社会的な思考）とが図－地関係のこの新たな破れから相関的に出現した。自然世界の魔術的な網状組織の破れから生じたかつての技術と宗教と同様に、人間に関わる技術と政治的思考は互いに逆方向へと進んでゆく。技術は人間を複数化して市民であったり労働者であったり家族的な共同体の成員であったりとして研究することで、図的な特徴を通じて人間へと働きかける。こうした技術が勘考するのはまさしく図的な要素であり、とりわけ社会集団への同化や集団どうしの団結のような基準である。こうした技術は、ソシオメトリーがさまざまな選択をソシオグラムのさまざまな線へと変換することでそうするように、さまざまな態度をさまざまな構造的要素へと変換する。社会的・政治的な思考は人間を分析するのではなく、宗教が各個人を聖なるものと俗なるもの、清浄と不浄といったカテゴリーのうちに入れることで分類し判断するように、人間を地のさまざまな質と力によって定義されたカテゴリーのうちに入れることで分類し判断する。そして宗教が特定の場所や特定の瞬間がもつ宗教的な性格への技術による瀆聖に抵抗し、禁止というかたちでそれら場所や瞬間に敬意を払うことを（たとえば休みとなる祝日によって）技術に課すのと同様に、社会的・政治的な思考は互いに対立しているときでさえ、あたかも人間についての技術が侮蔑的であり全体性への敬意に反するものであるかのように、人間についての技術を制限して人間の実生活（レアリテ）に敬意を払うことを課すのである。人間世界はこのように人間についての技術によってはその要素において表象され、社会的・政治的な懸念によってはその全体性において表象される。だがこれら二つの表象は十分なものではない。その統一性のうちにある人間世界は中立点でしか把握されえないだろうからだ。技術は人間世界を多数化し、政治的な思考は高次の統一性へと、つまりその生成のうちにある人類という全体の統一性へと統合する。そこにおいて人間世界は、集団における個人のように、その実質的（リアル）な統一性を失うのである。

ところで、人間的現実（レアリテ）における個体化の真の水準は、人間世界にとっては自然世界にとっての美的思考に当たるような思考により把握されねばならないだろう。この思考はいまだ構築されてはおらず、そしてその構築をおこなわねばならないのは哲学的思考であるように思われる。美的活動を暗黙の哲学とみなすことはできるが、しかし人間世界に適用可能とはいえ美的思考が人間についての技術と社会的・政治的な思考とのあいだに安定的で完全な関係を十分に築き上げるのは難しいように思われる。この構築はじっさいそれだけで切り離されるようなことはできないだろう。というのも人間世界は自然世界と結びつけられているのである。人間についての技術は自然世界を彫琢する技術がその急激な発展によって社会的・政治的な体制を変化させたとき、切り離された技術として出現した。それゆえ、人間についての技術と社会的・政治的な思考とのあいだだけではなく、要素的な全機能と総体としての全機能――したがってそこには人間についての技術、宗教的思考と社会的・政治的思考が含まれる――とのあいだにも関係が打ち立てられねばならない。哲学的思考はこのような彫琢にふさわしい。なぜならさまざまな思考形態の生成を認識することができ、そして発生の継起的な段階のあいだに、とりわけ自然的な魔術的宇宙の破れを成し遂げる段階と人間的な魔術的宇宙の分離を成し遂げる段階――そしてこれは成し遂げられつつある――とのあいだに関係を打ち立てることができるからだ。反対に、美的思考はどの二重化とも同時的である。たとえ人間についての技術と社会・政治的な思考とのあいだに新たな美学をつくり出すことが可能だとしても、これら二つの継起する美学を互いに結びつけるには哲学的思考が、つまり美学のための美学が必要となるだろう。かくして哲学は思考の生成における高次の中立点を構成するということになる。

それゆえ哲学的な努力には果たすべき唯一の任務（タスク）が、すなわち技術的な思考様態と非技術的な思考様態との統一を探求するという任務があるということになる。ただしこの任務は二つの異なる途を取りうる。

第一の途は、美的活動を一つのモデルとして保存し、人間世界の技術がこの世界の全体性の機能――これへの拘い（かかずら）が社会的・政治的な思考を活気づけている――と出会うことができるように人間世界の美学を実現しようと試みる点に存するだろう。第二の途は、全体性の機能を引き受ける思考や技術をその元の状態において捉えるのではなく、理論的様態と実践的様態――これらは科学と倫理へとまとめられる――への二重化以後にのみ捉える点に存するだろう。ところで、第二の途はより長い廻り道を成し遂げるものであり、伝統に従っても問題系の要請に従ってもまさしく哲学的探求に対応している。この途はしかし現状の概念や方法では袋小路へと、つまりカントが理論的と実践的の二領域を区別しようとしてその各々に独立した身分を認めた地点へと通じているように思われる。すでにデカルトは理論知の完成に先立つ仮の道徳を打ち立てようと試みていたのであった。わたしたちはこう問うことができる。こうした科学と倫理の関係という問題の解決不可能な性格は、科学と倫理が完璧に筋が通っており統一されている真の総合でないことに由来するのではなく、技術的思考がもたらすものと宗教的思考がもたらすものとのあいだでの、すなわち要素の認識と全体性の機能の認識とによる要請のあいだでのほとんど安定的でない妥協に由来するのではないか、と。そのような場合、さまざまな思考様態の発生をその基底から、つまり、技術の内部ならびに宗教の内部で理論的様態と実践的様態とを生じさせる二重化以前の、技術と宗教を対立させる位相のずれにおいて捉えなおす必要があるということになる。哲学的思考は技術と宗教について反省をおこなうのであり、互いに直接かつ完全に合致するような反省的な技術論（テクノロジー）と宗教から引き出される霊感（インスピレーション）とをおそらくは発見することができるのであって、美的活動が基礎づける空間のような不完全な仮初めの関係という中間的な空間をつくり出したりはしない。

この関係は理論的様態と実践的様態への二重化よりもまえに捉えられるなら理論的であると同時に実践的な関係であるだろう。この関係は自然的であると同時に人間的なただ一つの世界へと技術と宗教（政治的・社会的な思考はここで宗教と同じ次元（オーダー）のものとみなされ、そして宗教として取り扱われうる）を編入しようとすることで、美的活動が部分的にしか果たさない役目を現実に完全に果たすだろう。こうした編入が可能であるには、技術的思考と宗教的思考が統一性の水準になければならず、統一性以下であったり以上であったりしてはいけない。多数性や全体性といった構造は互いに類比的に結びつけられた統一性（ユニット）のネットワークに置き換えられねばならないだろう。

こうした発見の条件とは、技術と宗教の網状構造化へと至りうるような技術の向かう先（サンス）と宗教の向かう先（サンス）の深化である。技術と宗教はその内容の連続性において合致しうるのではなく、どちらの領域にも属しているいくつかの特異点によって、そしてそれらの合致により第三の領域を、つまり教養的現実（レアリテ）の領域を構築することで合致しうるのである。

技術的思考は特定の一領域における使用の図式よりも広汎な図式の発見によって構造化されうる。じっさい技術の多元的状態（プリュラリスム）は技術的対象の多様性だけではなく職業であったり使用領域であったりの人間的な多様性からも生じてくるのである。用途がきわめて多彩な技術的対象にも似通った図式が含まれうる。技術的現実（レアリテ）の真の要素的な統一（ユニット）とは実践的対象ではなく具体化された技術的個体なのだ。そうした具体化された技術的個体についての反省から真の純粋な技術的図式（因果や条件づけや制御といったさまざまな様態の図式）を発見することができる。

技術に適用される反省的な努力を特徴づけるのは、あらゆる技術についての技術が図式の一般化によって発展しうるということである。純粋科学を定義するのと同様に、純粋技術つまりは一般技術論を打ち立てるということが考えられる。［ただし］これはその実用化が技術となって現れるような理論的科学とは大きく異なる。もちろん、科学の領域でなされた発見が新たな技術装置の誕生を可能にしうるというのはまったくその通りである。だが、科学的な発見が技術装置となるのは直接に、演繹によってではない。科学的発見は技術的探求に新たな環境（コンディション）を与えるが、しかし技術的対象が出現するには発明の努力がおこなわれる必要がある。別の言い方をすれば、科学的思考が作業（オペラシオン）的図式となることが、あるいはさまざまな作業（オペラシオン）的図式の支えとなることが必要なのだ。純粋技術論と呼ぶことのできるものはそれとはまったく反対に、複数の科学が、そしてまた複数の職種のあいだで割り振られた複数の伝統的な技術的領域が交わる点にある。たとえば［フィードバックのような］円環的作用の図式とその多様な状態（レジーム）はどの特殊な技術の所有物でもない。［たしかに］これらは［サイバネティクスという］情報の伝達や自動制御装置に関する技術において初めて指摘されて概念的に定義されたのであった。これら図式や状態はその技術のなかで重要な実践的役目を果たしていたからである。だが、これら図式や状態はすでに熱機関のそれのような技術において用いられていたのであり、それゆえマクスウェルはそれらを理論的に研究したのである。ところで、その内容が複数の技術に及ぶような、あるいはすくなくともそれが適用される技術の数が定められていないような思考はすべて、まさにそれゆえに技術的な領域を越え出ている。神経系の作動に含まれる特定のプロセスは特定の自然現象と同様に循環的因果の図式によって思考されうる。たとえば緩和[1]の図式は、それが適用されるのが技術装置であれ間欠泉の作動であれパーキンソン病の震顫（しんせん）現象であれ、つねにそれ自身と同一である。因果や条件づけの一般理論［＝サイバネティクス］は、たとえこの理論の概念的な由来が或る個別の技術から来ているのだとしても、一つの領域の特殊性を越え出ているのである。こうした理由で、一般化された技術論のあつかう図式は別箇の技術的対象を越えたところまで高められる。それら図式がとくに可能にするのは、技術的対象と自然世界との結びつきを適切に思考すること、すなわち経験論を乗り越えるしかたで世界への技術の編入を確かに実行することである。技術的対象は働きが予測されて計算可能であるような一連の作用と反作用のただなかへと置かれるのであって、もはや魔術的世界の原初的な構造化の破れから生じた、世界から切り離されているあの対象ではない。技術的な対象化によって破れた図‐地の結びつきは一般技術論のうちにふたたび見いだされる。まさにそれゆえに、技術的対象はそれが編入されるべき環境に従って発明されるのであり、個別の技術的な図式は自然世界のさまざまな特徴を反映し統合しているのである。技術的思考は技術的個体に連合している環境の要請や存在様態を組み込むことで拡大してゆくのだ。

それゆえに、諸学総合的（ポリテクニック）な技術論がさまざまな別箇の技術に取って代わるかぎり、さまざまな技術的現実（レアリテ）それ自体がその実現された対象性においてネットワークの構造をとる。つまり職人の手仕事のように自足しているのではなく相互に関連しあっているのであって、そのキーポイントの網の目のうちに包囲している世界と関連しあっているのである。道具は自由で抽象的であり、いつでもどこにでも運搬可能だが、しかし技術的総体は自然世界へと具体的に結びつけられた真のネットワークなのだ。ダムはどこにでも建造できるものではないし、太陽炉も同様である。伝統的な教養にみられるいくつかの概念は、技術の発展がそれぞれの場所や地方に固有な性格の喪失を引き起こし、地域の職人的な慣習や装いを失わせることを想定しているように思われる。じっさいには、技術の発展はそれが壊す具体化よりもはるかに重大かつしっかりと根づいた具体化をつくり出すのである。職人的な慣習は地域的な慣習と同様、たんに影響力だけで或る場所から別の場所へと移動してゆくことができる。つまりほとんど人間世界にしか根づいていない。反対に、技術的総体は自然環境に深く根づいている。未熟な土地に炭鉱はないのだ。

このようにして、自然的で技術的で人間的ないくつかの高みにある場所が構築される。これらの高みにある場所の総体、相互接続こそがこうした自然的であると同時に人間的である諸学総合的（ポリテクニック）な宇宙をつくっている。この網状組織にみられる構造は社会的・政治的なものとなってゆく。技術はそのじっさいの在り方（エグジスタンス）において、自然世界に対しても人間世界に対しても切り離されてはいないのである。ところでそうした技術は技術的思考に対してはあたかも切り離されているかのようにあり続けるが、それは具体的総体がおりなすこうした技術的な網状構造について理論的な認識を可能にするほどまでに発展した思考が存在していないからだ。哲学的思考に負わされるのはそのような［思考の］構築の任務（タスク）である。というのもそこにはいまだに教養のうちで表象されていない新たな現実（レアリテ）があるのである。技術的な決定や規範を越えたところに諸学総合（ポリテクニック）的で技術論（テクノロジック）的な決定や規範を発見しなければならないだろう。技術の多数性の世界が、つまりそれに固有の構造をもっており、それに適切な表象を教養の内容のうちに見いだすにちがいないだろう世界が存在している。ところがネットワークの一般用語（ターム）はふつう電力や電話回線や鉄道や街道の相互接続構造を指し示すのに用いられているが、あまりに不正確であって、これらネットワークのうちに存在している因果や条件づけの個別の状態（レジーム）——これら状態が人間世界と自然世界のあいだの具体的な媒介としてそれらネットワークをこの二世界へと機能のうえで結びつけている——を説明しない。

技術的対象に適切な表象が教養へと導入されるなら、その帰結としてさまざまな技術的ネットワークのキーポイントがすべての人間集団にとって現実的（リアル）な参照項となるだろう。もっとも現状ではそれらキーポイントを理解する者たち、すなわち各専門の技術者にとってしかそうはなっていない。そのほかの人間にとってそうしたキーポイントは実践的な価値しかもたず、かなり混乱した概念に対応している。技術的総体はあたかも自然においても人間においても市民権がないものであるかのように世界へと導入されているのに対して、山や岬は具体的な制御の力能において特定の技術的総体に劣るが、地域のすべての人間によって知られ、世界の表象の一部をなしているのである。

しかしながら、一般技術論の創設によって技術はどの程度まで宗教と結びつくのかと問うことができる。真の複雑な作業（オペラシオン）的図式を識別して技術的総体の統合をおこなっても、プロセスについての理論的な意識と同時にそうしたプロセスに含まれる規範的な価値がなかったなら、このような結びつけが十分に可能となりはしないだろう。というのも、統合された技術の網状組織構造はもはやたんに行動のために意のままに用いることができ、理屈ではどこにでも持ち運ぶことができ、どんな瞬間でも使用することのできるような手段ではないのである。わたしたちは道具や器具を取り替えたり、自分でつくったり修理したりはできるが、ネットワークを自分でつくることはできない。わたしたちはネットワークに接続し、適応し、参与することしかできないのだ。ネットワークは個別的存在の行動を支配し束縛しているのであり、一つ一つの技術的総体を支配してさえいる。ここから自然世界と人間的世界とへの分有形態が出てくるのであり、これは抑制のできない集合的（コレクティヴ）な規範性を技術的活動に与える。それはもはやたんにシュリ・プリュドム[2]によって言及されたようないささか抽象的な職業間の連帯（石工やパン屋のような専門家どうしの連帯）というだけでなく、多様な条件づけの働きによってその瞬間その瞬間に存在している、きわめて具体的で現在的な連帯でもある。さまざまな技術的ネットワークを通じて人間世界は高度な内的共鳴を獲得するのだ。行動を促すさまざまな力能、力、ポテンシャルは、原初的な魔術的宇宙において存在しえたのと同様に、網状の技術的世界において存在している。技術性は世界の一部であり、たんに手段の総体であるというだけでなく、行動の条件づけや行動への動機づけの総体でもあるのだ。道具や器具は恒常的に個体の意のままに用いられるがゆえに規範的な能力をもたない。［しかしその一方で］技術的なネットワークは人間的活動の内的共鳴がさまざまな技術的現実を通じて大きくなるにつれてより多くの規範的能力を得ることになる。

ところで、さまざまな技術的総体の価値づけとそれら総体の規範的な価値とによってかなり特殊な敬意の形態が引き起こされる。それは純粋な技術性それ自体へと向けられるのだ。教養へと深く根づきうるのは、技術的現実の認識にもとづいているのであって想像力の威光にもとづいているのではないこの敬意の形態なのである。主幹道路は大都市の出口でこうした敬意の形態を課す。また、港や鉄道輸送の管理局や飛行場の管制塔も同様である。この能力を有しているのはネットワークのキーポイントであるが、しかしそれはキーポイントであるかぎりにおいてであって、キーポイントに含まれる技術的対象の直接的な威光によってではない。たとえばパリ天文台の時計は一〇年ほどまえに理科系の学生たちがカタコンブを通過することでおこなった騒がしい訪問によってわずかに遅れた[3]。技術的な聖なるものに対するこの冒瀆の余波は当時かなりのものであった。ところで、もし同じ時計が教育のために研究室に置かれてその作動の自動制御の働きを見せるために故意に狂わせられたのであれば、聖なるものの冒瀆に対応するようないかなる感情も感じられはしなかっただろう。じつのところ天文台の時計の遅れはこの時計がネットワークのキーポイントである（この時計はラジオを通して時報を打つ）がゆえにスキャンダラスなのだ。そして［それがスキャンダラスであるのは］この遅れが示しえたような実践的な危険のゆえにでもない。この遅れはあまりにわずかであって海上の船舶に重大な間違いを起こさせるほどには深刻でないからだ。じっさいには、それが引き起こしえた実践的な帰結とは無関係な、厳密な意味での瀆聖がそこにはある。傷つけられたのは基準系の安定性なのだ。そもそも、おそらく文科系の学生たちならこのような試みを思いつきもしなかっただろう。文科系の学生にとって天文台の時計はそのような規範的価値をもたないからだ。この時計は聖なるものではない。なぜならその技術的本質において認識されておらず、文科系の学生がもつ教養のうちで適切な概念によって表象されていないからだ。これらの敬意あるいは不敬の形態は、自然的で人間的な世界に統合された技術性のうちに有用性を凌駕するさまざまな価値が内属していることを表している。技術的現実（レアリテ）の本性を識別する思考とは、別箇の対象——ハイデガーの表現に従えば用具[4]——を越えて進み、技術的な組織化の本質と射程とを別箇の対象や専門化した職業を越えて発見する思考である。

伝統的な宗教的思考はそれ自身についての意識化の手段を新技術との戦いという先入観に見いだしているように思われる。その標的となっているのはじっさいには「新たに出てきた」技術そのものではなく、そうした技術と同時的であるような、そして伝統的な宗教のみならずそうした宗教と同時的であった旧技術をも無視するようなタイプの文明なのである。この対立は、現在の技術が宗教とではなく社会的・政治的な思考と対（カップル）をなさねばならない——宗教は現在の技術と同時的ではないのだ——ことからして、まさにその根本において捻じ曲がっている。継起的な段階の連続性が察知されうるのはただ同じ時代の技術と宗教とのカップリングが実現したのちでしかないが、しかしそれは或る時代の或る位相と別の時代の「その位相と」相対する位相との対立においてではない。

ところで、わたしたちの時代の社会的・政治的な思考、つまり最近の技術の発展と同時的な思考を考察してみるなら、そうした思考が宗教の絶対的普遍性という性格を自然的で人間的な世界への編入に適した次元に帰着させているのがわかる。なるほど、あらゆる政治的・社会的な原則(ドクトリン)はみずからを無条件的に有効で今・此処(hic et nunc)の外にあるような一つの絶対として提示する傾向にある。しかしながら社会的・政治的な思考は具体的で現在的な問題を提起することを受け入れるのだ。発展の途上にある技術的思考と同様に、社会的・政治的な思考は本質的な瞬間やキーポイントでもって世界の網状化した表象へと至る。技術的現実(レアリテ)をたんなる手段以上のものとして扱うことでこの現実(レアリテ)へと適用され、自然的で人間的な世界への編入による網状化の水準でこの現実(レアリテ)を捉えるのである。かくして、最近の社会的・政治的な三大原則(ドクトリン)は統合された技術についての表象および価値づけをそれぞれ独自のしかたで取り込んだのであった。国家社会主義的な思考は、一民族の運命を技術の拡大と結びつけ、さらにはこの主人として振る舞う拡大との関連から近隣の民族の役目を思考するような特定の考え方と結びついている。アメリカ的な民主主義的原則(ドクトリン)には技術的進歩と文明へのその組み込みについての或る種の定義が含まれている。生活水準という概念は社会的なものであり、教養的現実(レアリテ)を構成しているが、この概念が有する内容の重要な用語は科学技術的(テクノロジック)なものである(しかじかの器具や用具の所有だけでなく、しかじかのネットワークを利用し、機能のうえで接続できるようになること)。最後に、マルクス主義的な共産主義の原則(ドクトリン)はその実現され生きられたさまざまな側面において、技術的な発展を、成し遂げるべき社会的・政治的な努力の本質的な一側面とみなしている。この原則(ドクトリン)はトラクターの使用や工場の建設を通じて自身についての意識化をおこなうのである。政治的な水準では、大国が自身についてもつ意識には、その技術的水準(これは国力の評価でしかないだろう)だけでなく、技術的現実(レアリテ)を介しておこなわれる現在の宇宙全体へのみずからの編入をもあらわすような表象が含まれている。技術の変化は宇宙の政治的な布置と呼ぶことができるだろうものの変容を引き起こす。キーポイントが世界の表面へと移動するのだ。今日では［炭鉱から採掘される］石炭は世界大戦前夜よりも重要でなくなっている。しかし［パイプラインによって運ばれる］石油はその重要性を増しているのである。これらの［自然世界に根ざした］構造は経済的構造よりも安定的であり、経済的構造を統治している。鉱石の採掘される鉱脈へと通じる特定の途は数多くの経済的変容にもかかわらず、ローマ帝国による征服以来、安定的なものであり続けているのだ。社会的な思考および政治的な思考はいくつかの傑出点に従って、つまり技術性が編入されるさまざまな地点――これら地点は一つのネットワークとみなされる――と合致する問題提起的な点に従って世界へと編入されている。

以上からわたしたちが述べようというのは、社会的・政治的な構造はそれ自体が技術の状態によって決定されているような経済的状態を表現する以上のことをしていないということではない。そうではなく、政治的・社会的な思考による世界へのキーポイントの分配と編入は技術的なキーポイントのそれとすくなくとも部分的には合致するということ、そして相互連結した固定の総体というかたちで技術が次第に宇宙へと編入され、人間個体をそれら個体が決定している網目のうちに包囲するにつれて、この合致はより完璧なものになってゆくということである。

しかしながら、以上のように政治的思考の構造と技術的思考の構造とを形式的に比較させても技術と非技術的思考のさまざまな形態との関係という問題は解決されない。というのは、政治的・社会的な思考は普遍性を或る意味で断念することと引き換えにしてみずからの構造を技術的思考の、とりわけ人間世界へと適用された技術的思考の構造と合致させることができているのである。政治的・社会的な思考は輸入や輸出といった貿易の表象と、すなわち技術が存在していることからもたらされる結果である経済的現実（レアリテ）――ただしこれは技術が人間集団に利用されるしかたを示している――と十分に申し分なく合致することができている。人間集団による技術のこうした利用様態はそれ自体がもはや自然世界には適用されずに人間世界に適用されるさまざまな技術のもとにあり、そしてそうした技術は、すくなくとも広告手段や売買機関をそうしたものとみなしうるのでないかぎり技術的対象や技術的総体を産み出さないのである。それゆえ、技術的思考と非技術的思考とが一致することは目下のところきわめて大きな単純化と抽象化――これらは技術的な領域でも非技術的な領域でもおこなわれる――と引き換えにしてしか可能ではない、と言えるだろう。

この単純化はおもに、一方では自然世界についての技術と人間世界についての技術とのあいだの断絶を、他方では宗教的思考と政治的・社会的思考とのあいだの断絶を打ち立てることに存する。この断絶によって、自然世界についての技術の要請が放棄されるおかげで、人間世界についての技術は真の統一性よりも下の要素的な多数性にとどまるよう強いられる代わりに、集団や群衆や世論の包括（グローバル）性のうちに真の統一性を把握するのだと信じることができている。じっさいには、そうした技術は要素的思考をさまざまな包括的現実（レアリテ）に適用し続けているのであり、たとえばマス・メディアをあたかもこれが作用している集団の具体的な現実（レアリテ）とは別のものであるかのように研究している。図と地のあいだの断絶は人間世界についての技術のうちにも存続しており、そしてとりわけ明白でさえあるのだが、しかし技術が実行されるなかでは気づかれないものとなっている。まさにそうした技術はみずからが働きかけるにあたって地の図と呼ぶことができるだろうものを、すなわち最も形式化されておらず最も制度化されていない図を探し求めているからだ。こうした性格にもかかわらず、これら技術はしかし図的な実在性（レアリテ）にとどまっており、全面的で完全な現実（レアリテ）となってはいない。

　同じ不十分さが政治的・社会的思考のうちにも現れている。この思考は、或る集団の影響によって政治化ないし社会化されていない全体性——これが本当の宗教的思考を特徴づけている——についてじっさいに考察することと必然性の表現を或る瞬間や集団へと神話的に適用することとの中間にとどまっているのだ。普遍的教義（ドクトリン）に仕立て上げられるのは一般に集団の神話である。そういうわけで、政治的・社会的思考はこのように普遍的でないものの普遍性をその起源や意図によって主張するがゆえに闘争の思考なのだ。したがって、人間を管理する技術と政治的・社会的思考とのあいだの隔たりは大きくないことがよくわかる。人間を管理する一定の技術が政治的・社会的な選択（オプション）に通じているのとまったく同様に、政治運動はプロパガンダの手段へと変えられた広告技術を利用することができるのだ。だが、この出会い、この共犯関係は、真の技術性を特徴づけている要素的機能に対する誠実さを放棄し、そしてそれと相関して、宗教的思考の特徴である全体性の機能を表象するという使命を放棄することと引き換えにしてしか存在しえない。一連の手法と神話との同盟は技術性と全体性に対する尊敬との出会いではないのである。

　それゆえに哲学的思考は技術的思考と宗教的——そして政治的・社会的——思考の継起的な段階のあいだの連続性を維持しなくてはならない。全体性への拘いが宗教から社会的・政治的思考にいたるまで維持されねばならないのとまったく同様に、技術性は自然世界に適用される技術から人間世界に向けられる技術にいたるまで維持されねばならない。こうした連続性が、つまり技術であったり全体性の機能に関する思考であったりの生成の実質的（リアル）な統一性がないことで、自然世界に関する形態と人間的世界に関する形態とのあいだにあらぬ対話が打ち立てられてしまう。たとえば、人間を管理する技術は産業技術におけるより大きな変数でしかなく（科学的管理法）、あるいは伝統的な宗教的思考は、みずからのものに最も近い世界観を採用している今日の政治的・社会的思考を選んで普遍性という能力をみずから断念する。

その対象のゆえに、本研究は宗教的な思考形態と社会・政治的な思考形態とのあいだの連続性の確立という問題に「全面的に」取り組むことはしない。とはいえ、この努力が世界の技術を人間の技術と関連づけるはずの努力と対称的なものであるかぎりで、この問題に取り組まねばならない。

ところで、人間についての技術が要素の分析機能を欠いており経験的手法（便宜的唯名論において発展してゆく統計的概念論（コンセプチュアリズム）によって示されるもの）を通じて包括的に作用を及ぼすのは、そうした技術が、要素であれ個体であれ総体であれ、現実の対象から切り離されることを容認しているからである。人間世界から切り離されているような真の技術などありえない。手法となり果てるのを避けるには、人間世界についての技術は客観的な支えがなければならず、純粋に心理学的なものであってはならない。別の言い方をすれば、自然世界と同時に人間世界への編入を同時に含むような技術的総体が拡大することでこそ、わたしたちはこの総体を通じて、そして自然的であり人間的であるこの総体に従って人間世界へと作用を及ぼすことができるのだ。「その総体とは」すなわち自然世界と人間世界との媒介であり、技術的思考はこの媒介を介してのみ人間世界へと作用を及ぼしうるのである。人間的現実（レアリテ）はすでに技術的関係へと身を投じているときにしか技術の対象となりえない。当然のことながら技術は技術的現実（レアリテ）についてしか存在しない。技術的思考は一つの工学（テクノロジー）、すなわち人間と世界との関係的な点の組織化に取り組む第二段階の技術となることで、そうした関係的な点のネットワークを発展させねばならない。しかし技術的思考を非技術的現実（レアリテ）へと、たとえば自然的で自発的な人間世界と呼ぶことができるようなものへと正当に適用するようなことはできないだろう。工学（テクノロジー）はすでに技術的である現実（レアリテ）においてしか発展しえない。反省的思考は工学（テクノロジー）の促進を実現させねばならないが、しかし技術的な図式や手法を技術的現実（レアリテ）の領域外へと適用しようとしてはならないのである。

別の言い方をすれば、そのうえで労働が可能となる質料として技術に組み込まれねばならないのは人間的現実（レアリテ）——とりわけ人間的現実（レアリテ）によって変更されうるもの、つまり教養という、継起する世代のあいだや、同時的な人間集団のあいだ、そして継起的であれ同時的であれ個人のあいだを活動的に媒介するもの——ではない。その本性を認識することでさまざまな技術的総体を取り込み、そうしてそれら技術的総体によって人間の生を制御することができなければならないのは、生きられた全体性とみなされる教養である。教養はあらゆる技術を越えたところにあり続けねばならないが、しかし技術の真の図式についての認識と直観とをみずからの内容へと組み込まねばならない。教養とは、それによって人間が世界との関係と自身との関係とを制御するところのものなのである。ところで教養は技術論を取り込んでいないなら曖昧な地帯（ゾーン）を含むこととなり、その制御的な規範性を人間と世界のカップリングへともたらすことはできないだろう。というのも、人間と世界——さまざまな技術的総体からなるそれである——とのこうしたカップリングのうちには反省的だが直接的な研究の定義する概念によってしか明晰に思考することのできない活動の図式や条件づけの図式が存在しているからだ。教養は技術と同時的でなければならないのであって、段階的にその内容を再編成し手直ししなければならないのである。たんに伝統的であるだけなら教養は間違ったものとなる。教養というのは特定の時代の技術についての制御的な表象を暗黙裡かつ自然発生的に含んでいるからだ。それゆえ教養はこの制御的な表象をそれが適用されることのできない世界へと誤ってもたらしてしまうのである。このように、技術的現実（レアリテ）を用具と同一視するのは一つの教養的ステレオタイプであり、これは有用性という価値を高めると同時に失わせる規範的な概念にもとづいている。しかし用具や有用性という概念は人間的世界において技術的総体がはたしている、現実化しており実効性のある役目に対して適切でない。それゆえこの概念は実効性のあるしかたで制御的ではありえないのである。

技術的現実（レアリテ）についての適切な表象を介する教養的な制御からもたらされるものがなければ、人間と世界のカップリングは孤立した状態のまま、非統合的、アノミーなしかたで発展する。その結果、人間を包み込んでいる技術的現実（レアリテ）による制御を欠いたこの発展は教養が暗黙のうちに技術へと向けている不信をすくなくとも外見上は正当化してしまう。自己正当化的な教養が技術を促進する人間的環境のうちで発展するその一方で、一般教養はすべての技術を抑制するが制御はしないものとなるのだ。

ところで、技術的現実（レアリテ）の哲学的で概念的な意識化は技術を取り込んだ教養的内容の創出にとって必要だが、十分ではない。じっさい、技術的現実（レアリテ）が概念（コンセプト）によって適切に認識されうることを証明するものは何もないのである。たしかに概念的認識は技術的現実（レアリテ）を構造と用途によって分類される別箇の技術的対象の水準で指し示し、覆い尽くす。だがこの認識が［わたしたちを］技術的総体の認識へと導き入れることはほとんどありえない。そうした認識を獲得するには人間存在が現実に状況のうちに置かれる必要がある。人間存在が体験してみなければならないのは一つの存在様態だからだ。道具、器具、孤立した機械は、それらから切り離されたままの主体によって知覚される。だが、技術的総体は直観によってしか把握されえない。というのも技術的総体は、抽象的で、操作可能で、人間の意のままにできる、切り離された対象とはみなされないのである。技術的総体は、存在しており状況のうちに置かれているという「人間という主体の」実体験に対応している。つまり主体との相互的な作用と結びついているのである。

それゆえ、かつては旅行が人間を状況のうちに置く様態を構成するがゆえに教養の獲得手段とみなされていたように、実効性のある責任とともに或る総体に対して状況のうちに置かれるという技術的な実体験は一つの教養的価値を有するものとみなされねばならない。厳密に言えば、あらゆる人間存在は或る程度まで技術的総体に関与し、そのような総体に対する責任や決まった任務をもち、汎用的な技術のネットワークへと接続されているのでなければならない。そのうえ、旅行者がたくさんの人々と出会ってその暮らしぶりを体験してみなければならないのと同様に、個人としての人間は一種類の技術的総体だけでなく、複数の種類の技術的総体について体験してみたことがあるのでなければならない。

ところで、こうしたたぐいの実体験は、各技術において人間が置かれている立場に参与するための努力としてよりも、各種類の技術や技術的総体について状況のうちに置かれるのを体験してみる手法として理解されるべきである。というのもどの技術にも技師や作業員や管理者がいるのであって、厳密に社会的なものであるかぎりでの［そうした人たちが］置かれている立場というのはどの水準でもさまざまな技術において互いによく似通っているのである。じっさいに体験されねばならないのは技術的ネットワークにおいて個別の状況のうちに置かれることなのであるが、それは人間がそのように状況のうちに置かれることで一連の作用やプロセス――人間はその唯一の管理者なのではなく、そこに参与しているのである――と対峙し、そしてその内部に置かれるかぎりにおいてである。

哲学者はこの役目において芸術家と比較可能であって、技術的総体における状況の意識化をみずからのうちで反省し表現することでその役に立つことができる。だが、哲学者というのはやはり芸術家と同様に、一定の感性が目覚めて本当の実体験の意味（サンス）を把握できるようにするとき、他者のうちに一つの直観を引き起こす者でしかありえない。

ところでわたしたちは、芸術は技術的総体を表現し教養において意識化する手段としては制限されたものであることを指摘しておかねばならない。芸術は感覚能力（αἴσθησις）を経由しており、かくして当然ながら対象を、道具や器具や機械を捉えがちになる。しかし真の技術性は、つまり教養へと統合可能なそれは表明されたもののうちにはない。火花やスタチックマークのある魅惑的なカラー写真であったりノイズや音や映像の記録であったりは総じて一般に技術的現実（レアリテ）の活用にとどまっており、この現実（レアリテ）の新たな発見ではない。技術的現実（レアリテ）は思考されなければならないのであり、その作用図式への参与を通じて認識されさえしなければならない。美的印象は不意に出現しうるが、しかしそれは本当の直観と参与とがこのように介入したあとにでしかなく、たんなるスペクタクルの産物として現れるのではない。あらゆる技術的なスペクタクルは技術的総体への統合がそれに先立つのでなければ幼稚で不完全なものにとどまる。

ところで、技術的参与によりもたらされるさまざまな直観は宗教的で政治－社会的な思考のさまざまな力や質（クオリティ）と対立しない。政治－社会的思考が厳密に言えばすでに実現された現実化している全体ではなく（というのも全体とはそれであるもの、つまり一つの絶対であって、行動へと向かいうるものではない）、現実化している構造の下にはより広汎な総体が横たわっているということであり、新たな構造のこうした前触れの正当性であるようなとき、この思考は宗教的思考に対して連続的である。政治－社会的思考が表現しているのは、部分に対する全体の、現実化している部分に対する潜在的な全体の関係なのである。この思考は相対的全体性の機能を表現しており、潜在的全体性の機能を表現しているのではないのであって、つまり宗教は現実化している全体性の機能を表現するのである。ところで、技術的総体への統合による直観と政治－社会的な直観とのあいだには相補的な関係がありうる。技術的直観が生——つまり今・此処（hic et nunc）——の歴史や条件づけの結果を表現するのに対して、政治－社会的直観とは将来に向けた計画、ポテンシャルの積極的表現であるからだ。政治－社会的思考とは、現実化しているあらゆる所与の構造を乗り越えてゆくさまざまな傾向や力の表現である。［それに対して］技術的総体に関する直観は、人類がつくってきたものや、つくられたものや、つくられ成し遂げられたがゆえに構造化されたものを表現している。こうして、図的な実在性（レアリテ）が現実性（アクチュアリテ）の系において与えられるものであるのに対して地の能力がポテンシャルを含み生成を備蓄しているかぎりで、図的な能力は技術に、そして地の能力は政治－社会的思考に投じられたままでありうる。対象化された技術的要素と普遍的な宗教的思考との結びつきの水準では不可能だった関係は、現実性の表現である技術的総体と潜在性の表現である政治‐社会的思考とのあいだで確立されるときにふたたび可能となる。現実性と潜在性とのあいだには向かう先（サンス）をもつ実在的（リアル）な生成――つまりこの現実性とこの潜在性のあいだにぴんと張られた生成――による両立可能性がある。哲学的思考は現実性と潜在性との相関関係を把握し、そしてこの関係の整合性を確立することでそれを維持するのである。

それゆえ要素的な直観と総体の直観とを両立可能にするのは生成の向かう先（サンス）、つまり自然世界と同時に人間世界をも生成させるという技術に備わる能力（キャパシティ）なのである。技術的直観は総体の水準では、基礎や獲得された結果であるかぎりでの生成を表現する。政治‐社会的直観とはさまざまな傾向を同じ現実（レアリテ）へと編入することであり、生成のさまざまな潜在性や力についての表現である。技術的思考が道具と結びつけられて宗教的思考が普遍化をおこなう水準では、生成による媒介が可能ではないがゆえに二種の思考が直接に出会うことはありえない。どんな道具も、そして道具を扱うどんな別箇の技術も安定的で決定的なものとして与えられている。また普遍化をおこなう宗教的思考も非時間性という地に準拠してみずからを安定的で決定的なものであるように見せかけている。反対に、人間を組織者や要素としてそのうちに含んでいる総体へと技術性が導入されるなら、さまざまな技術が進化的なものとなる。それと同時に同じ範囲で、集団化している人間にみられるこうした進化的な性格は意識的なものとなり、そしてこの意識によって政治‐社会的思考がつくり出される。互いに生成から生まれ、一方では基礎として役立つ過去を表現し、他方では目標として役立つありうる将来を表現することで、総体の技術と政治‐社会的思考はそれらが出てきた条件とそれらが世界へと編入される点とによってカップリングされる。

それゆえ、技術的で政治‐社会的な構造は絶えず変化しているという見地においてこそ技術的思考と政治‐社会的思考は合致しうる。要素的な技術性という職人の思考を活気づけるものと、普遍的基礎の宗教性という技術の第一の発展と同時的なものとは、技術的総体の生成についての思考と全体性の生成についての思考とにとって範例（パラディグム）として役立ちうる。要素的な技術性と普遍的な宗教性とについての規範がなければ、生成しつつある総体についての技術的思考と進化しつつある共同体についての政治‐社会的思考はその相互的な緊張を失ってしまうだろう。渾然一体となるのではなく類比的に出会うのでなければならないこれら二つの思考形態がその自律性を保存して相互的な隷属に陥らないためには、技術的総体についての思考が要素についての思考によって霊感を与えられ、人間世界の生成についての思考が全体性の機能についての思考によって霊感を与えられねばならない。というのも、世界との原初的な関係から生じた思考がその機能においてもつ全体性は、原初的な位相のずれの結果がもつ実質的な二極性によって維持されねばならないからだ。教養はこの二極性によって導かれる。技術的思考と宗教的思考のあいだで展開されるのだ。生成しつつある総体の技術性についての生きた理解と政治‐社会的思考のうちで表象される人間集団についての生きた理解とを結びつけるのは教養なのである。

過去――すなわち魔術的思考の第一の二重化の水準での技術的思考および宗教的思考という第一の思考形態、さらにまたこの第一の二重化の中立点に置かれる美的活動――は教養に含まれるものとして、すなわち現在の思考にさまざまな規範を提供する基礎として保存されねばならないが、ただしそれが保存されねばならないのはただ教養に含まれるものとしてのみである。現在の総体にみられる技術性の表象を、要素の、つまり道具や器具のそれに置き換えようとするなら、それは生成に対する過ちとなるだろう。というのも、その現在の生きられた現実（レアリテ）において技術性はもはやただ要素の水準のみにあるのではなく、また同時にかつ本質的に総体の水準にもあるからだ。かつては要素への分割がそうだったように、今日では総体が技術性の受託者となっている。思考は総体の技術性をその現実（レアリテ）において把握するために要素の技術性を過去へと置きなおして認識することから出発しなければならない。というのも思考は事実そこから生じてきているからだ。つまり思考は教養的なものから現在的なものへと進んで現在的なものをその現実（レアリテ）において理解しなければならないのである。これと同様に、宗教的思考とは全体性の向かう先（サンス）の絶えざる喚起であって、教養は教養的なものから潜在的なものへと進んでゆき、普遍化された宗教的思考へと張り巡らされた政治－社会的思考の根を一新することで、潜在的なものをその価値において把握し促進しなければならない。

　ところで、非教養的なものが技術のうちにあるということ、これは確定されたどんな技術ももっている単一性なのであって、この単一性はみずからの規範や図式、固有の語彙を課す傾向にある。技術はその実質的な本質――これが［技術のなかで］ただ一つ教養的なものである――において把握されるために、多性の束として提示されてじっさいに体験されねばならない。この多性は技術的条件の一部となっており、この条件によって要素が把握されるのである。逆に、宗教的思考は無条件的な一性、つまりそれ自体においてある一性として把握されねばならない。教養の反対物とは宗教においてはそのありうる多性、すなわち確定された宗教的伝統どうしの対立である。宗教はしかし伝統であるかぎりは必然的に根を下ろしているものなのだから、多様な宗教がその一性において宗教として現れてくるところの上部構造を教養がつくり出す必要がある。これが統合運動（エキュメニズム）の向かう先（サンス）であり、宗教が教養へと統合されるための条件、教養の向かう先（サンス）において宗教が多産的であるための条件なのだ。開かれた宗教が本当にありうると言い切ることも、閉じた宗教と開かれた宗教のあいだの「じっさいの」対立がベルクソンの打ち立てた対立と同じくらい明瞭であると言い切ることも、おそらくできないだろう。だが、宗教が開かれているということは、それぞれが一定程度それ自身に対して閉じているような多様な宗教に共通している一つの機能なのである。

　さて、統合運動が遠い過去に構築されるのは困難だった。それは教養を基礎づけようとする反省的思考を通じてしか構築されえないからだ。統合運動とはそれ自体で本質的に哲学的営為なのである。統合主義は宗教がその根本において向かう先（サンス）についての意識化を必要としており、これは原初的魔術に発する思考の生成のうちにそれら宗教を置きなおすことでしかなされえない。今日に至るまでいくつもの限定的な統合運動が（たとえばキリスト教主義の内側で）生まれてきたが、宗教的現実（レアリテ）が教養へと統合されるために哲学的反省が展開しなければならないのは普遍的な統合運動なのである。

　技術論（テクノロジー）の設立は統合運動と同じ意義を有するが、ただしその帰結として、職業上の用語がもつ偽の専門性——これは要素に固有の本質にではなく使用法に起因する——に代わる語彙や共通概念の全般的な規範化から出発して技術的対象の真の要素的な個別性を把握させる。技術論とは、技術的対象の多性——原初的な技術性の受託者——がそこから出発して技術的総体の構築に基礎として役立つところのものである。統合運動とは、宗教的思考の普遍化をおこなう単一性――原初的な全体性の機能の受託者――がそこから出発して政治的で社会的な思考の土台として役立つところのものである。技術論は多性から一性へと向かう変換を実行し、それに対して統合運動はまず一性を把握してから政治−社会的な編入の多性へと向かうありうる変換を実行ないし実行可能にする。網状の構造により実現される多性の身分と一性に対する優越性の身分との出会いの水準において媒介が思考の生成の中立点で可能であるには、多性の機能と一性の機能とを基礎として意識的に把握する必要がある。

しかしながら哲学が技術の向かう先（サンス）を教養へと統合できるには、当為によって制限された任務を実行できるというのとは違って、本来の意味での哲学の外にある教養に適用されるのでは十分でない。哲学的なあらゆる活動は思考の反省性のゆえに認識様態の変革でもあり、認識理論のうちに余波を有しているのである。ところで、技術性がもつ発生的性格についての意識化によって哲学的思考は概念（コンセプト）と直観と理念（イデア）とのあいだの結びつきという問題を新たなしかたで提起することへと、そしてそれと相関して唯名論と実在論の意味を修正することへと導かれねばならない。

じっさい、技術的作業（オペラシオン）が本質的に帰納的である思考の範例を提供する一方で、宗教的観想が演繹的な理論的思考のモデルを提供するのだと述べるのでは十分でない。この二重の範例体系（パラディグマティスム）は科学に限ったものではない。それは他の領域へと移し替えることのできる有用な認識様態を提供することで哲学的反省にまで及んでいるのである。加えて、技術的作業（オペラシオン）と宗教的観想はそれ以後のあらゆる認識に対してさまざまな暗黙の公理系を提供している。じっさい、（概念（コンセプト）や直観や理念（イデア）による）認識の様態を暗黙の公理系と結び合わせる紐帯があるのだ。この暗黙の公理系は認識すべき現実（レアリテ）と認識主体とのあいだに存在している結びつきによって、すなわち認識すべき現実（レアリテ）の第一の身分によって構成されている。じっさい技術的思考は、一つ一つ捉えられた要素の知解可能性やそれら要素の組み合わせ、つまり総体を構成するその相互的な関係についてモデルを提供しているのである。認識すべき現実は認識の努力の終わりにあるのであって、その全体性において一挙に与えられるような塊ではない。この現実（レアリテ）は要素の組み合わせとして認識可能であるからには要素からつくられているのであって、本質的に対象なのである。反対に宗教的思考は演繹的思考の範例なのであり、総体の機能から、つまり、無条件的な価値をもっており思考主体には明示することしかできず、構成したり産出したりすることのできないものとして一挙に再認される。宗教的思考は存在についての観想のモデルを、つまり完全に認識に変わることなどありえないが、しかしその或る種の表象が形成されるような存在についての敬意のモデルを提供している。そうした存在に対しては、認識とその認識を受け取る主体は不完全で劣ったものにとどまる。じつのところ存在こそが真の主体であり唯一の完全な主体なのである。認識の主体というのは第一の主体への準拠と分有とによる二次的な主体でしかない。認識の主体が真の主体でないのだから認識は存在の不完全な二重化として理解される。認識のこうした観想的様態は哲学におけるイデア論的実在論の基礎である。［いわゆるイデアと同義の］エイドス（εἶδος）とは存在を見ることであり、存在の構造——つまり思考されるまえにそれ自体のために存在している構造——である。エイドスとは何よりも存在の構造なのだ。それは本質的かつ最初から認識の手立てであるのではない。エイドスがたましいのうちでたましいと理念（イデア）との血縁関係によって表象となるのは二次的なしかたで、分有によってでしかないのである。認識は主体によって形成も構築もされない。認識の発生があるのではなく、ただ精神による現実の発見だけがある。認識とは存在の模倣である。なぜなら存在は本質的に人間という二次的で不完全な主体によるあらゆる意識化よりもまえにそれ自体で主体であるからだ。このような形而上学的公理系の例として、プラトンにおいて認識理論を統治しているそれを挙げることができる。［イデアとしての］〈善〉は第一の絶対的な主体である。つまり複数の理念（イデア）を構造化するものであり、どの理念（イデア）もしかじかの理念（イデア）であって別のしかじかの理念（イデア）でないかぎりでそれ自体のために全面的に主体であることはできない。〈善〉とは、主体としての全体性という、限定された認識に先立つより上位の機能の形而上学的な翻訳であって、これはこの認識の知解可能性とその妥当性とによって保証されているのである。あらゆる認識は或る意味で〈善〉の認識であるが、それはそれ自体において直接的に［到達される認識］ではなく間接的に反射によって［得られる認識］である。というのも理念（イデア）による認識をあらしめるものとは存在の唯一なる全体性、つまり絶対的主体なのであって、個別的認識のあらゆる努力はこれに向かう上昇運動なのである。〈善〉からさまざまな理念（イデア）を通じて対象へと進む存在論的な道のりを人間の認識は反対の方向に、つまり類比的な関係に従ってさまざまな対象からそれらがその対象であるところのさまざまな理念（イデア）へ、そしてそれら理念（イデア）から〈善〉へと遡ることで踏破する。

　これとはまったく反対に、作業（オペラシオン）的認識にはみずからの対象を構築する可能性が与えられている。この認識はその対象を支配し出現させるのであり、目のまえに置かれた対象を職人が筋の通ったしかたで部品を組み合わせて構築するのと同様に、自身の対象の表象が操作可能なさまざまな要素から発生するのを統治しているのである。概念（コンセプト）とは作業（オペラシオン）的な認識の手立てであり、それ自体がいったん解体してから組み立てなおすという——抽象化のプロセスと一般化のプロセスとを含む——今・此処（hic et nunc）の個別性において与えられた経験から出発する作業（オペラシオン）の帰結である。ここで認識の源は今・此処のうちにあるのであって、あらゆる人間的身振りに先立つ無条件的な全体性のうちに存するのではない。この全体性は人間的身振りを統治しているのであって、そうした身振りはそれがじっさいに存在するようになり成し遂げられるまえからすでにこの全体性によって条件づけられているのである。観想的認識にとって実在的（リアル）なものは絶対的主体であるが、その一方で作業（オペラシオン）的認識にとって実在的なものとは「目のまえに置かれたもの」という第一の意味でつねに対象である。それは、構築されつつある総体へと組み込まれるのを待つ、作業台に置かれた木の部品のようなものなのだ。実在的なものは作業（オペラシオン）的認識にとって認識の作業（オペラシオン）に先立つものではない。そのあとに続くものである。たとえ日常的経験に従うと認識の作業（オペラシオン）に先立つように見えるとしても、現実的（リアル）な認識に従えば、この認識はさまざまな要素の操作によって実在的なものを再構築するときにしかこれを捉えないのだから、認識の作業（オペラシオン）のあとに続くものなのである。

ところで二つの認識様態のあいだの対立は重要である。さまざまな哲学学派の継起は、決して同盟を結ぶことのない二つの思考潮流が存在していることを示しているからだ。それら潮流を包括的にア・ポステリオリ主義とア・プリオリ主義という言葉で指し示すことができる。ア・ポステリオリ主義は経験論的で、概念論（コンセプチュアリズム）的で、部分的に唯名論的（というのも知は抽象さを増すにつれてその要素的な源から離れてゆくのだから）なのであって、概念（コンセプト）を利用する作業（オペラシオン）として認識を定義する。反対に、ア・プリオリ主義は演繹的で、観念論的で、無世界論的でないかぎりは実在論的なのであって、理念（イデア）による現実（リアル）の把捉によって認識を定義する。

だが、基礎となる二つの形而上学的公理系のこうした対立や両立不可能性の源が世界内存在の原初的様態の技術と宗教とへの二重化なのだとしたら、哲学的認識が概念（コンセプト）あるいは理念（イデア）によって存在を把握することは、たとえその両方の認識様態を継起的にもちいるのだとしても可能ではないと断言しなければならないだろう。哲学的認識とは収斂の機能なのであって、その統一性のうちに概念（コンセプト）と理念（イデア）とを結び合わせるような正中にある上位の認識様態に訴えねばならない。ところで、直観を理念（イデア）と同一視するのは十分に厳密ではない。直観による認識とはア・プリオリでもア・ポステリオリでもない存在の把捉なのであって、つまりこの認識が把握する存在がじっさいに存在（エグジスタンス）していることと同時的な把握、この存在と同じ水準での把捉なのである。直観による認識は理念（イデア）による認識ではない。というのも直観は認識される存在の構造のうちにすでに含まれているようなものではないからだ。直観はこの存在の一部ではないのである。［また］直観は概念（コンセプト）ではない。というのも直観はみずからにその自律性と特異性とを与える内的な統一性を有しており、それゆえ積み上げによる発生が起こらないからである。要するに、直観による認識というのは、理念（イデア）のように存在をその全体性において把握するのでも、概念（コンセプト）のように存在の要素から出発して組み合わせによって把握するのでもなく、構造化された一つの総体を構築するさまざまな領域の水準で把握するという意味で実質的に正中にあるものなのだ。直観は感性的でも知性的でもない。認識される存在の生成と主体の生成とのあいだの類比、つまり二つの生成の合致なのである。直観は概念（コンセプト）とは違ってさまざまな図的実在性（レアリテ）のたんなる把捉でもなければ、理念（イデア）とは違ってその統一性において捉えられた実在性（レアリテ）の地という全体性へのたんなる準拠でもない。発生がそこで成し遂げられる系を現実が形成してゆくかぎりで直観は現実へと差し向けられる。直観とは発生のプロセスに固有の認識なのだ。ベルクソンは直観を生成に固有な認識様態とした。しかしわたしたちは、物質のそれのような領域について、この領域が直観的な理解に必要な動的（ダイナミック）な特徴を示していないように思われるという理由で直観を禁じることはせずに、ベルクソンの方法を一般化することができる。じっさいには、直観は発生がおこなわれるあらゆる領域に適用することができるのである。直観はさまざまな存在の発生を辿り、各存在をその統一性の水準で捉えるのであって、概念的認識のように存在を要素へと分解することなく、また「観念による認識のように」存在をより広汎な全体性の地に対して相対化してその同一性を破壊することもしないからだ。概念（コンセプト）はその技術的な本性によっておもに図的な実在性（レアリテ）を把握する能力（キャパシティ）を保持している。反対に理念（イデア）はとりわけ地のさまざまな実在性（レアリテ）に適している。直観は媒介的なものとして介入し、構造――すなわち図と地との相関――の発生がそこにあるようなさまざまな総体を考察する。このように直観はとりわけ哲学的な認識プロセスである。なぜなら、直観によって思考は存在をその本質――それは存在の発生的生成の定式である――において把握することができ、そしてこの生成の中立点にとどまることで収斂の機能を確かに実行することができるからだ。

直観にとって統一性の水準は理念（イデア）による認識におけるのとは違って全体性ではなく、また概念的認識におけるのとは違って要素ではない。それによって哲学的思考は、かつては魔術の関係であり、そののちに美的活動の関係であった存在との関係をふたたび見いだすのである。認識される存在、世界は、その起こりにおいては対象でも主体でもない。それは作業（オペラシオン）的な思考のもとに、たとえば機械論的な科学的認識のうちにあるときに対象として想定され、また、たとえばストア派のコスモスのように観想的な認識へと霊感を与えるときに主体として想定されるのである。しかし対象という概念はその起こりにおいて技術的であり続け、また主体という概念はその起こりにおいて宗教的であり続ける。これら概念はいずれも完全には世界や人間存在に適用されない。というのもこれら概念は一緒に捉えられるのでもなければ完全な全体を構築しないからだ。じっさいには、対象という概念と主体という概念はまさにその起こりのゆえに哲学的思考が乗り越えねばならない限界なのであって、哲学的思考はそうした乗り越えを、対象に従った認識と主体に従った認識とを媒介的な認識のうちで、中立点において、直観に従って収斂させることでおこなうのである。かくして哲学的思考は概念的認識と理念（イデア）による認識の可能性が汲み尽くされたあとにしか、すなわち現実についての技術的な意識化と宗教的な意識化のあとにしか構成されえない。哲学は技術的構築と宗教的試練のあとに来るのであり、それらを切り離している間隔における直観の能力（キャパシティ）として定義される。このように技術と宗教は現実についての哲学的直観を引き起こす二つの主導的な極なのである。

　哲学的思考において技術と宗教とのあいだの結びつきは弁証法的ではない。まさしく技術と宗教が世界内存在の原初的様態の相対する相補的な二つの側面（アスペクト）であるかぎり、これら二極はみずからが形成する対（カップル）においてともに維持されねばならないからだ。これら二極は同時に生じるのである。哲学的問題の解明はただ一つの位相に由来する思考の単一様態的な性格を容認するなら有効とはなりえない。現実（レアリテ）の美的な眺めは哲学的探求を満足させることができない。そうした眺めは現実のうちの選ばれた領域にしか、つまりあとからの彫琢なしに図的な実在性（レアリテ）と地の実在性（レアリテ）とが合致しうるような領域にしか適用されないからだ。美的思考は直接に能動的であるわけではない。つまり、出発点となった現実へと影響を与えないのである。そうした現実から切り離されたまま、その現実を搾取しているのだ。美的思考は現実（レアリテ）のさまざまな側面（アスペクト）を屈折させるが、しかしそれらを反射させはしないのである。反対に、哲学的思考は美的活動よりも遠くまで進む。哲学的思考は発生的生成から出発し、この生成へとみずからを編入しなおし、そうしてこの生成を成し遂げるからだ。直観とはじっさい、現実に対する理論的であると同時に実践的な関係なのである。直観は現実をそれが生成する瞬間に把握するがゆえに認識しかつ働きかける。哲学的思考は、存在のうちに限定された図－地の網状組織構造へと編入されたばかりの哲学的身振りでもあるのだ。さまざまな生存（エグジスタンス）領域の網状になった多様性という、多数性と全体性との中間にある自然の水準において、哲学は構造化の能力として、つまり生成に関する問題を解決する構造を発明する能力（キャパシティ）として介入するのである。

直観は実質的（リアル）な統一性のうちに図的な側面（アスペクト）と地の側面とをふたたび見いだす。要素と全体は存在の具体的総体ではないからだ。存在の統一性とは、そこからの二重化によって図と地が、すなわち一方に要素が他方に全体が存在しているような活動的中心なのである。直観は存在のこうした統一性を、つまり要素と全体性の結合を認識し成し遂げる。直観とはそれ自体で図と地の関係なのである。つまり、理念（イデア）とは違ってみずからが捉える存在と本性を同じくしていない。この同本性性は地しか捉えることができず、そして地は存在の総体ではないからだ。また、概念（コンセプト）とは違って抽象的でない。概念（コンセプト）

は所定の図だけを保存するために存在の具体性を放棄するのである。図と地の原初的関係を把握するがゆえに直観は存在に対して類比的である。直観とは全面的な実在論や純粋な唯名論を正当化する認識ではなく、認識の射程について検討する二つの方法が安定的に混成しているものなのである。直観は存在と等価ではない。実在的（リアル）な理念（イデア）のような存在であるのではなく、存在に対して類比的なのである。存在と同様に直観は図と地の関係という同じ生成によって構成されるからだ。技術と宗教の出現以前には魔術がその予感であった完全な生存（エグジスタンス）を直観は存在のうちにふたたび見いだすのである。

それゆえ、直観には思考の生成に従って、魔術的直観、美的直観、哲学的直観の三種類が存在していると言える。美的直観は魔術的思考が技術と宗教とに二重化するのと同時的なのであって、思考の相対する二つの位相を真に総合するものではない。美的直観は宗教の必然性をただ指し示すだけであり、限定的な領域のうちでこれを暗示的に成し遂げる。哲学的思考は反対に総合を実質的（リアル）に成し遂げねばならないのであって、技術的思考全体と宗教的思考全体との到達点とその拡がりを同じくするような教養を構築しなければならないのである。美的直観はこのように教養のモデルだが教養全体ではない。教養それ自体というよりは教養の前触れ、教養の要請なのだ。というのも教養は技術的思考全体と宗教的思考全体とを実質的に結び合わせなければならず、そしてそのためにさまざまな哲学的直観からつくられ、それら直観の起源を概念（コンセプト）と理念（イデア）とのあいだでおこなわれるカップリングから引き出さねばならないのである。美的活動が技術と宗教のあいだの隔たりを満たすのに対して、哲学的思考はこの隔たりの射程を把握して翻訳する。哲学的思考はこの隔たりを積極的に意義のあるものとみなす。つまり静的な状態において自由であるような領域とみなすのではなく、二つの思考様態の放散によって定められた方向性とみなす。美的思考が生成によって条件づけられているのに対して、哲学的思考は放散してゆく生成をふたたび収斂させるためにこの生成全体を通じて生まれ続けるのである。

技術的対象の技術性はそれゆえ二つの異なる水準で存在しうる。［第一に］魔術的思考がその機能において大きな意味連関をもたなくなるとともに出現した根源的で原初的な技術的対象は、道具や器具であるかぎりでたしかに技術性の実質的な受託者である。しかしそれら技術的対象は作業者（オペレーター）によって用いられるかぎりでしか対象ではない。作業者のさまざまな身振りもまた、自身がもつ知覚能力や彫琢および発明の機能を技術的な仕事（タスク）をおこなうのに役立てるような生き物のうちに含まれているにもかかわらず、技術的現実（レアリテ）の一部となっているのである。実質的な統一は道具のそれというより仕事（タスク）のそれなのだが、しかし［第一の水準では］仕事は客観化可能ではなく、生きられ、じっさいに体験され、成し遂げられることしかできないのであって、厳密に言えば反省されえない。第二の水準では、技術的対象は技術的総体の一部となっている。したがって、第一の水準でも第二の水準でも技術的対象を絶対的なそれ自体で存在している現実（レアリテ）とみなすことは、たとえ技術的対象が構築されたあとであってもできない。技術的対象の技術性は人間という作業者の活動であったり技術的総体の作動であったりへの統合によってしか理解されない。それゆえ、自然的存在に関わらせることのできるそれに似た帰納から出発して対象の技術性を把握しようとするのは正当ではないだろう。技術的対象は、それが道具であるからにせよ総体の要素であるからにせよ、決して単独では技術性全体をそのうちに含んでいないのであるから、哲学的思考によって、すなわち人間と世界とのさまざまな関係様態の生成について直観を有する思考によって認識されねばならない。

こうした発生論的な方法を用いることで、技術的対象は職人的作業であったり技術的総体であったりにみられる技術性に準拠して定義されるのであって、対象がもつ一つの特性——これは技術性であるだろう——から作業の技術性や総体の作業が定義されるのではない。とはいえ、技術的対象の発生のこうした機能上の性格やこうした条件づけはまさしくたしかに技術的対象に固有な生成の一タイプとして、つまりわたしたちが技術的対象の具体化と呼んだそれとして現れる。この具体化のプロセスは技術的対象の事例をいくつか検討することでただちに理解することができる。だが、この具体化の向かう先——対象に完全には含まれない技術性が対象に内属すること——は人間と世界との結びつきのさまざまな技術的様態および非技術的様態を辿ってゆく哲学的思考によってしか理解されえないのである。以上のことから、本研究では発生論的な方法が採用され、まずは技術的対象に、それから思考の総体における技術的思考の状況と役目との研究に適用されたのであった。[5]

結論

今日に至るまで技術的対象の現実（レアリテ）は人間の労働という現実（レアリテ）のうしろで二の次にされてきた。技術的対象は人間の労働を通じて理解され、労働のための手立てや補助、あるいはその産物として考えられ評価されてきたのである。ところでほかならぬ人間のためを思うなら、技術的対象のなかに人間的なものがあることを直接に、労働という関係を通じてではなく明らかにさせるような方向転換がおこなわれうるのでなければならないだろう。労働は技術性の一位相として認識されねばならないのであって、技術性が労働の一位相と認識されるべきではない。というのは技術性こそ労働がその部分となる総体であって、その逆ではないからである。

労働の自然主義的な定義は不十分である。労働とは社会をつくる人間による自然の搾取であると述べるなら、種として捉えられた人間が、みずからが適応し条件づけられている自然をまえにして編み出した反応（リアクション）として労働を単純化することになる。自然－人間関係におけるこの決定論が一方通行的なものであるのか、あるいは相互性を含むのかは、ここでは重要でない。相互性を仮定しても、根本にある図式、つまり条件づけの図式であったり労働の反応的な側面であったりは変わらない。そのとき技術的対象にその意味（サンス）を与えているのは労働であって、技術的対象がみずからの意味を労働に与えているのではない。

ところで、本書で示される視座においては、労働は技術的作業（オペラシオン）[1]の一側面として捉えることができる。技術的作業（オペラシオン）は労働に還元されないのである。労働は人間がみずからの生体（オルガニスム）を道具の担い手として差し出さなければならないときにしか、すなわち人間がその生体の活動、その心身の統一の活動によって人間‐自然関係の段階的に進む展開に随伴しなければならないときにしか存在しない。労働とは人間がヒトという種と自然との媒介をみずからにおいて実現する活動である。わたしたちに言わせれば、このような場合に人間は道具の担い手として作業している。この〔労働という〕活動のなかで人間は自然に影響をおよぼし、この作用を一歩一歩、一挙手一投足で辿っているからだ。労働は人間が種と自然とのあいだの媒介機能を技術的対象に委ねることができず、関係をつけるというこの機能を自身の身体や思考や行動によってみずから成し遂げねばならないときに存在する。そのとき人間は生物であるというそれ自身の個体性を提供することでこの作業（オペラシオン）を組織している。それに対して、技術的対象が具体化されるとき、自然と人間の混成体はこの対象の水準で構成される。技術的存在についての作業（オペラシオン）は厳密に言えば労働ではないのだ。じっさい、人間は労働のなかで人間的でない現実（レアリテ）と合致し、それに順応し、いわば自然という現実（レアリテ）と人間の意図とのあいだに滑り込むのである。人間は労働のなかで形式（フォルム）に従って素材（マチエール）を造型する。この形式とは結果についての意図であり、すでに存在している需要に従って仕事を終えたときに獲得すべきものをこの形式でもってあらかじめ決定しておくことができる。この意図としての形式は労働が関わる素材に属するものではない。この形式は人間にとって有用性や必要性を表現しているが、しかし自然から出てくるものではない。労働という活動は、自然の素材と人間に由来する形式とのあいだに紐帯をつくる活動である。労働とは、素材および形式と同じくらい異質な二つの現実(レアリテ)を合致させて相乗効果が生じるようにすることのできる活動なのだ。ところで、労働という活動によって人間はみずからが総合により関係づける二項を意識するようになる。なぜなら労働者は関連づけるべき二項を見据える眼がなければならないが（それが労働の規範である）、この眼はそうした関連づけが獲得される複雑な作業(オペラシオン)の内部そのものを見据えたりはしないからだ。労働は諸項に有利となるように関係に覆いをかけるのである。

そもそも多くの場合、労働者の奴隷のような状況は素材と形式を合致させる作業(オペラシオン)がさらに曖昧になる一因となってきた。労働を命じる人間は、与えられる指示に内容として記載されるべきことや、その実施条件である原材料は気にかけるが、具形化[2]が成し遂げられるようにする作業(オペラシオン)そのものは気にかけないのである。関心は形式(フォルム)や素材(マチエール)に向けられているのであって、作業(オペラシオン)であるかぎりでの具形化には向けられていない。［形相(フォルム)と質料(マチエール)という二項からものごとを捉える］質料形相論図式はこのように、そこでは二項が鮮明で関係が曖昧となるような対(カップル)なのだ。こうした個別の相(アスペクト)のもとでは、質料形相論図式というのは技術的作業(オペラシオン)を労働へと単純化して存在の発生の普遍的範例(パラダイム)として把握したうえで哲学的思考のうちに移し替える典型となっている。この範例の基礎にあるのはたしかに技術的経験なのだが、しかしきわめて不十分な技術的経験なのである。質料形相論図式を哲学一般に広げて用いるなら、この図式の技術的基礎の不十分さに由来する曖昧さが持ち込まれることになってしまう。

じっさい、職工や奴隷とともに仕事場に入るのでは不十分であり、あるいは鋳型を手に取り旋盤を動かすのでさえ不十分である。労働する人間の視点は具形化——それ自体で技術的なのは具形化だけだ——に対してまだあまりにも離れている。具形化をそれ自体で思考できるようになるには粘土とともに鋳型へ入り、みずからを鋳型と同時に粘土にして、それらに共通の作業を生きて感じ取ることができなければならないだろう。労働者は技術的作業を準備する二つの技術的な半連鎖[3]を彫琢するからだ。労働者は粘土を準備して可塑的でダマや気泡のない状態にし、それと相関して鋳型を準備するのである。つまり木製の鋳型として形式を物質化し、素材を変形可能なもの、形を与えることができるものにする。そのあとで粘土を鋳型へ入れて圧力をかける。ただし、鋳型と圧力をかけられた粘土からなる系こそが具形化の条件である。つまり、鋳型に従って具形化するのは粘土であって、職工が粘土に形を与えるのではない。労働する人間は媒介を準備するが成し遂げはしない。媒介こそが「人間によって」条件がつくり出されたあとにそれ自身でみずからを成し遂げるのである。それゆえに人間はそのすぐ傍にいるにもかかわらずこの作業を認識しない。人間の身体はこの作業を成し遂げさせ、また成し遂げられるようにするのだが、しかし技術的作業の表象は労働のうちに現れないのである。本質的なものが欠けている。技術的作業の活動的中心が覆い隠されたままになっているのだ。人間が技術的対象を使用せずに労働していた時代はずっと技術知は暗黙の実践的なかたちでしか、つまり本職の習癖や身振りを通してしか伝達されえなかった。「人を」動かすこの知はたしかに二つの技術的な半連鎖——形式から出てくるそれと素材から出てくるそれ——の彫琢を可能にする知である。だが、この知はさらに先には進まず、進むこともできず、作業それ自体をまえにして立ち止まってしまう。この知は鋳型のなかを見通さない。その本質においてこの知は前‐技術的で非技術的なのだ。

技術知は反対に、鋳型の内部で起こっていることから出発して、その鋳型を準備しうるだろうさまざまな彫琢をこの中心から見いだす点に存する。人間はもはや道具の担い手として介入しなくなったとき作業（オペラシオン）の中心を曖昧なままにしておくことはできない。というのも、この中心こそ技術的対象によって生み出されるべきものなのだが、技術的対象は思考することも感覚することも習慣をつけることもしないからだ。機能するだろう技術的対象を構成するには、技術的作業（オペラシオン）と合致し、それを成し遂げる作動[4]を人間が思い描く必要がある。技術的対象の作動は技術的作業（オペラシオン）と同じオーダーの現実（レアリテ）に、つまり同じ因果系に属している。技術的作業（オペラシオン）を準備することとこの作業（オペラシオン）が作動することのあいだにもはや異質性はない。この作業（オペラシオン）は作動がこの作業（オペラシオン）を先取りするように技術的作動を延長する。作動とは作業（オペラシオン）であり、作業（オペラシオン）とは作動であるのだ。機械の労働については語りえない。ただ作動についてのみ、つまり秩序立った一連の作業（オペラシオン）についてのみ語りうるのである。形相（フォルム）と質料（マチエール）は、それらがなおも存在しているなら、同じ水準にあり、同じ系に属している。技術的なものと自然的なものとのあいだには連続性がある。

技術的対象の製造にはもはや形相と質料とのあいだのこうした曖昧な地帯（ゾーン）が含まれていない。前‐技術的な知は（質料形相論図式におけるように）関係の内部を発見することなしに項どうしの対（カップリング）を構成するという意味で前‐論理的でもある。反対に、技術知は関係の内部を探究するという意味で論理的である。

ところで、労働という関係から生まれた範例体系（パラディグマティスム）が技術的作業（オペラシオン）や技術知から出てきたそれと大きく異なるという点を確認しておくのはきわめて重要だろう。［先ほど労働との関連から見た］質料形相論図式はわたしたちの教養の内容の一部となっている。古典古代以来この図式は伝えられてきたのであり、わたしたちは多くの場面であたかもこの図式が申し分なく基礎づけられており、おそらくは不当に一般化された個別の経験に関するものではなく、普遍的な現実（レアリテ）と同じ拡がりを有しているかのように考えるのである。［じっさいには］すべての技術的作業（オペラシオン）をそれ自体が労働を通じて曖昧に認識される［つまり質料形相論図式によって捉えられた］具形化の個別事例として扱うというよりも、むしろ具形化を一つの個別の技術的作業（オペラシオン）として扱わねばならないだろう。

この意味で、技術的対象の存在様態についての研究は、技術的対象の作動の結果として出てくるものについての、そして技術的対象をまえにした人間の態度についての研究によって延長されねばならないだろう。かくして技術的対象の現象学は人間と技術的対象との関係の心理学へと延長されるということになる。ただしこの研究では二つの暗礁が避けられねばならず、そしてまさしく技術的作業（オペラシオン）の本質こそがそれら暗礁を避けることを可能にするのである。技術的活動は純粋に社会的な領域に属するのでも純粋に精神的な領域に属するのでもないのだ。技術的活動は集合的（コレクティフ）な関係のモデルであるが、この関係はいま挙げた二つのものの一方と混同されることはできない。技術的活動は集合的（コレクティフ）なものがとる唯一の様態であったり唯一の内容であったりするのではなく、この活動が集合的（コレクティフ）なものなのであって、特定の場合には技術的活動のまわりにこそ集合的（コレクティフ）な集団は誕生しうるのである。

ここでわたしたちは社会的集団ということで意味しているのは、動物の場合と同様に環境条件への適応に従って構成される集団のことである。労働とは、それによって人間存在が種としての人類と自然との媒介者になるものである。相互心理学的な関係はそれとは逆に、しかし同じ水準で、個体のまえに個体を置き、媒介のない相互性を確立させる。反対に、人間は技術的活動によってさまざまな媒介をつくりだすが、それら媒介のほうはそれらを生み出し思考する個体から分離可能である。個体はそれら媒介のうちにみずからを表現するが、それらと「分かち難く」接続しているわけではない。機械には一種の非人称性があるが、この非人称性のゆえに別の人間にとって道具となりうるのである。機械のうちに結晶化した人間的現実（レアリテ）は譲渡可能（アリエナーブル）だが、それはまさに機械が分離可能だからだ。労働は労働者と接続しており、そして労働を介して労働者もまたみずからが働きかけている自然と接続している。人間によって思考され構成されたものである技術的対象は人間と自然のあいだに媒介をうみだすにとどまらない。技術的対象とは、人間的なものと自然的なものとの安定的な混成体なのであって、人間的なものと自然的なものとを含んでいるのである。技術的対象は、その人間的な内容に自然物の構造と類似した構造を与えるのであり、そしてこの人間的現実（レアリテ）を自然的因果の世界のうちに編入できるようにする。人間と自然との関係はたんに曖昧に生きられ実践されるのではなく、安定性の、まとまり（コンシスタンス）の身分を得るのであり、それによってこの関係はみずからの法則や秩序づけられた恒久性をもつ現実（レアリテ）となるのだ。技術的活動は技術的対象の世界を築き上げて人間と自然のあいだの対象（オブジェクティヴ）による媒介を一般化することで集合的（コレクティフ）な労働という特殊な反応（リアクション）の紐帯よりもはるかに豊かでよりよく定義された紐帯に従って人間を自然と結びつける。人間的なものから自然的なものへの、そして自然的なものから人間的なものへの変換可能性は技術的な図式機能（シェマティスム）を通じて確立されるのである。技術的作業（オペラシオン）はたんなる経験的方法なのではなく、構造化された世界をこのように構成しているのであって、人間と自然との関係について新たな状況を出現させる。［そうした関係の一つである］知覚は、生きている人間について自然世界から直接に問いかけることに相当する。科学は、技術的宇宙を通じて同じ問いかけをおこなうことに相当する。労働をつつがなく進めるには感覚［という知覚］で十分である。知覚は労働の水準で生じる問題に対応しているのだ。それに対して、技術が成功を収めているかぎり科学的思考は誕生を促されない。技術が挫折するとき科学は近くにある。科学は技術の水準で定式化されるが技術的水準では解決策を見いだすことができない問題系に対応しているのである。技術は知覚と科学のあいだに介入し、そうして水準を変更させる。技術はさまざまな図式や表象や制御手段や人間と自然のあいだの媒介を提供するのである。分離可能となった技術はしかじかの組み立てに従って他の対象とグループ化することができる。技術的世界においてはグループ化や接続がかぎりなく自由におこなわれる。技術的対象のうちに結晶化した人間的現実（レアリテ）の解放が生じるからだ。技術的対象を構築するというのは［グループ化や接続の］自由さを準備することなのである。産業的なグループ化は技術的対象でもって実現可能な唯一のグループ化ではない。製造に関わらないようなグループ化もまた実現可能である。そうしたグループ化の目的は組織化された媒介を制御しつつ連鎖させることで人間を自然と結びつけなおし、人間の思考と自然とのあいだの連結（カップリング）をうみだすことにある。ここにおいて技術的世界は変換可能性のシステムとして介入する。

技術的対象を実用的なものとみなすよう仕向けているのは労働の範例である。技術的対象そのものには本質的な定義として実用的という性格は含まれていない。技術的対象とは特定の作業（オペラシオン）を実行するもの、なんらかの図式に従って特定の作動を成し遂げるものなのである。ただし、まさしく分離可能であるというその性格のゆえに技術的対象は因果の連鎖の一つの環（わ）として絶対的に――つまりこの対象が［因果の連鎖の］両先端で起こることの影響を被ることなく――用いられうる。技術的対象は［人間の］労働に類比したものを成し遂げることができるが、しかしまた特定の生産にとってのあらゆる有用性の外に情報を運ぶこともできる。技術的対象を特徴づけるのは作動であって労働ではない。したがって技術的対象についての二つのカテゴリー――実用的な需要に役立つ技術的対象と認識に役立つ技術的対象――などない。あらゆる技術的対象は科学的対象でありうるのであり、その逆もまた然りである。それどころか、単純化された対象を科学的対象と呼ぶこともできるだろう。［だが］そうした対象は教育にしか役立ちえない。それは技術的対象よりも完全性が低いのだ。手仕事と頭脳労働とのあいだのヒエラルキーをつくりだす区別は技術的対象の世界にその余波をおよぼさない。

　こうして技術的対象は労働のカテゴリーよりも広汎なカテゴリーをもたらす。すなわち作業（オペラシオン）の作[5]動である。この作業（オペラシオン）の作動はその基礎に可能性の条件として発明行為を前提としている。ところで発明は労働に属するものではない。身心をそなえた人間がめざすような自然とヒトとの媒介を発明は前提としていないのである。発明はたんに適応的で防御的な反応（リアクション）であるばかりではない。発明とは心的な作業（オペラシオン）であり、科学知と領分（オーダー）を同じくする心的な作動である。科学と技術的発明とのあいだには水準の一致（パリティ）がある。発明や科学を可能にするのは心的図式なのだ。さらにはこの図式によってこそ、技術的対象を製造に関わるものとして工業団地において用いることであったり科学的なものとして実験装置の組み立てにおいて用いることであったりが可能になるのである。技術的思考はあらゆる技術的活動において現出しているのであって、技術的思考は発明の領分（オーダー）に属している。この思考は伝達（コミュニケート）されうる。分有を許すのである。

そうであるなら、労働の社会的共同体のうえに、つまり作業（オペラシオン）的活動に支えられていない個体どうしの関係を越えたところに技術性の心的で実践的な宇宙が確立される。この宇宙において人間存在は自分たちが発明するものを通じて意思疎通（コミュニケート）するのである。その本質に従って把握された技術的対象、すなわち人間主体によって発明され、思考されて望まれ、認められたものであるかぎりでの技術的対象は、わたしたちが*個体横断的*[6]と呼ぶことにしたいこの関係の支えにしてシンボル[7]となる。技術的対象は一定の情報を担うものとして解読可能である。［ただし］技術的対象はたんに使用され、働かせられ、それゆえ隷属させられるなら、文物（かいもの）や台座に用いられた本と同じくいかなる情報ももたらすことができない。技術的対象がその本質に従って、すなわちそれを基礎づけた人間の発明行為に従って評価され認識されて、その機能についての知的理解が透徹され、その内的な規範に従って価値づけられるなら、その対象とともに純粋な情報がもたらされる。純粋な情報と呼ぶことができるのは、事実だけを記述するのでない情報、それを受け取る主体が情報媒体のもたらす形式と類比的な形式をみずからのうちに生じさせる場合にのみ理解可能であるような情報である。技術的対象において認識されるのは形式、つまり作業（オペラシオン）的図式と問題を解決した思考とが物質的に結晶化したものである。この形式が理解されるには主体のうちにそれと類比的な形式がなければならない。情報とは絶対的な到来なのではなく、形式のあいだの比例——一方の形式は主体に外在し、他方は内在する——の結果として生じる意味連関なのである。それゆえ、技術的対象がたんに有用なものとしてだけではなく技術的なものとして受け取られるためには、つまり用具としてではなく発明の結果として、情報媒体として判断されるためには、それを受け取る主体がみずからのうちに技術的な形式を有していなければならない。そのとき技術的対象を介して個体横断性のモデルとなる人間どうしの関係がうみだされる。これは次のような関係として理解することができる。その関係は個体どうしをむすびつけるのに、それら個体を切り離している構成済みの個体性によるのでも、あらゆる人間主体において同一なもの——たとえば感性のア・プリオリな形式——によるのでもなく、前‐個体的現実（レアリテ）という負荷、つまり個体的存在とともに保存され、ポテンシャルと潜在性とを含んでいる自然というこの負荷によって個体どうしをむすびつける関係である。技術的発明から出てきた対象はその対象を産み出した存在のうちにある何らかのものをみずからでもって運ぶのであり、この存在について今・此処（hic et nunc）との結びつきが最小のものを表現しているのである。本源的であり続けるもの、人間において構成された人間性にさえ先行したものであり続けるようなものを自然＝本性（ナチュール）という語を用いて指し示すことができるという意味で、技術的存在のうちにはいくばくかの人間本性（ナチュール）があると言えるだろう。人間は自分が生まれつきもっている支えを、つまり各個体的存在と結びついたままとなっている無際限なもの（ἄπειρον）を活用しながら発明するのである。どんな人類学も個体的存在としての人間から出発するなら個体横断的な技術的関係を説明することができない。生産に関わるものとして理解された労働は今・此処(hic et nunc)へと局限された個体に由来するものであるかぎり、発明された技術的存在を説明することができない。発明するのは個体ではない。個体よりも広汎で、個体よりも豊かで、そして個体化された存在の個体性に加えて自然の、つまり個体化されていない存在の一種の負荷をそのうちに含んでいるような主体が発明するのである。生産協同組合のような職能上の連帯のための社会集団は個体化された存在どうしの関係づけしかしない。こうした理由で、個体化された存在は必然的に社会集団によって局限されて疎外される。しかもそれはマルクスが資本主義の名のもとに記述したような経済様式(モダリティ)にまったく当てはまらない集団でさえそうなのだ。[そうした]資本主義以前の疎外を労働であるかぎりでの労働に本質的なものとして定義することができるだろう。なお、以上と対称をなすようにして間個体的な心理学的関係もまた、構成された個体以外のものを関連づけることができない。この関係はそうした個体どうしを労働のような身体的作動によって関連づける代わりに、意識であったり情動であったり表象であったりに関わるいくつかの作動の水準で関連づけるのであり、それゆえそれら個体はこの心理学的関係によって[さきほど見た社会集団と]同じくらい疎外されるのである。労働の疎外を別の疎外で、つまり超然とした精神構造のそれで相殺することはできない。心的作動によって問題を解決しようとする心理学的方法が労働という問題に適用されるときの脆弱さはこれによって説明される。ところで、労働問題とは労働が引き起こす疎外に関する問題であり、そしてこの疎外というのは剰余価値の生産によるたんなる経済的な疎外ではない。マルクス主義によっても人間関係を通じた労働の研究における心理主義たる反マルクス主義によっても真の解決策は見いだされえない。労働であるかぎりの労働そのものこそが疎外の根源であるというのに両者はともに疎外の原因を労働の外に置いているからだ。わたしたちが言わんとしているのは経済的な疎外が存在していないということではない。そうではなく、疎外の第一の根源が労働のうちに本質的なものとしてあり、そしてマルクスによって描き出された疎外はこうした疎外の一形態でしかないかもしれないということである。疎外という概念は疎外の経済的な側面を位置づけることができるようにするために一般化するに値する。こうした見解に従うなら、経済的な疎外はすでに上部構造の水準にあるのであって、より暗黙の［下部にある］土台を予想させるだろう。その土台とは労働において個体的存在が置かれる状況に本質的な疎外である。

　こうした仮説が正しければ、疎外を小さくするための本当の途は（生産協同組合であったり階級であったりをともなう）社会的（ソシャル）関係の領域にあるのでも一般に社会心理学が考察する個体どうしの関係の領域にあるのでもなく、個体横断的な集合的（コレクティフ）なものの水準にあるということになる。［ところで］技術的対象が登場したのは社会的構造や心理的内容が労働によってかたちづくられる世界においてであった。技術的対象はそれゆえ新たな構造をもつ技術的世界をつくりだす代わりに労働の世界へと入り込んだのであった。機械はそれゆえに技術知ではなく労働を通じて認識され使用されているのである。労働者と機械の結びつきは適切なものでない。労働者はその身振りによって発明の活動を延長することなく機械のうえで作業しているからだ。労働を特徴づける曖昧な中心地帯は機械を使用する側へと移った。いまや曖昧な地帯（ゾーン）とは機械の作動であり、機械の製造元であり、機械がつくるものの意味連関であり、それがつくられるしかたなのである。［ただし］質料形相論図式にもともとあった中心的な曖昧さは保存されている。つまり人間は機械に何が入り機械から何が出てくるかは知っているが、そこで何がおこなわれているかは知らないのである。職工が立ち会うときでさえ、職工の関与しない作業（オペラシオン）が――たとえ職工がその指令を出したりその準備を整えたりするのだとしても――成し遂げられている。指令を出すということがまえもって作成された組み立てに従って機械を始動させることであるとき、つまりこの始動のためにつくられ、技術的対象の製造図式のなかでこの始動がおこなわれるよう準備された組み立てに従って始動させることであるとき、指令を出すことは依然としてその指令を出されたもの［＝機械］と無縁なままである。労働者の疎外は技術知と［機械の］使用条件の実施とのあいだの断絶として現れる。この断絶はあまりにきわだっているので、大多数の近代工場では調整工（レギュレーター）の役割が機械の使用者の、すなわち職工の役割から厳格に区別され、職工が自身の機械を自分で調整することは禁じられているほどである。ところで機器の調整という活動は発明し構築する機能を最も自然に延長する活動である。機器の調整とは無際限にではないが永続的に繰り返される発明なのだ。じっさい機械というのは、それが製造されてから修繕や修理や調整の必要もなしに存在し続けるものではない。おおもとにある技術的な発明図式はその図式からつくりだされるどの同型機においても多少の差はあれ十分に実現されるのであって、それゆえにどの同型機も多少の差はあれ正常に作動することになる。調整や修理が可能であり効力を発揮するのは、技術的対象の同型機がそれぞれそなえている物質性や独自性によってではなく技術的な発明図式に準拠することによってである。人間が受け取るのは技術的思考の直接の所産ではなく、正確さや完全性に多少の差はあれ技術的思考からじっさいに製造された一つの同型機なのだ。この製造された同型機は技術的思考のシンボルである。つまりそれはさまざまな形式の担い手であり、技術的思考のこの達成を延長し完遂させるためには「それを使用する」主体と出会わねばならないのである。使用者はみずからのうちにさまざまな形式を有していなければならない。そうであればこそ、それら技術的形式と、機械によって運ばれ、そして完成度に多少の差はあれ機械において実現されている形式との出会いから意味連関が生じてくるのであって、技術的対象のうえでおこなわれる労働はこの意味連関から出発してたんなる労働ではなく技術的活動となるのである。技術的活動は次の点でたんなる労働から区別され、それゆえ疎外を引き起こす労働から区別される。すなわち、技術的活動には機械の使用だけでなく、機械のメンテナンスや調整、改良といった、技術的作動への注意——これは発明し構築するという活動を延長するものである——もまた一定の比率で含まれているという点である。根本的な疎外は技術的対象の個体発生（オントジュネーズ）[8]とこの技術的対象のじっさいの在り方（エグジスタンス）とのあいだに生じる断絶にある。技術的対象の発生はじっさいにその存在（エグジスタンス）の一部でなければならず、そして人間と技術的対象との関係には技術的対象の連続的発生へのこうした注意が含まれていなければならない。

　最も疎外をうみだす技術的対象は知識のない使用者（ユーザー）に向けてつくられた技術的対象でもある。そうした「たとえば自家用車のような」対象は徐々にその価値を落としてゆく。つまり目新しいのはごくわずかのあいだだけであり、この性格を失うにつれて——そうした対象は当初の完全な状態から遠のいていくことしかできないのだから——その価値も失われてゆくのである。「一つの技術的対象を構成する」繊細な装置（オルガン）が一体となるような塗装（コーティング）は製造者と使用者のあいだのこの断絶を表している。製造者はみずからを発明者とみなし、使用者はもっぱら経済的なプロセスを通じてしか技術的対象の使用法を獲得しないのである。保証書とは製造者と使用者のあいだのこうした関係にみられる純粋に経済的な性格を具体化したものなのだ。製造者の行為は使用者によって少しも延長されない。使用者は保証書によって、必要が感じられたときに製造者に対してその活動を再開するよう命ずる権利を買っているのである。反対に、そのように製造と使用とが切り離されているような身分のもとに置かれていない技術的対象は時間が経ってもその価値を失いはしない。そうした技術的対象は、それを構成するさまざまな装置（オルガン）を使用中でも絶え間なく取り替えたり修理したりできるように構想されている。つまりメンテナンスと製造とが切り離されておらず、メンテナンスは製造を延長しているのであって、特定の場合にはたとえば慣らし運転によって製造を完成させるのである。慣らし運転というのは作動のさなかで［部品の］表面の状態が研削されることでなされる製造の延長であり完成なのだ。飛行機のエンジンの場合のように慣らし運転に要求される制限のゆえに使用者が慣らし運転を実施できない際には、技術的対象が組み立てられたあとで製造者が慣らし運転をおこなわねばならない。

かくして、製造と使用のあいだの人為（アーティフィシャル）的な断絶に由来する疎外が顕著であるのは、機械を使い、機械のうえで働き、そして機械に対する関係を労働以上のものへと押し進めることのできない人間においてだけではない。機械を用いることの経済的・教養的な条件や機械の経済的価値においてもこの断絶の影響は技術的対象の価値が下落するというかたちで及んでいる。この下落は急激であり、それだけこうした断絶は目立つことになる。

経済学の概念は労働に特徴的な疎外を説明するのに十分ではない。労働という態度は、まさにその態度そのものにおいて技術的思考や技術的活動に適切でない。この態度には、技術的対象の認識を可能にするだろうような［暗黙知でないという意味で］明確な知——これは科学に近い——の形式や様態が含まれていないからだ。疎外を小さくするには、労働であったり労苦であったり身体の使用が前提とされる具体的実用化であったりという側面と作動どうしの相互作用とが技術的活動のなかで統一される必要があるだろう。労働は技術的活動にならねばならないのだ。だがその一方で、経済的な条件がこうした疎外を増幅させ、また安定させているというのも確かだ。産業社会で営まれる生活においては、技術的対象はそれを使用する人間のものではないのである。そのうえ所有関係［という概念］はきわめて抽象的であり、労働者が機械の所有者になりさえすれば疎外が一挙に小さくなるわけではないだろう。機械を所有していることは、その機械を認識していることではないのである。しかしながら、労働者が機械を所有していないことで、労働者とそのうえで労働が成し遂げられる機械とのあいだの隔たりはますます大きくなる。［労働者と機械の］関係がより一層もろく表面的で一時的なものとなるのだ。技術的対象の使用者がその機械の所有者であるだけでなく、それを［自分で］選んでメンテナンスする人間でもあるような、社会的・経済的様態を発見できるのでなければならないだろう。ところで労働者は自分で選んだのではない機械と向き合わされている。機械と向き合うことは雇用条件の一部となっており、製造の経済－社会的な側面に組み込まれているのである。逆の方向から見れば、機械は大抵の場合に絶対的な技術的対象として、つまりそれ自体で作動するが、しかし機械と人間のあいだの情報交換にはまったくといってよいほど適していない技術的対象として製造されている、ということだ。人間工学（ヒューマンエンジニアリング）は運転装置や制御信号について最適な配置を見つけようとするがゆえにさほど遠くまでは進んでいない。もちろんそれはきわめて有益な研究であり、機械と人間が連結（カップリング）される真の条件について研究する出発点である。だがそうした研究は人間と機械のあいだでおこなわれる連絡（コミュニケーション）のまさにその基盤にまで及ばない場合、ほとんど効力のないものにとどまるおそれがある。〔人間と機械のあいだの〕情報交換が可能であるには、人間がみずからのうちに技術的教養を、すなわち機械によってもたらされるさまざまな形式との出会いから意味連関を出現させることができるはずのひとまとまりの形式を有している必要がある。すべての社会的水準で機械はわたしたちの文明のうちにある曖昧な地帯（ゾーン）の一つであり続けている。こうした疎外は職工たちと同じくらい現場監督者のうちにも存在している。産業社会で営まれる生活の本当の中心、つまりそれに向けてあらゆるものが機能や職能上の規範に従うように整序されねばならないものとは、技術的活動である。機械が誰のものであるのか、誰が最新の機械を使う権利を有しているのか、そしてそうした機械を拒否する権利を誰が有しているのかという問いは、問題を逆転させてしまっている。〔それらの問いの背景にある〕資本や労働といったカテゴリーは技術的活動にとっては本質的でない。産業的領域において規範や権利の基盤となっているのは労働でも所有権でもなく、技術性なのである。人間どうしの意思疎通（コミュニケーション）は労働の価値や経済的基準を通じてではなく、技術的活動を通じて技術の水準で確立されねばならない。社会的条件と経済的要因は異なる集合に属しているがゆえにそれらのあいだで折り合いがつくことはありえない。社会的条件と経済的要因はそれらの媒介を技術が優勢な組織化にしか見いだすことができない。そうした技術的組織化――そこでは人間が人間と一つの階級の構成員として出会うのではなく、みずからの活動に対して等質的な技術的対象のうちに自己を表現するような存在として出会うのである——の水準とは、個体どうしの関係や所与の社会的（ソシヤル）関係を越えた、集合的（コレクティフ）なものの水準である。
ごく稀な例外的事例を除いて、技術的対象との関係が個体ごとに適切になることはありえない。技術的対象との関係が確立されうるのは、この関係が間個体的な集合的（コレクティフ）な現実（レアリテ）を、つまりわたしたちが個体横断的と呼んだそれを存在させるにいたる——この関係は複数の主体に備わっている発明であったり組織化であったりをおこなう能力どうしの連結（カップリング）をうみだすからだ——かぎりでしかない。手入れが行き届いており疎外されておらず、疎外をおこなわない身分によって使用されているような技術的対象がじっさいに存在していることと、こうした個体横断的な関係が構築されていることとのあいだには、因果関係や相互的条件づけの関係がある。産業社会で営まれる生活やさまざまな企業に企業委員会（コミテ）［＝従業員の経営参加のための機関］の水準で技術委員会が設置されるようになるよう期待することもできるだろう。企業委員会はその力を発揮し創造的であるためには本質的に技術的でなければならないだろう。一企業において情報が伝達される経路の組織化は技術的作業（オペラシオン）の線を辿るべきであって、技術的作業（オペラシオン）にとって本質的でない社会的ヒエラルキーやたんなる人間関係といった線を辿るべきではない。企業というさまざまな技術的対象と人間とからなる総体はその本質的な機能、すなわちその技術的な作動から出発して組織化されるべきである。組織化の総体を階級間の対立として考えるのではなく、すなわち純然たる社会的総体、つまりは各々がそれぞれの精神構造を有している個人の集合として考える——すると総体は相互心理学的な図式に還元されてしまう——のではなく、技術的作動の統一性（ユニット）として思考することができるのは、技術的作業（オペラシオン）の水準においてなのである。技術的世界とは集合的（コレクティフ）なものの世界なのであって、これはありのままの社会的関係から出発しても［個人の］

精神構造から出発しても適切に思考されない。技術的活動をまさにその構造において非本質的とみなすこと、そして技術的活動を契機に生まれる社会的共同体であったり人間関係であったりを本質的なものだとすることは、集団どうしの関係や間個体的な関係のまさにその中心たる技術的活動の本性を分析することではない。労働という概念が社会的関係の中心として保存されていること、そしてそれに対抗するように経営や資本の水準で人間関係の心理主義が相変わらず存続していることは、技術的活動がそれ自体のために思考されていないということを示している。技術的活動は社会学や経済学の概念を通じてしか理解されていないのであり、相互心理学的な関係が生じる契機としては研究されているが、その実質的（リアル）な本質の水準では把握されていないのである。曖昧な地帯（ゾーン）が資本と労働のあいだ、心理主義と社会主義のあいだに残存している。個人的なものと社会的なもののあいだでは個体横断的なものが展開されているが、現状ではそれとして認知されておらず、職工の労働か企業の経営かという極端な二側面を通じて研究されているのである。

効率という判断基準であったり技術的活動を効率で特徴づけようとする意志であったりによって問題が解決されるということはありえない。効率［という概念］は技術的活動に対してきわめて抽象的であり、それによってこの活動のなかに入ってその本質を見ることができるようにはならない。大きく異なる複数の技術的図式は同じ効率に至りうる。一つの数字が一つの図式を表現しているわけではないのだ。効率や効率の改善手段についての研究は質料形相論図式と同じく技術的な地帯（ゾーン）にみられる曖昧さをまったくそのまま残存させている。たとえ今ある構造のなかで実践的な役目を果たしているのだとしても、こうした研究は理論的な問題をややこしくするのに一役買うぐらいしかできていない。

ところで、このように技術的現実（レアリテ）——これが社会的（ソシャル）関係と個人の精神構造とを媒介する——を義務論的な問題の領分（オーダー）で解明するにあたっては、哲学的思考が一つの役目を果たしうる。［ただし］技術的活動を人間の実践的な欲求の一つに分類することでは、すなわち労働のカテゴリーであるように見せることではこの活動を説明できない。ベルクソンは［『道徳と宗教の二源泉』で］技術的活動をホモ・ファベル（homo faber）とむすびつけてこの活動と知性との関係を示した。だが、固体（ソリッド）の操作を技術性の基盤とするその考えには真の技術性の発見を妨げるような前提がある。じつのところベルクソンは閉じたものと開かれたもの、静的なものと動的なもの、労働と夢想といった価値論的な二元性から出発しているのである。［それによれば］労働によって人間は固体の操作につなぎとめられているのであり、抽象をおこなう概念化——これによって静的なものが動的なものに対して優位に置かれ、空間が時間に対して優位に置かれる——の根源には行動の必要性がある。それゆえ労働という活動は身体とむすびついた物質性へとまさに閉じ込められてしまっている。したがって科学そのもの——そこで技術的図式が利用されていることにベルクソンは気づいていた——は実践的な、実用主義的（プラグマティック）な機能があるものとみなされることに疑う余地はない。この意味でベルクソンは或る種の実用主義（プラグマティズム）が混ざった科学的唯名論の大きな流れのかなり近くにいるだろう。それはつまりポアンカレのうちに、それからベルクソンとポアンカレとに着想を得たル・ロワのうちに看取できる流れである。[9] ところで、科学に向けられるこうした実用主義的で唯名論的な態度は技術性についての分析が厳密さに欠けていたがゆえに生じたのではないのか、と問うことができる。科学の対象は現実（リアル）であって科学には物が必要なのだと主張できるようにするために、科学が技術と無関係であると示す必要はない。実用主義的なのは労働であって技術的活動ではないからだ。労働の身振りはその即座に得られる有用性によって舵取りされているのである。だが技術的活動が現実（リアル）と合流するのは長い彫琢が終わってからでしかない。技術的活動はさまざまな法則に依拠しているのであって、その場しのぎのものではないのだ。技術的な秘訣が効力をもつにはそうした秘訣が現実（リアル）それ自体の法則に従うしかたで現実に到達していなければならない。この意味で技術はそれが有用性について示しうるすべての側面に反して客観的（オブジェクティヴ）である。実用主義が間違っているのは、科学知が現れるのは技術が現実をまえにして挫折するとき、あるいは技術どうしで折り合いがつかないときであるのに、不当にも科学を技術に還元してしまっている点だけではない。科学についてそれを技術的活動に還元することでたんなるその場しのぎの秘訣に還元できると考えている点でも間違っているのである。その根本において実用主義は労働と技術的作業（オペラシオン）とを混同している。

それゆえこの意味で技術的対象の存在様態についての分析は認識論的（エピステモロジック）な射程を有する。ベルクソンが説くような考え方は労働を余暇に対立させ、夢想というかたちで根本的な認識論的特権を余暇に与える。この対立は、古代人によってつくりあげられた、奴隷が従事すべき仕事と自由民が従事すべき仕事のあいだの対立を踏襲している。つまり、奴隷の従事する仕事には有用性という価値しかないのに対して、自由人の従事する実利的でない仕事には純粋な認識という価値があるとする対立である。実用主義はそうした価値体系をひっくり返すという口実のもとに、真であることを有用であることによって定義する。だが実用主義は有用性という規範と真理という規範のあいだに対立図式を保存しているのであって、その結果、認識の領分においては相対主義へと、あるいはこの態度がその最も厳格かつ極端な帰結にまで押し進められるなら唯名論へと行き着くのである。［その立場からすれば］行動にとって科学はふつうの知覚よりも真であるのではなくより有用であるのだ。

これとは反対に、自然と人間をじっさいに媒介しているもの——つまりは技術、および技術的対象の世界——に助けを求めるなら、もはや唯名論的でない認識理論が得られる。［それによれば］認識の獲得がおこなわれるのは作業を通じてであるが、ただし作業的［opératoire］は実践的［pratique］の同義語ではない。技術的作業は恣意的なものではない。つまり、主体のその時々の事情により、即座に得られる有用性という偶然に従ってあらゆる方向にたわめられているようなものではない。技術的作業とは、自然的現実の紛れもない法則を介在させる純粋な作業なのである。人工的なものとは［人為的に］引き起こされた自然的なものなのであって、模造されたもの、つまりは自然的なものと取り違えられた人間的なものではない。古代世界にあっては作業的認識が観想的認識と対立させられており、それによって観想へと、そして観想の条件となる自由な時間（σχολή）へとより高い価値が与えられていた。ところで技術は労働でも自由な時間でもない。哲学的思考がそうした伝統に由来するものであり、そしてその伝統に由来する図式を用いるかぎり、労働と自由な時間とを媒介することを［技術という］現実への準拠が哲学的思考に含まれることはない。価値論的な思考そのものが二つの水準にあり、こうした労働と観想の対立を反映している。理論的や実践的といった概念もやはり対立をもたらすそうした区別に準拠しているのだ。そういう意味ではこう考えてもかまわないだろう。哲学的思考にそもそも含まれていた二元論——理論的なものと実践的なものへの二重の準拠によって引き起こされたさまざまな原理や態度の二元論――は技術的活動が省察のおこなわれるべき戦場として把握されて哲学的思考へと導入されることで根本的に修正されることになるだろう、と。ベルクソンは自由な時間(スコレー)と労働の対応関係については、固体――ということはつまり静的なもの――と関係するという機能を労働に認めることで――古代人はそこに発生と腐敗の世界への転落を、ということはつまり生成の世界への転落を見ていた――両者の対応関係をたんに反転させたにすぎない。古代人は永遠なるものを認識できるようにすることを観想の役目として割り当てていたが、ベルクソンは逆に自由な時間(スコレー)に持続との合致、運動との合致を可能にする能力を付与している。だがこうした方向転換がおこなわれようとも二元性という条件は変わっておらず、そして「そうした二元性の二項のうちで」人間の労働に対応する項の価値が低められていることも――この項が動くものであれ静的なものであれ――変わってはいない。技術的作業(オペラシオン)が省察のおこなわれる戦場として、さらに言えば範例(パラダイム)として哲学的思考へと導入されるなら、こうした行動と観想とのあいだの、動かないものと動くものとのあいだの対立は終わりを迎えるにちがいないように思われる。

フリップフロップ（Basculeur）――平衡状態が二つある回路。二つの平衡状態がともに安定しているときに中立と言われ、安定平衡状態と不安定平衡状態を有する場合に単安定と言われる。この回路は外部からの信号の影響のもとで安定状態から不安定ないしほぼ安定した状態へと遷移する。単安定のフリップフロップが信号消失とともに自然と安定状態に戻る場合、これをたんに単安定のフリップフロップと呼ぶ。反対に、信号消失のあと或る時間のあいだ――持続時間は回路の特性により決まる――ほぼ安定した状態が続く場合、回路は単安定の遅延フリップフロップと呼ばれる。

エクルズ＝ジョーダン回路は中立のフリップフロップにあたる。二つの同型の三極管は、片方が伝導状態にあるとき他方は遮断状態（制御グリッドの大きな負のバイアスによる非伝導状態）となるようなしかたで接続されている。どちらの三極管も陽極の電位の一部が抵抗の分圧回路を通じてもう一方の三極管のグリッドへと伝達される。外部からの信号は区別されずに二つの陽極へと到達し、抵抗の分圧回路とコンデンサの両方によってグリッドへと伝達される。これら信号は負のパルスというかたちでは遮断状態の三極管へと作用をもたらさないが、しかし伝導状態の三極管の状態を変化させるのであり、それによって回路の状態が反転することになる。つまりそれまで伝導状態であった三極管は伝導状態でなくなり、伝導状態でなかった三極管は伝導状態となる。

この回路は計算機でよく使用される。というのも、それが受け取る二つのパルスについてそのうちの一方だけを、つまり今度は二つの三極管からなる別の総体をアクティブにすることのできるパルスだけを引き渡すからである。このようにこの回路は心のなかでおこなう加算演算と類比したものをその物理的な作動によって実現させる。エクルズ＝ジョーダン回路の連鎖を構築することで、二を基礎とするデジタルシステムを利用した計数器が構築される。その純粋な形態ではこの計数器はとくに放射能の測定においてパルス計測器の出力に用いられる。より複雑な回路に統合されるなら、この計数器はバイナリの電子計算機の基礎を提供する。［もちろん］機械的なフリップフロップは構築可能である。［しかし］という電子フリップフロップは注目に値する利点を、つまり作動の速さ（毎秒一〇万回の状態の変化）という利点を示している。

増幅回路の級（Classe d'amplification）——増幅回路の級は、この機能を果たす電子管の作動の級によって定まる。級は、制御グリッドの電圧に応じて作動点が陽極電流の特性曲線上でとる位置に対応している。A級増幅回路では作動点が特性曲線の直線的な部分から離れることなく移動する。B級増幅回路では、変動する電圧がグリッド上に不在のとき陽極電流がゼロのままであるような負のバイアスをグリッドは受け取る。C級増幅回路ではグリッドはさらにより強いバイアスを受け取る。このような場合、A級増幅回路では中間信号ははっきりとわかるほどには陽極の平均流量を変更しない。しかし、陰極へと抵抗を組み込むことで自動的なバイアスを備えた真空管とともに信号が増大する場合、その結果としてもたらされるバイアスの増大は真空管の相互コンダクタンスを弱めるのであって、これにより負のフィードバックが構成される。

電解コンデンサ（Condensateur électrolytique）——電解液に沈められた二つの電極からなるコンデンサ。この電解液は電流の通過により電解され、電極のうちの一つに薄い絶縁層をつくりだす。電解液はそのとき極板のうちの一つを構成しており、誘電体の役目をはたす絶縁層に覆われた電極から切り離されている。コンデンサはそのまま放置されれば誘電体を失うが、しかしこの誘電体は電流の通過時間が終われば再形成される。こうした類いのコンデンサは絶縁層の薄さのゆえにかなり大きなエネルギー量をかなり小さな体積のもとで蓄積することを可能とする。しかし逆にこうしたコンデンサは使用にあたっての最大限の電圧（五五〇から六〇〇ボルト）を有しており、雲母（マイカ）や紙といった乾式の恒久的な誘電体を用いたコンデンサよりも大きな電力ロスによって特徴づけられる。

コンバータ（Convertisseur）——機械的に連結（カップリング）された電動機と発電機とからなる総体。回転変流機はコンバータと違ってロータをたった一つしか使用しない。これにより機械的な連結に加えて二つのコイルのあいだに磁気的な連結がうみだされる。この磁気的な連結は交流から直流への変換に介入する。それに対してコンバータは回転変流機よりも効率が悪い代わりにこの変換を実行することができる。

デトネーションとデフラグレーション（Détonation et déflagration）——デトネーションとは爆鳴気においてごく短い時間に容積のすべての点で同じ瞬間におこなわれる燃焼である。反対にデフラグレーションとは急速だが漸次的な燃焼であり、これは一点において始まり、それから爆発の衝撃波として、端に火を点けられた一筋の火薬が燃えていくように容積全体を通じて次第に伝播してゆく。

デフラグレーションが一点から始まらねばならないのに対して、デトネーションは一般に、同じ瞬間に気体のすべての分子へと働きかける系の包括的状態（温度、圧力）によって条件づけられている。デトネーションは破壊的な破断の効果をもたらす。同じ瞬間に火薬の全総量へと圧力がかかった状態をつくり出す衝撃（雷酸水銀による雷管は点火ではなく圧縮を目的とする）によってダイナマイトのなかで獲得がめざされているのはデトネーションなのである。爆発物は一点で点火されるならデフラグレーションを引き起こし、デトネーションを引き起こさない。エンジンのなかでは、温度と圧力の包括的状態がデトネーションを引き起こし、これがノッキングと呼ばれる現象を引き起こすよりもまえに燃焼が始まらなければならない。

マグネトー（Magnéto）——一個ないし複数個の固定された磁石でつくられた複合的な発電機械であり、これがつくりだす磁場のなかで鉄心のまわりに相互に巻きつけられた二本の巻線が回転する。誘導コイルの一次巻線と同様に太いコードが用いられた第一の巻線は鉄心の軸が作動させる外部の断続器（スイッチ）によってショートさせられている。この断続器は鉄心を通る電流の変化が最大であるときに、すなわち電流が一次コイルにおいて最も強いときに開く。一次コイルにおいてこの断絶が引き起こす電流の強さの急激な変化は、誘導コイルの二次巻線の役目をはたす細く長いコードが用いられた二次コイルにおいて電圧をわずかばかり上昇させる。この高圧のパルスは回転する配電器によってしかじかの点火プラグへと配電されることで、そのプラグの電極間に火花を散らせる。

　マグネトーはそれゆえ、磁気による交流発電機（オルタネータ）のように低圧のエネルギーをうみだし一次コイルの電流の強さを大きくすると同時に、リュームコルフ［の誘導］コイル（パルス変圧器）のように高圧のパルスをうみだしもする。要するに、軸の回転運動こそが一次回路における電圧の変化を引き起こす遮断器を作動させる。さらに言えば、この回転運動こそが配電器をアクティブにし、点火過程のあいだプラグへと順番に最大値の電圧を送る。その具体的な性格に加えてマグネトーはつぎのような利点を示している。すなわち、回転数が上がるにつれて鉄心における磁束の変化の速さがより大きくなるのであり、ここからホメオスタシス効果が得られる。また、点火は低い回転数よりも高い回転数のほうがよりエネルギーを生み出すのであり、これによってそうした高回転での正常な点火が——したがってシリンダ内での炭化水素混合体の［空気との］混合が——さらに困難になることは相殺される。反対に、バッテリーと誘導コイルとによる点火によって、一次巻線が使用することのできるエネルギーはエンジンスピードの上昇とともに減少する。これは一次コイルの自己インダクタンス現象によるもので、この現象は一次巻線の電流を相当な速さで確立することと相容れないのだ。しかしながらマグネトーについてはその機構（オルガン）の多機能な役目のゆえに凡庸な構築が許されない。

磁歪（じわい）（**Magnétostriction**）——磁場の影響のもとでの金属片の体積の変化。鉄とニッケルは磁歪について顕著な特性を示す。磁場が周期性をもつ場合、機械振動が生じる。この現象は高周波に適した電磁変換器（超音波発生器）の構築に利用される。この現象は振動子の変換器においては厄介なものとなる。というのも電磁回路の鋼板によって生み出される振動はシャシに伝わり、弱めがたい音を出すからである。

キュリー点（**Point de Curie**）——それ以上高温になると磁化が不安定になる温度。強磁性の物体は急激に常磁性体へと変化する。鉄のキュリー点は七七五度付近にある。

緩和発振器（**Relaxateur**）——緩和現象の中枢である回路ないし自然的総体。緩和現象とは反復的である（規則的に無限回繰り返す）が振動性でない作動である。緩和においては、サイクルの終わり——すなわちサイクルを終えた系の状態――が特定の現象をうみだすことでサイクルの再開を引き起こす。したがって或るサイクルからそれに続くサイクルへの不連続性がある。或るサイクルが始められるとき、このサイクルはそれ自体によって継続するが、しかしどのサイクルもそれがうみだされるには先行するサイクルの完了を必要とする。間欠泉の作動がそうしたものだ。サイフォンが作動し始めると一定量の液体の排出が引き起こされる。それからサイフォンが作動を停止し、水位が一定の高さに届くまではふたたび作動し始めることはもはやない。水撃ポンプは緩和によって機能する。振動においては反対に、このようなサイクル再開の臨界的な段階（フェーズ）はなく、かわりにエネルギーの連続的な変換がある。たとえば重い振り子におけるポテンシャルエネルギーから運動エネルギーへの変換や、自己インダクタンスと静電容量（キャパシタンス）の振動回路における静電エネルギーから電気力学エネルギーへの変換である。緩和発振器が一種の「のこぎり歯」状の作動をもつのに対して、振動子は正弦曲線タイプの作動状態（レジーム）をもつ。じつのところ固有の振動周期が本当にあるのは振動子についてでしかない。緩和発振器は明確に規定された大きさ――たとえば各サイクルで流出するエネルギー量――に応じてしか周期をもたないのである。こうした大きさのあらゆる変動はサイクルの持続時間の変動を引き起こす。反対に、振動子は回路自体の特徴によって規定される周期をもつ。振動子と緩和発振器との混同は緩和発振器として機能する装置の助けを借りた振動子の保全装置（メンテナンス・システム）を準備する必要から来ている。たとえば、三極管を自己インダクタンスと静電容量とからなる回路へと組み込んで振動子の保全をおこなう場合、厳密に正弦曲線状の振動子をつくりだすのはもはや不可能である。このとき、水準で劣るほぼ正弦曲線状の振動子をとるか正弦曲線から著しく逸脱する高水準の振動子をつくり出すか――この場合には振動系と保全装置との強力な連結（カップリング）が要請される――で選択しなければならない。この連結が高められると同時に、外的条件（とりわけ各サイクルで流出するエネルギー量）に対する周波数の依存関係がより大きくなるとともに緩和発振器の定格（レジーム）へと向かうことになる。緩和振動子は運動エネルギー（慣性）のような項を含まないので制御がきわめて容易である。たとえば、抵抗と静電容量とからなる系に組み込まれたサイラトロンは制御グリッドの電圧変化によって調整可能であって、これがサイクル再開の臨界点を決定する。反対に、その名の通りの振動子は制御や同期が緩和振動子ほど容易ではない。主（パイロット）発振器によって示されているように、振動子は保全回路の振動回路に対する連結が弱く出力レヴェルが低いときにより自律的となる。石英（クォーツ）のような弾性であると同時に圧電気的でもある物体は優れた振動回路を提供する。振動する薄片や音叉もまた自動保全されうる振動系を提供可能である。

熱サイフォン（Thermo-siphon）――再加熱ないし再冷却のために熱を移動させる装置。水が加熱されることで膨張し、その結果より軽くなることを利用する。水はより軽くなり回路の高温となった側において上昇する一方で、密度を増して熱水泉へと戻ってくる際に通過する回路の部分において下降する。循環が速くなればなるほど熱水泉と冷水泉との温度差は大きくなる。この系はそれゆえホメオスタシス的である。しかしながらこの系は水の循環の遅さゆえに、ポンプを用いるものよりも場所をとり重たい設備を必要とする。

同期信号（Tops de synchronisation）――循環的な作動をおこなう装置を主（パイロット）装置に従属させるようにする短い信号。主装置が正弦曲線状の振動子であるとき、位相がはっきりと確定された短い信号が（たとえば振動の圧力を抑えることで）あらかじめこの振動から抽出される。フランスのテレヴィジョンの規格はゼロパーセントを下まわる黒に、つまりブラウン管の電子線が消失する圧力以下に同期信号を置いているが、それは電子線が映像の転調と同じ運送周波数で、映像の転調を妨害することなく伝達されうるようにするためにである。走査線からそれに続く走査線への移行、あるいは映像からそれに続く映像への移行は、画面上の光点を完全に消すことでのみ表現される。

文献一覧

（この一覧には古典となり思想史に組み込まれた哲学書のタイトルも雑誌の特集号に確認される数多くの技術研究のタイトルも含まれておらず、技術論的な著作や情報理論、サイバネティクス、そして技術哲学の資料的な性格を有するタイトルのみが含まれている。〔文献38と39については再版時に追加されたものと思われる。なお、日本語訳のあるものは現時点で最も入手の容易なものを〔　〕で補足した。ただし、ノーバート・ウィーナーの著作についてはシモンドンの参照したものと版が異なる点に注意されたい〕）

1. William Ross Ashby, Grey Walter, Mary A. B. Brazier & W. Russel Brain, *Perspectives cybernétiques en Psychophysiologie*, Paris, PUF, 1951.
2. *Cahiers Laënnec*, nº 2, « Biologie et Cybernétique », Paris, Lethielleux, 1954.
3. Georges Canguilhem, *La Connaissance de la vie*, Paris, Hachette, 1952 ; Paris, J. Vrin, 2009.〔ジョルジュ・カンギレム『生命の認識』杉山吉弘訳、法政大学出版局、二〇〇二年〕
4. Colombani, Lehmann, Loeb, Pommelet & F. H. Raymond, *Analyse, synthèse, et position actuelle de la question des servo-mécanismes*, Paris, Société d'édition d'Enseignement supérieur, 1949.
5. *Communication Theory*, Willis Jackson (ed.), London, Butterworths Scientific Publications, 1953.（一九五二年九月二二日から二六日にかけてロンドンで開催されたシンポジウム「伝達理論の応用」の記録）
6. *Conference on Cybernetics*, Heinz von Foerster, Josiah Macy, Jr. Foundation : Transactions of the Sixth Conference, 1949, New York, 1950 ; Transactions of the Seventh Conference, 1950, New York, 1951 ; Transactions of the Eighth Conference, 1951, New York, 1952 ; Transactions of the Ninth Conference, 1952, New York, 1953.〔*Cybernetics: The Macy Conferences*

1946–1953, Claus Pias（ed.）, Zurich-Berlin, Diaphanes, 2016. として再刊〕

7. Louis Couffignal, *Les Machines à calculer, leurs principes, leur évolution*, Paris, Gauthier-Villars, 1933.
8. Louis Couffignal, *Les Machine à penser*, Paris, Minuit, 1952.
9. Maurice Daumas, *Les Instruments scientifiques aux XVIIe et XVIIIe siècles*, Paris, PUF, 1953.
10. Hermann Diels, *Antike Technik*, 6e édition, Leipzig & Berlin, Reclam, 1924.〔ヘルマン・ディールス『古代技術』平田寛訳、ちくま学芸文庫、二〇〇四年〕
11. Eugen Diels, *Das Phënomen der Technik*, Leipzig, Reclam, 1939.
12. *L'Encyclopédie et le Progrès des Sciences et des Techniques*, Centre International de Synthèse, Paris, PUF, 1952.
13. Lucien Chretien, *Les Machines à calculer électroniques*, Paris, Chiron, 1951.
14. Georges Friedmann, *Le Travail en miettes*, Paris, Gallimard, 1956.〔ジョルジュ・フリードマン『細分化された労働』小関藤一郎訳、川島書店、一九七三年〕
15. E. Gellhorn, *Physiological Foundations of Neurology and Psychiatry*, Minneapolis, The University of Minnesota Press, 1953.
16. René Menard et Claude Sauvageot, *Le Travail dans l'antiquité – Agriculture, Industrie : Vie privée des anciens*, tome V, Paris, Flammarion, 1913.
17. André Ombredane et Jean-Marie Faverge, *L'Analyse du travail, ruptures et évolutions*, Paris, PUF, 1955.
18. Charles Le Cœur, *Le Rite et l'outil : Essai sur le rationalisme social et la pluralité des civilisations*, Paris, PUF, 1939.
19. André Leroi-Gourhan, *L'Homme et la matière*, Paris, Albin Michel, 1943.
20. André Leroi-Gourhan, *Milieu et Techniques*, Paris, Albin Michel, 1945.
21. Pierre De Latil, *Introduction à la cybernétique : La Pensée artificielle*, Paris, Gallimard, 1953.
22. Augustin Privat-Deschanel, *Traité élémentaire de physique*, Paris, Hachette, 1868.
23. *La Cybernétique, théorie du signal et de l'information*, sous la présidence de Louis de Broglie, Paris, Édition de la revue d'Optique théorique et instrumentale, 1951.
24. Rolf Strehl, *Die Roboter sind unter uns*, Gerhard Stalling, Oldenbourg ; *Cerveaux sans âme : les Robots*, traduit de l' allemand par Marlyse Guthmann, Paris, SELF, 1952.

25. *S. E. T.*（*Structure et Évolution des Techniques*）, nº 39–40, juillet 1954–janvier 1955.
26. Slingo et Brooker, *Electrical Engineering*, Longmans, Green and Cº, New York, Bombay, 1900.
27. Manfred Schröter, *Philosophie der Technik*, Munich & Berlin, Olderbourg, 1934.
28. *The Complete Book of Motor-Cars, Railways, Ships and Aeroplanes*（ouvrage collectif）, Odhams Press, London, 1949.
29. André Terry, *Les Outils chez les êtres vivants*, Gallimard, Paris, 1948.
30. D. G. Tucker, *Modulators and Frequency Changers*, Macdonald, London, 1953.
31. Grey Walter, *Le Cerveau vivant*, *Delachaux et Niestlé*, Neuchâtel, 1954.（Texte original en anglais, *The Living Brain*, Duckworth, London.）［W・G・ウォルター『生きている脳』懸田克躬・内薗耕二訳、岩波書店、一九五九年］
32. Norbert Wiener, *Cybernetics or Control and Communication in the Animal and the Machine*, Paris, Hermann & Cie, New York, John Wiley & Sons, 1948.［ウィーナー『サイバネティックス――動物と機械における制御と通信』池原止戈夫・彌永昌吉・室賀三郎・戸田巌訳、岩波文庫、二〇一一年］
33. Norbert Wiener, *The Human Use of Human Beings*, 1950 ; *Cybernétique et Société : L'usage humain des êtres humains*, traduit par Pierre-Yves Mistoulon, Paris, Deux-Rives, 1952.［ノーバート・ウィーナー『人間機械論【第２版】――人間の人間的な利用』鎮目恭夫・池原止戈夫訳、みすず書房、二〇一四年］
34. Recuil De Planches *sur Les Sciences, les Arts libéraux et les Arts mécaniques, avec leur explication*（ouvrage collectif）, chez Briasson, David, Le Breton et Durand, Paris, 1762 ; deuxième livraison en 1763.（Ces recueils accompagnent l'Encyclopédie de Diderot et D'alembert.）
35. Encyclopédie Moderne, nouvelle édition, Firmin Didot, Paris, 1846.
36. Le Grande Encyclopédie, Lamirault et Cie, Paris.
37. Pierre-Maxime Schuhl, *Machinisme et Philosophie*, Paris, PUF, 1946-1948［2ème édition revue］.［P・M・シュル『機械と哲学』粟田賢三訳、岩波新書、一九七二年］
38. Henri van Lier, *Le Nouvel Âge*, Paris, Casterman, 1962.
39. Alphones Chapanis, *Research Technics in Human Engineering*, Baltimore, 1959.

趣意書（プロスペクトゥス）[1]

『技術的対象の存在様態について』と題された本書がめざすのは、技術的対象——これは要素、個体、総体という三つの水準[2]で捉えられる——に適切な認識を教養[3]のうちに取り入れるということである。「ところで」わたしたちの文明においては、技術的対象が人間にとらせる態度とそうした対象の真の本性とのあいだでの食い違い[4]が表面化している。この不適切で混乱した結びつきから、購入者や製造者や作業者（オペレーター）のうちに「技術的対象に対する」さまざまな毀誉褒貶——いずれも神話のようなものだ——が生じてしまっている。この不適切な結びつきを真の関係で置き換えるには、技術的対象の存在様態について意識化をおこなわねばならない。

この意識化は三段階でなされる。

第一の段階では、技術的対象の発生を把握することが試みられる。「発生というのは」つまり技術的対象は人工（アーティフィシャル）的な存在とみなされるべきではないということだ。「技術的対象は生物のように発生し進化するのだが、ただし」その進化の向かう先（サンス）は具体化[5]である。原始的な技術的対象は抽象的な系（システム）、すなわちその作動どうしが部分的に隔てられており、共通の存在基盤[6]をもたず、因果的な相互性がなく、内的共鳴[7]を欠いているような系である。「それに対して」改良された技術的対象は個別化[8]した技術的対象であり、そこにおいてはどの構造も複数の機能をはたしており、また多元的に決定されている。つまり各構造は器官（オルガン）として存在しているだけでなく、他の構造に対して身体、環境、基盤としても存在しているのである。こうした共可能性の系——その体系性は一つの公理系として形成される——は飽和しており、各要素は総体のなかで役割を果たしているだけでなく、それぞれが総体の役割も果たしている。具体的となった技術的対象には、情報伝達における冗長性（リダンダンシー）のようなものがあるのだ。

この情報[9]という概念は、技術的対象の進化全般を、技術性の保存の法則に従って、さまざまな要素や個体、総体の継起を通じて解釈することを可能にする。技術的対象の真の進歩は緩和の図式[10]を通じて実現されるのであって、連続性の図式を通じてではない。つまり、進化の継起的サイクルを通じた情報伝達としての技術性の保存がある。

第二段階では、人間と技術的対象との結びつきが一方では個人［＝個体］の水準で、他方では集団［＝総体］の水準で検討される。［ところで］個人が技術的対象に接近（アクセス）する様態はマイナーかメジャーである。マイナーな様態とは道具や器具の認識にふさわしいそれだ。この様態は原始的だが、技術性が道具や器具というかたちで存在している水準では適切である。この様態は具体的な学習——特定の環境で用いられる技術的対象と人間との本能的共生のようなもの——に従って、つまり暗黙知——ほとんど生得的な知識——と直観に従って、人間を道具の担い手にする。［それに対して］メジャーな様態はさまざまな作動図式の意識化を前提としている。つまりこの様態は諸学総合的（ポリテクニック）なのだ。ディドロとダランベールの『百科全書』はマイナーな様態からメジャーな様態への移行を例証している。

集団［＝総体］の水準では、グループがみずからと技術的対象との結びつきについて意識化していることが、進歩概念のさまざまな様態となって現れる。つまりそれら様態は、グループを進化させるという技術的対象に秘められた能力についてそのグループが下した価値判断なのである。一八世紀の楽観主義的な進歩［の概念］は要素の改良についての意識化に対応している。一九世紀の悲観主義的で劇的な進歩［の概念］は、道具の担い手である人間という個体が機械という個体に置き換えられたことに、そしてこのフラストレーションからくる不安に対応している。最後に、わたしたちの時代の総体の水準における技術性の発見に対応するような新たな進歩概念が、情報と伝達(コミュニケーション)の理論を深めることで彫琢されねばならない。人間の真の本性は、道具の担い手である――それゆえ機械の競争相手である――ことではなく、技術的対象の発明者にして、総体における機械どうしの両立可能性という問題を解決する能力を備えた生物であるということだ。機械の水準において、この生物はさまざまな機械のあいだにあり、それら機械を連携させ、相互的な関係を組織する。つまりそれら機械を統治するという以上に、それら機械を相互に両立可能なものにするのであり、機械から機械へと情報を伝える代理人(エージェント)にして翻訳者なのであって、開かれた――情報を受け取ることのできる――[11]機械の作動に秘められた不確定の余地へと介入するのである。人間は機械どうしの情報交換から意味連関を構築する。人間と技術的対象の適切な結びつきは、生物と非生物のカップリングとして把握されねばならない。人間を排除し、生物の振る舞いをまねるような、純粋な自動機械は神話なのであって、ありうる技術性の最高水準に対応するものではないのである。あらゆる機械の機械など存在しない。

最後に、意識化の第三段階では、技術的対象をその本質において、つまり技術性の発生に従って認識しようとすることで、現実の[12]総体のうちに技術的対象が置きなおされる。ここで採用される哲学理論のおおもとにある仮説の要点は、魔術的様態という、人間と技術的対象の原始的な関係様態の存在を前提とする点にある。この関係がその内部で破れることで、相対する二つの位相(フェーズ)[13]が、つまり技術的位相と宗教的位相が同時に生じてくる。技術性とは、さまざまな図的機能の動員であり、人間と世界の関係をささえる要石(キーポイント)の採取である。宗教性は反対に、地(じ)のさまざまな機能に対する尊重に依拠している。宗教性とは、全体性とその地において結びつけられているということなのだ。このような位相のずれた人間と世界の関係は、美的活動による不完全な媒介を受ける。美的思考は人間と世界の原初的関係に対するノスタルジーを保存している。つまり美的思考とは、相対する位相のあいだにある中立的(ニュートラル)なもの[14]なのだ。ただし美的思考の媒介能力は、対象の構成をおこなうというその具体的な性格によって制限されている。というのも美的対象は、機能的なものや聖なるものになろうと試みるとき、その中立性を失い、したがって媒介能力を失うからだ。相対する位相のあいだに完全であるがゆえに真に中立的な、つまり平衡状態にある媒介が介入しうるのは、すべての思考のなかでも最も原初的であると同時に最も彫琢された思考、つまり哲学的思考の水準においてのみである。それゆえ哲学的思考こそが、科学と技術、神学と神秘主義との結びつきを媒介することで、人間が世界の内に在るそのさまざまな様態の総体のうちで技術性という位相を認識し、価値づけ、完成させることを、ただ独り請け負うことができるのである。

訳註

序論

［1］「技術的対象」の原語は « objets techniques » で、本書のタイトルにも掲げられているシモンドンの鍵語である。第一部で検討されることになるのは基本的に道具や機械なのだから「技術的客体」や「技術的物体」あるいは「技術物」ないし「技術体」とも訳すことができるかもしれない。とはいえ、昨今さまざまに論じられている存在様態（modes d'existence）論との接続ないし拡張可能性も考慮して、ここではより広い範囲を意味する「対象」と訳しておくことにしたい。本書所収の「趣意書」でもまず示されるように、シモンドンは技術的対象を、パーツに相当する要素（élément）、それら要素からつくられる個体（individu）、個体が組み合わされてセットになった総体（ensemble）という三つの水準で捉える（ただし、これらの区分は技術的対象に本質的に備わっている区分というよりも、技術的対象を分析する際のオーダーに応じてその都度定められる相対的な区分として理解されるべき点は注意しなければならない）。生体とのアナロジーを用いておおづかみに理解するなら、要素を器官、個体を器官からなる生体、総体を生体のまとまり（一種の生態系）に対応させることができる。要素と個体の相違については、シモンドンはこれを連合環境（第一部第二章の訳註3を参照）の有無に求めている。要素と個体という二つの水準は、本書の第一部第二章第三節の最終段落で述べられるように、それぞれ「一般器官学 une organologie générale」と「機械学 une mécanologie」（いわゆる「機械論」と区別するためにこのように訳しておく）を要請する。

［2］「教養」の原語は « culture » で、「文化」と訳されることも多いが、ここではこの語のもう一つの意味を強調して「教養」と訳しておく。もちろん「教養」といってもたんに幅広い知識を意味するのではなく、続く箇所で述べられるように、むしろ知の体系——自由七芸のような——とそれによって可能となる態度とを意味している（そしてそうした体系あるいは価値観が時間や場所によってさまざまにありうるという点で「文化」のニュアンスも含まれる）。ここで問題となっている教養と技術の対立は、結論の末尾で取り上げられる古代ギリシアにおけるスコレーと労働の対立として理解できる。特定の価値

観を前提としたこの対立は自由学芸（artes liberales）と機械的技芸（artes mechanicae）の対立として現代までその影響を及ぼしているだろう。これらの区分を問いなおし、その序列を攪乱し、より普遍的な教養のあり方を新たに提示することがシモンドンのもくろみとなる。

［3］「現実」の原語は«réalité»であり、「実在」ないし「実在性」とも訳しうる語だが、ここでは日本語での自然さを優先して「現実」という訳語をあてておく。ただし、第三部では「実在」や「実在性」とし「レアリテ」とルビをふった箇所もある。なお、この「現実」（あるいは「実在」ないし「実在性」）には、いわゆる現実態（現に今あるもの）だけでなく、潜在的にあるようなものも含まれる。くわえて、シモンドンは「人間的現実」や「技術的現実」といった言い方をするが、このとき相互に排他的な「現実」が存在すると考えられているのではなく、むしろ「現実」が異なる観点ないしオーダーで捉えられている（「人間的」や「技術的」がそのオーダーを指示する）という点も注意しておきたい。類似表現の«le réel»は「現実」とし適宜「リアル」というルビをふり、形容詞の«réel»はそのつど訳語を変え、やはり適宜「リアル」とルビをふった。

［4］「存在様態」の原語は«modes d'existence»である。哲学の語彙として«mode (s)»に「様態」をあてることに特段の断りは必要ないかと思われるが、«existence»については少し説明が必要だろう。「現実存在」や「実存」とも訳されるこの語を本書では基本的に「存在」と訳し、そのように訳すと日本語として座りの悪い箇所では別の訳語をあてて「エグジスタンス」とルビをふった。またそれに合わせて動詞（exister）については「存在している」などと訳している。このように«existence»を「現実存在」としなかったのは単純にその長さを避けてのことであり、そのニュアンスについては訳文にできるだけ反映したつもりである。それに対して「実存」については技術的対象に関する文脈では採用をあえて避けた。この訳語にどうしても入り込んでしまう人間のニュアンスを、ひいては技術的対象に対する擬人的な見方を取り除いておきたかったからである。

［5］この「哲学的思考」を、学問分野としての哲学、哲学史に登録された哲学者たちの思考という狭い意味でのみ理解すべきではない。そのような理解は哲学という制度の、ひいては（技術に対する防衛システムとしての）教養の追認にとどまるだろう。おもに本書の第三部で示されることになる「哲学的思考」は、いわゆる哲学者の思考というよりも、技術や宗教、科学や倫理といったさまざまな位相を踏まえたうえで成り立つ思考様態を意味している。

［6］「意味連関の世界」の原語は« le monde des significations »で、直後に出てくる「価値や概念の一覧表 la table des valeurs et des concepts」と同義のものとして理解することができる。つまり« signification »はいわゆる「意味作用」というよりも、辞書に登録されている「語義」あるいは「意義」を表すものとして用いられている。そしてそこには、辞書に登録された「正当」な語どうしの意味の連関――知の体系が前提としている概念のネットワーク――というニュアンスが含まれることになる。ここではこのニュアンスを強調して「意味連関」という訳語を与えておく。

［7］「作動」の原語は« fonctionnement »で、機械などの仕組みが機能するしかたや様態を意味する。

［8］「技術性」の原語は« technicité »で、技術的対象の進化の度合いを示すものとして用いられる鍵語であり、同じくこの進化を意味する具体化（concrétisation）の度合いと同義である。具体化についてはこのあとの訳註14も参照。

［9］「不確定の余地」の原語は« marge d'indétermination »で、機械がおこなうことのできる「作動の可能性」や「可能な用途」が汲み尽くされずに――確定されずに――残されていることを指す鍵語である。シモンドンは「機械の真の改良」を、特定の目的のために自動性が高められた状態（特定の環境への適応が進み、その枠に嵌まり込んだ状態）にではなく、むしろいわば汲み尽くされずに残されていた応用可能性が実現されうることに求める。

［10］「機械学者」の原語は« mécanologue »というシモンドンの造語で、二つまえの段落にある「機械の社会学者にして心理学者であるような組織化の技師」と同義である。この「機械学者」については本書の第二部第二章第四節も参照。

［11］「制御的能力」の原語は« pouvoir régulateur »であり、「制御 régulation」あるいは「制御的 régulateur, -trice」は本書の鍵語となっている。現代の教養が取り戻すべきものとして一般性（百科全書的な学際性）とともに挙げられたこの制御性の着想源にあるのは当時フランスで受容が進められていたサイバネティクスである。

［12］「質」の原語は« qualités »で、いわゆる製品や生産地にみとめられるような「クオリティ」としてのニュアンスが込められている。本書の第一部第二章第五節も参照。

［13］ここで「力動的な図式」と訳したのは« schèmes dynamiques »である。厳密には同じ表現ではない（schème/schéma）が、これはアンリ・ベルクソンが論文「知的努力」で提示した« schéma dynamique »（『精神のエネルギー』原章二訳、平凡社ライブラリー、二〇一二年、二三二頁以下を参照）を踏まえたものと考えられる。ベルクソンは« schéma »と« dynamique »をギリシア語、つまり« σχῆμα »と« δύναμις »のニュアンスとともに用いている。ベルクソンのこの造語は「動的図式」と訳

されることが多いようだが、しかしながら«dynamique»に込められたデュナミス（可能態や力能）のニュアンスをうまく捉える日本語がないためか、異論の余地のない定訳というわけでもないように見える。こうした事情はシモンドンにおける«dynamique»についても同様である。ここでは次善の策として基本的に「力動的」の訳語をあてることにしたが、この語については適宜「なんらかのかたちで具体的に展開されうる／能力を発揮しうる」といったニュアンスで理解されたい。

[14]「具体化」の原語は«concrétisation»で、「抽象化 abstraction」と対になるものとして用いられる。具体化は機構どうしが連動するなかで各機構が複数の役割を担うようになることを意味し、それに対して抽象化は機構どうしがその働きにおいて切り離され、それぞれが単一の機能を担っている状態への傾向を意味する。

[15]この「情報 information」には、それが「組織化 organisation」の言い換えとして用いられていることからもわかるように、いわゆる情報伝達（なんらかのメッセージの送受信）だけでなく、そうした伝達によって形成されるまとまり、あるいはその形成作用といったニュアンスが込められている。

第一部

第一章　技術的対象の発生――具体化のプロセス

[1]ここで「発生 genèse」はとくに発生の過程を、つまり誕生の瞬間や起源というよりも生成のプロセスを意味するように思われる。

[2]ここで挙げられているものはフランス語では、タービン（turbine）を除き、蒸気機関（moteur à vapeur）もガソリンエンジン（moteur à essence）も時計のゼンマイばね（moteur à ressort）も時計の錘（moteur à poids）も、ともに「動力源」を意味する«moteur»という語から構成される。続く文で述べられている、時計のゼンマイばねは蒸気機関よりもむしろ弓（arc）や弩（arbalète）と類比的であるという記述は、こうしたフランス語での各用語の成り立ちを踏まえてのものである。こうした文字のうえでの共通性（たとえば«moteur»という語が含まれること）に依拠した分類は斥けられることになる。

[3]フランス語では「蒸気機関」にも「ガソリンエンジン」にも「時計のゼンマイばね」にも「時計の錘」にも共通して

«moteur»という語が含まれる。前註も参照。

［4］「内的共鳴」の原語は«résonance interne»で、シモンドンの個体化論の鍵語の一つである。個体を構成する要素どうしが齟齬せずに連絡しあっている状態を指す。その着想源にはサイバネティクスのフィードバックあるいはフィードバック・ループ概念がある。これは「相互的因果 causalité réciproque」などの表現も同様である（本章の訳註11も参照）。

［5］じっさいには「撰集的 analectique」という語はここでしか使われていない。内容的には「技術性の保存」を意味すると思しきこの語については、『哲学について』に収められた副論文の草稿「撰集的歩みについての付論」（Ph, p. 455–457）も参照。

［6］ここで「トランスダクション」とルビをふった「変換 transduction」は『個体化の哲学』で「多様な側面と適応領域を有する概念」（ILFI, p. 33［二二頁］）として導入されるシモンドン哲学の鍵概念である。「それによって或る活動が或る領域内で、その領域のここかしこでおこなわれている構造化に基づいて少しずつ伝播してゆく」ような「物理学的で、生物学的で、心理的で、社会的な一つの働き（オペラシオン）」であり、「個体発生に適用され、そして個体発生そのものである」とされる変換（トランスダクション）について、本書ではとくに第三部でベルクソンの「直観」との対照からその認識論的な側面が検討されることになる。

［7］「因果の状態」の原語は«régimes de causalité»で、やはり個体化論の鍵語の一つであり、一つの系における因果の作動状態を意味する。まさに«régime»がエンジンの回転数を意味するように、静的な状態ではなく、活動する系の動的な状態というニュアンスが込められている。

［8］ここで「技術種」は類と種によって定義されるそれではなく、機能の収斂によって定義されるそれとして理解されている。

［9］「下位総体」の原語は«sous-ensemble»で、数学の「部分集合」も意味する語だが、ここでは総体（ensemble）の下にあるまとまりを指すものとして用いられている。それゆえ「サブシステム」のようにも訳すことができるが、「要素」「個体」「総体」という三つの水準（これについては序論の訳註1も参照）との表記上のむすびつき、そして«système»との区別を考慮して、このように訳しておく。

［10］〔 〕内は二〇一二年版で追加された文言。

［11］「作用因、つまり相互的ないし循環的な因果」の原語は«causalité efficiente, mutuelle ou récurrente»で、対象の技術的図式

に含まれる目的性（finalité）あるいは目的因との対比がおこなわれている。なお、シモンドンにおいて«causalité récurrente»およびその他の類似表現はサイバネティクスのフィードバックを、より正確に言えばフィードバック・ループを踏まえたものであり、ループのニュアンスを出すためにここでは「循環的因果」という訳語を与えておく。

［12］（編者註）異文「対象は自由になって自然化してゆく」。

［13］（編者註）〔　〕内は一九五八年の校正刷りで検討された修正。

第二章　技術的現実（レアリテ）の進化――要素、個体、総体

［1］技術的対象の三つの水準である「要素 élément」「個体 individu」「総体 ensemble」については序論の訳註1を参照。

［2］シモンドンと同郷のサン＝テティエンヌの発明家ジャン＝クロード・ギャンバル（Jean-Claude Guimbal, 1920–2013）によって考案された、発電機と一体となったタービン（反動水車）で、アメリカ合衆国では一九五〇年一一月三日に、フランスでは一九四九年一一月七日に特許申請、一九五三年四月七日に特許が取得されている（US2634375A）。おもに低落差あるいは中落差の水力発電所での使用が想定されている。

［3］「連合環境」の原語は«milieu associé»で、本節に言われる「技術的で地理的な第三の環境」が次節であらためて「連合環境」と呼ばれることになる。ただし「連合」といっても、技術的環境と地理的（あるいは自然的）環境の連合というよりも技術的個体との連合を意味している。『個体化の哲学』では個体と連合した環境が「自然」とも呼ばれるが、そのときイオニアの自然学者たちに言及されるように、これはたんなる自然環境ではなく、さまざまな次元を含んだより複合的な実在（レアリテ）として考えられている。

［4］「力動性」の原語は«dynamisme»であり、序論の訳註13で指摘したように、いわゆるデュナミスのニュアンスを読みとるべきだろう。このあとに出てくる「力動的な地 fond dynamique」も同様。

［5］「それと類比的なもの」の原語は«son analogue»で、「類似物」や「相当するもの」や「同様のもの」などとも訳すことができるが、ここではシモンドンにおける類比（analogie）の重要性に鑑みてこのように訳しておく。

［6］ここで「地 fond」（単数形）に対応させられている「さまざまな潜在性、ポテンシャル、力の系 système des virtualités, des potentiels, des forces」は複数形であるのに対して、「形態 formes」（複数形）に対応させられている「現実性の系 système de l'actualité」は単数形となっている。日本語の読みやすさを優先して以下ではたんに「形態」や「潜在性」と訳したが、これらはこの段落では複数形となっている。

［7］「生体構成物質」の原語は « la matière vivante » で、いわゆる有機化合物を意味するが、すぐのちの箇所でこれに対応するものとして「血液やリンパ液、結合組織」が挙げられているように、必ずしも生物学用語として厳密に使用されているわけではないように思われる。

［8］「情報を与えられたエネルギー」の原語は « énergie informée » であり、環境について述べた先の箇所に出てきた「すでに情報の管理下にあるエネルギー」と対応するものと考えられる。動詞 « informer » には古い用法として「形相を与える」つまり「かたちを与える」と訳すことができるものがあるが、ここでは「情報 information」とのつながりを明示しておくためにこのように訳しておく。

［9］「個別化」の原語は « individualisation » で、基本的に「個体化 individuation」と区別される。たとえばシモンドンは生物の個体化について、その発生あるいは誕生を第一の個体化、そしてその成長を第二の個体化とし、後者をとくに「個別化」と呼んでいる。ただし本書ではこの使い分けがやや緩くなっている箇所もある。

［10］「緩和の法則」の原語は « loi de relaxation » で、物理学でいう緩和現象（平衡状態が乱れた系が新たな平衡状態に達する際の現象ないし過程）や緩和発振器（シモンドンの作成した技術用語集を参照）の作動が念頭に置かれている。用語として定着しているので「緩和」と訳すが、この語がふつう意味するような「ゆるめること」「くつろがせること」などとして理解すると誤りになってしまうので注意されたい。緩和の法則（あるいは図式や公式、リズム）のもとにおかれる技術的進化は、本論で語られることになるように、直線ではなく波形であらわされるような道筋を辿るものとして考えられている。

［11］ゼノブ・グラム（Zénobe Gramme, 1826–1901）はベルギーのリエージュ出身の発明家で、とくに一八七一年のダイナモの改良（環状ダイナモの発明）、そして一八七三年のウィーン万博でダイナモが電動機としても機能することを発見したことで知られる。この発見によって電動機の実用化が始まったとされる。

［12］「技術的作業」の原語は « opération technique » で、「技術的作用」や「技術的操作」とも訳すことができるが、前者については人間という生物の活動を指すものとしてはあまりにニュートラルであり、また後者については、同じく「操作」と訳すことのできる « manipulation » 等との区別をつけるために、ここでは採用しない。この語のニュアンスを一語で示すのは困難

だが、ここではとくに生物個体がおこなう一種の仕事や身振りという側面を強調して、「オペラシオン」というルビつきで「作業」と訳すことにしたい。なお結論では、この「作業」はいわゆる「労働」とは概念的に区別され、既存の「労働」概念よりも根本的なものとして提示されることになる。

[13]「産み落とされたもの l'engendré」と「うみだされたもの le produit」という生物と機械の対比については続く第五節も参照。

[14] ヘーゲル的な弁証法およびその否定性(négativité)に対するシモンドンの距離の取り方については『個体化の哲学』の序論(ILFI, p. 34 [二四－二五頁])や一九五五年頃の草稿《Négativité》(Ph, p. 107–108)を参照。

[15]「子を生むこと engendrement」や「発出 procession」には神学的なニュアンスもある。ともにキリスト教における父－子－精霊の三位一体に関わり、前者は「父から子が出てくること」を、後者は「父と子から精霊が出てくること」を意味する。

[16]「変換(トランスダクション)」については第一部第一章の訳註6を参照。

[17] 原文では「技術的個体 individus techniques」だが、前後の文脈を考慮して「技術的要素」と訳しておく。

[18] ここでは日本語の座りのよさを考えて《fonction》を「役割」と訳し、同語の訳語である「機能」とのつながりを示すために「フォンクシオン」とルビをふっておく。

第二部

第一章　人間と技術的所与との二つの根本的な関係様態

[1]「範例」の原語は《paradigme》で、一般に「範列」や「語形変化表」や「パラダイム」として訳されることが多いが、シモンドンが《paradigme》や《paradigmatisme》(ここでは「範例体系」や「範例主義」と訳している)といった表現を用いる際に念頭に置かれているのはむしろ、「範例」や「類例」あるいは「雛型」と訳されるプラトンのいわゆるパラデイグマ(παράδειγμα)であると考えられる。じっさい博士論文執筆時の草稿「アラグマティクス」(未邦訳)でシモンドンはみずからの範例主義(paradigmatisme)について、プラトンの『ソフィスト』での類比の使用を引き合いに出しながら説明している(ILFI, p. 532)。ただし注意が必要なのは、この範例主義がプラトンのいわゆるイデア論あるいは範型論(exemplarisme)とは区別される点である。

［2］「熟練者（エキスパート）」つまり《expert》の語源はラテン語で「試す」や「経験する」を意味する動詞の過去分詞（expertus）とされる。

［3］「分有」の原語は《participation》で、リュシアン・レヴィ＝ブリュールが『未開社会の思惟』で用いた「融即」のように訳されることもあるが、ここではプラトン哲学とのつながりを重視してこのように訳しておく。じっさい、この語によって指し示されているのは個別的な存在がなんらかの本性に与っている状態であり、プラトンのいうイデアの分有（メテクシス）に近い事態であるように思われる（ただしあくまで「近い」というのであって、シモンドンがイデア論をそのまま採用しているわけではない）。

［4］ホフマン「ファールンの鉱山」『ホフマン短篇集』池内紀編訳、岩波文庫、一九八四年。

［5］「魔術の負荷」の原語は《charge de magie》で、本書の第三部でさらに論じられることになる（第三部の導入部およびその訳註4も参照）。とりわけ《charge》はシモンドン哲学において独特のニュアンスで用いられる頻出語となっている。「積荷」や「負担」等を意味するこの語はとくに《charge électrique》というかたちで「電荷」をも意味し、シモンドンはこうしたニュアンスでこの語を用いている節があるが、とはいえ「電荷」と訳したのでは無用な混乱を招きかねないので、次善策として「負荷」と訳しておく。なお《magie》については「呪術」と訳されることも多いが、必ずしも対人的な「呪い」や「まじない」のニュアンスがあるわけではなく、むしろ世界に対して職人がもつ一種の直観や不可思議な力のニュアンスを強くとって「魔術」と訳しておく。

［6］パンタグリュエリヨン草の礼賛についてはラブレー『ガルガンチュアとパンタグリュエル――第三の書』の第四九章から第五二章を、引用された文（オリュンポスの神々のセリフ）については第五一章の末尾を参照。

［7］グランゼコール（Grandes Écoles）はフランスの高等教育機関であり、おなじく高等教育機関である大学（université）とは異なり、入学に際してきわめて厳しい選抜試験が課されるエリート養成校として知られる。理工系をはじめとするさまざまな分野のグランゼコールが存在し、たとえばシモンドン自身もその出身者である高等師範学校（École normale supérieure）や、理工科学校（École polytechnique）などがある。

［8］古代ローマの劇作家テレンティウスの『自虐者』にみられる《Homo sum Humani nil a me aliemun puto》すなわち「私は人間だ。人間のすることは何ひとつ私にとって他人事とは思わない」（城江良和訳、『ローマ喜劇集5』京都大学学術出版会、一二六頁）を下敷きにした表現。

［9］「目的性」の原語は《finalité》で、哲学の専門用語としては「合目的性」と訳されることが多いが、これは明らかに意味が過分となるため、このように訳しておく。じっさいシモンドンがこの語で表現しているのは「目的に適っていること」よりもむしろたんに「目的」（あるいはより砕けた言い方をすれば「意図」）である。

［10］「権威」つまり《autorité》の語源は、やはり「権威」等を意味するラテン語 auctoritas に、そしてさらに「著者」等を意味する auctor に遡ることができるとされる。

［11］なおモリエール『女学者』の第三幕第二場で才人トリソッタンがデカルトに言及したのを受けていわゆる渦動説を直接に引き合いに出しているのはクリザールの妹ベリーズではなく、クリザールとフィラマントの娘アルマンドである。

［12］「図式化機能」の原語は《schématisme》で、イマヌエル・カントが『純粋理性批判』の第二部第二編第一章で論じた図式論（Schematismus）に由来する用語である。ただし「図式論」と訳すと意味が通らない場面がほとんどであり、また『純粋理性批判』の翻訳でも「図式機能」という訳語が採用されていることもあり、（石川文康訳、筑摩書房、上下巻、二〇一四年）ここではさらに動的なニュアンスを補って「図式化機能」と訳しておく。

第二章　人間と技術的対象の世界との関係において教養のはたす制御的な機能。今日的な問題

［1］「道具」および「器具」の原語はそれぞれ《outil》と《instrument》であり、基本的にこのように訳し分けたが、これらの使い分けが問題になっておらず、日本語の通りが悪くなる箇所ではとくに後者について別の訳語をあてた箇所もある。

［2］アルフレッド・ド・ヴィニー（Alfred de Vigny, 1797–1863）はフランスの詩人で、シモンドンが引き合いに出す二つの詩篇「牧人の家――エヴァへの手紙」（*La Maison du Berger*, 1844）と「海に壜を投げ入れよ――未知の若人への助言」（*La Bouteille à la Mer*, 1848）はいずれも『運命――哲学的詩集』（*Les Destinées : Poèmes philosophiques*, 1864）に収録されている。このうち「牧人の家」については日本語でも抄訳がある（平岡昇訳、『ユリイカ』一九七九年六月臨時増刊号、一〇八－一一〇頁、大塚幸男訳、大塚幸男『アルフレッド・ド・ヴィニー――その生涯・その作品』白水社、一九七一年、三三五頁以下）が、シモンドンが参照していると思しき箇所は訳出されていない。

［3］原文では《brouillard》だが、文脈に照らして《brouillage》と読む。

［4］「変換（トランスダクション）」については第一部第一章の訳註6も参照。

［5］『光学』誌（正式な誌名は *Revue d'Optique théorique et instrumentale*）は一九二二年に創刊され一九六八年まで刊行された。ここでとくにシモンドンの念頭にあるのは文献目録にも挙げられている *La Cybernétique : Théorie du signal et de l'information*（一九五〇年に理論物理学者ルイ・ド・ブロイのもとで開催された研究集会の記録集）と思われる。

［6］アルベール・デュクロ（Albert Ducrocq, 1921–2001）はフランスのサイバネティクス学者で、一九五三年の「Job」という狐のロボット（ただし狐の姿を再現しているわけではなく、いわゆる自動ロボット掃除機に近い）などの製作でも知られる。

［7］第二版を底本とした日本語訳（ウィーナー『サイバネティックス——動物と機械における制御と通信』池原止戈夫、彌永昌吉、室賀三郎、戸田巌訳、岩波文庫、二〇一一年）では三〇五–三〇六頁。

［8］「統治すること」の原語は「舵を取ること」をも意味する動詞《gouverner》であり、「舵手」を意味するギリシア語から造られたサイバネティクスと語源を同じくしている。

第三部

［1］ここでシモンドンは人間の思考や実存といった精神–社会的な水準に「器官としての性格 un caractère organique」を認めたうえで、さらにそこから技術的対象という人間によってうみ出されるものが人間の活動全体におよぼしている影響へと考察の範囲を広げようとしている。

［2］「現実 réalité」については序論の訳註3を参照。なお第三部では「実在」や「実在性」と訳した箇所も少なくないが、いずれも「レアリテ」とルビをふった。

［3］日本語訳『個体化の哲学——形相と情報の概念を手がかりに』藤井千佳世監訳、近藤和敬、中村大介、ローラン・ステリン、橘真一、米田翼訳、法政大学出版局、二〇一八年、新装版、二〇二三年。

［4］この過飽和状態等々にあるものとして特徴づけられる実在（レアリテ）は『個体化の哲学』で導入される「前個体的実在 réalité préindividuelle」（あるいは「前個体的存在 l'être préindividuel」や「前個体的なもの le préindividuel」）に相当する。のちの箇所で導入される「魔術的位相 phase magique」は前個体的実在とみなされている。なお「内的な共立不可能性 incompossibilité interne」は系にとって未解決の問題、解消すべき齟齬を指し、その系が新たに構造化されることでその問題が解決される（共立不可能だったものが共立可能となる）ことが個体化と呼ばれる。つづく段落にある「緊張 tension」もそうした「共立不可能性」や「問題」「齟齬」とおなじ事柄を意味している。

［5］「準安定性という平衡 équilibre de métastabilité」あるいは「準安定平衡 équilibre métastable」は運動／静止の枠組みから取りこぼされる事態を指し示すものとしてシモンドンが重視した概念であり、安定しているが変化する可能性を秘めた状態を意味する点で「状態 régime」（第一部第一章の訳註7を参照）や「過飽和 sursaturation」などと同義と言える。

［6］ここで「向から先」とした《sens》は「意味」とも訳せる語であり、じっさいにそのように訳した箇所もあるが、「進化」とも言われる人間‐世界関係（あるいは系）の生成については運動に関わる訳語をあてたうえで「サンス」とルビをふった。

［7］「魔術的位相」あるいは「魔術」については第二部第一章の訳註5も参照。なお人間と世界との関係がとるこの位相が生物とその環境との関係という生命的な次元のうえに置かれている点は、博士論文の主論文である『個体化の哲学』と本書の関わりを示していると言える。

［8］「図」と「地」の原語は《figure》と《fond》で、意味的にシモンドンはこれらをゲシュタルト心理学から借りた語として用いているため、このように訳しておく。

第一章　技術性の発生

［1］シモンドンは「シンボル symbole」という語に「割符 σύμβολα」のニュアンスを含ませている。

［2］「接続すること」の原語は《adhérer》で、何かに「張りつく」「加入する」「与する」などと訳されるが、ここでは日本語での語感に鑑みてこのように訳しておく。以下に出てくる「接続」も《adhésion》で、同じ括りの語となる。

［3］（編者註）校正刷りでの異文「じつのところ実在（レアリテ）には三種類ある。すなわち、世界、人間、そして対象つまり世界と人間との中間にあるもの、である。その最初の形態が技術的対象なのだ」。

［4］アリストテレス『自然学』の第一巻第九章に見られる表現。

［5］ここで「後景の地」と訳したのは《un arrière-fond》で、さまざまな地（les fonds）の一つがさらに背後にある大きな地へと変化してゆくというニュアンスを読み取ることができる。

第二章　技術的思考とその他の種類の思考との結びつき

［1］ここで「他のものへの移行」と訳した« μετάβασις εἰς ἄλλο »は、アリストテレスの「他の類への移行（μετάβασις εἰς ἄλλο γένος）」を踏まえた表現と考えられる。アリストテレスが『分析論後書』の第一巻第七章で避けるべき論証として指摘したこの移行（メタバシス）をシモンドンは領域横断性を可能にするものとして新たな価値を与えている。こうした移行（メタバシス）の位置づけがノーバート・ウィーナーの『サイバネティクス』に対する評価と一体になっていることは博士論文の草稿「サイバネティクスと哲学」（Ph, p. 35–68）から確認することができる。詳しくは、宇佐美達朗『シモンドン哲学研究——関係の実在論の射程』（法政大学出版局、二〇二一年）のとくに第五章を参照されたい。

［2］「長い廻り道」の原語は« un long détour »で、シモンドンはこれを« τὴν μακλὸν ὁδόν »という（おそらくはプラトンの『国家』で語られるエルの物語に関係すると思われる）表現を踏まえて用いていると考えられる。

［3］おそらくブリュノ・ド・ソラージュ（Bruno de Solages, 1895–1983）と考えられる。じっさいこのカトリック司祭は一九四三年の一月から三月にかけてトゥールーズ哲学会の枠組みでアナロジーについてのさまざまな分野の専門家を招いた全五回の会合を開催しており、その記録が『アナロジーについての対話』（Mgr de Solages, *Dialogue sur l'analogie*, Paris, Aubier-Montaigne, 1946）として刊行されている。シモンドンがド・ソラージュ神父のものとして引く定義に近い定式もこの記録集に見いだされる（ibid., p. 15）。

［4］ここで「比例の一致」と「同一性の関係」と訳したのは« identité de rapports »と« rapport d'identité »であり、それぞれ類比（analogie）と類似（ressemblance）として区別されている。

［5］「美学」の原語は« l'esthétique »で、ここではいわゆる学問分野としての美学というよりも、シモンドンがここで取り扱っている美的思考（la pensée esthétique）を指すものと考えられる。

［6］ここで「宗教芸術」と「世俗芸術」と訳したのは« l'art sacré »と« l'art profane »であり、それぞれ「聖なるもの」と「俗なるもの」というカテゴリーが対応する。

［7］「変換性」の原語は« transductivité »であり、本書の第二部第二章第三節で変換器（transducteur）の働きを一般化するかたちで導入された変換（transduction）の概念からの造語である。「変換」については第一部第一章の訳註6も参照。

［8］ここで「何性」と訳した《quiddité》はラテン語の quidditas に由来する概念であり、ごく大雑把に言えば、或る個別的存在の「それが何であるか」つまり本質に相当する。それに対して、すぐあとに出てくる「此性 eccéité」は或る個別的存在をその存在たらしめている個別性に相当する。

第三章　技術的思考と哲学的思考

［1］「緩和 relaxation」については第一部第二章の訳註10を参照。

［2］シュリ・プリュドム（Sully Prudhomme, 1839–1907）は一九〇一年に第一回ノーベル文学賞を受賞したフランスの詩人。

［3］パリ天文台（Observatoire de Paris）はパリ市内にある高等教育機関で、ダンフェール＝ロシュローから南へ延びる地下納骨堂のカタコンブと同じく一四区に位置する。

［4］シモンドンはドイツ語の原語も具体的な文脈も示していないが「用具 ustensile」はハイデガー用語のフランス語訳としてはいわゆる『存在と時間』における道具分析と結びついているようである。

［5］（編者註）一九五八年の校正刷りで追加された文章。

結論

［1］技術的作業（opération technique）については第一部第二章の訳註12を参照。

［2］「具形化」の原語は《prise de forme》で、《prendre forme》（「形がはっきりしてくる」「具体化する」）という表現からつくられた用語である。シモンドンはこうした意味に加えて、素材が特定の形式をとる働きというニュアンスを加えているように見える。ここでは「具体化 concrétisation」と区別するために「具形化」という訳語を与えておく（なお英訳では“the process of taking form”と訳されている）。「具形化」（あるいは「形をなすこと」）については『個体化の哲学』の第一部第一章第一節第一項も参照。

［3］「半連鎖」の原語は《demi-chaînes》で、素材と形式（ここでは粘土と鋳型）の二つを指す。それぞれが独自の因果的連鎖をもつとともに、他方なしには作業が完成しないというニュアンスをそこに見いだすことができる。『個体化の哲学』の第

一部第一章第一節第一項も参照。

［4］作動（fonctionnement）については序論の訳註7を参照。

［5］「作業の作動」の原語は « fonctionnement opératoire » で、既出の「作動 fonctionnement」に « opératoire » という形容詞が修飾されたかたちとなっている。

［6］「個体横断的」の原語は « transindividuel » という形容詞で「個体横断性 transindividualité」とともに精神 - 社会的な水準での個体化を示す概念となっている。『個体化の哲学』第二部の第二章および第三章で中心的に論じられるこの概念は「精神的な問題系を解決する公理系として捉えられた集団的なもの」（ILFI, p. 31［一八頁］）に相当するものとして提示されている。

［7］シモンドンにおける「シンボル symbole」のニュアンスについては第三部第一章の訳註1を参照。

［8］「個体発生」の原語は « ontogenèse » で、もとは「系統発生 phylogenèse」と対をなす生物学用語だが、シモンドンにあっては生物に限らない存在の生成を指す存在論的な概念として用いられている。詳しくは『個体化の哲学』の序論（ILFI, p. 25［七頁］）を参照。

［9］アンリ・ポアンカレ（Henri Poincaré, 1854–1912）はフランスの数学者・理論物理学者であり、その科学哲学は規約主義（コンヴェンショナリズム）として知られる。エドゥアール・ル・ロワ（Édouard Le Roy, 1870–1954）はベルクソンを師と仰ぐフランスの哲学者で、しばしば批判の対象となるその立場はポアンカレのそれとともに科学的唯名論と呼ばれた（アンドレ・ラランドによる *Vocabulaire technique et critique de la philosophie* の nominalisme の項目を参照）。

趣意書

［1］（編者註）一九五八年に執筆された紹介文。

［2］「技術的対象 objet technique」およびその三つの水準「要素 élément」「個体 individu」「総体 ensemble」については序論の訳註1を参照。

［3］「教養 culture」については序論の訳註2を参照。

［4］「食い違い」の原語は « hiatus » であり、いわゆる「母音衝突」（フランス語では基本的に母音衝突を避ける）や「断絶」などを意味するが、続く文で「この不適切で混乱した結びつき ce rapport inadéquat et confus」と言い換えられていることも踏

まえ、ここではこのように訳しておく。

［5］「具体化」については序論の訳註14を参照。

［6］「基盤」の原語は« fond »で、シモンドンはゲシュタルト心理学における「図－地」関係の「地」のニュアンスを込めて用いている。本論では「地」と訳したが、ここでは日本語の読みやすさに配慮して「基盤」と訳しておく。「力動性 dynamisme」や「潜在性 virtualité」などの同義語として用いられている「地 fond」については第一部第二章の訳註4および6を参照。

［7］「内的共鳴 résonance interne」については第一部第一章の訳註4を参照。

［8］「個別化 individuation」については第一部第二章の訳註9を参照。

［9］「情報」および「情報伝達」の原語は« information »で、文脈に応じて訳し分けたが、シモンドンが既存の情報理論とは異なる独自の意味で用いている場面では基本的に「情報」と訳した。その場合、たんに「情報の伝達」だけでなく、形成作用のようなニュアンスが込められている（序論の訳註15も参照）。

［10］「緩和の図式 schème de relaxation」については技術用語集の「緩和発振器」も参照。ここで「緩和」は物理学でいう緩和現象（平衡状態が乱れた系が新たな平衡状態に達する際の現象ないし過程）を意味しており、「緩和の図式／連続性の図式」の対立は、本論では「波形／直線」の対立として語られている（第一部第二章、とくに第四節を参照）。

［11］「意味連関 signification」については序論の訳註6を参照。

［12］「現実 réel」については序論の訳註3を参照。

［13］「位相 phase」については第三部の導入部分を参照。

［14］「中立的なもの le neutre」や「中立性 neutralité」については第三部の第一章以下を参照。

図版（119–133頁）キャプション

図版1　ガソリンエンジンの具体化――４サイクルエンジンから２サイクルエンジンへ

1. かつてのP. F. エンジン（4サイクル、クランク［carter］内にフライホイール［volant］）［の正面から見たもの］。気化器［carburateur］は吸気マニホールドによって持ち上げられていた。
2. P. F. エンジン［の側面から見たもの］。シリンダヘッドと弁座――側面的なもの――との距離を指摘すること［ができる］。発火点がシリンダヘッドから遠く、それによって爆発の衝撃波［の到着］が遅らせられている。
3. チュルヒャーエンジン（2サイクル）。クランク――これは予圧縮に役立てられている――が縮小されている。フライホイールは外付けとなった。また点火プラグはピストンの上死点の近くにある。

1969年版の説明
「P. F.［プジョー兄弟］の4サイクルエンジンはクランク内に大きな駆動フライホイールを含んでいる。弁と燃焼室との距離は相当なものだ。反対に、チュルヒャーエンジンはクランク――きわめて小さくなり予圧縮に役立てられている――の外へとフライホイールを放り出している。チュルヒャーエンジンの回転数はより引き上げられている。」（G. S.）

図版2　ガソンリンエンジンの具体化――冷却フィンの発達

5. P. F. のシリンダを取り出したもの。
　チュルヒャーのシリンダを取り出したもの。
6. ソレックスのフライホイール・マグネトー点火式のエンジン。出力とは無関係に放熱フィンが発達している。
7. ノートンのオートバイ「マンクス」のエンジン
8. 「サンビーム」のエンジン。放熱フィンがクランクにまで発達している。

1969年版の説明
「P. F.（プジョー兄弟）のエンジン、チュルヒャーのエンジン、ソレックスのエンジン、ノートンの「マンクス」のエンジン、サンビームのエンジン。サンビームのエンジンはオイルクランクにまで冷却フィンがついている。
P. F. のシリンダだけが、全体が一体化しており、たんに一つの部品であって、シリンダも取り外し可能ではない。」（G. S.）

図版3　自動車エンジンの具体化――ピストン、コネクティングロッド、マグネトー、フライホイールマグネトー

ピストンの進化（シムカ・6、ルノー・ジュヴァキャトル、フォード・トラック・1937、プジョー・203）

コネクティングロッドの進化
輸送トラックの発展が自家用車の発展におよぼした影響を指摘することができる。プジョー・203のコネクティングロッドは、排気量が著しく異なるにもかかわらず、フォード・トラックのコネクティングロッドとかなり似通っている。つまり、はるかに短いというだけなのだ。

ソレックスのエンジンのフライホイール・マグネトー（S. E V.）
ラヴァレットのマグネトー

図版4　電子管の具体化

具体化のプロセス――1924年から1952年までの電子管の進化（各モデルの下に対応するベースを示した）

［上段］
エボナイト製のベースは小さくなり見えなくなっている。反対に、能動的な部分は発達しガラス製の管球全体を占めている。
（左から）
かつての直熱型三極管
等電位陰極の三極管
E446五極管（高周波数で増幅可能）
アメリカ合衆国のオクタルシリーズ
トランスコンティネンタル（ヨーロッパ）シリーズ
EF50五極管（テレヴィジョン）
シルヴァニアシリーズ
アメリカ合衆国のミニチュア管
リムロックシリーズ
ノーヴァルシリーズ（万国共通）

［中段］
三極管の形態学的な進化
（左から）
T. M. 三極管（直熱型陰極）
56三極管（等電位陰極）
陽極抵抗＝9.500 Ω
相互コンダクタンス＝1,45
6J5　6SN7
陽極抵抗＝7.700 Ω
相互コンダクタンス＝2,6mA/V
6Q7G
陽極抵抗＝58.000 Ω
相互コンダクタンス＝1,2mA/V
6J6
陽極抵抗＝7.100 Ω
相互コンダクタンス＝5,3mA/V
ECC83
陽極抵抗＝62.000 Ω
相互コンダクタンス＝1,6mA/V

［下段］
能動的構造と受動的構造
（左から）
原始的な三極管
56三極管
E446五極管
6Q7G双二極・三極複合管
EK2八極管

1969年版の説明
「能動的構造が大きくなり、受動的構造が小さくなるのに続いて現れるのは、あらゆるサイズが縮小し、管球を除く受動的構造が決定的に除去されることによる相関的な決定的具体化である。」（G.S.）

図版５　電子管の具体化

能動的機能の多機能的構造への集約

［上段］

（概ね左から）

EF50、テレヴィジョンやレーダーのための五極管。ガラス製の足は圧着されているが、外部シールドはあとから嵌め込まれている。

↗外部シールド

↑ガラス製の足

↑シールドの下部

14H7

↙シルヴァニア真空管（1940）。内部シールド

ミニチュア管

リムロック　　　　現行の教科書的形態

ノーヴァル

［中段］

三極管の特殊なケース（図版４の中段を参照）

［下段］

等価な機能全体についての旧式版（単一機能的な構造）と現行版（多機能的な構造）との比較

1969年版の説明

「剛性の漸進的な増大や、電子にとっての移動時間をますます短くしていくことの追求のほかに、三極管の図式においてはかなり危急のものであった電極どうしの相互静電容量を小さくしようという努力を指摘することができる。6Q7Gの上部にある端子は制御グリッドのプラグになっている。後続の電子管ECC81－12AT7では、圧着されたガラス製の足を使用しすべてのサイズを切り詰めることで同じ結果を得ている。」（G.S.）

図版６　電子管の具体化

［上段］

高周波数のための出力増大に向けた能動的構造の適応

（左から）

B443　五極出力管

47　五極出力管

6L6　四極出力管

807　四極送信管

RL12P10　五極出力管

826　レーダー用の三極管

［中段］

B443　フィラメントとグリッドと陽極は、ガラス製のベースへと嵌め込まれた剛性の高い構造へと固定されている。

47　内部の配置はB443と同様だが、構造は垂直的であり一つの雲母ブリッジによってまとめられている

6L6　二つの雲母ブリッジと二つの偏向電極（事実上の陰極）

807

1969年版の説明

「能動的部分と外部接続プラグとの接続距離が徐々に短くなっていることに加えて、要素どうしの相対的な隔たりを決定し管球の壁に対してもたれかかっている雲母ブリッジを使用することで構造が補強され固定されていることに気づく。【↖】

等電位陰極の使用に伴って構造が補強されることで要素どうしの隔たりが削減され、それによって電子の移動時間が短くなり、かつ出力を上げることが可能となっている。要するに、四極管の構造によって、陽極と陰極との隔たりを削減しつつ著しい効率を得ることができるのである。陽極と陰極との隔たりをわずかなものにしつつ陽極の優れた冷却を補強するために、楕円形の陽極の内部区画が最小限にまで縮小される一方で外部表面はフィンの追加によって拡大されている。」(G. S.)

図版7　三極管

三極管 6J6［共通陰極超短波双三極管、1942 年］

（左から）
陽極
陰極
陽極

図版8　五極管の陰極（カソード）と三つのグリッド

（左から）
陰極
［制御］グリッドの支え
遮蔽［グリッド］の支え
抑制グリッドの支え

図版9　具体化の限界——ＲＳ 384 Ｊ送信用五極管とクルックス管およびクーリッジ管

［1 段目］RS384
［2 段目右］クルックス管
［2 段目左］クーリッジ管
［3 段目］クーリッジ管
（左から）
陰極
↙フィラメント
↗タングステンの薄板
陽極＝対陰極
［4 段目］クーリッジ管

（上から）
極端子と陰極のフィラメントの加熱を調整可能な電流の入力口／陰極
陽極端子／冷却フィン／陽極＝対陰極

図版 10　技術的具体化と人間存在に対する対象の適応との違い――電話機の進化

［上段］
1928 年の可動式電話機　1951 年の可動式電話機
←自動制御交換装置
←呼び出し装置

［中段］
←追加の受話器のためのフック
←追加の受話器のためのスペース

［下段］
1928 年の送受話器
1951 年の送受話器
受話器／送話器

図版 11　電話機の進化――共電式の電話機の内部機構（オルガン）

［上段］
コンデンサ、コイル、柱、呼び出し装置、制御装置、スイッチ、カム、スイッチ

［中段］
自動交換装置、コイル、コンデンサ、呼び出し装置：スイッチ、カム、スイッチ、制御装置

［下段］
1928 年の送受話器：受話器（1928)、電磁石、送話器（1928)、鉄製の振動膜（1928)、送話器のパッチ（1928)
1951 年の送受話器：受話器（1951)、送話器（1951)

図版 12　図版による技術的知識の普及――『百科全書』

『フランス百科全書　図版集』
第 1 部　天然資源の開発／ 1 ―農業／製粉機と圧搾機

（下から）
風車製粉機：https://www.library.pref.osaka.jp/France/Nogyo/seihun/seihun6.html
風車製粉機の機構・・・〈 1 〉：https://www.library.pref.osaka.jp/France/Nogyo/seihun/seihun7.html
風車製粉機の機構・・・〈 2 〉：https://www.library.pref.osaka.jp/France/Nogyo/seihun/seihun8.html

図版 13　図版による技術的知識の普及――『百科全書』

『フランス百科全書　図版集』
第１部　天然資源の開発／１―農業／
製粉機と圧搾機

（下から）
風車製粉機の機構・・・〈３〉：https://www.library.pref.osaka.jp/France/Nogyo/seihun/seihun9.html
風車製粉機の機構・・・〈４〉：https://www.library.pref.osaka.jp/France/Nogyo/seihun/seihun10.html
通常の水車製粉機の機構：https://www.library.pref.osaka.jp/France/Nogyo/seihun/seihun11.html

---

図版 14　技術的発明と構造の変化――原始的な電動機とガスエンジン

［上］抽象的なタイプの原始的なガスエンジンで、コンロッドも（ラック式）クランチもない。プリヴァ＝デシャネルによる。

［下左］ブールブーズの電動機はワットの蒸気機関をコピーしている。フロマンの電動機はより具体的である（回転図式）。真の発明はグラムのそれである。

［下右］グラム機械の透視図［ママ］と断面図。『電気工学 *Electrical Engineering*』による。

図版 15　具体化をもたらす発明――オーソドックスなタービンとギャンバルタービン

［上段］
低落差水力発電所の典型：ドンゼール＝モンドラゴン発電所の断面図

［中段］
カステット発電所の断面図（ネルピック社版）

［下段］
水力発電所の断面図（SNCF 社版）

訳者あとがき

本書は Gilbert Simondon, *Du mode d'existence des objets techniques*, Paris, Aubier, nouvelle édition revue et corrigée, 2012 の全訳である。ジルベール・シモンドン（一九二四－一九八九年）の国家博士号請求論文の副論文である『技術的対象の存在様態について』（以下『技術的対象論』とする）は、すでに日本語訳のある主論文『個体化の哲学』（藤井千佳世監訳、法政大学出版局、二〇一八年、新装版、二〇二三年）とともにシモンドンの主著にあたり、フランス技術哲学の古典として知られている。本書の刊行によってシモンドンの主著をようやく日本語読者にお届けできるようになったことをうれしく思う。

『技術的対象論』の来歴

一九五八年に初版が刊行された『技術的対象論』はシモンドンの最初の著作であり、一九六四年に主論文の一部が『個体とその物理－生物学的発生』として刊行されるまでは唯一の著作であった。今世紀に入ってようやく本来の姿が復原された主論文とは対照的に、『技術的対象論』は一九六九年に版を重ね、一九八九年にはジョン・ハートの序文とイヴ・ドゥフォルジュの跋文が加えられた増補版が刊行され、さらに二〇〇一年に再版されたのち、本書の底本である改訂新版が二〇一二年に刊行された。その改訂にはシモンドンの実子であるナタリー・シモンドンが関わっており、ハートの序文とドゥフォルジュの跋文が割愛された――したがってそれらは日本語訳にも収録されていない――代わりに、シモンドン自身によって一九五八年に執筆されたものの未刊のままであった趣意書（Prospectus）が収録されている。この趣意書では『技術的対象論』の見取り図がコンパクトに示されており、大きな見通しを得るのに役立つだろう。

ところで、生誕一〇〇年にあたる二〇二四年には誕生日（一〇月二日）にあわせてポッシュ版（文庫版のようなもの）がフラマリオンから出版された。刊行日の都合もあり底本とすることは叶わなかったが、改訂新版と同様にナタリー・シモンドンが編者を務めたこの増補新版の大きな変更点をここで紹介しておきたい。まず目につく点として、五つの未刊行テクストが付録として収録されていることが挙げられる。ただしそのうちの一つは先述の趣意書であり、実質的にポッシュ版で追加されたのはシモンドンによる部分的な要約（一九八八年）と三つの草稿となっている。これら四つの未刊行テクストは趣意書とは異なりいずれも断片的であって、それらがないと本書の読解に支障が出るような類いのものではないことを付言しておく。加えて、ポッシュ版のために作成された索引がある。固有名詞と概念を拾うこの索引は事項についてかなり細かく分類しており、とくにフランス語で再読するにあたって有用となるだろう（日本語訳では訳者がポッシュ版の刊行以前より日本語訳のために準備していた索引をつけている。作成はおもに橘が担当した）。

或る意味で最も大きく変わったのは底本第一部の終わりに挿入されていた図版である。一九六九年版のためにシモンドン自身が準備した図版は鮮明とは言い難く、そこに書き込まれた手書きの文字は判読が困難であった。ネガも失われており抜本的な復元は望むべくもない状況のなか、図版の修復や再撮影がおこなわれ、ポッシュ版に収められることになった。オリジナルそのままとは言い難い側面もあるものの、それら画像はかなり精細になっており、手書きの文字を含め、これまでよくわからなかった部分がはっきりと見てとれるようになったのは間違いない。これら図版についてはナタリー・シモンドンの管理するウェブサイトの Les planches du *MEOT*（https://gilbert.simondon.fr/content/planches）でも公開されている。日本語訳では図版の配置は底本に準拠しつつ画像そのものはポッシュ版を使用した。また、ポッシュ版では画像そのものが精細になったのに加えて、シモンドンが準備しつつも公にされていなかった説明文も加えられている。すべての図版につけられているわけではないが、それぞれシモンドンがどのような意図をもってその図版を選んだのかが窺える文章となっている。日本語訳ではこの説明文についても手書きのキャプションとともに訳出し、巻末に収録した。

最後に、細かい点となるが、ポッシュ版での図版の順序についても触れておきたい。ポッシュ版でも基本的には二〇一二年版と同じ順番が採用されているのだが、図版4と5（いずれも電子管の具体化）については一部の画像の順番が入れ替えられている。具体的には、図版4と5は二〇一二年版ではそれぞれ上中下段で構成されているが、ポッシュ版（およびウェブサイト）では中段だけが抜き取られて上段と下段のあとにまとめられており、図版の組み立てが変化している。先述の通り日本語訳では二〇一二年版の順番を採用しているため、ポッシュ版やウェブサイトの図版を参照する際は注意されたい。なお、図版1と2ではシモンドン自身が各画像に番号を割り当てている（それぞれ1から3と5から8）が、番号4の画像は最初から組み込まれていない点もここで指摘しておきたい。

以下では、決して読みやすいとはいえない本書を読み進めていくための少しばかりの露払いとして、「教養という大きなテーマ」「技術の哲学としての特色」「生物のアナロジー」『個体化の哲学』と共通する概念」について簡単な解説をおこなうことにしたい。

教養という大きなテーマ

最初に触れたように、本書はシモンドンの国家博士号請求論文の副論文である。これが意味するのは、主論文である『個体化の哲学』と『技術的対象論』はシモンドンにとって同時に進行していた、そしておそらくは一つの大きなプロジェクトだったということである。じっさい、主論文と副論文のあいだには緩やかながらも確かな連続性が認められる。『個体化の哲学』は大きく二部に分かれ、それぞれ第一部では物理的個体化が、第二部では生物の個体化が扱われており、たとえば第一部第一章では煉瓦造りを事例とした質料形相論図式（素材と形式の二元論）の批判とともに技術的な具形化（prise de forme）が論じられ、あるいは本書でも取り上げられている三極管が参照されている。アリストテレス以来の質料形相論図式というきわめて強固なフレームワークを批判するにあたって、シモンドンは技術のテーマを介在させているのである。また、第二部の議論と『技術的対象論』との連続性も指摘することができる。『個体化の哲学』の第二部は生命ある存在の個体化が生命的・精神的・集団的という大きく三つの水準（あるいは状態）から考察されるが、『技術的対象論』の最も大きなテーマはとりわけその最後の二つ――つまりはシモンドン自身によって出版計画が立てられていた主論文の部分的な再構成である『精神的・集団的個体化』（一九八九年）の問題圏――と無関係ではない。そのテーマとは、知的体系としての教養（culture）である。

　タイトルに掲げられた技術的対象（つまりは道具や機械）そのものへの着目によって特徴づけられることの多い『技術的対象論』だが、その点ばかりを強調するならそれは一面的な理解と言わざるをえない。じっさい、本書において技術的対象そのものに焦点があてられるのは全三部からなる本論の第一部なのであって、その議論だけで本書を評価するのは、技術的対象と人間との関係を扱う第二部や、人間の思考体系における技術の位置づけを論じる第三部を無視するに等しいだろう。もちろん技術的対象そのものについての分析が重要であるのはまちがいないが、しかし序論や結論からもわかるように、本書全体は技術的教養（culture technique）の充実による教養全般の再編をその最大の目的としているのである。技術的対象の意識化はこの目的のためにこそ促される。

しかしその達成は容易ではない。やはり序論と結論で述べられるように、西洋の知的体系において、あるいはすくなくとも哲学においては、技術はつねに下位に置かれてきたと言ってよいだろう。技術の哲学を企てる者はたんに技術という「異邦人」に哲学という「国家」のなかでの居場所を与えてやるのではなく、その「国家」の成り立ちやその背後にある価値観という、みずからが依拠しているまさにその土台を問いなおすのでなければならない。自分の故郷でよそ者になるようなそうした試み――そもそも哲学とはそうした困難な試みであったはずだ――は、おそらくさまざまな名前で呼ばれうるだろうが、ここではとくにエピステモロジーという名で呼ばれるべきであるように思われる。すくなくとも、本書の試みは稀代のエピステモローグであるガストン・バシュラール（一八八四－一九六二年）が科学的教養（culture scientifique）についておこなったそれの系譜にあると言える。さらに、バシュラールが科学のみならず、それと不可分な実験器具という技術的対象にもそのまなざしを向けていたことを思い出してもよいだろう。この点については金森修『東洋／西洋を越境する――金森修科学論翻訳集』（小松美彦・坂野徹・隠岐さや香編、読書人、二〇一九年）所収の論文「ガストン・バシュラールにおける実験装置の科学認識論」（近藤和敬訳、三三－五五頁）も参照されたい。

技術の哲学としての特色

シモンドンが技術というテーマを扱うにあたって、技術的対象（objet technique）という概念を導入したのは慧眼であったと言わねばならない。技術の哲学がクリアすべき点に技術というテーマの広さがある。あるいはそれを、技術という概念をどのように定義するかという問題として言い換えてもよいだろう。じっさい、技術という概念によって扱われうる範囲はかなり広く、各国語で微妙に範囲が異なっている。たとえば、英語の technology とフランス語の technologie はどちらもギリシア語の τεχνολογία に遡るとされるが、英語のニュアンスが日本語のテクノロジー（あるいは科学技術、等々）に近いのに対して、フランス語では技術についての理論というギリシア語のニュアンスを残している（本書でも「技術論」と訳した箇所が多い）。また、そもそも技術という言葉が議論の出発点としては十分にリジッドではなく、どこか漠としているという点もある。最先端技術からちょっとしたテクニックまで、現代社会を成り立たせている巨大なシステムから個人の身体に属するようなコツまでを、この技術という語は意味してしまうのである。これらすべてを論じようとするなら、その議論もまた漠としたものになってしまうだろう。しかし、たとえば議論を身体的な水準の技術に、あるいは先端的なテクノロジーに限定するなら、教養の再編というシモンドンのもくろみは達成されえない。技術的対象という概念は、いったん物（オブジェ）ということで無形の技巧を議論から遠ざけつつ、一種の進化の観点を導入することで道具から機械までの多種多様な技術を手放さず、かつそうした技術と人間とのあいだで場所や時代にあわせて変化してゆく無形の関係を議論に組み込むことを可能にしている。

もちろん、時代の制約としてシモンドン自身が論じることのできた技術的対象は一九五〇年代後半までのものであり、わたしたちが生きる現代の技術的な状況を考えると、どうしても「古い」という印象は拭えない。だが、技術的対象という概念がもつこうした技術論的な価値は今でもまったく失われていない。本書を読み、理解するということは、そこで扱われているテクニカルな話題を理解すること――これも当然ながら重要ではあるのだが――というよりも、シモンドンがそうした話題によってどのような議論を組み立て、どのような概念を作動させているかを、わたしたち自身のよく知る技術に引き寄せながら把握することであると言わねばならない。

さて、ここでエピステモロジーの系譜に加えて、フランス哲学における生命論的な系譜、一般器官学

(organologie générale)とも呼ばれている系譜を指摘しておきたい。副論文の指導をおこなったジョルジュ・カンギレム(一九〇四-一九九五年)が『生命の認識』(初版一九五二年、増補改訂版一九六五年)でアンリ・ベルクソン(一八五九-一九四一年)の『創造的進化』(一九〇七年)のうちに指摘したこの系譜は、かなり大雑把に言えば、技術的活動を生命的活動の延長線上で捉えようとするものである。つまり技術を人間に特有のものとするのではなく、生命一般に(もちろん程度の差はあれ)見いだそうとする系譜である。シモンドンがベルクソンを——独自の関心のもとにであれ——熱心に読んでいただろうことは、その暗黙の参照からも窺い知ることができる(たとえば発明について論じる際に用いられる「問題を解決済みと仮定する」(本書76頁)というきわめて重要な表現はベルクソンの論文「知的努力」から採られたものと考えられる)。ベルクソン=カンギレム的な一般器官学の構想は『技術的対象論』の全面に現れているわけではない。それどころか後述するようにシモンドンはベルクソン=カンギレムのそれとは異なるニュアンスで器官学という語を使ってさえいるのだが、しかしそれでも先述の『個体化の哲学』との連続性を考えるなら『技術的対象論』にもそうした生命論的な系譜を読み込むことは決して不自然ではない。とくに機械と生物とのアナロジーをめぐってシモンドンがサイバネティクスに対してとる微妙な距離感はこの系譜を踏まえることでよりよく理解できるようになるだろう。

生物とのアナロジー

シモンドンにおいて一般器官学は技術的対象を捉えるしかたと不可分である。シモンドンは技術的対象を要素・個体・総体の三つの水準で把握する。生物とのアナロジーを用いるなら、これら三つはそれぞれ器官・生体・生態系に相当する。シモンドンにあって一般器官学(オルガノロジー)は、生物における器官(オルガン)に相当する技術的対象の要素(つまりはパーツ)を考察するものとして構想されており、個体の水準をその領域とする機械学（mécanologie）とともに技術論のいわば下位部門として提示されている。

ここで注意したいのは、このアナロジーが機械は生物のように存在し進化すべきだと主張するために用いられているのではないという点である。たしかに、技術的対象が抽象的なものから具体的なものへと進化するとき、すなわち発明者の頭のなかにあった理論的な図式の組み合わせが試行錯誤を通じて一種のまとまりを獲得していくとき、シモンドンはこの技術的対象が自然物の、もっと言えば生物の存在様態に近づいていっている――あくまで近づくのであって生物になるわけではない――と述べている。一見すると人工物である機械が生物という理想へと高まってゆくといった主張にも思われるかもしれないが、自然を不動のモデルとし人工物をそのコピーとするような考えをそこに読み込むとシモンドンの言わんとするところからは外れてしまうだろう。温室でしか生存できないような植物の人為的改良が抽象化のプロセスとして引き合いに出されているように、シモンドンにあって具体／抽象というカテゴリーはモデルとコピーの考えとは独立に構想されている。技術的対象は生物とは異なる存在として、あるいは生物と同じく具体的なものとなりうるが、そのプロセスは生物とは別のものであるような存在として捉えられている。生物とのアナロジーはこの微妙だが決定的なラインを越えて用いられてはならない。

ところで、シモンドンはフランスの哲学者としてはかなり早い段階でサイバネティクスを評価している。じっさい本書ではサイバネティクスの創始者の一人であるノーバート・ウィーナー（一八九四―一九六四年）の『サイバネティクス――動物と機械における制御と通信』――もちろんこれは一九四八年の初版であって現在わたしたちが手にしている第二版（一九六一年）ではない――を新たな『方法序説』であると明言している。あるいは本書で直接的に述べられているわけではないが、内的共鳴（résonance interne）や循環的因果（causalité récurrente）といった用語がサイバネティクスのフィードバック概念から着想されたことは歿後に刊行された『哲学について』（*Sur la philosophie (1950–1980)*, Paris, PUF, 2016）に収められた草稿「サイバネティクスと哲学」から明らかである。また、情報（information）が論じられるとき、あるいは情報理論が参照されるとき、シモンドンの念頭にこの学際研究運動がなかったなどと考えられるだろうか。さらにここに機械学（メカノロジー）の構想を加えてもよいだろう。具体的となり生物の存在様態に近づいた技術的対象を、生物を研究するのと同様に帰納的に研究するというその構想には、いわば拡張された（シモンドンが理解し評価するかぎりでの）サイバネティクスの趣がある。

このようにサイバネティクスから多くの着想を得ていたシモンドンだが、とくに第一部第一章の最後に見られるように、サイバネティクスにおける技術的対象の扱い方には大きな不満を抱いていた。いくつかの論点があるが、しかしそれらはとりもなおさず生物とのアナロジーの問題と言える。サイバネティクスに対するシモンドンの微妙な距離感あるいは両義的な態度はこのアナロジーの用い方に由来する。

『個体化の哲学』と共通する概念

『個体化の哲学』で提示された概念や用語は、学位論文の主論文と副論文という出自から当然予想されるように、明示的に主論文が言及される第三部以外でも用いられている。たとえばすでに触れた「内的共鳴」や「循環的因果」、あるいは「情報」がそれであるが、両論文に共通して見いだされる概念や用語はこれらに尽きるわけではない。そのうちのいくつかについては訳註でも触れたが、ここではとくにオーダー（ordre）概念を取り上げておくことにしたい。

本書では場面により「オーダー」であったり「次元」や「領分」（いずれも該当するものは「オーダー」というルビをふった）であったりと訳したこの概念は、すべての箇所においてではないにせよ、大きさるそれのニュアンスを帯びているように思われる。バシュラールが学位論文の主論文『近似的認識試論』（一九二七年）で扱ったこの概念は10のn乗というかたちで大まかなスケールを示す物理学用語であるが、シモンドンはこの語を厳密に使用しているというよりも、この語によって可能となるものの捉え方を利用していると言ったほうがよいだろう。おおづかみにその利点を述べれば、それは分析する際の観点について相対性ないし複数性を確保するところにある。たとえば、人体という同じ対象は、センチメートルのオーダーでもミリメートルのオーダーでも、さらにはマイクロメートル以下のオーダーでも考察されうる。それぞれのオーダーで考察されるのは、たとえば人間の生活空間であったり、体のパーツであったり、あるいは特定の細胞組織であったり、そうした細胞を構成しているはずの原子であったりするだろう。同じ一つの対象は異なるオーダーにおいてそのオーダーに適切な分析がおこなわれるなら、いずれもその対象にとって本質的な複数の側面を示すわけである。さらに言えば、そうした複数の側面はなんらかの条件が設定されないかぎり重要性の序列をつけられるものではない。たとえば特定の臓器の手術にあたっては重要なのはその臓器に関わるオーダーであるが、しかしだからと言って人体においてつねにその側面が本質的であるわけではなく、たとえば衣服をまとうとき、居住空間を構築するときには、それぞれまた別の側面が本質的なものとして現れてくる。絶対的に重要なオーダーなどなく、条件や観点が変われば適切なオーダーも変わるという点で、この概念は相対性を含んでいるのである。シモンドンは厳密に物理学用語としてこの語を運用しているわけではないが、このような発想をみずからの議論のうちに取り込んでいる。技術的対象は要素・個体・総体の三つの水準で把握される——『個体化の哲学』でも同様にこうした三つの水準あるいはオーダーが設定される——が、ここにも同様の考えを見てとることができる。

オーダーという概念以上にシモンドン哲学にとって重要な根本概念を、本書では「トランスダクション」というルビつきで「変換」と訳している。この概念についてはいくつかの訳語が提案されており、たとえば『個体化の哲学』では「転導」という訳語が与えられており、かつて訳者が上梓した『シモンドン哲学研究――関係の実在論の射程』（法政大学出版局、二〇二一年）では「トランスダクション」と訳していた。それぞれに利点はあるのだが、本書では、シモンドン自身が変換器（トランスデューサ）という技術的対象の働きを取り上げ、これを一般化することで概念化をおこなっている点を踏まえて「変換」とした（なお、同様に「変換」と訳されうるフランス語との区別をつけるためにつねに「トランスダクション」のルビをふっている）。本書には直接は関係のない話となるが、このように訳すことで、シモンドンがサイバネティクスに着想を得て、変化や交換を意味するギリシア語 ἄλλαγμα から造語したアラグマティクス（allagmatique）との結びつきが見えやすくなったかもしれない。いずれにせよ、変換（トランスダクション）という根本概念は『個体化の哲学』においてきわめて一般性の高いしかたで示される定義だけでなく、変換器という（現代社会のいたるところにある）技術的対象から出発する『技術的対象論』の記述をも踏まえて理解されるべきだろう。

最後に、両立可能性（compatibilité）および両立不可能性（incompatibilité）についても触れておきたい。この語は技術に関する場面では「互換性」とも訳されるものである。本書では、哲学的なニュアンスをもつ語であっても、そのように訳すことで文章が不自然になる場合は日本語としての自然さを優先して訳すという方針をとった。この方針がどれほど保たれているか、そして成功しているかについては読者の判断に委ねたいが、両立可能性（および両立不可能性）については互換性と訳すのではなく、『個体化の哲学』と同じ訳語を与えるほうがよいように思われた。というのは、これらの用語、とりわけ両立不可能性は、個体化のプロセスに本質的なものとして概念化されているからだ。つまり、解消すべき齟齬であったり、解決すべきだが、にわかには解決できず、大きな構造の変化が求められるような問題であったりとして、この語は概念化されているのである。こうした基本図式は当然ながら『技術的対象論』でも維持されている。それは互換性というよりもむしろ系(システム)のなかでの齟齬や問題として理解されるべきである。

*

本書の翻訳の始まりは、二〇一四年の日仏哲学会春季大会をきっかけとした読書会に遡る。この読書会はその後メンバーが入れ替わりつつ二〇二〇年の夏まで継続され、第一部全体が検討された。なにかと不安定な状況にある院生主体の会がさまざまな中断の可能性を乗り越えて続けられたのは、ひとえに読書会の発案者であった世古和希さんの粘り強さによる。記して感謝したい。

本書の残りの部分は宇佐美によって下訳がつくられ、とくに序論と結論、そして趣意書について橋と検討することでブラッシュアップをおこなった。また、第一部についてもあらためて宇佐美が訳しなおすことで全体の統一を図った。その後、何度か全面的な見直しをおこない完成稿とするまで四年が必要だった。新型コロナウイルスのパンデミックや、訳者の身分が大学院生からポスドクへと変わったことに伴う生活環境の変化など、脱稿を阻む要因は多々あったが、その最大のものは本書自体がもつ難しさであり、それに対する訳者の力不足であったように思う。遅々として進まない改稿作業を辛抱強く待っていただいたみすず書房編集部の小川純子さんをはじめ、組版や校正など、なにかと難儀な本書の刊行に携わってくださった方々に大きな感謝を申し上げたい。また、刊行を後押ししてくださった京都大学での恩師の一人である岡田温司先生にもこの場を借りて御礼申し上げたい。ノーバート・ウィーナーの数々の著作や、シモンドンが主論文を書籍化した際に献辞を捧げたモーリス・メルロ゠ポンティの著作を日本に紹介してきた版元から、このように本書を刊行することができたのは僥倖であった。そして、本書の表紙に國府理《水中エンジン》の写真を用いることができたのはもう一つの僥倖である。二〇一二年に発表されたこの作品は——そして他の國府作品もまた——本書を新たな光で照らしてくれるだろう。《水中エンジン》の画像使用についてご尽力、ご快諾いただいたみなさまに感謝申し上げる。

本書の難解な記述が多少とも読みやすい日本語になっているとすれば、それはこのように翻訳に携わってくださった方々のご助力によるところが大きい。もちろん、訳註を含め全体的な調整は宇佐美によるものであり、したがって最終的な責任は宇佐美にある。能うかぎりの精確さを期したつもりだが、よくある哲学書とは異なる特殊な知識を要求する本書に十分に応えることができたかどうかは心許ないというのが正直なところである。

それでも間違いなく言えるのは、すでにさまざまに言及され取り上げられている本書が、しかしいまだ汲み尽くされてはいないということだ。ひょっとすると著者自身が気づいていなかったかもしれない「開かれた潜在性」や「発生論的な本質」を発見し、あるいは産み出すのは、本書の執筆当時とは異なる科学的、技術的、知的、等々の状況にある世界——私見ではこれこそ「自然」あるいは宇宙と呼ばれるべきものである——において、シモンドン自身がつきあっていたのとは異なる技術的対象とともに生きるわたしたちが果たすべき任務であるにちがいない。

二〇二五年の啓蟄に　活火山に臨む街で

訳者を代表して　宇佐美達朗

ジルベール・シモンドン
技術的対象の存在様態について
宇佐美達朗・橘真一訳

2025 年 5 月 9 日　第 1 刷発行

発行所 株式会社 みすず書房
〒113-0033 東京都文京区本郷 2 丁目 20-7
電話 03-3814-0131（営業） 03-3815-9181（編集）
www.msz.co.jp

本文組版 キャップス
本文印刷所 三陽社
扉・表紙・カバー印刷所 リヒトプランニング
製本所 松岳社

Printed in Japan
ISBN 978-4-622-09762-4
[ぎじゅつてきたいしょうのそんざいようたいについて]

著者略歴

(Gilbert Simondon, 1924-1989)

1924年，フランスのサン゠テティエンヌに生まれる．パリ高等師範学校（ユルム校）の卒業生．1948年に哲学の教授資格を取得後，トゥールのリセ・デカルト校をはじめ，ポワティエ大学やパリ大学などで教鞭を執った．リセでは哲学の授業を担当するだけでなく，みずから設置したアトリエで生徒とテレヴィジョンの受像機を実作するなどしていた．また1964年にパリ大学に移ってからはパリ市内に「一般心理学・技術論」ラボを設置している．1958年，パリ大学に提出した主論文『形態と情報の概念に照らした個体化』（日本語訳『個体化の哲学』）と副論文『技術的対象の存在様態について』により国家博士号を取得．主論文はその後，『個体とその物理－生物学的発生』（1964）と『精神的・集団的個体化』（1989）として出版され，ジル・ドゥルーズやベルナール・スティグレールに大きな影響を与えた．歿後，今世紀に入り，当初の構成が復原された主論文（2013；2017）のほか，講義録である『想像力と発明』（2008；2014）や『心理学について』（2015），論文・草稿などを収めた『技術について』（2014）や『哲学について』（2016）などが出版されている．

訳者略歴

宇佐美達朗〈うさみ・たつろう〉1988年生まれ．京都大学大学院人間・環境学研究科博士後期課程修了．博士（人間・環境学）．現在，鹿児島大学法文学部人文学科（多元地域文化コース）助教．著書に『シモンドン哲学研究——関係の実在論の射程』（法政大学出版局，2021），共訳書にエマヌエーレ・コッチャ『メタモルフォーゼの哲学』（勁草書房，2022）など．

橘真一〈たちばな・しんいち〉1978年生まれ．大阪大学大学院人間科学研究科博士後期課程単位取得満期退学．博士（人間科学）．共訳書にジルベール・シモンドン『個体化の哲学——形相と情報の概念を手がかりに』（法政大学出版局，2018，新装版2023）．

索引

＊ルビ付きの語でルビを読みとしたものについては、＝の後に被ルビの語も併記している。

◉事項

ア行

曖昧な地帯（zone obscure）　336, 361, 369, 374, 376
アシュビーのホメオスタット（homéostat d'Ashby）　219–220
ア・プリオリ（*a priori*）　191, 194–195, 210, 348, 349, 367
ア・ポステリオリ（*a posteriori*）　191, 194–195, 210, 348–349
歩み（démarche）　25, 266–267, 305–306, 313
アルキメデスねじ＝らせん揚水機（vis d'Archimède）　308
意識化、自覚（prise de conscience, prendre conscience de）　9, 14–16, 18, 137, 225, 245, 265, 312, 317, 330–331, 337, 339, 344–345, 347, 351, 393–395
位相のずれ（déphasage）　242–243, 245, 254, 260, 301, 323, 342
今・此処（*hic et nunc*）　24, 261, 282, 288, 300, 305, 310, 331, 340, 348, 367–368
意味連関、意義、意味（signification）　10, 12, 15–16, 24, 65, 156, 160, 163, 191–192, 208, 211, 213, 228, 268, 283, 288, 299, 317, 354, 367, 369, 371, 374, 395
因果、因果関係（causalité）　16, 26, 36, 39, 45, 60, 67, 73, 80, 82–83, 87, 93, 166, 185, 186, 212, 219, 221, 324–325, 327, 361, 365, 375
　循環的――、――が循環していること、因果の循環、循環する因果（― récurrente, récurrence de ―, ― circulaire, circulaire de ―）　17, 47, 79–80, 83, 85–87, 89, 91, 142, 147, 167, 229, 325
ヴァンデグラフ起電機（générateur Van de Graaf）　48
ヴァイアブル、ヴァイアビリティ＝生存能力をもつ、生存能力（viable, viabilité）　65, 80
　存続する力　28
　ヴァイアブル＝生存可能　238
　ヴァイアブル＝存続しうる　317
ウィムズハースト起電機（machine de Wimshurst）　48
エピクロス主義（Épicurisme）　267
エラン＝弾み、衝動（élan）　153, 162, 235, 236, 288
演繹、演繹的（déduction, déductif）　311–316, 324, 345–346, 349
エンジニア＝技師（ingénieur）　15, 33, 137–138, 140–141, 182, 226
オーダー＝次元、秩序、順序、領分（ordre）　32, 38, 157, 166, 168–169, 170–171, 174–176, 187, 188, 190, 206, 226, 239, 265, 294, 299, 301–302, 312–313, 315–316, 323, 361, 366, 377, 379
オーダーメイド（sur mesure）　30–32
オートメーション（*automation*）　12
オペラシオン＝作業、作業的、作業に関わる（opération, opératoire）　92, 101, 108–109, 137–138, 142, 144, 146, 148–149, 151–152, 155–156, 173, 179, 182,

191, 193–195, 210–211, 263, 264, 285, 290, 304, 306–308, 311–312, 314, 319, 324, 328, 345, 347–348, 355, 358–362, 364–366, 370, 375, 378–380
　操作　81, 216, 226
　活動　218
　働き　236, 264, 278, 284

カ行

ガイガー＝ミュラー（計数）管（tubes (-compteurs) de Geiger-Müller）　217
下位総体（sous-ensemble）　32, 36, 45–46, 62, 88–89
概念（concept）　10, 155, 173, 227, 253, 309, 327, 330, 336, 345, 348–350, 352–353, 372, 376
　概念的（conceptuel）　144, 309, 325, 337, 350
　概念的に（conceptuellement）　325
　概念化（conceptualisation）　145, 377
　概念論的（conceptualiste）　348
概念（notion）　11, 56, 83, 151, 177, 180–181, 183, 186, 200–201, 205–206, 213, 215, 218, 223, 226, 234–236, 241–242, 247, 252, 305, 307–308, 322, 326, 331, 337, 344, 351, 369, 376, 379, 394–395
　概念的（notionnel）　309, 337
過進化（hypertélie）　69–71, 74, 77–78
　過進化した（hypertélique）　70, 76
価値（valeur）　9–10, 16–18, 53, 65, 71, 80, 88, 101–102, 107, 138, 143, 154, 172, 175, 201, 211–214, 227–229, 252, 276, 282, 292, 304, 309–310, 315, 327–330, 338, 343, 346, 372, 374, 378, 395
　価値観　223–224, 226
　価値づけ（valorisation）　329, 331, 396
　価値の下落（dévaluation）　115, 372, 380
価値論的（axiologique）　88, 377, 379
カップリング、連結（couplage）　36, 38, 88–90, 147, 186, 192, 194, 203, 210, 221, 259, 278, 284, 304, 330, 336–337, 342, 353, 395
　カップリング＝対　361
　カップリング＝連結　364, 383, 386–387
　デカップリング（découplage）　37
過飽和（sursaturation）　239, 247, 302–303
　過飽和の（sursaturé）　235, 238, 303
カルノーの原理（principe de Carnot）　201
環境（milieu）　64–65, 71–74, 76–79, 83, 86, 167, 194, 235, 237, 248–249, 253–255, 257, 261, 326, 363, 394
　技術的――（— technique）　71–72, 77, 82–83, 86
　地理的――（— géographique）　72, 77
　技術的で地理的な――（— techno-géographique）　77–78
　連合――（— associé）　79–87, 89–92, 102–105, 109, 112, 326
　心理的――（— mental）　85
　自然的――（— naturel）　85–86, 326
　人間的――（— humain）　262, 337
関係（relation）　14–17, 25, 36, 64, 75, 77–79, 80–83, 85, 98, 111–112, 114, 116, 137–138, 140–142, 147, 150, 157, 160, 164–165, 173–175, 177, 184–186, 191, 193–194, 196, 205, 211–212, 217, 219, 221–225, 229–230, 234–239, 245–248, 251, 255, 258–259, 270, 273, 280, 284–286, 298–299, 301, 312, 315–317, 320–323, 332, 336, 340–342, 346–347, 350, 352–354, 357–359, 361–364, 366–369, 371–373, 375–377, 393, 395–396
　関係的、関係にもとづく（relationnel）　75–76, 78, 164, 238, 317, 336

相関関係、相関（corrélation） 47–48, 65, 106, 178, 195, 212, 221, 298, 341, 350
観想、観照（θεωρία, contemplation） 291, 311, 345–346, 379–380
観想的（contemplatif） 311–312, 314, 346, 348, 351, 379
緩和（relaxation*） 60, 92–94, 97, 325, 386, 394
緩和発振器（oscillateur de —） 67, 215, 217, 386–387
緩和器（relaxateur）） 67, 215, 217, 385
記憶、記憶力、記憶装置（mémoire） 186, 189–192, 194, 264
機械学（mécanologie） 65, 92
機械学者（mécanologue） 16, 226
器官学（organologie） 91
希求法（optatif） 304–305, 307, 309, 315
器具（instrument） 178–180, 183, 193, 253–254, 257–258, 261, 274, 328, 331, 338–339, 343, 354, 394
技術至上主義（technicisme） 10, 196, 226–227
技術至上主義的（techniciste） 19, 226, 255
技術性（technicité） 12–13, 19, 25, 35, 101–107, 109, 112, 115, 150, 177–178, 182, 184–185, 210, 224–225, 230, 234, 236–242, 244, 246, 260–261, 263–265, 277–278, 281, 294–295, 301–302, 305, 318, 328–330, 332, 334, 339, 341–345, 354–355, 357, 366, 374, 377, 394–396
技術論、科学技術（technologie） 16, 65–66, 92, 141, 155–156, 165, 167–168, 173–174, 246, 323–326, 328, 336, 344–345
技術論的、科学技術的（technologique） 139, 141, 150, 154, 156, 160, 166, 168–169, 172, 198, 221, 327, 331
帰納（induction） 266–267, 305, 307, 309, 354
帰納的（inductif） 64, 66, 230, 266, 305–307, 309–310, 312–316, 345
規範（norme） 16, 31, 172, 258, 262, 282–283, 294, 297, 302, 310, 314–315, 327, 342–343, 359, 366, 374, 378
規範的（normatif） 19, 142, 168, 243, 255, 315, 328–330, 337
規範性（normativité） 150, 297, 314, 328, 336
規範化（normalisation） 344
キーポイント、要石（point-clef） 250–254, 259, 262, 272–273, 275–277, 279–280, 283, 326–327, 329, 331–332, 396
義務論的（déontologique） 377
キャパシタンス＝静電容量（capacité） 36, 38, 105–106, 203, 217, 386–387
キャパシティ＝力量、能力、容量（capacité） 63, 71, 80–81, 89–90, 95, 99, 104–105, 143, 172, 185, 194, 200, 219, 264, 306, 341, 351–352
無能力（incapacité） 188, 190, 199
ギャンバルタービン（turbine Guimbal） 75, 79
ギャンバルの発電機（génératrice Guimbal） 76
キュリー点（point de Curie*） 92, 385
穹窿（voûte） 78, 151
教育（éducation） 16, 142, 151, 168–169, 171–172, 174–176, 279
教育的（éducatif） 145, 172
凝縮、凝結（condensation） 45, 48, 218
極限への移行（passage à la limite） 66, 213, 298
教養（culture） 9–12, 14, 16–17, 19–20, 25, 116, 138–141, 156, 169–173, 175, 185, 221–226, 228–230, 244, 246, 271–272, 317–318, 326–327, 329–330, 336–

339, 342–345, 353, 362, 374, 393
教養的（culturel） 169, 171–172, 224–225, 317, 324, 331, 337–339, 342–343, 372
食い違い（hiatus） 171, 175, 210, 316, 393
具形化（pris de forme） 191, 359–360, 362
具体化（concrétisation） 18, 42, 45–47, 50, 52, 58, 61–64, 66–67, 74–78, 90, 101–102, 105–106, 178, 210, 308, 326, 355, 393
具体的（concret） 26, 30, 32–33, 40, 45–48, 52, 62, 65–67, 103, 109, 112–113, 116, 140, 142, 144, 225, 250, 254, 272–273, 297, 304, 327–328, 331, 333, 352–353, 373, 384, 394, 396
グラムの発電機（machine de Gramme） 96
クーリッジ管（tube de Coolidge） 42–45, 49–53, 57
クルックス管（tube de Crookes） 42–45, 53–54, 57
敬意（respect） 147, 311, 314, 320, 329–330, 346
芸術（art） 16, 158, 171, 222, 270, 274, 276, 281–282, 288–294, 296–300, 339
ゲシュタルト（Forme） 81, 211, 247
現実化している（actuel） 13, 217–219, 241, 247, 270, 279, 317, 340
工業団地（ensemble industriel） 366
幸福主義（Eudémonisme） 266
公理系（axiomatique） 16, 41, 84, 308–309, 311, 345–347, 349, 394
功利主義（Utilitarisme） 266
個体横断的（transindividuel） 366–369, 375–376
個体横断性（transindividualité） 367
個体化（individuation） 37, 98, 234–236, 321
個別化（individualisation） 79, 85, 88–89, 98, 109, 111, 114, 199, 216
混成体（mixte） 160, 286, 291, 358, 363

サ行

最適、最適条件（optimum） 315–316
サイバネティクス（Cybernétique, cybernétique） 66, 160, 163–166, 211, 226–227, 230
サイバネティクス研究者（cybernéticiens） 99, 215, 228
作動（fonctionnement） 12–15, 17, 23–24, 25n, 27, 32–34, 36–42, 45–46, 48–52, 56–58, 61, 63–65, 71, 73, 78–80, 83, 85, 87, 89–90, 93, 95, 101, 105–107, 112–114, 172–173, 181, 185–186, 193–195, 197, 205, 210–218, 220–222, 226–227, 263–265, 285, 325, 329, 354, 361–362, 365–366, 368–369, 371–373, 375, 382, 385–387, 393–395
サン＝シモン主義、サン＝シモン主義者（Saint-Simonisme, Saint-Simoniens） 182, 184, 197
サンス＝意味、向かう先、流れ（sens） 46, 156, 234, 238, 245–246, 317, 323, 344–345, 355, 358
地（fond） 81–85, 237, 239, 247–249, 251, 253–254, 256–259, 261–262, 266, 274, 278, 281–286, 303–304, 307, 311, 313–316, 319–320, 325, 333–334, 340–341, 350, 352–353, 396
次元（dimension） 93–94, 163, 177, 223, 268, 295, 303, 311, 315, 331
自然、本性（nature） 9–10, 16, 18, 31, 36, 78, 142–144, 146, 152, 154–155, 162, 166, 173, 175, 182, 196–197, 206, 209, 227, 243, 251–252, 256, 260, 262, 263, 303–304, 306, 308, 312, 327, 330, 336, 350, 352, 357–359, 363–365, 367, 376, 379, 381, 393, 395

自然世界（monde naturel） 62, 80, 85, 98, 112, 140, 274, 281–283, 319–321, 325–328, 333–335, 341, 364
自然物（objet naturel） 62–66
実践的、実際上の（pratique） 15–16, 23, 30, 50–52, 87, 149, 166, 174, 193, 204, 206, 239, 243–246, 262, 265–266, 273, 291–292, 299, 302, 304–305, 308–318, 322–325, 327, 329, 352, 360, 366, 376–377, 379
思考（pensée） 25n, 80–81, 84–85, 102, 138–140, 152–153, 156–157, 160–162, 164, 166, 170–171, 173–174, 201, 212, 221, 223, 233, 238–240, 243–246, 250–251, 257, 263, 266, 268–273, 282, 284, 286, 293–298, 301–303, 305–306, 308–327, 330–336, 340, 342–343, 345–346, 348, 350–351, 353, 355, 358, 364, 366–367, 379, 396
　演繹的――（― déductive） 346
　帰納的――（― inductive） 306–307, 312
　技術的――（― technique） 154, 256–257, 262–266, 269, 273–274, 282–285, 293–295, 299, 301–303, 305, 307–308, 311, 313, 317–319, 323–324, 326–327, 331–336, 341, 342, 346, 353, 355, 366, 370–371, 373
　科学的――（― scientifique） 154, 309, 324, 364
　宗教的――（― religieuse） 245–246, 256, 260–261, 263, 265, 268–269, 273–274, 282–286, 293–295, 299, 301–302, 310–311, 313, 317–318, 321, 323, 330, 333–335, 340–343, 345, 346, 353
　哲学的――（― philosophique） 9, 201, 209–210, 233, 239–240, 245–246, 273, 301, 317–318, 321–323, 327, 334, 341, 345, 350–355, 359, 377, 379–380, 396
　美的――（― esthétique） 239, 242–245, 269–270, 272, 274, 284–286, 294, 301–302, 316–317, 321–322, 352, 354, 396
　魔術的――（― magique） 250–253, 259–260, 263, 269–270, 273, 283, 286, 294, 316, 319, 342, 353–354
質（qualité） 16, 100–101, 103–106, 175, 179, 254, 261, 274, 281, 291, 309–310, 319, 340
実用主義、実用主義的（pragmatisme, pragmatique） 306, 377–378
始動（déclenchement） 370
　引き金となる、始動させる、引き起こす（déclencher） 214, 216, 370, 386
集合的、集合体（collectif, collectivité） 280, 296, 310, 328, 362–363, 375
ジュール効果（effet Joule） 79
収斂（convergence） 24–5, 28–30, 34, 60, 78, 162, 227, 238–239, 243, 282, 301, 315–318, 349–351, 354
受託者（dépositaire） 103, 107, 109n, 185, 239, 287, 343–345, 354
準安定性、準安定的（métastabilité, métastable） 67, 214, 217, 234, 236, 247
準拠（référence） 175, 260, 262, 278, 312, 341, 346, 350, 355, 370, 379
情報、情報伝達（information） 13–15, 17, 19, 65, 83–84, 112, 145, 149, 156–160, 163, 165–166, 173–174, 179, 187, 193, 196, 199–200, 202–219, 226–229, 325, 365–367, 373–375, 394–395
神域（τέμενος） 250
シンボル（symbole） 16–17, 80, 103, 151–152, 169, 172, 273, 294, 366, 370
図、図的（figure, figural） 237, 239, 247–249, 251, 253–254, 256–262, 266, 272,

274, 278–279, 283–286, 304, 307–309, 313–316, 319–320, 325, 333–334, 340, 349–350, 352–353
図式（schème, schéma） 15–17, 25, 38–40, 53–54, 56–58, 61–62, 65, 69–70, 78, 81, 96, 101, 103–104, 107, 109, 139, 142, 144–145, 149, 155, 157, 164, 166, 170, 173, 177–178, 184–186, 190, 195–196, 211, 213, 216, 219, 221, 226–227, 236, 239, 242, 247, 251, 258–259, 261–264, 272, 279, 283, 285, 302–305, 307–309, 312, 319, 324–326, 328, 336–337, 339, 343, 357, 359, 361–362, 364–367, 369–370, 375–379, 394
図式化機能（schématisme） 173, 175, 256
スチーブンソン式弁装置（coulisse de Stephenson） 95
ストア派（Stoïciens） 351
生成（devenir） 24, 35, 93–94, 157, 161, 169, 176, 234–238, 244, 246–247, 252, 260, 265, 282, 284–286, 300–301, 313, 316–318, 321–322, 335, 340–345, 349–350, 352–355, 380
正中の（médian） 315–316, 349
接続（adhésion, adhérer） 251, 253–254, 261, 272
前個体的（préindividuel） 298, 367
潜在性、潜在的（virtualité, virtuel） 53–54, 77, 82, 168, 176, 220, 235, 304–306, 309, 313, 315, 340–341, 343, 367
撰集的（analectique） 25n
全体性、全体（totalité） 70, 81, 95, 101, 109, 239, 244, 246, 250, 260–265, 268–271, 273, 281, 283–285, 292, 296, 298, 308, 310–315, 318–323, 334–336, 340, 342–343, 345–354
疎外（aliénation, aliéné） 10, 17, 83, 160–164, 165n, 167, 171, 183–185, 195, 368–375
組織化、組織構造（organisation） 12, 15, 19, 31, 35–36, 46, 49, 53, 62, 64, 66, 80, 82, 85, 93, 99, 104, 159, 163–167, 195, 226–227, 237, 249, 255, 267, 271, 274–275, 289, 307, 311, 328, 330, 336, 352, 364, 374–375
ソフィスト（Sophistes） 138

タ行

体系的構造、体系性（systématique） 64, 78, 83, 103, 394
多数性、多性（pluralité） 266–267, 309, 323, 327, 333, 343–345, 352
他のものへの移行（μετάβασις εἰς ἄλλο） 271
耽美主義（esthétisme） 270, 294–295
智慧（sagesse） 225, 267
力（force） 9, 46, 82, 146–148, 150–151, 156, 161–164, 166, 168, 181, 191, 196, 227–228, 230, 236, 249–250, 254, 261, 267, 271, 273–274, 281, 283–284, 295, 311, 317, 319, 320, 328, 340–341, 375
抽象化（abstraction） 16, 29, 33, 52, 64, 66, 172, 272, 333, 348
抽象的、抽象性（abstrait） 15, 26–27, 30–33, 36, 39, 43, 45–46, 52–53, 102–103, 109n, 140, 145, 147, 168–169, 176, 194, 236, 251–252, 254, 258–259, 261, 272, 275, 279, 283, 326, 328, 338, 348, 352, 373, 376, 393
中立、中立性（neutre, neutralité） 225n, 242–244, 248, 282–283, 301, 307, 311, 316–317, 321–322, 342, 345, 350–351, 381, 396
彫琢（élaboration） 84, 137, 141, 147, 168, 201, 228–229, 256, 267, 281, 318–319, 321, 352, 354, 360–361, 378, 395–396
直観、直観的（intuition, intuitif） 15, 103,

142–147, 172, 175, 186, 259, 336, 338–341, 345, 349–353, 355, 394
ディーゼルエンジン（moteur（de）Diesel） 33, 57–59, 113
適応、適応的（adaptation, adaptatif） 25, 49, 69–77, 86, 95, 143, 167, 179, 235–236, 279, 287, 328, 357, 363, 365
テクノクラート、テクノクラシー（technocrate, technocratie） 10, 182, 196–198, 224
手立て（instrument） 303, 346, 348, 357
統一、統一性、一性（unité） 20, 24–25, 27, 29, 45, 62, 81–82, 84, 88, 140, 150, 190, 222, 234, 238, 242–248, 253–254, 257–258, 260, 262–268, 270, 273, 282, 285–286, 289, 291–292, 294–295, 299–301, 304, 310–311, 315–316, 320–323, 333, 335, 343–345, 349–350, 354, 358, 373, 375
道具（outil） 17–18, 100–101, 108–112, 114, 138, 161, 165n, 174, 177–180, 183, 193, 254, 257–258, 274–275, 279, 290, 326, 328, 338–339, 341, 343, 354, 358, 361, 363, 394–395
統合運動（œcuménisme） 246, 272, 344–345
トランスダクション→変換
奴隷、奴隷制度（esclave, esclavage） 9, 12–13, 116, 138, 140, 160, 162, 184, 196, 359–360, 378
トロピズム＝向性（tropisme） 288–289

ナ行

内的共鳴（résonance interne） 25, 150, 328–329, 393
二重化（dédoublement） 41, 60, 144, 181, 237–239, 241–246, 249, 256, 259, 262, 269–271, 286, 301–302, 308, 310–311, 314, 319, 322–323, 342, 346, 349, 352–353, 379
担い手（porteur） 18, 110–112, 114, 161n, 165n, 180, 222, 258, 358, 361, 371, 394–395
人間工学（*human engineering*） 160, 373
人間主義（humanisme） 9, 160–162
人間世界（monde humain） 94, 163, 273, 279, 281–282, 318–322, 326–328, 333–336, 341–342
ネットワーク（réseau） 34, 46, 137, 248–250, 252, 254, 259, 262, 271, 273, 276, 282–284, 286, 292, 300–301, 323, 326–329, 331–332, 336, 338–339

ハ行

パスカルの計算機（machine à calculer de Pascal） 170
発生（genèse） 18, 23–24, 25n, 53, 109, 212, 233–234, 238–240, 243–246, 258, 269, 288, 306, 317–318, 321, 323, 347, 349–350, 355, 359, 371, 393, 395
発生的、発生論的（génétique） 230, 235–237, 244, 249, 269, 318, 345, 350, 352, 355
パーキンソン病の震顫現象（phénomène du tremblement de Parkinson） 325
発見（découverte, découvrir） 10, 30, 38, 49–51, 55–56, 58, 65, 96, 104, 139–144, 150–151, 154, 157–158, 160–163, 165, 168–169, 177, 180, 191–192, 198, 205, 211, 222, 224–227, 230, 234–237, 247, 279, 291, 294–295, 297, 304–307, 315–316, 318, 323–324, 327, 330, 339, 347, 361, 373, 377, 395
発明（invention, inventer, inventif） 11, 13, 15, 50, 54, 58, 62, 76–82, 85, 95, 103–104, 149, 161, 168–170, 173, 211–213, 219, 236, 324, 326, 352, 354, 365–371, 375
発明者、発明家（inventeur） 13, 98, 103–

104, 371, 395
パリ天文台（Observation de Paris） 329
反省、反省的（réflexion, réflexif） 137–138, 156, 165, 174, 196, 239, 245–246, 258, 316, 318, 323–324, 336, 339, 344–345, 354
範例（paradigme） 139, 154, 266, 301, 342, 345–346, 359, 365, 380
範例体系、範例主義（paradigmatisme） 141, 157, 345, 362
半連鎖（demi-chaînes） 360
百科全書的精神（esprit encyclopédique） 152, 154, 166
負荷（charge） 146, 253, 288, 296, 318, 367–368
不確定の余地（marge d'indétermination） 12, 14, 39, 105, 208–209, 212–213, 215, 217–218, 221, 395
フレミング管（valve de Fleming） 56–57
フレミングの二極管（diode de Fleming） 57
フュシス（φύσις, φύσεις） 304, 306–307, 313
分有、参与（participation） 81–84, 93, 143–145, 147, 158, 175, 236, 244, 287, 296, 312, 328, 338–340, 346–347, 366
変換、変換性、変換的（transduction, transductivité, transductif） 25n, 103, 107, 115, 218–219, 298–300
弁証法、弁証法的（dialectique） 18, 98, 184, 242, 246, 351
編入（insertion） 137, 245, 270–272, 274–279, 281–283, 305, 309–310, 323, 325–326, 330–332, 335, 341, 345, 352, 363
放散（divergence） 226–227, 238, 272, 282, 301, 316, 353–354
方法（méthode） 25n, 56, 108, 178, 227, 230, 264, 306, 322, 350, 353, 355, 364, 368
ポテンシャル（potentiel） 82, 217–219, 234–235, 237, 247, 303–305, 340, 367, 386
ホメオスタシス、ホメオスタシス的な（homéostasie, homéostatique） 83–84, 112, 167, 219–220, 227–230, 385, 387
ポリテクニック＝諸学統合的（polytechnique） 154

マ行

マイナー（mineur） 51–53, 97, 137–138, 140, 152, 394
魔術、魔術的（magie, magique） 146, 151–152, 163, 166–167, 237–238, 242–254, 256–263, 269–273, 276, 282–283, 286, 288–289, 294–298, 300, 311, 316, 319–321, 325, 328, 342, 344, 350, 353–354, 395
マルク・スガンの煙管ボイラ（chaudière tubulaire de Marc Seguin） 95
マルクス主義（marxisme） 183, 368–369
魅了（envoûtement） 146–147, 151
無際限なもの（ἄπειρον） 367
命法（impératif） 205, 262, 313–316
　仮言――（— hypothétique） 262, 314–316
　道徳――（— morale） 262, 314
　定言――（— catégorique） 313–316
メジャー（majeur） 51, 137–138, 140, 148, 152, 165, 394
メタバシス→他のものへの移行
目的性、めざす目的（finalité） 46–47, 67, 163, 164–167, 185–186, 192, 195, 212, 226, 230, 235–236, 299
目的（性）を与えられた（finalisé） 163, 167, 185–186
モールス信号（alphabet Morse） 208

ヤ行

破れ（rupture） 238, 242, 254, 257–259, 276, 305, 308, 316, 320–321, 325, 395
用具（ustensile） 27, 330–331, 337

ラ行

力動性、力動的、動的（dynamisme, dynamique） 17, 25, 37–38, 40–41, 60–61, 64, 81–83, 103, 148, 151, 158, 163–164, 172, 174, 176, 181, 211–212, 285, 303, 350
力能、潜勢力（puissance） 16, 37–38, 40–41, 60–61, 64, 81–83, 103, 105, 151, 164, 172, 174, 176, 181, 211–212, 285
リサジュー図形（figures de Lissajous） 188
リズム（rythme） 94, 111, 143, 158, 178, 182, 195, 212, 280,
リー・ド・フォレストの三極管（triode de Lee de Forest） 40, 54, 57
両立可能、両立可能性（compatible, compatibilité） 27, 45, 65, 141, 204, 308–310, 315–316, 341, 395
両立不可能、両立不可能性（incompatible, incompatibilité） 37n, 62, 141, 349
理念（idée） 161, 166, 168, 178, 182, 346–347, 349–353
理論的（théorique） 15, 87, 148, 161, 173–174, 243–246, 262, 264–266, 273, 290–292, 299, 302, 304–306, 308–318, 322–323, 325, 327, 345, 352, 376, 379
倫理、倫理的（éthique） 153, 161, 166, 171, 230, 239, 243–246, 255–256, 260, 262, 264–268, 291, 310, 313–314, 322–323
類型（type） 30–31, 36, 295
類比（analogie） 9, 16, 23–24, 58, 64–65, 73, 81, 85, 97, 102, 110, 170, 211–212, 219, 226–227, 239, 243, 265–266, 270–271, 273, 284–286, 309, 313, 316, 319, 323, 342, 347, 349, 353, 365–366, 382
レアリテ＝現実、実在、実在性（réalité） 9, 54, 57, 78, 93, 103, 112, 115, 138–139, 151–152, 161, 163–164, 222–227, 229–230, 233–234, 237–287, 241–242, 246, 249–252, 254, 256–258, 266, 270–271, 274–276, 280–281, 283_285, 286–288, 290, 292–293, 298–300, 304–305, 307, 312, 314, 318, 321, 324, 326–327, 329–331, 333–337, 339, 341, 343–344, 346, 351–352, 354, 357–359, 361–364, 367, 375, 377, 379
ロボット（robot） 11–12, 17
ロマン主義（Romantisme） 293

ワ行

ワットのガバナ（*governor* de Watt） 199

◉人名

ア行

アシュビー、ウィリアム・ロス（William Ross Ashby, 1903–1972）→アシュビーのホメオスタット
アリストテレス（Aristote, 前 384– 前 322） 259, 266, 312
アルキメデス（Archimède, 前 287?– 前 212）→アルキメデスねじ
ヴァン・デ・グラフ、ロバート・ジェミソン（Robert Jemison Van de Graaff, 1901–1967）→ヴァンデグラフ起電機
ウィーナー、ノーバート（Norbert Wiener, 1894–1964） 66, 165, 226–229
ド・ヴィニー、アルフレッド（Alfred de Vigny, 1797–1863） 182–183
ウィムズハースト、ジェイムズ（James Wimshurst, 1832–1903）→ウィムズハースト起電機

カ行

ガイガー、ハンス（Hans Wilhelm Geiger, 1882–1945）→ガイガー＝ミュラー（計数）管
カント、イマヌエル（Immanuel Kant, 1724–1804） 313, 322
キケロ（Cicéron, 前 106– 前 43） 138
ギャンバル、ジャン＝クロード（Jean-Claude Guimbal, 1920–2013） 76
キンキナトゥス（Cincinnatus, 前 519– 前 430） 17
グラム、ゼノブ（Zénobe Théophile Gramme, 1826–1901） 92, 96
クーリッジ、ウィリアム・デイヴィッド（William David Coolidge, 1873–1975）→クーリッジ管
クルックス、ウィリアム（William Crooks, 1832–1919）→クルックス管
コント、オーギュスト（Auguste Comte, 1798–1857） 184, 187

サ行

シャトーブリアン、フランソワ＝ルネ・ド（François-René de Chateaubriand, 1768–1848） 170
スガン、マルク（Marc Seguin, 1786–1875）→マルク・スガンの煙管ボイラ
スチーブンソン、ジョージ（George Stephenson, 1781–1848）→スチーブンソン式弁装置
ソクラテス（Socrate, 前 470?– 前 399） 138
ド・ソラージュ、ブリュノ（Bruno de Solages, 1895–1983） 284

タ行

ダランベール（Jean Le Rond d'Alembert, 1717–1783） 148, 394
ディーゼル、ルドルフ（Rudolf Christian Karl Diesel, 1858–1913）→ディーゼルエンジン
ディドロ、ドゥニ（Denis Diderot, 1713–1784） 148, 177, 394
デカルト、ルネ（René Descartes, 1596–1650） 140, 156, 171, 264, 322
テレゲン、ベルナルト（Bernard D. H. Tellegen, 1900–1990） 38
デュクロ、アルベール（Albert Ducrocq, 1921–2001） 226
ドバントン、ルイ（Louis Jean-Marie Daubenton, 1716–1800） 155

ハ行

ハイデガー、マルティン（Marin Heidegger, 1889–1976） 330
パスカル、ブレーズ（Blaise Pascal, 1623–1662） 170
ド・フォレスト、リー（Lee de Forest,

1873–1961）→リー・ド・フォレストの三極管
プラトン（Platon, 前 427– 前 347） 153, 165n, 228, 312, 347
プリュドム、シュリ（Sully Prudhomme, 1839–1907） 328
フレミング、ジョン（John Ambrose Fleming, 1849–1945） 49
ド・ブロイ、ルイ（Louis de Broglie, 1892–1987） 226
フロイト、ジークムント（Siegmund Freud, 1856–1939） 83
ベイコン、フランシス（Francis Bacon, 1561–1626） 266
ベルクソン、アンリ（Henri Bergson, 1859–1941） 216, 218, 235, 350, 377, 380
ポアンカレ、アンリ（Henri Poincaré, 1854–1912） 377
ホフマン（Ernst Theodor Amadeus Hoffmann, 1776–1822） 143

マ行

マクスウェル、ジェイムズ・クラーク（James Clerk Maxwell, 1831–1879） 325
マルクス、カール（Karl Marx, 1818–1883） 368–369
ミル、ジョン・スチュアート（John Stuart Mill, 1806–1873） 266
ミュラー、ヴァルター（Walther Müller, 1905–1979）→ガイガー＝ミュラー（計数）管
モンテーニュ、ミシェル・ド（Michel Eyquem de Montaigne, 1533–1592） 155n

ラ行

ライプニッツ、ゴットフリード・ヴィルヘルム（Gottfried Wilhelm Leibniz, 1646–1716） 209
ラブレー、フランソワ（François Rabelais, 1483/1494–1553） 154
ルクレティウス（Lucrèce, 前 95– 前 55） 267
ル・ロワ、エドゥアール（Édouard Le Roy, 1870–1954） 377

ワ行

ワット、ジェイムズ（James Watt, 1736–1819）→ワットのガバナ

●書籍等刊行物

『運命』（*Destinées*） 183
『オデュッセイア』（*Odyssée*） 152
『形而上学』（*Métaphysique*） 312
『形態と情報の概念に照らした個体化』（*L'Individuation à la lumière des notion de forme et d'information*） 234
『光学』誌（*Revue d'Optique*） 226
『鉱山』（*La Mine*） 143
『サイバネティクス』（*Cybernétique*） 165
聖書（La Bible） 139, 153
ウルガタ（la Vulgate） 153
福音書（Les Évangiles） 139
『第七書簡』（*Septième Lettre*） 228
『百科全書』（*Encyclopédie*） 148, 150–153, 155, 394
『フランス語の擁護と顕揚』（*Deffense et Illustration de la Langue françoise*） 155n
『方法序説』（*Discours de la méthode*） 165